金杜“一带一路”国际合作与促进中心系列丛书

INTERNATIONAL CONSTRUCTION
LEGAL STRATEGY AND PRACTICE

海外工程
法律方略与实践

田文静◎著

法律出版社
LAW PRESS·CHINA
北京

图书在版编目(CIP)数据

海外工程法律方略与实践 / 田文静著. -- 北京 :
法律出版社, 2023
ISBN 978-7-5197-7670-1

Ⅰ. ①海… Ⅱ. ①田… Ⅲ. ①国际承包工程-经济合
同-合同法-研究 Ⅳ. ①D996.1

中国国家版本馆CIP数据核字(2023)第042922号

海外工程法律方略与实践
HAIWAI GONGCHENG FALÜ FANGLÜE YU SHIJIAN

田文静 著

策划编辑 李 群 陈昱希
责任编辑 陈昱希
装帧设计 汪奇峰 臧晓飞

出版发行 法律出版社
编辑统筹 法规出版分社
责任校对 张红蕊
责任印制 耿润瑜
经　　销 新华书店

开本 710毫米×1000毫米 1/16
印张 25.5 **字数** 413千
版本 2023年4月第1版
印次 2023年4月第1次印刷
印刷 天津嘉恒印务有限公司

地址:北京市丰台区莲花池西里7号(100073)
网址:www.lawpress.com.cn
投稿邮箱:info@lawpress.com.cn
举报盗版邮箱:jbwq@lawpress.com.cn
销售电话:010-83938349
客服电话:010-83938350
咨询电话:010-63939796

书号:ISBN 978-7-5197-7670-1
定价:128.00元
凡购买本社图书,如有印装错误,我社负责退换。电话:010-83938349

作者简介

田文静

金杜律师事务所 合伙人

电话：+86 10 5878 5297

邮箱：tianwenjing@cn.kwm.com

田文静律师多年深耕涉外法律业务，是金杜最早一批从事“一带一路”跨境工程、能源和基建业务的金杜合伙人之一。

田文静律师的执业领域包括跨境工程、能源与基础设施、PPP、跨境投资、国际工程相关争议解决、国际技术许可等。她熟悉跨境工程、能源与基础设施领域从项目开发投资到建设运营的多种业务模式，深度了解项目从前期开发到后期争议解决的多样化实践，具有敏锐的商业洞察力和优秀的法律专业素养，善于换位思考为客户提供建设性和创新性的解决方案。

田文静律师具有丰富的执业经验，代表中国企业参加多项“一带一路”重大交易和案件，不少项目是沿线国家具有重大经济和政治影响力的标杆项目或“业界首单”项目。例如，国家电网中电装备巴基斯坦默蒂亚里—拉合尔±660千伏高压直流输电BOOT项目、中国铁路国际有限公司中老铁路项目和中泰铁路项目、中核集团中国中原“华龙一号”阿根廷阿图查三号核电站项目等。

田文静律师连续多年被多家国际法律刊物及机构评为中国项目与基础设施领域的杰出律师，包括2023年《钱伯斯大中华区法律指南》项目及基础设施领域“第一等领先律师”；2020—2022年《钱伯斯亚太概览》项目与基础设施领域“第一等领先律师”；2022年《亚洲法律杂志》“十五佳女律师”；2018年《法制日报》首届“一带一路”十佳律师等。另外，田文静律师主办的项目也多次获奖，例如，2020年“中泰铁路项目”获《法治日报》“一带一路·健康之路”之“优秀法律服务案例”；2019年“巴基斯坦默拉直流输电BOOT项目”获《法制日报》“一带一路”之“十佳案例”及《商法》“一带一路”之“年度杰出交易”等。

PREFACE

序　言

金杜自成立以来，以推动国际化发展为方向，致力于跨境与涉外专业法律服务，在国际投融资、跨境并购、知识产权保护、资本证券、企业破产重整、国际工程承包与合作、合规与政府监管、国际仲裁与诉讼争议解决等领域都有着广泛而深入的探索与实践，取得了众多专业服务成就。多年来，金杜律师代表政府和企业参与多项WTO争端解决案件、积极参与众多企业和个人海外权益维护，成功代理了许多具有里程碑意义的重大法律服务项目。2002—2008年，金杜作为第29届奥运会组委会唯一境内签约法律顾问，以杰出的工作和热情的专业付出获得国际奥委会和中国奥组委的高度评价与肯定。伴随企业"走出去"步伐，金杜积极拓展与搭建全球性法律服务网络，在世界主要区域与核心城市设立办公室，不断提升综合性专业服务能力，努力为客户提供高品质法律服务和最佳解决方案。

为践行和落实共建"一带一路"倡议，金杜自2016年开始筹建并设立"一带一路"国际合作与促进中心，汇聚事务所各项专业资源，全面服务"一带一路"倡议。中心聚焦发展前沿课题，持续发布"今日'一带一路'资讯"，积极推动国际合作与海外权益保护工作，围绕企业和市场需求，举办"中国企业如何打赢国际仲裁之战"等系列讲座，发布年度《智库报告：聚焦"一带一路"中的法律与实践》，开展在"一带一路"国别项目中面临的法律问题等课题研究，探讨助力中国企业更好把握国际游戏规则，为践行"一带一路"倡议的高标准、惠民生、可持续目标建言献策。

2023 年是金杜律师事务所成立三十周年。作为三十周年纪念系列活动之一,金杜"一带一路"国际合作与促进中心组织部分有着丰富职业经验并取得突出专业成就的金杜资深合伙人,让他们从繁忙的业务工作中精心总结归纳,汇集专业资源,凝聚集体智慧,编写推出相关系列丛书,是一件富有理论和实践双重意义的工作。

《海外工程法律方略与实践》一书的主要执笔人田文静,是金杜跨境工程、能源和基础设施以及国际工程合作与相关争议解决领域的杰出合伙人,也是我非常尊重的同事和朋友。文静律师作风谦逊严谨、勤勉务实,责任心强。多年来,积极投身中国企业海外权益维护实践,专业经验丰富,以其精湛的业务能力和追求卓越的专业精神,深受客户好评和市场认可。她全面参与了巴基斯坦默拉高压直流输电、中老铁路、中泰铁路、"华龙一号"阿根廷核电项目等大量国企"一带一路"工程项目,形成很多非常具有实践意义的典型案例。由她担纲撰写的本书,在总结和展望工程能源基础设施行业投融资整体发展历程及趋势、研究国际知名工程承包商的先进经验基础上,结合"一带一路"倡议下此类案件实践,提炼和总结了海外工程能源和基础设施项目开展中风险识别与管理、典型交易文件起草与谈判、项目索赔与争议解决以及合规管理等方面的丰富法律实践经验,对海外工程能源和基础设施项目全产业链各个核心环节以及争议解决的法律实务问题,做了深入浅出的介绍说明,对"走出去"的相关企业管理和防范海外项目风险、维护和争取项目权益,特别是加强"一带一路"国际合作海外工程项目的权益保护,具有特殊的参考价值。

欣逢 2023 年春暖花开,经过了三年疫情,世界正在走出阴霾,重启开放,迈向复苏。新冠疫情影响深重,但也给人类诸多警示和教育。市场经济与社会文明必须要与适配的治理体系机制和能力同行才会实现健康平安发展,而这必须要与建立成熟完善的现代法制与法治密切相连。中国企业海外投资与工程承包事业势必迎来新一轮快速发展时期，要实现持续繁荣健康的合作与发展，各方权益的切实维护是前提与基础，法律保障不可或缺，这也正是高质量专业法律服务的价值所在。

是为序。

金杜律师事务所全球主席

王俊峰

2023年2月

中英文简称索引

简称	全称	中文名称
ABS	Asset – Backed Security	资产支持证券
ADB	Asian Development Bank	亚洲开发银行
AIA	American Institute of Architects	美国建筑师协会
AIIB	Asian Infrastructure Investment Bank	亚洲基础设施投资银行
APLMA	Asia Pacific Loan Market Association	亚太区贷款市场公会
BIS	Bureau of Industry and Security	商务部工业安全局
BLT	Build – Lease – Transfer	建造—租赁—移交
BOO	Build – Own – Operate	建造—拥有—运营
BOOT	Build – Own – Operate – Transfer	建造—拥有—运营—移交
BOT	Build – Operate – Transfer	建造—运营—移交
BTL	Build – Transfer – Lease	建造—移交—租赁
BTO	Build – Transfer – Operate	建造—移交—运营
BVI	British Virgin Islands	英属维尔京群岛
CAATSA	Countering America’s Adversaries through Sanctions Act	《通过制裁反对美国对手法》
CAPTA 清单	Correspondent Account or Payable – Through Account Sanctions List	往来账户或通汇账户制裁清单
CCMC 清单	Communist Chinese Military Companies List	中共涉军企业清单
CIETAC	China International Economic and Trade Arbitration Commission	中国国际经济贸易仲裁委员会

续表

简称	全称	中文名称
COD	Commercial Operation Date	商运日
DAAB	Dispute Avoidance/Adjudication Board	争端避免/裁决委员会
DAB	Dispute Adjudication Board	争端裁决委员会
DB	Dispute Board	争端委员会
DBB	Design – Bid – Build	设计—投标—建设
DBF	Design – Build – Finance	设计—建造—融资
DBFM	Design – Build – Finance – Maintenance	设计—建造—融资—维护
DBFO	Design – Build – Finance – Operate	设计—建造—融资—运营
DDTC	Directorate of Defense Trade Controls	国防贸易管制局
DOJ	Department of Justice	司法部
DP	Design – Procurement	设计—采购
DRB	Dispute Review Board	争端评审委员会
DSCR	Debt Service Cover Ratio	偿债覆盖率
EAR	Export Administration Regulations	《出口管制条例》
EBIT	Earnings Before Interest and Tax	息税前利润
EBRD	European Bank for Reconstruction and Development	欧洲复兴开发银行
ENAA	Engineering Advancement Association of Japan	日本工程促进协会
ENR	Engineering News – Record	《工程新闻纪录》
EPC	Engineering Procurement Construction	设计—采购—施工
EPC +F+E	Engineering Procurement Construction and Financing and Equity	工程总承包+融资+投资
EPC+E	Engineering Procurement Construction and Equity	工程总承包+投资
EPC+F	Engineering Procurement Construction and Financing	工程总承包+融资
ESG	Environmental, Social, and Governance	环境、社会责任和公司治理
EVN	Vietnam Electricity	越南电力公司

续表

简称	全称	中文名称
FCPA	Foreign Corrupt Practices Act	《反海外腐败法》
FIDIC	International Federation of Consulting Engineers	国际咨询工程师联合会
FSE 清单	Foreign Sanctions Evaders List	海外逃避制裁者清单
G20	Group of Twenty	20 国集团
GIH	Global Infrastructure Hub	全球基础设施中心
HKIAC	Hong Kong International Arbitration Centre	香港国际仲裁中心
IA	Implementation Agreement	执行协议
IBRD	International Bank for Reconstruction and Development	国际复兴开发银行
ICC	International Chamber of Commerce	国际商会
ICC – ICA	International Chamber of Commerce – International Court of Arbitration	国际商会国际仲裁院
ICE	Institution of Civil Engineers	英国土木工程师协会
ICSID 仲裁	ICSID arbitration	国际投资争端解决中心仲裁
IDA	International Development Association	国际开发协会
IEEPA	International Emergency Economic Power Act	《国际紧急状态经济权力法》
IFA	Indiana Finance Authority	印第安纳州金融管理局
IFC	International Finance Corporation	国际金融公司
IJ Global	Infrastructure Journal and Project Finance Magazine	《项目融资和基础设施杂志》
IMF	International Monetary Fund	国际货币基金组织
IPP	Independent Power Producer	独立发电商
ISDS	Investor – State Dispute Settlement	投资者与东道国争议解决
ISO	International Organization for Standardization	国际标准化组织
ITSR	Iranian Transactions and Sanctions Regulations	《伊朗贸易与制裁条例》

续表

简称	全称	中文名称
JCT	Joint Contract Tribunal	英国合同审定联合会
JICA	Japan International Cooperation Agency	日本国际协力机构
KPIs	Key Performance Indicators	关键绩效指标
LCIA	London Court of International Arbitration	伦敦国际仲裁院
LLCR	Loan Life Cover Ratio	贷款期偿债覆盖率
LMA	Loan Market Association	贷款市场协会
LSTA	Loan Syndications and Trading Association	银团贷款及交易协会
MEP	Mechanical, Electrical and Plumbing	机械、电气和管道
MIGA	Multilateral Investment Guarantee Agency	多边投资担保机构
NBET	Nigerian Bulk Electricity Trading	尼日利亚大宗电力交易公司
NEA	National Emergencies Act	《国家紧急状态法》
NEC	New Engineering Contract	英国新工程合同
NS - CMIC 清单	Non - SDN Chinese Military - Industrial Complex Companies List	中国军工复合企业清单
NS - MBS 清单	Non - SDN Menu - Based Sanctions List	菜单式制裁清单
OAS	Organization of American States	美洲国家组织
OECD	Economic Cooperation and Development	经济合作与发展组织
《OECD 反腐败公约》	OECD Convention on Combating Bribery of Foreign Public Officials in International Business Transactions	《经合组织关于打击国际商业交易中行贿外国公职人员行为的公约》
OFAC	Office of Foreign Assets Controls	海外资产管理办公室
PLN	Perusahaan Listrik Negara	印尼国家电力公司
PPA	Power Purchase Agreement	购电协议
PPIB	Private Power & Infrastructure Board	巴基斯坦私人电力基础设施委员会
PPP	Public - Private Partnership	政府与社会资本合作
REITs	Real Estate Investment Trusts	不动产投资信托

续表

简称	全称	中文名称
SADC	Southern African Development Community	南部非洲发展共同体
SBTi	Science Based Targets initiative	科学碳目标倡议
SCC	Arbitration Institute of the Stockholm Chamber of Commerce	斯德哥尔摩商会仲裁院
SDN 清单	Specially Designate Nationals and Blocked Persons List	特别指定国民和阻截人员名单
SEC	Stock Exchange Commission	美国证券交易委员会
SIAC	Singapore International Arbitration Centre	新加坡国际仲裁中心
SSI 清单	Sectoral Sanctions List	行业制裁识别清单
TWEA	Trading with the Enemy Act	美国《与敌国贸易法》
UKBA	UK Bribery Act	英国《反贿赂法》
UNCITRAL	United Nations Commissionon International Trade Law	联合国国际贸易法委员会
UNCTAD	United Nations Conference on Trade and Development	联合国贸易和发展会议
UNGC	United Nations Global Compact	联合国全球契约组织
WPI	Wholesale Price Index	巴基斯坦批发物价指数
WRI	World Resources Institute	世界资源研究所
WWF	World Wide Fund for Nature	世界自然基金会

CONTENTS

目　录

第二章　系统思维
——海外工程能源基础设施项目的常见风险及管理

第三章　合同之术
——海外工程能源基础设施项目的典型合同及核心法律问题

CONTENTS

实例目录

第三章　合同之术——海外工程能源基础设施项目的典型合同及核心法律问题

第一章　知己知彼

——全球工程能源基础设施项目投融资近年发展历程与未来

第一节

全球工程能源基础设施项目投资近年发展历程与趋势

近年来全球工程能源基础设施项目投资，围绕提高工程能源基础设施绩效水平、解决融资资金缺口等目标，经历了从政府公共部门实施为主，到社会资本（私方）逐渐参与的私有化和政府公共部门与社会资本（私方）合作为主的发展历程。从近10年的发展来看，全球社会资本（私方）投资工程能源基础设施项目在地域、行业、商业模式方面呈现一定特点，中国企业对海外工程能源基础设施项目的投资也独具特色。尽管因疫情、经济增速放缓等因素导致增长暂时受阻，但后疫情时代，预计工程能源基础设施项目潜在需求巨大且市场前景仍然广阔，健康医疗、信息和通信、再生能源等领域的工程能源基础设施项目将成为新的投资增长点，融资多元化和绿色融资预计将获更多青睐。

一、全球工程能源基础设施项目投资的近年发展历程

受主题和数据所限，本书聚焦全球电力、交通、通信、水利和垃圾处理、社会服务领域的基础设施项目，并统称为“工程能源基础设施项目”。

（一）全球工程能源基础设施项目投资发展历程

工程能源基础设施项目投资，总体上经历了社会资本（私方）主导、政府主导和政府与社会资本（私方）合作的解构和重建。

20世纪上半叶，工程能源基础设施领域的投资被社会资本（私方）主导①，但受20世纪上半叶世界经济大萧条以及第二次世界大战战时动员和战后重建因素的影响，伴随民族解放运动发展和众多新兴国家的出现，工程能源基础设施项目中政府参与越来越多，甚至在新兴国家中绝大部分工程能源基础设施被国有化②。截至20世纪80年代末90年代初，发展中国家政府拥有、运营绝大部分当地工程能源基础设施项目③。根据世界银行1994年统计，当时发展中国家每年新增基础设施投入约2000亿美元，其中约90%的基础设施项目的资金直接来源于政府的税收收入或间接来自政府④。尽管也有私有化或交由社会资本（私方）提供部分公共服务，但仍主要集中在发达国家且占比相对较少。政府垄断工程能源基础设施建设和服务提供，导致工程能源基础设施维护不足、需求与工程能源基础设施供应不匹配、不重视使用者体验、建设和服务效率低等问题⑤，同时也造成公共资金负担较重、工程能源基础设施资金缺口巨大等问题⑥。国际组织和研究机构纷纷呼吁通过运用商业经营的原则（如设定预算及绩效激励）、广泛引入社会资本（私方）竞争、促进使用者参与等措施，以解决上述问题。

在此背景下，从20世纪90年代至21世纪前10年，全球范围内兴起了一波工程能源基础设施私有化的浪潮。据经济合作与发展组织（Economic Cooperation and Development，OECD）统计，自20世纪80年代末以来，OECD国家有超

---

① World Bank, *World Development Report* 1994: *Infrastructure for Development*, Oxford University Press, 1st Edition, June 1994, p. 94.

② See Thomas M. Hanna, *A History of Nationalization in the US*, https://thenextsystem.org/sites/default/files/2019-09/A_History_of_Nationalization_in_the_US-Hanna-NSP.pdf, p. 9-11, and see World Bank, *Best Methods of Railway Restructuring and Privatization*, https://www.rhd.gov.bd/Documents/ExternalPublications/WorldBank/TransSectPub/contents/documents/B35.pdf, p. 209-210.

③ World Bank, *World Development Report* 1994: *Infrastructure for Development*, Oxford University Press, 1st Edition, June 1994, p. 4.

④ World Bank, *World Development Report* 1994: *Infrastructure for Development*, Oxford University Press, 1st Edition, June 1994, p. 89.

⑤ World Bank, *World Development Report* 1994: *Infrastructure for Development*, Oxford University Press, 1st Edition, June 1994, p. 4-6.

⑥ World Bank, *World Development Report* 1994: *Infrastructure for Development*, Oxford University Press, 1st Edition, June 1994, p. 4-6.

过 1 万亿美元的国有资产进行私有化，其中在 1990—2006 年 OECD 国家私有化项目中 2/3（交易金额约 5500 亿美元，占比约 63%）的私有化交易涉及公共服务设施、交通、通信等工程能源基础设施项目①，社会资本（私方）投资工程能源基础设施项目份额不断上升，政府与社会资本合作（Public – Private Partnership，PPP）模式在 OECD 国家的应用日益广泛。另据世界银行 2005 年发布的一份私有化趋势报告显示，1990—2003 年，120 个发展中国家开展了 7860 项私有化交易，产生了近 4100 亿美元的交易金额；从行业来看，这期间基础设施（包括电信、电力/天然气、交通和水利）领域的私有化占比超过 50%，如果加上资源和能源领域（油气、石化、碳氢化合物）合计将达到 65%②。20 世纪 90 年代至 21 世纪前 10 年期间这一波私有化浪潮后，尽管在很多发展中国家和地区，政府仍对工程能源基础设施所有权占支配地位，但比例有所下降③。

2008—2018 年，为应对 2008 年国际金融危机带来的负面影响，各国纷纷通过加大投资力度（特别是工程能源基础设施项目投资）④，也更加重视工程能源基础设施对稳定经济发展、解决失业率、改善社会福利和消除贫困的作用，加快引入社会资本（私方）投资工程能源基础设施领域。根据《项目融资和基础设施杂志》（Infrastructure Journal and Project Finance Magazine，IJ Global）及 20 国集团（G20）旗下全球基础设施中心（Global Infrastructure Hub，GIH）的统计数据，从总体规模来看，2010 年全球社会资本（私方）投资工程能源基础设施项目的总金额为 3220 亿美元，截至 2019 年已增长至 5130 亿美元，在 10 年期间年度复

---

① OECD, *Infrastructure to* 2020 *Volume* 2: *Mapping Policy for Electricity*, Water and Transport, p. 25, 30, https://www.oecd.org/futures/infrastructureto2030/40953164.pdf, 2007.

② Sunita Kikeri, et al., *Privatization*: *Trends and Recent Developments*, World Bank Policy Research Working Paper No. 3765, https://openknowledge.worldbank.org/handle/10986/8494, November 2005, p. 3 – 4.

③ Sunita Kikeri, et al., *Privatization*: *Trends and Recent Developments*, World Bank Policy Research Working Paper No. 3765, https://openknowledge.worldbank.org/handle/10986/8494 License: CC BY 3.0 IGO., November 2005, p. 15.

④ Eric J. Gerritsen, *White Paper*: *The Global Infrastructure Boom of* 2009 – 2015, May 19, 2009, available at https://www.joc.com/white – paper – global – infrastructure – boom – 2009 – 2015_20090519.html.

合增长率约为5%[①]。由此可见，社会资本(私方)投资工程能源基础设施的比例增加、私有化的步伐进一步加快。

2008年以来，PPP投建营模式发展成为工程能源基础设施项目的重要开发模式。对于PPP，并没有统一的定义。世界银行[②]、其他多边国际组织(如OECD、IMF、欧洲投资银行等)和各国立法中对PPP进行过不同定义[③]。实践中，PPP投建营模式在各国的内涵和表现形式有所不同。比如，法国将政府付费类政府与社会资本合作项目称为PPP项目，完全由使用者付费类政府与社会资本合作项目则属于特许经营项目、受特许权法管辖；而智利则将所有的PPP项目都称为特许经营项目，适用特许经营法。尽管没有统一定义，但简要而言，PPP协议一般具有以下共同特征：(1)PPP协议是政府和社会资本(私方)之间的长期合同；(2)PPP协议的标的涉及基础设施的开发和/或管理；(3)社会资本(私方)承担整个合同生命周期的实质管理责任和风险；(4)一般社会资本(私方)会投入一定的资金，且其报酬与业绩和/或对设施或服务的使用有密切关系。实践中，PPP协议有很多表现形式，从社会资本(私方)工作范围和资产所有权及经营权归属的角度，PPP协议常见表现形式包括：设计—建造—融资(Design - Build - Finance, DBF)合同、设计—建造—融资—维护(Design - Build - Finance - Maintenance, DBFM)合同、建造—移交—租赁(Build - Trans-

① Global Infrastructure Hub, *Infrastructure Monitor* 2020, https://cdn.gihub.org/umbraco/media/4806/global - infrastructure - hub_2022 - infrastructure - monitor - report_web.pdf, p.4.

② 比如，世界银行发布的《PPP参考指南》中，PPP是指"是以合同的方式来提供公共设施和公共服务"。PPP合同包括那些已计划开发和管理新的基础设施项目，也可以承担现有的基础设施的重大更新(这些被称为基础设施PPP)，和那些由社会资本管理现有的基础设施或只提供运营的公共服务(称为运营服务PPP)。See World Bank, *Public - Private Partnerships Reference Guide*, Version 3, 2017, p.5.

③ 如经济合作与发展组织(OECD)将PPP界定为政府与一个或更多的社会资本之间的协议，社会资本可能包括运营商、融资者。在协议内，社会资本提供的服务使政府为大众服务的目标与社会资本利润目标相对均衡。有效的均衡目标取决于是否将足够的风险转移给社会资本。根据欧洲投资银行对PPP的定义，PPP是指社会资本和公共部门形成的关系，通常引入社会资本的资源和/或专业知识，以帮助提供公共部门的基础设施和运营服务。PPP用于描述各种各样的工作安排，从松散的、非正式的和战略伙伴关系，到为设计—建造—融资—运营(DBFO)服务合同类型和正式合资企业。See OECD, *Public - Private Partnerships: In Pursuit of Risk Sharing and Value for Money*, 2008, https://www.oecd - ilibrary.org/governance/public - private - partnerships_9789264046733 - en.

fer - Lease，BTL）合同、建造—租赁—移交（Build - Lease - Transfer，BLT）合同、建造—移交—运营（Build - Transfer - Operate，BTO）合同、建造—运营—移交（Build - Operate - Transfer，BOT）合同、建造—拥有—运营—移交（Build - Own - Operate - Transfer，BOOT）合同、建造—拥有—运营（Build - Own - Operate，BOO）合同等。

2019年以来，由于逆全球化趋势和贸易保护主义加剧、加之2019年以来的疫情持续影响，基建投资遭遇“瓶颈”，投资增长呈放缓趋势，社会资本（私方）投资工程能源基础设施的总体规模也相应收缩。

总体而言，近30年来，各国政府越来越重视工程能源基础设施对促进经济发展、应对经济危机和解决民生的作用，一方面不断提高工程能源基础设施项目的投资总额，另一方面通过私有化或引入PPP投建营模式等，吸引社会资本（私方）投资工程能源基础设施项目、改善工程能源基础设施项目绩效。社会资本（私方）在工程能源基础设施领域的投资比例总体提高、发挥的推动作用日益彰显。

（二）中国企业参与海外工程能源基础设施项目的发展历程

近40年间，在国际基建市场需求强劲、中国开启改革开放政策的大背景下，伴随着中国和全球经济融合、企业自身技术和经验的积累，中国企业参与海外工程能源基础设施项目的规模不断发展和壮大，并因得益于中国和全球经济持续增长以及中国“走出去”战略和“一带一路”倡议而获得蓬勃发展，如今在全球能源和基建领域占据重要的一席之地。

中国企业参与海外工程能源基础设施项目，起步于20世纪70年代，肇始于中国对外劳务输出以及对非洲和中东等发展中国家的对外经济援助。1999年，中国正式提出“走出去”战略，从事对外工程和投资业务的中国企业数量迅速增加，到2003年已有超过1500家企业具有对外工程承包商经营权。中国企业对外承包的业务规模和国际影响力也随之不断提高，入围美国《工程新闻纪录》周刊（Engineering News - Record，ENR）全球225家国际承包商的中国企业从1992年的5家增加至2003年时的43家。同时，在项目参与方式方面也有很大突破，出现联合体承包、带资承包模式，以中国电力技术进出口公司和中国化学工程集团有限公司等为代表的企业开始尝试 BOT 或 BOOT 模式的投资项目。

中国加入世界贸易组织带来了拓展海外工程市场及提升技术和管理经验的广阔机遇，在“走出去”战略和“一带一路”倡议的倡导及相关政策和融资支持的共同推动下，中国企业迎来了 2004—2017 年海外能源基础设施项目的蓬勃发展时期，中国工程企业的规模、影响力和竞争力也日益受到世界瞩目。从 2004 年起，中国对外承包工程总金额（含以 BOT、BOOT、PPP 等模式投资海外工程项目的金额）经过 4 年跨越千亿美元、用 7 年（到 2015 年）跨过 2000 亿美元的门槛。截至 2018 年，美国《工程新闻纪录》周刊（ENR）发布“全球最大 250 家国际承包商”（按 2017 年国际营业额）排名中，有 69 家中国内地企业进入榜单，国际业务营业额 1141 亿美元，占上榜企业的 23.7%。

2019 年以来，受世界范围内新冠疫情暴发和蔓延、各国采取的限制旅行等防控疫情措施的阻碍及各国经济发展萎缩等不利外部环境的影响，中国企业参与全球工程能源基础设施项目投资和工程承包金额呈现暂时下降和萎缩趋势，但 2021 年以来呈现逐步企稳态势。

二、近 10 年全球社会资本投资基建项目的发展及特点

如无特别说明，本部分关于全球工程能源基础设施投资的相关数据均来自 IJ Global 及 GIH 近期发布的《2021 年全球基础设施监测报告》[①]、《2022 年全球

① 需要说明的是，《2022 年全球基础设施监测报告》相比《2021 年全球基础设施监测报告》，在数据分析维度和涵盖期限方面有所调整。本节内容主要参考《2022 年全球基础设施监测报告》所列数据，但就“社会资本投资工程能源基础设施项目的资金来源和商业模式”的内容，为满足主题需要参考了《2021 年全球基础设施监测报告》相关数据。

基础设施监测报告》①,中国企业投资海外工程能源基础设施项目的数据主要来源于中国商务部公布的关于境外直接投资的历年统计数据②。

(一)社会资本投资工程能源基础设施项目的区域和国别

就全球范围而言,社会资本(私方)投资工程能源基础设施项目呈现区域分布不平衡、高低收入国别分布不均衡的特点。

就社会资本(私方)投资工程能源基础设施项目的区域分布而言,根据《2022年全球基础设施监测报告》,2010—2021年,西欧和北美地区成为吸引全球基建和能源投资最多的地区,其次是亚洲和中东地区。

从社会资本(私方)投资流向国家的经济水平来看,根据《2022年全球基础设施监测报告》,2021年高收入国家③工程能源基础设施项目吸引社会资本(私方)投资超过80%,同比2020年增长8.3%,中等及低收入国家吸引社会资本(私方)投资合计约占20%,同比下降8.8%。新冠疫情带来的经济冲击和外汇收入减少等因素,进一步扩大了高收入与中低收入国家之间的社会资本(私方)投资工程能源基础设施项目的规模差距。整体来看,社会资本(私方)投资工程能源基础设施更加偏好经济发展水平较高或经济增速较快且有稳定投资环境的地区,经济发展水平高利于支撑基建项目长期需求抵御投资回收的信用风险,投资环境稳定利于给投资者提供回收投资收益的稳定预期。

然而,来自中国的投资呈现出截然不同的特点,中国投资成为支撑中低收

---

① Global Infrastructure Hub, *Infrastructure Monitor* 2022, available at https://cdn.gihub.org/umbraco/media/4806/global-infrastructure-hub_2022-infrastructure-monitor-report_web.pdf; Global Infrastructure Hub, *Infrastructure Monitor* 2021, https://cdn.gihub.org/umbraco/media/4740/gihub_v10.pdf; Global Infrastructure Hub, *Infrastructure Monitor* 2020, https://cdn.gihub.org/umbraco/media/3241/gih_monitorreport_final.pdf.

② 商务部对外投资和经济合作司统计数据:http://hzs.mofcom.gov.cn/article/date/。

③ "高收入国家""中高收入国家""中低收入国家""低收入国家"的划分,是以世界银行根据各国折算为美元的人均国民生产总值为依据。以2020—2021年为例,人均国民生产总值超过12,695美元的国家为高收入国家,人均国民生产总值在4096—12,695美元区间的国家为中高收入国家,人均国民生产总值在1046—4095美元区间的国家为中低收入国家,人均国民生产总值低于1045美元的国家为低收入国家。世界银行于每年7月1日更新划分高收入、中高收入、中低收入、低收入国家的具体金额标准。载世界银行博客,https://blogs.worldbank.org/opendata/new-world-bank-country-classifications-income-level-2021-2022。

入国家的私方投资规模的一股中坚力量。根据中国商务部公布的数据,2013—2021年年末,中国对“一带一路”沿线63个国家开展了直接投资,设立企业超过1.1万家,累计直接投资超过1600亿美元①。“一带一路”沿线国家中,发达国家不到10%,绝大部分是中低收入或欠发达国家。中国的投资呈现出与资本的逐利性和避险偏好相反的特点,大量流入中低收入国家。应该承认,这较大程度上是由“一带一路”倡议的“开放性、包容性区域合作”“共商、共建、共享”等理念决定的,体现了中国企业愿意在发展中国家基础设施建设发展中承担更多社会责任、助力推动中低收入国家经济发展的良好愿望。

(二)社会资本投资工程能源基础设施项目的行业分布

就全球范围社会资本(私方)投资工程能源基础设施项目行业分布而言,根据《2022年全球基础设施监测报告》,2010—2021年,电力领域及交通领域投资占比最高,合计占比接近70%。由此可见,电力和交通领域成为吸引全球基建社会资本(私方)投资最多的行业,是社会资本(私方)投资最为关注、发展较为成熟的领域。相对而言,2019年以前社会资本(私方)投资社会工程能源基础设施(主要包括医疗、教育、社会住房及其他)领域的规模在逐渐萎缩,投资通信基础设施的规模一直较小,多年占比不足10%。但随着新冠疫情的暴发及蔓延,2020年以来社会工程能源基础设施投资、通信类基础设施投资需求迅猛增长,导致投资规模出现快速增长趋势,2021年社会资本(私方)投资社会基础设施同比2020年增长34%、投资通信基础设施同比2020年增长高达109%。

就中国投资海外工程能源基础设施项目而言,能源和交通领域一直是中国企业全球工程能源投资占比最高的领域,也是吸引中国投资最多的行业,反映出中国企业的产业优势所在,也与国际基础设施建设市场的需求及能源和交通领域对社会资本(私方)和外商投资开放程度紧密相关。

(三)社会资本投资工程能源基础设施项目的资金来源和商业模式

就全球范围内社会资本(私方)投资工程能源基础设施项目而言,在资金来

① 《非凡十年,对外开放硕果累累》,载《人民日报(海外版)》2022年10月18日,第10版。

源和商业模式方面呈现出以下特点：

第一，从总投资金额中公共资金和私有资金占比来看，根据《2021 年全球基础设施监测报告》，在 2010—2020 年初级市场社会资本（私方）投资工程能源基础设施项目的总金额中，社会资本（私方）投资占比在 69%—84% 区间内，而非社会资本（私方）投资占比在 16%—31% 区间。2017 年以来呈现出社会资本（私方）投资比例逐年上升的趋势。总体上体现出社会资本（私方）的资金是全球工程能源基础设施项目的主要资金来源（见图 1－1）。

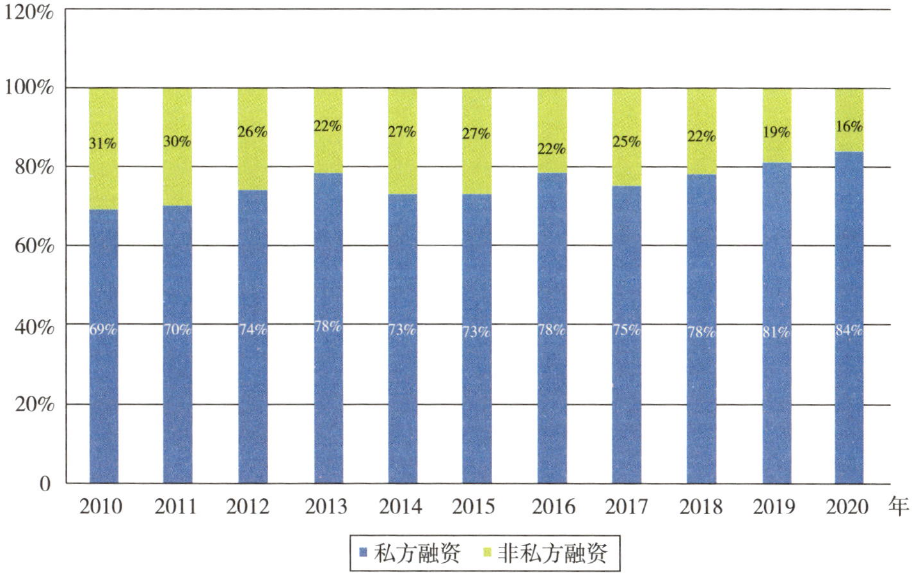

数据来源：根据GIH《2021年全球基础设施监测报告》中图表和数据制作。

注：《2021年全球基础设施监测报告》中初级市场（Primary Market）交易包括绿地投资、褐地投资以及私有化交易。

图 1－1　2010—2020 年社会资本投资全球工程能源基础设施项目的公私资金占比

第二，从融资资金来源构成来看，根据《2021 年全球基础设施监测报告》，2010—2020 年社会资本（私方）投资工程能源基础设施项目资金的 77% 为债务融资、23% 为股权投资，体现出社会资本（私方）投资工程能源基础设施项目较大程度上依赖债务融资资金（见图 1－2）。

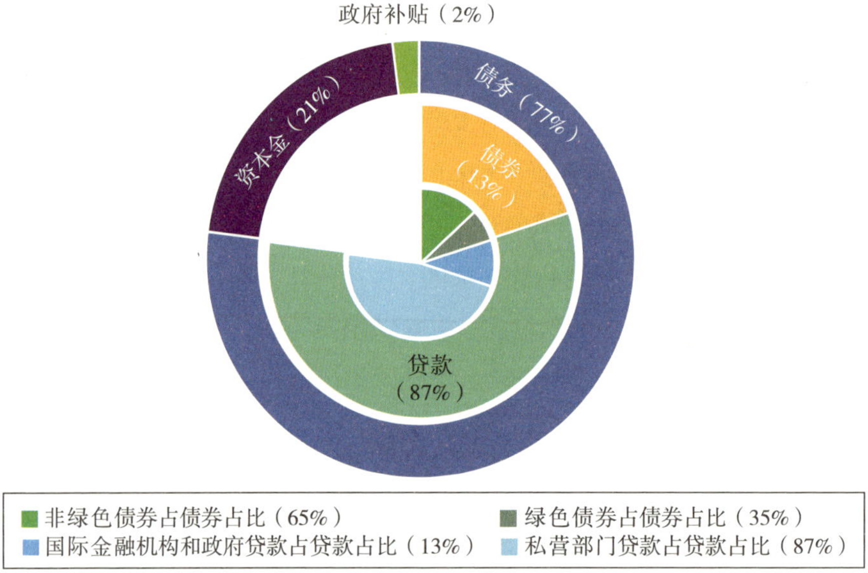

图 1－2　2010—2020 年社会资本投资全球工程能源基础设施项目的融资构成

第三，从项目模式来看，PPP 投建营模式作为社会资本（私方）投资工程能源基础设施的一种重要商业模式，受到越来越多的重视和得到日益广泛应用。

根据世界银行一项国家社会资本（私方）以 PPP 投建营模式投资工程能源基础设施项目统计数据来看，1991—2008 年，采用 PPP 投建营模式的投资承诺金额最高年份是 1997 年，总金额达到 910 亿美元；但 2009—2015 年几乎每年以 PPP 投建营模式实施的工程能源基础设施项目总金额均与此持平或破千亿①，呈现较快增长趋势。2012 年以 PPP 投建营模式实施的工程能源基础设施项目总金额为 1580 亿美元，达到 1991 年以来的最高峰（见图 1－3）。

① PPIAF, *The State of PPPs: Infrastructure Public－Private Partnerships in Emerging Markets & Developing Economies* 1991－2015, https://ppiaf.org/documents/3551/download, p.8.

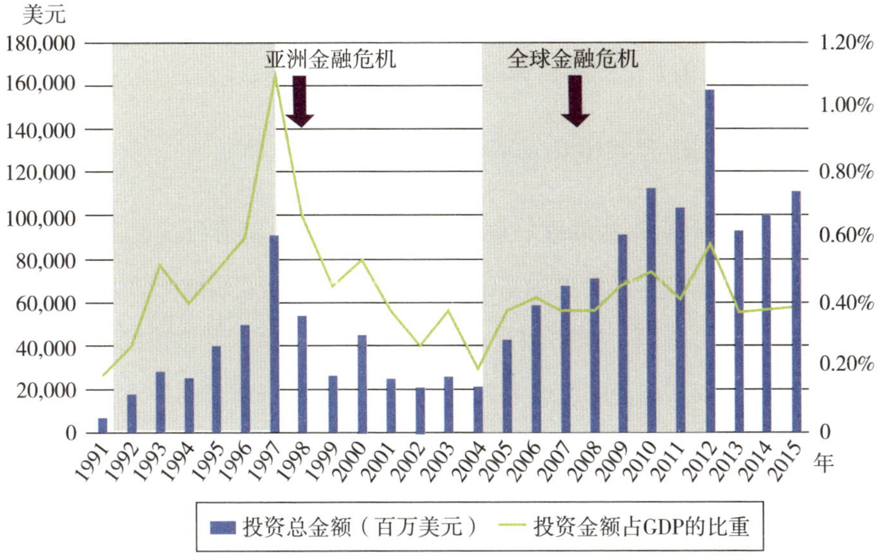

数据来源：根据世界银行PPI数据库以及PPIAF的文章（The State of PPPs:Infrastructure Public-Private Partnerships in Emerging Markets & Developing Economies 1991-2015）制作。

图 1-3　1991—2015 年全球 PPP 项目投资金额及占 GDP 比例

中国企业开展海外工程能源基础设施项目，主要模式包括工程承包、股权或资产并购、PPP 投建营一体化。近年来，"工程总承包 + 融资"（即通常所说的"带资承包"或"EPC + F"模式）以及"工程总承包 + 投资"（即通常所说的"投资带动承包"或"EPC + E"模式）模式逐渐增多[①]，甚至发展为日益普遍的业务模式。从资金来源的角度看，中国企业工程能源基础设施项目投资较为依赖中国融资。以"一带一路"项目为例，对 2013—2018 年"一带一路"项目融资统计研究显示，此期间中国融资在"一带一路"项目融资构成中达到 80%[②]。同时，中国企业开展工程能源基础设施项目投资也较为依赖中国出口信贷保险的保险

---

① 中华人民共和国商务部、中国对外承包工程商会：《中国对外承包工程发展报告（2019 - 2020）》，第 4 页。

② 根据一项统计，自 2013 年提出"一带一路"倡议至 2018 年年底，"一带一路"项目融资构成中，中国商业银行和政策性银行占比达到 82%，企业股本投入资金占比约为 9%，丝路基金及专项基金提供的融资占比 3%，金砖银行、AIIB 等多边银行融资占比约为 2%，通过发行债券或熊猫债等融资占比约为 4%，这说明"一带一路"投资中较为依赖中国融资。《聚焦：中国银行业推动"一带一路"共建繁荣》，载《金融时报》2019 年 5 月 6 日。

支持，根据公开信息，2013—2021 年中国出口信用保险公司累计支持中国企业向“一带一路”沿线国家出口和投资超过 10,320 亿美元①。

三、全球工程能源基础设施投资的发展趋势

毋庸置疑，新冠疫情、局部战争和制裁促使企业供应链有所变化，对全球的民众、企业和经济体产生了深远的影响，导致全球经济复苏面临巨大挑战和不确定性。展望未来，全球工程能源基础设施投资是否有不可替代的作用和价值，是预判工程能源基础设施领域未来发展是否具有长远前景的根本基础。

（一）基础设施建设仍将发挥不可替代的作用，全球基建市场前景广阔

关于工程能源基础设施投资的经济价值和社会作用，世界银行 1990 年的统计数据表明，工程能源基础设施存量每增加 1%，将会带动人均 GDP 增长 1%②。根据麦肯锡 2013 年的研究，以美国和印度为例，国内工程能源基础设施投资每增加 GDP 的 1%，将会带动美国直接和间接就业岗位新增 150 万个、带动印度直接和间接就业岗位新增 340 万个③。

尽管全球工程能源基础设施投资规模因疫情和供应链影响而受到一定抑

① 2013 年至 2019 年中国信保支持中国企业向“一带一路”沿线国家出口和投资达到 7124.3 亿美元，业务范围覆盖沿线所有国家，为“一带一路”项目出具保单 2300 多张，2020 年和 2021 年向“一带一路”沿线国家出口和投资分别超过 1500 亿美元、1699 亿美元。《中国信保为共建“一带一路”承保超 7000 亿美元》，载新浪财经，https://finance.sina.com.cn/roll/2019-05-01/doc-ihvhiewr9317801.shtml;《中国信保宋曙光：2020 年中国信保支持出口超 5800 亿美元占总出口额 22%》，载新浪财经，https://finance.sina.com.cn/roll/2021-03-02/doc-ikftpnnz0575077.shtml;《中国信保 2021 全年承保金额突破 8000 亿美元同比增长 17.9%》，载 http://finance.china.com.cn/money/insurance/20220114/5728508.shtml。

② World Bank, *World Development Report* 1994: *Infrastructure for Development*, Oxford University Press, 1st Edition, June 1994, p. 2-3.

③ Mckinsey Global Institute: *Bridging Global Infrastructure Gaps*, https://www.mckinsey.com/~/media/mckinsey/business%20functions/operations/our%20insights/bridging%20global%20infrastructure%20gaps/bridging-global-infrastructure-gaps-full-report-june-2016.pdf, p. 4.

制[①],但长期看各国寻求经济增长和解决就业的动力是持续性的。世界重要经济体和国家纷纷推出基建投资计划,或将加大基础设施领域投资作为实现发展目标的重要政策措施。2021 年 7 月在欧盟 27 国外长会议后,欧盟推出了一项试图连接欧洲与世界的全球基础设施计划——“全球联通欧洲”战略计划,目的是促进其经济、外交、发展政策、安全利益等并倡导欧洲的价值观[②]。2021 年 3 月美国公布《美国就业计划》,将在未来 8 年支出 2.25 万亿美元,主要用于基础设施投资;从涉及加利福尼亚州的章节看,《美国就业计划》将对加州的道路和桥梁、公共交通、饮用水、住房、宽带、看护、儿童护理、制造业、家用能源、清洁能源工作、退伍军人健康等领域进行投资[③]。拉丁美洲一些重要国家 2020 年也纷纷推出各项基建计划,寄希望通过基建投资来实现振兴经济和解决就业等政策目标,包括智利政府 2020 年下半年宣布一项经济复苏计划,在未来 2 年内基建领域的公共支出提高到 340 亿美元,同时简化 130 个私方投资项目的许可、扩大特许经营范围;秘鲁政府 2020 年宣布了“启动秘鲁”计划,于 2020 年下半年在公共项目上投资大约 18.6 亿美元,涉及运输、电信、住房等数十个相关基建项目;巴西政府初步计划投入 400 亿—500 亿雷亚尔(1 美元约合 5.4 雷亚尔),在 2021—2022 年间投资 137 项基建项目,以此提振巴西经济[④]。

工程能源基础设施领域发展与各国政策倡导方向是否相符,是衡量基建市场是否有长期稳定前景的外在标尺。从上述发达和发展中国家推出的各项政策和计划来看,预计后疫情时代下各国对基建投资的重视程度和推动力度有增无减。并且,在基于《联合国可持续发展目标》(UN Sustainable Development

---

① 比如,根据 DWS 的研究报告,因为疫情影响,2021 年 11 月时全球私人基础设施股权交易规模为 2600 亿欧元,低于前三年的平均值。DWS, *Infrastructure Strategic Outlook* 2021, https://www.dws.com/AssetDownload/Index? assetGuid = 509663b0 – 947a – 4ea1 – b437 – 14e8fa8eae25&consumer = E – Library, p. 8.

② 《“全球联通的欧洲”真相》,载《环球》2021 年第 15 期。

③ 美国新闻速递:《2.3 万亿投资基建白宫发布 50 州“美国就业计划”明细》,载网易网 2021 年 4 月 13 日,https://www.163.com/dy/article/G7F035620514DNE7.html。

④ 李晓骁、张远南:《拉美国家努力补齐基建短板:专家建议扩大投资并出台更多激励政策》,载《人民日报》2020 年 8 月 17 日,第 16 版。

Goals)规定的确保获得可负担、稳定和可持续的现代能源等目标共识下，各国进一步加大投资和建设工程能源基础设施的趋势可期。工程能源基础设施未来仍将扮演不可替代的作用，具有可观的发展前景。

(二)数字化基础设施、健康医疗项目投资受到优先关注

为了应对新冠疫情对经济、就业和民众健康的影响，各国纷纷颁布促进经济复苏的经济或财政刺激措施，而其中新增投资大部分以医疗健康项目、数字化基础设施项目和再生能源项目为主①，这也使目前这三个方向成为全球投资的热点和焦点。

根据联合国贸易和发展会议(United Nations Conference on Trade and Development，UNCTAD)《2021年世界投资报告》的统计，疫情形势增加医药和医疗健康服务的需求，已使全球100家大型非金融跨国企业在健康行业收入增加15%，众多大型跨国企业寻求与小型医药企业合作研发新产品，使医药领域大型跨国企业境外资产增长20%②；此外，面对严峻的疫情形势，大多数国家鼓励国内企业和外商投资本国医疗健康行业。根据UNCTAD对70个经济体(其中包括21个发达经济体、41个发展中经济体和4个过渡经济体)的调研，尽管有1/3的经济体引入或强化现有的对投资医药行业的监管措施，以应对日益增加的医药健康领域的并购和投资交易，但没有国家增设对外商投资医药行业的准入限制③。在2020年UNCTAD对多国投资促进机构的调研和采访中，受访者普遍认为2021年继农业和食品、信息及通信技术行业之后，医药行业预计将成为吸引外资最多的领域④。

此外，由于各国纷纷颁布保持社交距离或隔离政策以避免或控制疫情蔓延

① UNCTAD, *World Investment Report* 2021, https://unctad.org/webflyer/world-investment-report-2021#tab-2, p. 186.

② UNCTAD, *World Investment Report* 2021, https://unctad.org/webflyer/world-investment-report-2021#tab-2, p. 24.

③ UNCTAD, *World Investment Report* 2021, https://unctad.org/webflyer/world-investment-report-2021#tab-2, p. 134.

④ UNCTAD, *World Investment Report* 2021, https://unctad.org/webflyer/world-investment-report-2021#tab-2, p. 131-141.

和传播,使远程办公和远程会议需求迅速增加,数字化基础设施和相关服务的投资随之快速增长。在绝大部分行业外商投资金额普遍下降的背景下,信息和通信行业也成为为数不多的增长亮点。2020 年,信息和通信行业的外商投资金额同比增长 22%(至 81 亿美元),大型电信投资项目不断涌现,比如,西班牙电信巨头 Telefónica 公司在德国投资 60 亿美元建设光纤网络,美国电商 Amazon 公司投资 28 亿美元在印度建设通信基础设施,美国 Google 公司在波兰投资 18 亿美元,用于信息和通信设施建设①。目前疫情不断出现新的病毒变种、疫情感染还在不断反复,加之远程办公确实带来工作效率提升和办公成本降低等好处,预计在可预见的未来,信息和基础设施投资仍会是各国投资和发展的重点领域之一。

(三)再生能源领域,将是未来全球基建投资的新热点

根据《2022 年全球基础设施监测报告》,在 2010—2021 年社会资本(私方)投资基础设施项目的总金额中,再生能源和非再生能源电力项目领域投资份额占比高达 59%,其中 2021 年再生能源发电项目投资份额同比 2020 年增长 6%、非再生能源发电领域投资份额同比下降 23%②。全球范围内再生能源领域正迎来投资热潮。

为应对气候变化和实现可持续发展,联合国《可持续发展目标》提出,到 2030 年,大幅增加可再生能源在全球能源结构中的比例,全球能效改善率提高 1 倍,促进对能源基础设施和清洁能源技术的投资等目标③;欧盟委员会 2021 年 7 月 14 日提出应对气候变化的"一揽子"计划提案,旨在实现到 2030 年欧盟温室气体净排放量与 1990 年的水平相比至少减少 55%,到 2050 年实现碳中和。目前全球已有 124 个国家将碳中和目标设在 2050 年;中国、乌克兰、哈萨

---

① UNCTAD, *World Investment Report* 2021, https://unctad.org/webflyer/world-investment-report-2021#tab-2, p. 9.

② Global Infrastructure Hub, *Infrastructure Monitor* 2022, available at https://cdn.gihub.org/umbraco/media/4806/global-infrastructure-hub_2022-infrastructure-monitor-report_web.pdf.

③ 联合国网站:《目标 7:确保人人获得负担得起的、可靠和可持续的现代能源》,载 https://www.un.org/sustainabledevelopment/zh/energy/。

克斯坦等国承诺到2060年实现碳中和①。

随着联合国《可持续发展目标》形成的共识及各国对为应对气候变化的节能减排的承诺逐步落实,预计未来化石能源项目将不断减少,再生能源领域的投资将不断升温、成为投资热点,有助于促进环境、社会责任和公司治理(ESG)等可持续发展的能源基础设施投资将持续受到投资者更多青睐。

(四)工程能源基础设施项目的多元化融资趋势将更加明显

由于工程能源基础设施投资需要巨大资金,而疫情凸显和加剧了既有融资模式的短板和资金需求缺口,政府公共资金投资和融资远远不够,以往的融资模式需要进一步突破和创新社会资本(私方)投资。

在疫情影响下,来自政府部门的公共资金需要优先用于健康医疗等民生行业,总体支出预算规模将继续受限、腾挪空间较为有限②。同时,疫情也导致使用者付费类的PPP项目的运营收益遭遇大幅降低,凸显出PPP协议抵御风险的脆弱性③。在单独的政府方和社会资本(私方)都难以单独承担项目需求下降、不可预见等风险的情况下,未来工程能源基础设施建设项目中利益相关方参与共同分担投资和融资风险被认为是可能的一种解决路径,融资多元化可能成为基建项目未来的发展趋势之一。在工程能源基础设施项目的建设前阶段和建设阶段项目开发和建设风险最高,通过交易文件在不同利益相关方之间设置合理的风险分配机制、以更加商业化和结果导向型的机制吸引各类利益相关方投入项目(如融资方、政府方、承包商、运营商、使用者、纳税人、保险公司等)可能得到更多关注和尝试,项目利益相关方可能会成为突破既有融资模式、提供更多社会资本(私方)融资的新生力量④。

---

① 国际发展观察:《实现碳中和:哪国政府最996?》,载http://www.chinadevelopmentbrief.org.cn/news-25590.html,2021年7月19日访问。

② Alberto Belladonna, Alessanodro Gili: *Infrastructure Between Old and New*, p.28-29. Carlo Secchi, et al., *Infrastructure in a Changing World: Trends and Challenges*.

③ PWC, *The Global Forces Shaping the Future of Infrastructure: Global Infrastructure Trends*, 2020, p.14.

④ PWC, *The Global Forces Shaping the Future of Infrastructure: Global Infrastructure Trends*, 2020, p.13.

第二节

国际知名工程承包商的发展与经验借鉴

在海外工程能源基础设施项目领域，中国企业通过 40 年时间完成了从无到有和从起步到成熟的蜕变，经历了发达国家近百年或更长时间的发展过程，目前规模和影响力已经跻身世界前列。取得瞩目成绩的同时，不可否认，“大而不强”也是中国企业亟待突破和解决的问题。

“他山之石，可以攻玉。”根据 ENR 历年发布的全球建筑业榜单，德国企业豪赫蒂夫（Hochtief AG）、法国企业万喜（VINCI S. A.）多年稳居 ENR“国际承包商 250 强”前 5 名，美国 AECOM 公司多年位居“国际设计公司 225 强”前 5 名，他们的发展模式虽然各有特色，但都代表着行业内先进经验，值得中国工程企业研究、学习与借鉴。

一、豪赫蒂夫

豪赫蒂夫的前身赫夫曼兄弟公司（Gebrüder Helfmann）创办于 1873 年。1922 年公司总部迁至德国埃森，1923 正式采用“Hochtief”（豪赫蒂夫）为公司名称。豪赫蒂夫早期以德国国内电站及核电项目为主要业务。20 世纪 90 年代末至 21 世纪初，豪赫蒂夫收购了美国建筑工程领域龙头企业特纳集团（Turner Corporation）和澳大利亚领先建筑承包商雷顿集团（Leighton Group，后更名为 CIMIC Group，一般称为礼顿集团）控股权，奠定了其在美洲、亚太、欧洲三大核心区域的国际化布局基础①。2021 年,豪赫蒂夫总营业收入约 214 亿欧元,列 ENR“国际承包商 250 强”第 2 位。如今豪赫蒂夫在全球拥有 546 家②分支机构和约 33,000 多名员工,是以工程施工、运维服务和特许权/PPP 业务为主营业务的世界领先工程企业。

(一)经营业绩概况

近 20 年来,豪赫蒂夫年度营业收入同比增长率在 -13%—15% 之间,近 20 年中有 8 年出现负增长、存在一定幅度的波动,但其根据外部形势和内在问题不断调整发展战略。自 2012 年西班牙 ACS 集团③成为豪赫蒂夫最大股东后,公司逐步通过改革调整发展策略,剥离非主营业务、提升公司盈利能力等,扭转了 2012—2016 年营业收入逐渐下降、同比萎缩的趋势,并在 2017 年至新冠疫情暴发前,实现了豪赫蒂夫的年度营业收入、营业利润稳步上涨。虽然新冠疫情也给豪赫蒂夫的营业收入带来负面影响,但从 2021 年以来企业营收正在复苏(见表 1-1)。

表 1-1 豪赫蒂夫近 5 年核心经营业绩数据

统计项	2021 年	2020 年	2019 年	2018 年	2017 年
营业收入(百万欧元)	21,378	22,954	25,852	23,882	22,631
营业利润/EBIT④(百万欧元)	757	1046	1192	1022	925
净利润(百万欧元)	289	582	261	720	582

---

① 申万宏源研究:《探秘德国 HOCHTIEF 成长路,洞悉国内建筑企业“走出去”佼佼者》,2017 年 9 月,第 1 页。

② 根据豪赫蒂夫 2021 年年报,豪赫蒂夫拥有 353 家并表公司(fully consolidated companies)、101 家参股公司(101 equity - accounted companies)以及 92 家联合运营机构(joint operations)。

③ 西班牙 ACS 建筑集团(Actividades de Construcciones y Servicios)创立于 1983 年,是一家总部位于西班牙的跨国建筑集团,也是西班牙最大的建筑集团,主要经营业务为工程承包、特许经营和服务业务,业务遍布欧洲、北美洲、南美洲、亚太地区和非洲,目前全职雇员超过 12 万人。

④ 针对营业利润采用豪赫蒂夫年报的财务报表中 EBIT(息税前利润)这项数据。

从20世纪80年代起，豪赫蒂夫国际营业收入就超过德国本土收入，成为一家主要依靠国际业务创收的国际化公司，核心市场聚焦美国、澳大利亚和欧洲等发达国家，主要创收单位划分为美洲分部、亚太分部、欧洲分部。

从近10年国际业务占比来看，豪赫蒂夫的国际化程度非常高，就2021年业绩而言，豪赫蒂夫总营业收入中德国国内收入仅9.26亿欧元，而德国以外的其他国家和地区收入高达206.52亿欧元，国际业务贡献比例高达95.72%。这并非个别年份的偶然现象，过去10年国际业务贡献收入比例一直在90%以上（见图1-4）。

图1-4 2011—2021年豪赫蒂夫德国境内及境外营业收入

（二）业务构成与布局

豪赫蒂夫的组织架构为在集团统一管理下，分设美洲分部、亚太分部、欧洲分部以及Abertis投资分部。

具体而言，这四大分部的业务构成如下：

1. 美洲分部

该分部的主要业务包括房屋建设、交通基础设施建设。经营主体主要包括在美国一般房建领域和可持续建筑领域排名多年位居榜首的美国特纳公司（Turner Constructions Company），活跃在美国、加拿大市场的商业、医疗健康和运动设施承包商 Clark Builders 公司，以及美国和加拿大公路、桥梁、基础设施和铁路等领域的知名承包商 Fltiron 公司。该分部贡献营业收入约 137.93 亿欧元，占集团总营业收入的 64.52%，是集团营业收入的核心支撑；该分部营业利润 3.4 亿欧元，占集团总营业利润的 44.91%，也是集团营业利润的主要来源之一。

2. 亚太分部

该分部的主要业务为工程建设、资源服务、矿业加工服务及 PPP 业务，经营主体主要包括豪赫蒂夫持股 78.58% 的澳大利亚礼顿集团，在澳大利亚和新西兰等主要从事建筑、公路铁路、隧道、国防设施、资源基础设施等业务的承包商 CPB Contractor，以及提供矿业服务澳大利亚 Thiess 公司等。该分部贡献营业收入约 61.37 亿欧元，占集团总营业收入的 28.71%，是集团营业收入的重要组成部分；该分部营业利润 3.57 亿欧元，占集团总营业利润的 47.16%，尽管贡献营业收入约 1/4、但营业利润占比将近 1/2，该分部是集团营业利润的主要来源之一。

3. 欧洲分部

该分部的主要业务为交通、能源与城市基础设施 PPP 项目。经营实体主要包括开展房建和基础设施建设服务的 Hochtief Infrastructure 公司，经营 PPP 业务的 HOCHTIEF PPP Solutions 公司，提供工程设计服务的 Hochtief Engineering 公司，以及提供 BIM 及虚拟建筑服务的 Hochtief ViCon 公司。该分部贡献营业收入约 13.1 亿欧元，占集团总营业收入的 6.13%，相比其他分部，贡献营业收入较少；该分部营业利润 0.6 亿欧元，占集团总营业利润的 7.93%，相比其他分部贡献集团营业利润较少。但该分部是集团内部欧洲 PPP 业务的主力，具有战略意义。

4. Abertis 投资分部

该分部的主要业务为收费公路业务，经营实体为豪赫蒂夫持有 20% 股份的国际收费公路运营商 Abertis HoldCo 公司。Abertis 管理总计里程达 8000 公里、覆盖 16 个国家的高速公路。Abertis HoldCo 公司业务分布于阿根廷、巴西、加拿大、智利等国际市场。该分部2021年贡献的营业利润为5800万欧元。

（三）特点

1. 坚定推进国际化战略，国际化程度非常高

豪赫蒂夫已成为公认的工程企业国际化的标杆。从近10年数据来看，豪赫蒂夫的国际业务收入贡献比均超过90%。放眼全球范围国际工程承包商，如此高的国际业务贡献比例也绝无仅有。

豪赫蒂夫实现高度国际化，是历经国际市场获得可观红利、国内市场波动和萎缩后，高度重视和坚定推进国际化战略的成果。豪赫蒂夫创立之后的100年时间主要依赖德国国内市场，国际业务增长缓慢，直到20世纪70年代初国际业务收入占比不到20%。20世纪70年代国际石油危机期间，石油输出国组织成员国对建筑工程产生巨大的市场需求，豪赫蒂夫抓住市场机遇进入中东市场，承建当时豪赫蒂夫单项合同金额最大的沙特阿拉伯吉达机场项目及其他大型项目等，1971—1980年公司国际业务收入增长10倍、贡献收入超过33亿马克，1980年国际业务占比第一次超过国内业务①。国际业务的可观收入增强了豪赫蒂夫将业务推向国际市场的信心。

随着20世纪90年代东德和西德实现统一，东部德国建筑市场热潮在1995年开始降温，建筑业投资持续下降、建筑市场需求开始下滑，德国第三大建筑公司 Walter Bau 及强有力的竞争对手 Phillip Holzmann 陷入危机直至后来破产。豪赫蒂夫认识到国内市场需求不可持续，便持续推进国际化应对国内市场需求饱和和萎缩②，拓展德国以外的其他欧洲国家业务并寻找其他发达国家地区的并购机会，拓展国际业务新的增长点，将自身的定位也调整为发展成为高度国际化的国际建筑服务提供商③。

---

① 豪赫蒂夫官网：https://www.hochtief.com/about-hochtief/history。

② Hochtief: *Chronicles* 2013, file:///C:/Users/gaozhenkun/Downloads/hochtief-chronik-engl.pdf, p. 51.

③ Hochtief: *Chronicles* 2013, file:///C:/Users/gaozhenkun/Downloads/hochtief-chronik-engl.pdf, p. 51.

豪赫蒂夫高度国际化的另一特点是，贡献绝大部分营业收入的核心子企业（如特纳公司及礼顿集团）位于德国境外。就营业收入占比而言，以2021年为例，美国特纳公司的营业收入为140亿美元①、澳大利亚礼顿集团2021年营业收入为102亿美元（其中豪赫蒂夫持股约79%），而2021年豪赫蒂夫总营业收入共约214亿欧元（按照2021年欧元兑美元汇率折合188亿美元）。境外实力强的核心子企业，对豪赫蒂夫国际业务的高收入起到支撑作用。

2. 善于运用并购手段开拓海外布局，实现市场区域和业务领域突破

豪赫蒂夫落实国际化战略的显著特点之一，是深入评估全球各个地区建筑市场增长潜力，以最看好的潜力市场为导向，通过并购手段去寻求市场区域布局的突破。

举例而言，豪赫蒂夫年报设置专章，结合IHS Market及BIS Oxford Economics等专业机构的报告和数据，分析世界各区域建筑市场的增长情况及前景，并介绍豪赫蒂夫在过往一年在相关区域市场的表现。对于豪赫蒂夫占有份额较小但属于关键性目标区域和行业的进入，豪赫蒂夫一般锁定目标后通过并购手段实现突破。图1－5总结了豪赫蒂夫发展历程中的重大里程碑事件。

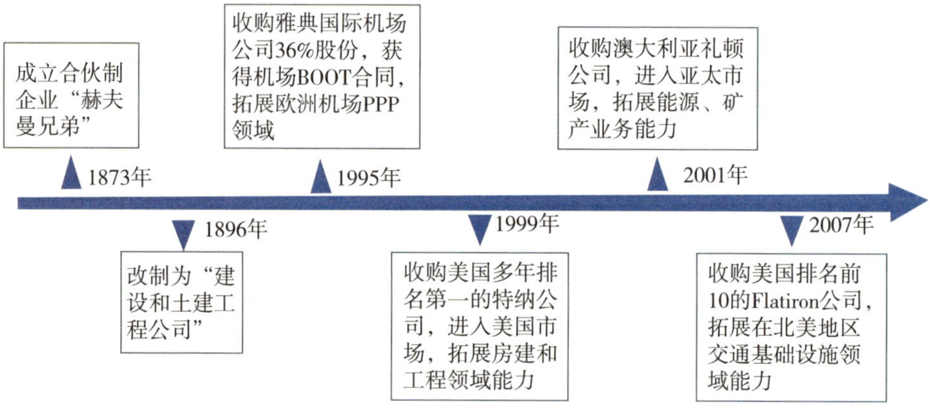

图1－5 豪赫蒂夫发展历程中重大里程碑事件

① 需要说明的是，豪赫蒂夫年报中未披露其持有的特纳公司的股权比例。

豪赫蒂夫收购美国特纳公司即体现了该特点。20 世纪 90 年代,美国被普遍认为是全球未来建筑市场最具潜力、营商环境最具吸引力的国家。豪赫蒂夫在 20 世纪 90 年代锁定美国市场,曾在 1997 年计划收购其竞争对手 Philipp Holzmann 美国控股公司 40% 的股份,但由于监管原因而失败。豪赫蒂夫并未放弃,转而寻求收购美国特纳公司的全部流通股以进入美国市场。特纳公司成立于 1902 年,其被收购时在美国有 41 家分支机构、营业额已有 41 亿美元(约占豪赫蒂夫营业收入2/3)、在规模和声誉排名方面属于美国领先的工程管理服务商和工程承包商,特纳公司当时并未将收购交易视为敌意收购,而是认为该交易有利于特纳公司进入英国和澳大利亚市场及重型建筑行业(the field of heavy construction)①。特纳公司认可豪赫蒂夫的经营理念和收购带来的价值,且美国监管部门不持反对意见,为交易成功提供了客观条件。

豪赫蒂夫收购礼顿集团也体现了豪赫蒂夫看好目标市场,在合作中谋划布局的特点。豪赫蒂夫收购礼顿集团也非一蹴而就。早在 1983 年,豪赫蒂夫就将下属矿业公司 Theiss 出售给礼顿控股公司,以换取豪赫蒂夫在礼顿控股公司 30% 的股份②。以双方 17 年合作为基础,使礼顿集团对豪赫蒂夫有较多了解、对收购交易给自身带来的价值较为认可,最终促成 2001 年豪赫蒂夫成功收购礼顿集团、实现澳大利亚及亚太区域的业务布局的突破。

3. 重视可持续发展目标并持续投入落实

重视公司业务可持续发展目标,设定可衡量的具体指标并持续投入落实,是豪赫蒂夫发展策略和业务方向上的重要特点之一。早在 2000 年左右,豪赫蒂夫即开始制定可持续性发展战略,并每年发布可持续发展情况报告。

根据 2021 年年报,豪赫蒂夫已设定可衡量的 2025 年可持续发展目标③,其

---

① FundingUniverse, *Turner Construction Company History*, http://www.fundinguniverse.com/company – histories/turner – construction – company – history/.

② Cascade Team, The CIMIC Group Growth Study, https://www.cascade.app/strategy – factory/studies/cimic – group – strategy – study.

③ 豪赫蒂夫 2021 年年报,第 160 – 164 页。

中包括在集团和所属公司的执行委员会/管理层成员的绩效考核中将一定的薪酬补偿与ESG[①]目标挂钩。2021年美国特纳公司和Faltrion公司管理层考核中ESG目标落实情况占比为10%；将联合国可持续融资性行动计划及ESG标准纳入融资决策中；此外，豪赫蒂夫计划2045年实现净零排放（net - zero emission）[②]。2015年起，豪赫蒂夫开始统计集团内绿色建筑板块的营业收入，当年绿色建筑业务收入达到70亿欧元，2021年增长至97亿欧元，美国子公司特纳公司2021年再次荣登美国绿色承包商排行榜榜首[③]。豪赫蒂夫已经第16年被纳入国际认可的道琼斯可持续发展世界指数[Dow Jones Sustainability Index（DJSI）World]，获得2022标普全球可持续发展年鉴铜奖。

由此可见，业务发展中重视可持续发展及ESG目标落实，是豪赫蒂夫为应对当前建筑市场现实需求及顺应未来各国可持续发展的总体趋势而做出的长期战略决策。

二、万喜

万喜的前身是1899年由两名法国工程师创办的法国建筑企业Société Générale d' Entreprises，该企业2000年与历史同样悠久的法国基建企业Grands Travaux de Marseille（GTM）Group合并后，更名为万喜（Vinci）。通过强强联合实现经营收入和盈利能力的跨越式发展，这被视为万喜发展史上的重要里程碑之一。如今万喜在全球120多个国家和地区有经营活动，拥有2100多家分支机构和约22万名员工，是集特许经营、工程承包及能源业务为一体的世界领先企业。

---

① 根据豪赫蒂夫年报，ESG的三大构成要素中，环境方面（E）指碳排放、环境政策、废物污染及管理政策、能源使用及管理、自然资源消耗及管理、生物多样性、合规性等；社会方面（S）指性别平衡、人权政策、社团、健康安全、管理培训、劳动规范、产品责任、合规性等；治理方面（G）指公司治理、贪污受贿处理、反不正当竞争、风险管理、税收透明、公平的劳动实践、道德行为准则、合规性等。

② 净零排放（net - zero emission），是指一个组织的一年内所有温室气体（CO_2 - e，以二氧化碳当量衡量）排放量与温室气体清除量达到平衡。

③ 豪赫蒂夫2021年年报，第170页。

(一)经营业绩概况

近20年来,万喜的营业收入年涨幅在6%—10%之间,营收表现并不强劲,波动较小,保持了稳定的涨幅。万喜的营业利润年涨幅在8%—15%之间。相比豪赫蒂夫,万喜的总体业绩增长稳定。受新冠疫情影响,2020年万喜的营业收入和营业利润受到不小的影响和挑战,但2021年,万喜业务开始反弹,营业收入达到493.96亿欧元,甚至超过2019年疫情前水平(480.53亿欧元);营业利润和净利润分别达到47.23亿欧元和25.97亿欧元,略低于2019年水平。表1-2统计了万喜近5年的经营情况。

表1-2　万喜近5年核心经营业绩数据

统计项	2021年	2020年	2019年	2018年	2017年
营业收入(百万欧元)	49,396	43,234	48,053	43,519	40,248
营业利润/EBIT①(百万欧元)	4723	2859	5734	4997	4607
净利润(百万欧元)	2597	1242	3260	2983	2747

万喜始终采取立足法国本土,深耕欧洲,并进军美国、东南亚、拉美、大洋洲市场的策略,其高度重视国内市场,投资建设多个法国境内重大项目。从图1-6可以看出,法国境内市场收入与法国境外市场收入在经过多年发展后基本上形成了平分秋色的局面。

① 采用万喜年报财务报表中的Operating income from ordinary activities(Ebit)数据;针对净利润,采用Net income attributable to owners of the parent数据。

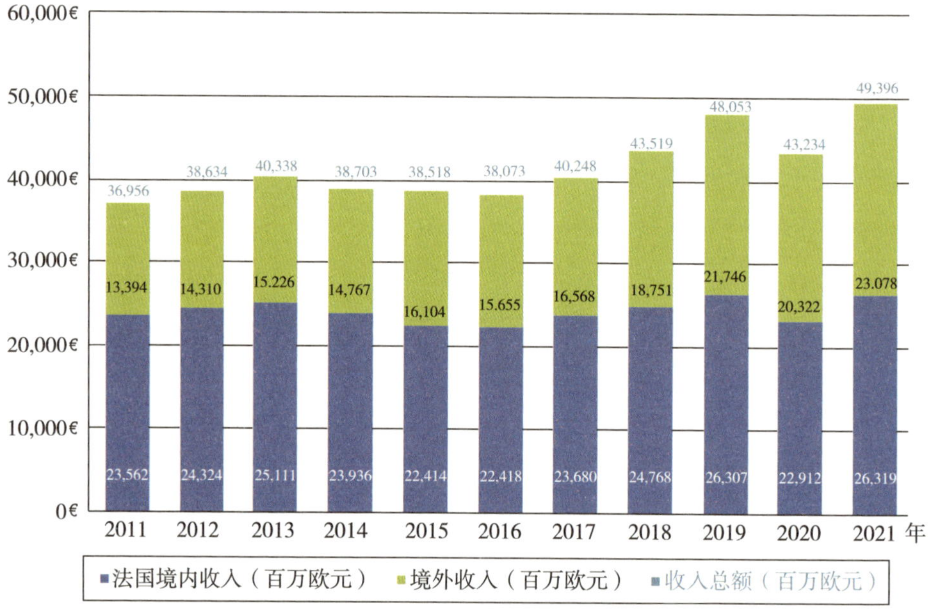

图 1－6　2011—2021 年万喜的法国境内及境外收入

以 2021 年为例，在万喜全球总收入 493.96 亿欧元中，法国境内的营业收入占 53.3%，法国以外的欧洲市场占 28.2%，其他国际市场占 18.5%。

（二）业务构成及布局

得益于法国第二次工业革命与特许经营制度的领先发展，万喜创立之初便以公用事业的特许经营与工程承包为核心业务。如今万喜仍以基础设施的特许经营业务和工程承包业务两大核心业务为支柱，但特许经营业务已从早期的铁路和电力逐渐发展到公路、机场、再生能源领域；工程承包业务已从基础设施建设和建筑施工发展到土木工程中的专业化活动以及能源信息技术等高附加值领域。

在万喜集团内部，两大核心业务在运转周期、资金需求以及专业能力上互为补充，进一步分为四大业务板块，具体而言：

1. 特许经营板块

该板块以万喜公路（Vinci Autoroutes）和万喜机场（Vinci Airports）为主经

营。万喜公路主营道路和高速公路的特许经营业务；万喜机场主营法国境内外机场的特许经营业务，截至 2021 年已运营法国境内外机场 45 座，其中法国境内机场 11 座。除此之外，万喜还从事铁路、桥梁、体育馆、车位、公共照明系统等其他公用设施的特许经营业务。2021 年，万喜特许经营板块合计贡献营业额 70.46 亿欧元，占集团营业总收入的 14.3%。尽管特许经营板块占集团营业额的比例不高，但却是集团的主要盈利业务来源，其贡献营业利润(operating income)26.83 亿欧元，占集团总营业利润的 56.8%，相比 2000 年的营业利润 5.68 亿欧元，上涨了 4.7 倍。

2. 能源板块

该板块以万喜能源(Vinci Energies)为主经营，提供信息技术、能源网络、电力、照明、建筑设备的设计、安装和维护，并侧重新能源电力项目。万喜能源原属于工程承包板块，由于近年来表现突出，在 12 年中营业收入翻了 3 倍，逐渐独立并与其他板块并列。2021 年，能源板块合计贡献营业额 150.97 亿欧元，占集团营业总收入的 30.6%；贡献营业利润 9.85 亿欧元，占集团总营业利润的 20.9%。

3. 工程承包板块

该板块由万喜建筑(Vinci Construction)为主经营，提供普通公路、高速公路、桥梁、房屋建筑、工商业设施等项目建设、维护和其他服务。自 2021 年起，欧罗维亚公司(Eurovia)并入万喜建筑的业务线，发挥协同效应。2021 年，工程承包板块合计贡献营业额 262.82 亿欧元，占集团营业总收入的 53.2%；营业利润 9.68 亿欧元，占集团总营业利润的 20.5%。

4. 地产板块

该板块由万喜地产(Vinci Immobilier) 负责经营，专注于住宅地产、商业地产、高端住宅的开发及相关服务的提供。2021 年，地产板块合计贡献营业额 9.72 亿欧元，占集团营业总收入的 1.9%；贡献营业利润 0.85 亿欧元，占集团总营业利润的 1.8%。

（三）特点

1. 始终保持战略定力，特许经营与工程承包两项核心业务优势互补

万喜始终将特许经营业务和工程承包业务的互为补充、相互协同作为企业长期发展的战略。特许经营业务一般是生命周期长且资金密集的项目，往往覆盖从项目开发、投资、融资、建设、运营维护到移交的全生命周期。万喜把更新和促进交通基础设施为主的特许经营项目的进一步国际化设定为经营目标，不仅成为特许经营项目投资人，发挥高效融资能力，还协同集团内其他企业从工程承包商、运营维护商、技术服务提供商等不同角度参与特许经营项目，获得纵深发展的业务机会，持续贡献现金流。另外，工程承包业务覆盖生命周期短且资金投入少的项目，通过上千个业务单元滚动深挖，参与全球大大小小的工程承包项目，工程承包业务为万喜创造市场领先的营业收入并巩固其市场份额，也为开发特许经营项目奠定基础。

2021 年 7 月 21 日，德国负责交通基础设施的公共主体 DEGES 授予万喜高速公路（Vinci Highway）B247 号联邦公路 30 年的特许经营权，融资、设计、扩建和运维这条 22 公里的联邦公路。这是德国首个 PPP 框架下的联邦公路特许权项目，项目金额约 5 亿欧元，其中 1.865 亿欧元通过债务融资（私人发债为主）完成。万喜仅用了 2 个月就高效完成融资①。接下来的工程交由擅长施工的万喜建筑德国子公司（Eurovia Deutschland 和 VINCI Construction Terrassement 等）承担，其中包括采用先进的节能环保技术实现现有工程 30% 的沥青和 100% 混凝土的循环利用。完工后 B247 号联邦公路将连接图林根州万喜正在运营的 A4 高速公路②。通过工程承包业务深度开发国际市场，赢得特许权项

---

① Vinci Official Website, *VINCI Completed the Financing of the PPP of the new B247 Federal Road in Germany*, September 23, 2021, https://www.vinci-concessions.com/en/news/vinci-completed-the-financing-of-the-ppp-of-the-new-b247-federal-road-in-germany.

② A4 高速公路 30 年 PPP 项目是 2008 年万喜特许权公司（VINCI Concessions）与豪赫蒂夫特许权公司（HOCHTIEF PPP Solutions）按 50%∶50% 的股权比例合资设立的项目公司开发实施，工程部分由万喜建筑的欧罗维亚公司 Eurovia 作为牵头承包商，与豪赫蒂夫建筑（HOCHTIEF Construction）、德国 SME 按各自 1/3 的比例承担。Vinci Official Websit, *VINCI Preferred Bidder for a Motorway Concession in Germany*, https://www.vinci.com/vinci.nsf/en/press-releases/pages/20070827-1757.htm.

目后反哺工程承包业务,这一循环展现万喜特许经营与工程承包两大业务互补的综合模式的成功。

2. 围绕核心业务实施并购,扩张市场和完善专业能力

除绿地投资外,并购符合商业战略的标的公司是企业希望快速补充专业能力或扩大市场份额时选择的更高效率的方式。2001—2022 年,万喜官方网站展示的主要并购项目 122 个[①],并且多个项目是各大业务板块调整扩张阶段的里程碑项目。

在特许经营板块,全球允许社会资本(私方)投资的机场资源一向稀缺,而投资像英国第二大机场伦敦盖特威克机场[②](London Gatwick Airport)这样规模和质量的机场机会更是不可多得。在全球 12 个国家运营 45 座机场的情况下,2019 年,万喜以 36.8 亿欧元完成了盖特威克机场 50.01% 的股权收购,一跃成为世界第二大机场运营商。通过协同效应,万喜的专业能力使盖特威克机场的机场管理和服务质量获得提升,同时,盖特威克机场领先的运营效率和飞机排队管理也使万喜全球机场网络受益[③]。

在能源板块, 2021 年年底,万喜能源宣布完成对 ACS 工业服务板块中能源业务(Cobra IS)的收购。收购对价为 42 亿欧元,交易标的包括 ACS 工业服务板块位于伊比利亚半岛和拉美的大部分工程承包业务、9 个正处于开发或建设阶段的电力为主的特许经营项目。为缓释投资风险,这次并购采用 Earn - out(分期延付且对价与特定绩效指标挂钩)机制,在并购完成后的 8 年半期间里,对于 Cobra IS 已开发完成[④]的再生能源项目,ACS 将每 GW 收到 4000 万欧元,预计将支付 15GW 达到 6 亿欧元。另外,万喜和 ACS 看重双方在能源

---

① Vinci Official Website, *Acquisitions and Divestments*, https://www. vinci. com/vinci. nsf/en/investors - financial - information - acquisitions - divestments. htm.

② 英国盖特威克机场是欧洲第六大机场、也是全球最繁忙的单跑道机场。它位于伦敦南部,旅客运输量为 4600 万人次/年,2017 年,每日航班起降达到 950 多架次。

③ Vinci Official Website, *VINCI Airports Becomes the World' s Second Largest Airport Operator with the Integration of London Gatwick Airport*, https://www. vinci. com/vinci. nsf/en/press - releases/pages/20190514 - 0700. htm.

④ 开发完成指项目取得建设期开始前的全部审批许可并获得融资。

板块的长期合作，有远见地成立了合资平台，由万喜以 51% 的比例控股和并表。该平台以市场价格收购 Cobra IS 已经开发、融资、建设及并网的再生能源项目。可以预见，通过擅长的特许经营模式推进再生能源业务开发，万喜法国境外的国际业务将会进一步扩大。

在工程承包板块，万喜建筑收购多家专业化公司提升专业服务能力和扩大市场份额。2015 年，万喜建筑收购新西兰公司 HEB 建筑（HEB Construction），2017 年收购澳大利亚公司 Seymour Whyte 公司；2018 年，万喜欧罗维亚公司收购道路建设（Lane Construction）公司的道路铺平与维修部门，使万喜在美国东海岸的市场规模得到 1 倍的扩张；2021 年，万喜建筑与加拿大北方集团公司（Northern Group of Companies）签署协议，收购多家擅长运营道路工程和沥青混合料生产的专业承包商公司，以扩大万喜在加拿大的公路建设和运营。

3. 立足本土，稳健走向世界

万喜是一家有着 130 年历史的法国建筑企业，它的发展离不开法国经济的整体向上发展背景。2000—2008 年法国国民生产总值从 2000 年的 1.362 万亿美元不断增长，到 2008 年达到 2.918 万亿美元，但受到 2008 年金融危机的影响，法国经济进入波动期，2020 年法国国民生产总值达到 2.63 万亿美元，与 2010 年的国民生产总值2.643 万亿美元水平相仿，中间一直有幅度不大的波动调整。万喜立足法国本土发展，深获法国政府信任和支持，完成了多个法国建筑业内的大型复杂的标杆项目，国内市场业务成熟，盈利稳定。2006 年，万喜在法国政府支持下收购法国最大高速公路运营商 ASF（Autoroutes du Sudde la France）50.37% 股权，2011 年获得项目金额为 80 亿欧元的南欧大西洋线高速铁路特许权项目，并于 2017 年实现商运。万喜机场特许权业务更是发端于法国南特大西洋机场并陆续持有法国境内 11 座机场。2000—2008 年万喜的法国市场营业额一直高速增长，境外业务占比约 38%。从 2009 年起，法国本土市场增长放缓，境外业务增长提速。尽管 2020—2021 年全球经济因疫情影响巨大，万喜的法国境外营业额不降反升，达到全球收入的 47% 左右。

好的市场是成功的一半。除法国本土市场外，多年来万喜深耕德国、英国、捷克、希腊等欧洲市场，每年欧洲市场收入约占万喜营业总收入的1/4。在欧洲本土核心业务越做越强的情况下，万喜坚持开展国际化经营，通过更广泛的市场和业务网络，发展特许经营业务和工程承包业务。近年来，万喜凭借工程承包业务的网络资源，在加拿大、美国、智利、秘鲁、哥伦比亚等地区取得了特许经营业务的合同。总体而言，万喜所在的本土市场——法国是世界前十大经济体之一，其选择的境外市场多数是欧美发达国家市场，在这些稳定向好发展的市场深耕，支撑万喜稳健地走向世界，成为国际工程的领军企业。

三、AECOM

AECOM 是一家总部位于美国的公司，目前总部位于得克萨斯州达拉斯，正式成立于 1990 年，其前身最早可以追溯到 1910 年成立的主营油气业务的阿什兰公司（Ashland Inc.）。AECOM 的公司名称源于建筑设计（architects）、工程（engineers）、施工管理（construction）、运营（operation）和维护（maintenance）五个英文单词的首字母，体现了公司在设计咨询和全流程项目管理方面的目标。目前 AECOM 业务遍及全球 150 多个国家、拥有约 5.1 万名员工，是提供覆盖规划、咨询、设计、项目管理服务的全球领先基础设施咨询和设计服务提供商。

（一）经营业绩概况

除近 3 年因疫情影响营业收入以及因战略性剥离部分业务影响而呈现下降趋势外，近 20 年来，AECOM 总体营业收入呈增长趋势，实现了规模的快速扩张。营业收入在 2001 年仅为 1.51 亿美元、2021 年则增长至 13.34 亿美元，20 年增长约 8.8 倍。2019 财年 AECOM 受新冠疫情叠加国际经济形势下行影响严重，2020 年营业收入与前 1 年基本持平、2021 年略有增长，AECOM 正逐步走出疫情影响。

总体而言，AECOM 20 年间实现较快的盈利增长，但 2012 年以来盈利情况波动较大，AECOM 目前致力于剥离管理服务和存在潜在风险的施工业务，以实现资源最优整合、增强抵御风险能力。表 1 – 3 统计了 AECOM 近 5 年经

营情况①:

表 1－3　AECOM 近 5 年经营情况

统计项	2021 年	2020 年	2019 年	2018 年	2017 年
营业收入（百万美元）	13,341	13,240	13,642	13,878	18,203
营业利润②（百万美元）	630	381	396	393	654
净利润（百万美元）	173	－186	－261	136	339

AECOM 多年来始终以美国市场为大本营,美国国内市场收入占比达到 3/4 左右,但近年来也积极拓展欧洲、非洲和亚太地区市场。以 2019 年为例,在 AECOM全球总收入 13.64 亿美元中,美国国内营业收入占 76%,美国境外市场的营业收入占 26%(见图 1－7)。

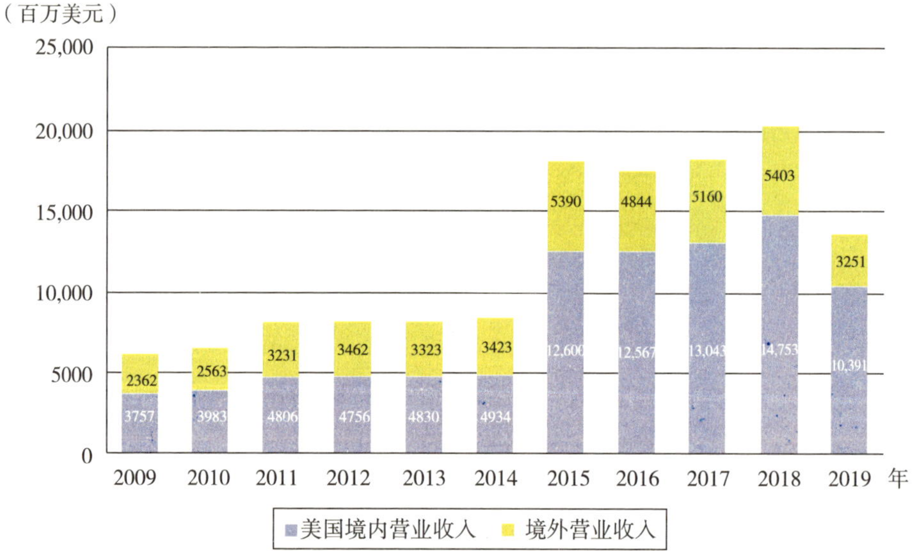

图 1－7　2009—2019 年 AECOM 美国境内及境外营业收入

① 2019 年后的公司年报以美洲部、国际部、AECOM Capital 为划分依据进行各项披露,此前的公司年报以 DCS(设计咨询服务)、CS(施工服务)、MS(管理服务)、艾奕康资本进行业务划分。

② 针对营业利润,采用 AECOM 年报中的 Income from operations 数据;针对净利润,采用 Net Income from continuing operations 数据。

从公开可查的2009—2019年美国国内营业收入的数据来看，美国国内业务贡献营业收入占比区间在58%—76%，国际业务贡献营业收入占比区间在24%—42%①。

（二）业务构成及布局

AECOM经过多年并购扩张和组织架构调整，目前划分为美洲分部、国际分部、AECOM资本（AECOM Capital）三大区域板块②。具体而言：

1. 美洲分部

该分部主要覆盖美国本土、加拿大和拉丁美洲地区市场。美洲分部为美国、加拿大和拉丁美洲地区交通、水利、环境、能源等终端市场上的商业和政府客户，提供规划、咨询、工程和建筑设计、施工、项目管理服务。美洲分部2021年贡献营业收入102.26亿美元，占总营业收入的77%；美洲分部2021年贡献毛利润③约6.32亿美元，占集团毛利润总额约为79%。美洲分部是AECOM集团的营业收入和毛利润的最核心支撑。

2. 国际分部

该分部覆盖欧洲、中东、非洲、亚太地区市场，为欧洲、中东、非洲、印度及亚太地区交通、水利、环境、能源等终端市场上的商业和政府客户，提供规划、咨询、工程和建筑设计、施工、项目管理服务。国际分部2021年贡献营业收入31.13亿美元，占总营业收入的12%；国际分部2021年贡献毛利润约1.65亿美元，占毛利润总额的21%。国际分部是AECOM集团的营业收入和毛利润的重要组成部分，虽然目前占比相对较少，但属于AECOM国际化战略的重要抓手。

---

① 需要说明的是，2018年以前AECOM公布美国国内及美国以外区域营业收入数据，但自2019年起，因公司业务架构调整，年报划分美洲分部、欧洲中东及非洲分部、亚太分部公布营业收入数据，不再公布单独的美国境内营业收入数据。

② 2019年以前AECOM以业务类型来划分总体经营板块，相应统计数据也按业务类型来公布，如2018年AECOM划分为设计咨询、施工服务、管理服务及AECOM资本四大板块。但从2020年起AECOM出售了管理服务业务给American Securities LLC的子公司及Lindsay Goldberg LLC，并重组运营架构及财务报表中的架构，将业务按照区域划分为美洲板块、国际板块、AECOM资本三大板块。

③ 受AECOM年报公布的各区域数据所限，就AECOM各分部的利润贡献比例采用毛利润（Gross Profit）数据。

3. AECOM 资本

该分部主要以独资或合资方式投资房地产项目。2021 年贡献营业收入 200 万美元,但在总体营收中占比微乎其微。

2017 年以前,AECOM 拥有设计咨询、施工服务、管理服务及 AECOM 资本四大核心业务板块。但 2018 年以来,面对外部市场环境变化,AECOM 调整经营策略、暂停收购扩张的步伐,将管理服务和工程承包业务定义为风险业务,出售了管理服务业务线、电力施工业务、民用基建业务并在准备出售油气业务[①]。AECOM 管理层认为,上述举措将有助于公司降低市场运营风险,聚焦于现有设计咨询等核心业务,同时加强城市治理等新兴领域的业务开拓[②]。

(三)特点

1. 以咨询服务的全产业链为基础,打造综合咨询服务的核心竞争力

创立之初,AECOM 专注于工程设计和咨询业务。随着业务范围和行业领域的拓展,AECOM 日益重视提供咨询服务全产业链的综合服务能力,致力于打通规划、咨询、设计、管理等各专业领域,为客户提供“一站式”的全产业链、多元化服务。AECOM 在早期主要以开展设计咨询业务为主,2005 年借助易道(EDAW)公司的规划经验,使 AECOM 具备提供规划、咨询、设计和管理“一站式”服务的核心竞争力。以阿布扎比华纳兄弟主题乐园项目为例,该公园占地 15 公顷(相当于 21 个足球场),是世界最大室内主题公园,AECOM 为项目提供设计咨询、建筑、结构和 MEP(机械、电气和管道)设计以及施工监理服务。AECOM从设计到监理的全产业链服务能力是促使 AECOM 赢得该项目的重要因素[③]。在该项目实施中,AECOM 整合了来自旧金山、伦敦及阿布扎比的规划师、设计师、经济师、结构设计师、工程师等多专业团队,为交付出色的项目设计

① 2020 年第 2 季度,AECOM 宣布出售管理服务业务线给私募股权公司 American Securities LLC 和 Lindsay Goldberg;2021 年第 1 季度,AECOM 将电力施工业务出售给 CriticalPoint Capital,LLC;2021 年第 2 季度,AECOM 将土木工程业务出售给私募股权公司 Oroco Capital。

② AECOM 2021 年年报,第 72 – 73 页。

③ AECOM Official Website, https://aecom.com/projects/warner-bros-world-abu-dhabi/.

和施工监理服务提供了专业力量支持。

以打造全过程服务为中心的定位和战略，也给 AECOM 带来了专业方面的核心竞争力，在大型项目中的竞争优势尤为明显。比如，针对某一城区商务楼和商业住宅的数量、层数设计，需综合考虑公路的交通承载能力和合理的配套交通设施布局，公路和地铁建设又必须考虑地下的水、电、通讯系统等的合理布局及景观绿化要求等，AECOM 在规划、设计、咨询和管理方面全产业链的服务能力，有利于其总领和协调前端和后端各环节的专业经验来提供整体解决方案。2012 年英国伦敦奥运会中，AECOM 能够被选聘为奥运会提供了总体规划、工程咨询、造价咨询、交通规划、可持续发展咨询以及景观设计等多种服务，就得益于拥有这样的全产业链综合服务能力。

2. 通过积极的战略性并购，实现业务领域和地域市场的快速扩张

与豪赫蒂夫和万喜相比，AECOM 是一家相对年轻的国际工程公司，在如此短暂的发展期间能够快速成长为工程行业的全球领先企业，得益于其相对激进的并购战略。

AECOM 正式成立距今仅 32 年，但累计完成对 50 余家公司的并购。AECOM 将激进的并购战略，作为短期内快速实现业务范围拓展、行业领域突破、打开新地域市场的核心手段。其底层逻辑是借助被并购企业的客户、技术、人才等各方面资源，与 AECOM 的现有核心专业优势和管理经验进行整合，快速形成进入新行业和新地域市场上有竞争力的 AECOM 品牌。纵观 AECOM 的对外并购历程，AECOM 对并购对象的选择较为严格，每一次交易均基于管理层对公司发展实际需要的审慎考量，要求并购对象在行业领域或服务区域上与 AECOM 形成互补，或有助于 AECOM 在核心业务板块的竞争力提升①。

例如，通过并购快速进入目标行业，2000 年通过收购 Metcalf & Eddy 公司，AECOM 进入水处理和污水处理行业；2007 年收购 Economic Research Associ-

① 国金证券：《看好外延式发展模式，驱动公司长期稳健增长》，2014 年 5 月 12 日，第 12 页。

ates，使 AECOM 得以进军娱乐、房地产、旅游等行业的咨询业务①。

图 1－8 呈现了 AECOM 实施的具有代表性的并购交易及对企业的重要意义。

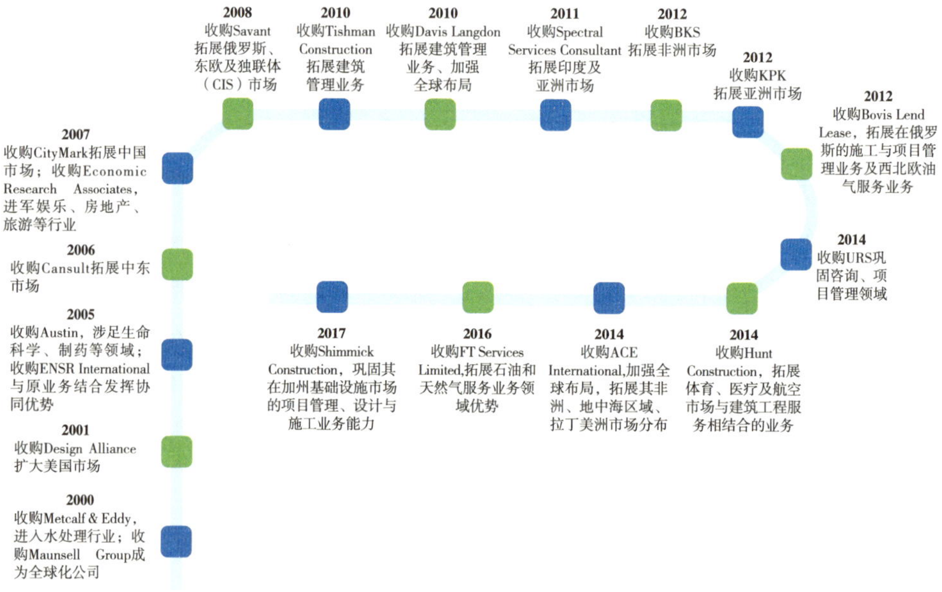

图 1－8　AECOM 代表性并购项目及重要影响

AECOM 在 2013 年前每年约有 3—5 个并购项目②。据公开披露，AECOM 自 1998—2009 年营业收入年复合增长率为 20.1%，其中 10.6% 来自自身的增长，9.5% 来自收购为企业带来的增长③。高频次战略并购，助力 AECOM 成为一家具备规划、咨询、工程和建筑设计、项目管理服务等全过程服务能力，从事行业跨越交通、水利、公共设施、环境、能源，且地域覆盖欧洲、美洲、中东、非洲、亚太等主要地区的全球领先企业。

3. 重视可持续发展目标，大力开发和布局可持续发展相关服务和数字化领域

随着城市化进程中出现的宜居性降低、生态环境污染问题突出、减排和可

① 国金证券：《看好外延式发展模式，驱动公司长期稳健增长》，2014 年 5 月 12 日，第 9 页。

② 《转型全过程工程咨询服务的"捷径"》，载微信公众号"马楠讲造价"，2022 年 3 月 28 日。

③ 参见 AECOM 2009 年年报，第 17 页。

持续发展日益成为全球焦点，AECOM 积极回应市场趋势和潜在需求，持续投入城市系统治理和可持续发展相关业务的研究和业务布局。一方面，AECOM 重视碳减排的目标落实，是第一家将科学碳目标倡议批准的减排设定为目标的工程设计企业①，承诺在 2030 年前实现净零排放。同时，AECOM 率先研发了可持续系统整合模型，用以定量评估城市系统中用水、能源、绿色建筑、经济学、交通、社区文化、区域生态等可持续发展指标，并结合可持续系统整合模型推出气候变暖应对规划、智能建筑、低能耗景观、水资源规划、可持续社区等多项服务②，将可持续发展转化为市场需求并在市场上取得了良好反响。为筹备 2012 年伦敦奥运会，AECOM 受聘协助将东伦敦从重污染区改造为可持续发展的低碳生活区③。另一方面，2022 年，AECOM 成立了可持续的韧性城市中心、科技配套中心、高效能建筑中心及都市信息分析中心 4 个技术卓越中心，致力于应对当下城市最为严峻和急迫的碳排放、气候变化、可持续发展及技术创新等问题的研究和问题解决方案④。

此外，AECOM 注重工程领域的数字化应用，2022 年在纽约成立了全球智能创新实验室 iLab (innovation Laboratory)，寻求利用数字化工具，为专业业务领域提供创新的产品和服务应用⑤。

① 科学碳目标倡议(Science Based Targets initiative，SBTi)是一项由碳信息披露项目(CDP)、世界资源研究所(WRI)、世界自然基金会(WWF)和联合国全球契约组织(UNGC)合作发起的全球倡议，旨在帮助企业制定与《巴黎协定》中控制全球温度升幅远低于 2°C 目标一致的碳减排目标。截至 2022 年 2 月 9 日，全球已经有超过 70 个国家与地区的 2466 家企业加入了科学碳目标倡议，其中 1155 家企业的碳目标得到正式批准。

② 参见周啸东主编:《"一带一路"大实践:中国工程企业"走出去"经验与教训》，机械工业出版社 2016 年版。

③ 参见周啸东主编:《"一带一路"大实践:中国工程企业"走出去"经验与教训》，机械工业出版社 2016 年版。

④ Four Center of Excellence: Sustainability and Resilience, Technical Solutions, High Performance Tall Buildings, Urban Analytics。参见《AECOM 乔全生丨全新挑战，初心如一》，载百家号 2022 年 1 月 21 日，https://baijiahao. baidu. com/s? id = 1722538626888084116&wfr = spider&for = pc。

⑤ 参见《AECOM 乔全生丨全新挑战，初心如一》，载百家号 2022 年 1 月 21 日，https://baijiahao. baidu. com/s? id = 1722538626888084116&wfr = spider&for = pc。

四、对中国承包商的经验借鉴

上述国际知名工程承包商从国内企业成长为国际领先企业的发展历程，为后来者——中国工程企业提供了非常宝贵的研究和学习案例，但每家企业的客观情况、发展阶段各有不同，需要理性思考和取舍。

（一）稳健实施国际化战略，国内市场与国际市场相互促进，是中国大型工程企业发展迈上新台阶的方向和趋势

一国的单一市场往往受经济危机、人口需求、城市化阶段等多方面因素影响，会出现基建市场需求的波动或萎缩，影响企业的可持续发展。从长远来看，企业实施国际化战略有利于企业在国内市场需求低谷期抵御市场风险，同时在与高水平境外企业的竞争与合作中，学习先进的公司治理、项目管理经验及技术创新成果，拓展国际化视野，实施人才储备，有助于提升企业核心竞争力，促进企业转型升级、实现高质量发展。

上述三家国际领先的工程企业都有一个从本土发展走向国际市场的历史过程。豪赫蒂夫的国际业务板块贡献收入高达90%；万喜在法国本土市场发展成熟基础上拓展国际市场，国际业务板块创造营收接近一半，形成国际和国内市场的良性互补；尽管AECOM在美洲以外市场贡献收入不到30%，但其2021年已将“全球性思考与行动”（Think and Act Globally）确定为最新战略，并在国际市场持续布局和发力，拟将AECOM美国国内业务开展中获得的经验和实践，不断整合和应用至其他区域市场。

尽管如此，企业如何实施国际化战略需视企业自身客观情况和市场环境实事求是、量体裁衣。纵观2019—2021年ENR“国际承包商250强”排名前20的国际工程承包商国际营业收入情况，国际营收平均占企业总营业收入的25.9%。万喜经过多年发展，其法国本土收入与国际收入之比才接近平分秋色的局面，像豪赫蒂夫如此高的国际化程度是绝大多数国际工程承包商难以企及的。“国际承包商250强”排名靠前的中国交建、中国电建等知名央企，国际业务占总营业收入一般不足20%，本土市场仍然是支撑其高速发展和盈利的“压

舱石”。随着“一带一路”倡议的实施和推进，中国工程企业越来越多地走出国门，寻求国际化发展，但并非全部中国承包商均适合走向国际市场。对于中国大型工程企业而言，他们已经通过多年国际项目实施积累了一定的经验，推进国际化战略，构建国内业务和国际业务收入双轮支撑、国内与国际业务知识经验共享的战略格局，是该等企业发展迈上新台阶的方向和趋势。对于中小型中国工程企业而言，则需要基于自身经验和抗风险能力，谨慎选择适当的国别、项目和角色进入国际市场。

(二)成功并购是中国大型工程企业快速实现海外行业和地域突破的重要途径，但需要具备并购后系统化地整合和产生协同效应能力

从上述三家国际知名承包商的发展中可以看到，海外并购成为各自国际业务规模壮大和业务及地域布局过程中的重要手段。通过对境外工程领域龙头企业的海外并购，豪赫蒂夫成功打入美洲和亚太市场、奠定了其国际化市场布局的基础；通过围绕核心业务板块的海外并购，万喜将机场业务纳入核心业务版图、巩固了在能源领域和工程承包业务板块的领先地位；通过以拓展产业链、寻求行业领域和区域突破为目标的高频次、密集型的海外并购，AECOM 实现了总体营收规模的倍增，促成在业务范围、行业领域和区域市场的布局突破和快速发展。

尽管这三家国际承包商实施的并购战略的对象及侧重点有所不同，但共性特点是，对于希望实现转型和破局的工程企业而言，海外并购是在短时间内寻求产业链中业务板块突破、寻求既有核心业务在新行业领域的突破，或是寻求在未涉足市场的区域布局突破等战略目标的捷径之一。

得益于中国本土市场的高速发展，中国建筑、中国中铁、中国铁建、中国交建、中国电建等从 ENR 全球营业收入排名来看已经超过豪赫蒂夫和万喜，但国际业务板块和国际市场的创收能力和盈利水平还有一定差距。对于寻求经营领域快速突破和加快完善国际业务板块布局的中国工程企业而言，虽然海外并购可能是相对高效快捷的手段之一，但中国大型工程企业需要客观评估自身条件和能力。这不仅需要熟悉行业，了解国际市场，还需要对海外并购及并购后

整合做更充分有效的前瞻准备和落地方案。并购前有清晰的战略和目的，并购中筛选合适的并购标的，做好市场、商业、技术调研和财务、法律尽职调查，组建专业的交易谈判团队和并购后管理团队，稳健推进和实施都是成功并购必不可少的关键因素。

（三）业务开发重视 ESG 高质量可持续发展

随着全球人口增长、人口结构变化、气候变化和自然资源紧缺带来的压力不断增加，可持续发展逐渐提上政治、社会和商业活动的主要议程。联合国已发布 2030 年可持续发展目标，各国在法律政策上也把可持续发展目标放在优先位置，作为一种关注企业环境、社会、治理绩效的投资理念和企业评价标准。ESG 的标准与规范也逐渐成为国际投资者和多边金融机构提供投融资的必要条件和考量因素。

国际知名工程承包企业均重视 ESG 的实施带来的可持续发展预期。例如，豪赫蒂夫注重绿色建筑的投入，把 ESG 目标与管理层绩效考核挂钩；万喜 2020 年成功发行 5 亿欧元 ESG 绿色债券、注重绿色融资；AECOM 则率先研发了可持续系统整合模型，并借此开发出可执行发展的多项创新服务。

相比国际领先的工程企业，在促进高质量可持续发展的具体举措、按 ESG 标准实际投入及与业务应用结合方面，中国工程企业还有不小差距。随着后疫情时代全球经济复苏、发展模式绿色转型，中国工程企业与国际接轨，也需要重视 ESG 的标准，改善公司治理，提升内功，转型开发清洁能源、新基建、医疗卫生等环境、社会友好的高质量项目，未雨绸缪地为在未来相关业务发展迎来蓬勃发展期时占得先机，始终保持竞争力。

第三节

全球工程能源基础设施项目融资模式发展与趋势

一、全球工程能源基础设施项目的私方融资模式现状

如前文介绍，通过私有化、引入 PPP 投建营模式等一系列方式，社会资本（私方）越来越多地参与到工程能源基础设施项目的投资中来，政府公共资金不再只是单一资金来源。然而，对于动辄几亿、几十亿甚至上百亿投资的工程能源基础设施项目，首先摆在投资者面前的问题便是通过何种渠道，以及以何种方式筹措和获得项目开发、建设和运维的大量资金。

（一）工程能源基础设施项目私方资金来源主要分类

概括而言，社会资本（私方）提供的资金在性质上通常可以归于三类，即资本金（或权益融资）、债务融资和夹层资金。广义的“融资”涵盖全部三类资金筹措方式，而狭义的“融资”则特指债务融资。本节主要讨论狭义的融资概念，但也会简单介绍其他两种资金筹措方式（见图 1－9）。

图 1－9　社会资本（私方）资金主要筹措方式

1. 资本金

在私方投资工程能源基础设施项目中,除社会资本自有资金是资本金的最主要来源以外,作为政府支持的一部分,政府也会在特定项目中直接或间接对项目公司负有一定的出资义务。虽然资本金的总体比例通常不高,但却发挥基础作用。按照“先进后出”的原则,资本金往往是最早落实到项目中,但最后退出项目。除了现金出资以外,项目用地、设备等也可能作为实物出资投入项目。在 PPP 投建营模式项目中,政府往往对项目发起人(私方)有一定的锁定期要求,而债务融资方也会在其收回贷款本息前对项目公司控制权变更以及股东分红进行限制。

2. 债务融资

通常情况下,项目建设所需的绝大部分资金需要通过债务融资获得,既包括银行贷款(无论是由商业银行、政策性银行还是多边开发机构提供),也包括通过发行项目债券获得的资金。银行贷款和债券资金是私方投资工程能源基础设施项目债务融资的主要途径,除此之外,承包商延付、融资租赁、资产支持证券(Asset - Backed Security,ABS)等其他债务融资工具也被运用于项目不同阶段。在全球范围内,不同区域也存在其特有的债务融资模式,如中东地区常见的伊斯兰融资(Islamic finance)和美国常见的私营活动债券(private activity bonds)。

就银行贷款而言,随着单个项目的融资规模的增加,商业银行出于“鸡蛋不放在一个篮子的考虑”,越来越多地以银团贷款的形式共同参与到特定项目的融资中来。多边开发机构出于政策考虑,也会同商业银行共同参与银行贷款,以“A/B 贷款”的形式参与进来。在资本市场层面,债券(无论是以政府债券、传统企业债券还是项目债券的形式出现)已经长期被用于工程能源基础设施项目的再融资,并在近年来更早地被用于解决建设期资金问题,成为公众和机构投资者参与工程能源基础设施项目方式之一。无论是以不特定的多数投资者为对象进行公募,还是以少数特定的投资者为对象进行私募,相比于银行贷款,发行债券均可使项目资金来源更加多样化、潜在的资金规模更大、流动性更强。

3. 夹层资金

夹层资金在性质或用途上介于资本金和债务融资之间,通常表现为可转债、优先股等形式。相较于资本金和债务融资,夹层资金的规模要小很多,且并非每个具体项目都会使用。夹层资金的作用在于填补项目实施过程中资本金和债务融资资金不足情况下的资金缺口。为了促进全球经济的平衡发展,多边开发机构往往愿意在欠发达国家的工程能源基础设施项目中提供一定程度的夹层资金融资;出于获得更高投资回报的考虑(相应地,也会承担相对更高的投资风险),资本市场的机构投资者也会参与夹层资金的投资。

(二)企业融资与项目融资

伴随着私方资本被引入工程能源基础设施项目的历史进程,“项目融资”(project finance)模式也一同得到推广和发展,成为全球工程能源基础设施项目债务融资的主流模式。不过,正如世界银行发布的《PPP 参考指南》所指出的那样,项目融资并非私人投资工程能源基础设施项目唯一可行的融资模式(实际上其融资模式是相当多元化的)。在项目融资之外,常规的企业融资也在市场上占有十分重要的地位。

虽然不同机构对“项目融资”的定义略有区别①,但在本质上可以归纳为两个主要特点:一是贷款方以项目本身所产生的收入和现金流作为还款来源和担保物;二是投资者组建的特殊目的载体(通常为项目公司)作为借款人,贷款方

---

①　巴塞尔银行监管委员会将“项目融资”定义为:“项目融资是一种贷款方首先观察单一项目的收入、并将其作为还款的来源和风险的担保的融资方式。该种方式被运用于电站、化工厂、矿厂、交通基础设施、环境和通讯基础设施等复杂和昂贵的项目中……在该种融资方式中,贷款方的贷款将完全基于设施合同产生的资金进行偿付,而借款方通常为一个不被允许开展除开发、拥有和运营设施以外其他活动的特殊目的载体。”OECD 则将“项目融资”定义为下述八点特征的集合:“(a)在某一特定经济单元的融资中,贷款方满足于将该经济单元产生的现金流和收入作为其还款的来源,且将该经济单元的资产作为还款的保证;(b)就(法律上和经济上)独立的项目公司(即特殊目的公司)开展的可产生收入的投资项目相关的出口交易进行的融资;(c)项目合作方(即私营股东和政府股东、出口商、信贷方、承购方)间合理的风险分担(包括充足的股本金投入);(d)在整个还款期足以覆盖运营成本和还本付息的充足现金流;(e)项目收入优先用于支付运营成本和还本付息;(f)非主权买方/借款人且不具备主权还款担保(但履约担保(例如承购安排)除外);(g)项目资金和资产的担保(例如抵押、质押、资金账户);(h)在项目完工后对私方股东或投资者的无追索或有限追索。”

对其项目公司背后的股东无追索或有限追索。基于项目融资的两个主要特征，贷款方要求项目本身需要能够产生稳定和持续的现金流[从融资方的角度出发，可以更直观地体现为债务偿付比率(debt service coverage ratio)和债务期内的债务偿付比率(loan life coverage ratio)两个数值]，以用于收回投资和还本付息，这也衍生出投资者和贷款方对项目协议和担保结构是否可以有效缓释项目建设运营风险、不可抗力风险、政治风险等风险的关注。

企业融资与项目融资的主要区别如表1－4所示[①]：

表1－4　企业融资与项目融资的主要区别

对比项	企业融资	项目融资
借款主体	既有企业	新设的特殊目的载体(通常为融资、建设和运营特定项目的项目公司)，其在法律上和财务上独立于既有企业(通常为项目公司股东)
资金用途	筹措的资金用途更为宽泛，可不限于特定项目	筹措的资金用于特定目的，即用于建设和运营特定项目
还款来源	以其全部资产作为还款来源，可将与特定项目无关的资产作为担保物	还款来源于特定工程能源基础设施项目所产生的现金流，而非既有企业本身的全部资产，贷款方对其项目公司背后的股东无追索或有限追索
信贷风险评估	基于既有企业的资产负债表进行评估	基于特定工程能源基础设施项目所产生的现金流进行评估
融资成本	相对低	相对高
经营限制	通常不对企业经营活动进行限制	项目公司的经营活动严格受限，不能开展与项目无关的其他经营活动

总体而言，在常规的企业融资模式下，融资银行将向投资者(而非项目公司)提供贷款，相应地，其关注的核心则是投资者(作为项目公司的母公司)本身的信用评级和资产负债表；在项目融资模式下，融资银行是否放贷则取决于项目本身的资产和收入情况。

---

① See Stefano Gatti, *Project Finance in Theory and Practice: Designing, Structuring, and Financing Private and Public Projects*, 3rd edition, Elsevier Inc., 2018, p. 1－2.

（三）银行贷款仍在私方投资基础设施融资领域扮演最为重要的角色

目前，银行贷款和债券是私方投资者获得项目融资的两个主要来源。一方面，商业银行、政策性银行、多边开发机构等银行业金融机构向项目公司提供中长期贷款，解决项目建设期资金问题；另一方面，资本市场上的债券投资者（通常是保险公司和养老基金）购买项目公司（和/或其股东）发行的项目债券①，为项目提供资金支持。不同于传统的企业债券，项目债券是为特定项目进行融资的目的而通过资本市场发行的债券。实践中，项目债券可能由项目公司直接发行，也可能通过项目公司股东（或其关联公司）发行再转贷给项目公司。由于历史和现实条件的原因，当前以银行贷款形式开展的项目融资的比重远远高于项目债券。

根据 GIH 统计，近年来，虽然债券融资在私人投资基础设施融资领域的比重呈现出上升的趋势，但银行贷款仍是债务融资的最主要来源。

结合 2020 年的统计数据，除了北美和西欧地区债券融资占全部资金来源的比重可达到 20% 以上以外，债券融资在亚太、中东、非洲、东欧等地均是低于 10% 的水平。与之相比，在社会资本（私方）投资工程能源基础设施全部资金来源中，银行贷款（包括商业银行和多边开发机构贷款）在所有区域均超过 60% ，其在东欧和非洲的比例更是接近 80% 。在银行贷款中，商业银行贷款在全部市场中均占主导地位，而多边开发机构贷款则在非洲和拉美的比重相对高，也体现了多边开发机构对欠发达地区的政策倾斜（见图 1 – 10）。

---

① See E. R. Yescombe, *Public – Private Partnership*: *Principles of Project Finance*, 2nd edition, Elsevier Inc. ,2014, p. 61 – 78.

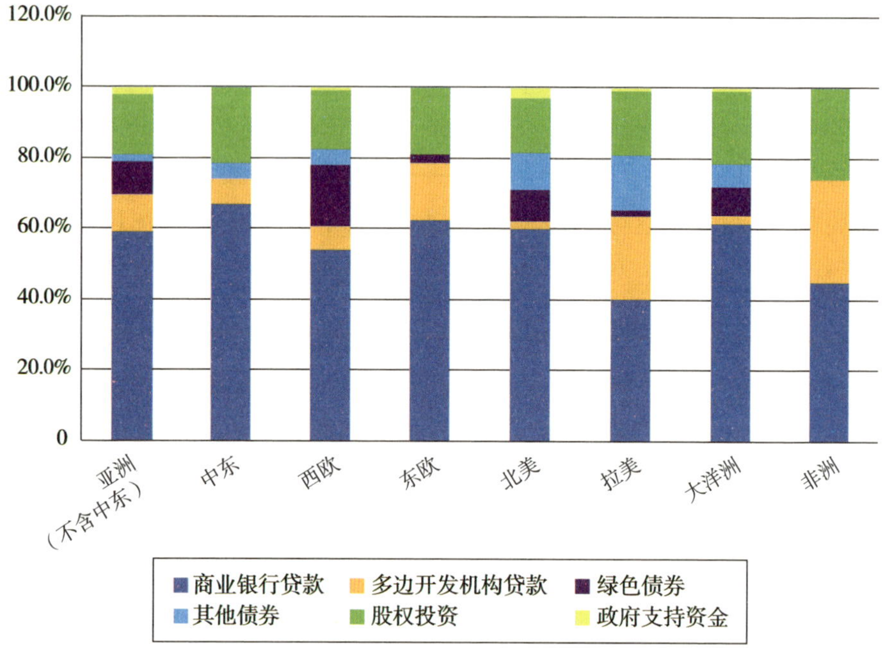

图 1－10　不同区域私人投资基础设施资金来源（2020 年）

数据来源：IJ Global。

二、全球工程能源基础设施项目融资模式的多元化发展趋势

目前全球范围内工程能源基建投资资金缺口巨大，呼唤融资模式的突破和创新。在此背景下，全球工程能源基础设施项目融资模式呈现出多元化发展趋势。

（一）多边开发机构和出口信用机构将发挥越发重要的作用，尤其是给新兴市场的项目融资提供强有力的支持

对于参与基础设施领域投资的社会投资者而言，不得不面对的现实是：一方面，2008 年经济危机和巴塞尔协议Ⅲ对资本充足率高的要求，使商业银行（项目债务融资的传统来源）面临巨大的资金压力，从而使社会投资者为其大型项目筹集资金面临更大的困难；另一方面，不仅公共资金直接参与项目资本金出资的比例逐渐降低，而且政府提供政府担保的意愿也不断下降，这使很多项目

本身的风险敞口相应扩大。

在这一背景下，世界银行、亚洲开发银行、非洲开发银行等多边开发机构更多地参与到工程能源基础设施项目的融资过程中来，为重要的基础设施提供资金支持。此外，出于鼓励出口和海外投资的目的，出口信用机构通过推出各类的保险产品，试图弥补东道国政府支持不充分的部分空缺，以解决股权投资和债务融资提供方的后顾之忧[①]。目前，在中国企业参与的工程能源基础设施项目中，中国出口信用保险公司作为出口信用机构在促进项目投融资落地方面发挥了不可替代的作用，而国家开发银行、进出口银行等政策性银行及中国发起设立的亚洲基础设施投资银行也为诸多中国企业"走出去"项目提供了巨大的融资支持。

多边开发机构和出口信用机构作用的一个典型案例是尼日利亚 Azura – Edo 独立发电项目，该项目是尼日利亚首个获得世界银行部分风险担保（Partial Risk Guarantee）和多边投资担保机构（Multilateral Investment Guarantee Agency，MIGA）支持的独立发电项目。

【实例 1 – 1】尼日利亚 Azura – Edo 独立发电项目

该项目中，作为项目未来收入来源的基础，项目公司与尼日利亚大宗电力交易公司（Nigerian Bulk Electricity Trading，NBET）签署了长期的购电协议，且尼日利亚联邦政府与项目公司签署了 1 份买入和卖出期权协议（put and call option agreement），允许项目公司在项目提前终止的情况（包括因燃气长期供应不足）下"兜底性"将项目（及其股权）出售给尼日利亚联邦政府（见图 1 – 11）。

在实例 1 – 1 中，多边开发机构对本项目的支持既表现在直接提供贷款层面，也体现在为项目特定的政治和商业风险提供担保和保险方面。在融资层

① 例如，MIGA 推出"政治风险保险"和"不履行财务责任增信"两类产品，旨在货币兑换、征收、战争和内乱等政治风险，以及主权、次主权机构和国企的违反金钱给付义务违约的信用风险。中国出口信用保险公司也推出了中长期出口信用保险、海外投资保险等产品为中国企业海外投资提供支持。

面，世界银行集团通过下属国际金融公司(IFC)以“A/B 贷款”的方式直接向项目提供了优先级贷款和夹层资金支持。在担保层面，世界银行集团通过下属MIGA 为项目股权和债权提供政治保险保单(涵盖汇兑限制、征收、战争和内乱、政府违约风险)。并且，世界银行集团通过国际复兴开发银行(International Bank for Reconstruction and Development，IBRD)为项目贷款和信用证提供了政治风险担保，作为项目的补充增信措施。与此同时，新兴非洲基础建设基金(Emerging Africa Infrastructure Fund)和德国投资公司(German Investment Corporation)等其他多边开发机构及投资东道国国内开发机构也以类似的方式参与到项目中来。

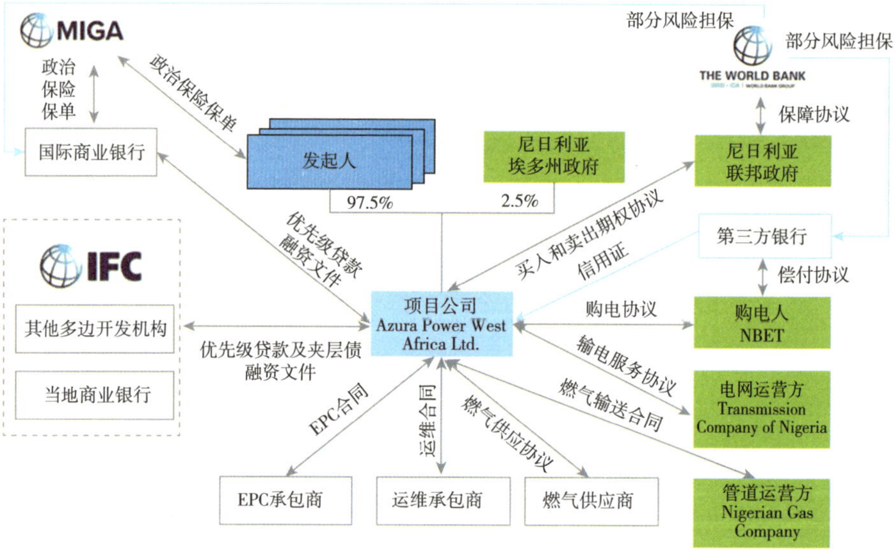

图 1－11　尼日利亚 Azura－Edo 独立发电项目交易结构

(二)绿色金融的比重将日益扩大

在《巴黎协定》规定的 1.5℃温控目标，以及世界各国相继承诺“碳达峰”和“碳中和”时间表的宏观背景下，绿色金融的热潮席卷全球。

一方面，各国加速出台各类政策性文件和法律法规，支持和发展绿色金融，对环保、节能、清洁能源、绿色交通、绿色建筑等领域项目的融资提供政策倾斜。

例如,中国人民银行于2021年颁布了《银行业金融机构绿色金融评价方案》,以落实多部委于2016年颁布的《关于构建绿色金融体系的指导意见》,鼓励中国境内银行业金融机构积极拓展绿色金融业务、加强对高质量发展和绿色低碳发展的金融支持。新加坡金融管理局于2019年启动"绿色金融行动方案"(Green Finance Action Plan),通过环境风险管理指引、绿色和可持续债券和贷款授予计划、绿色投资计划等"一揽子"举措,促进"绿色金融"成为新加坡作为国际金融中心的新名片。另一方面,全球绿色债券发行的规模呈现出持续上升的趋势。据气候债券倡议组织(Climate Bonds Initiative)统计,2020年全球绿色债券募资规模为2695亿美元①,而这一数字在2021年更是达到了创纪录的5174亿美元,该机构同时预测到2022年每年绿色债券发行量将达到1万亿美元②。绿色债券成为工程能源基础设施项目融资的又一重要选择。

【实例1-2】美国刘易斯和克拉克大桥PPP项目绿色债券

法国万喜投资的美国刘易斯和克拉克大桥(Lewis and Clark Bridge)PPP项目于2021年成功发行了5.28亿美元的绿色债券,对其现有债务进行了再融资③。项目公司East End Crossing Partners LLC,于2016年设立,旨在以"PPP投建营模式"设计、建造、融资、运营和维护大桥,特许期35年。该绿色债券由印第安纳州金融管理局(IFA)发行,并将资金转贷给万喜投资设立的项目公司。该绿色债券获得穆迪"A1"评级和惠誉"A"评级。凭借良好的经营业绩,项目公司和IFA成功发起了此次商运后的再融资,以优化其在剩余特许期内的融资成

---

① Liam Jones. *Record ＄269.5bn Green Issuance for* 2020: *Late Surge sees Pandemic year pip* 2019 *total by ＄3bn*, Climate Bonds (Jan. 24, 2021), https://www.climatebonds.net/2021/01/record-2695bn-green-issuance-2020-late-surge-sees-pandemic-year-pip-2019-total-3bn.

② Liam Jones. *＄500bn Green Issuance* 2021: *Social and Sustainable Acceleration*: *Annual Green ＄1tn in sight*: *Market Expansion Forecasts for* 2022 *and* 2025, Climate Bonds (Jan. 31, 2022), https://www.climatebonds.net/2022/01/500bn-green-issuance-2021-social-and-sustainable-acceleration-annual-green-1tn-sight-market.

③ https://www.vinci-concessions.com/en/news/successful-refinancing-of-east-end-crossing-partners-via-green-bonds-offering.

本,并通过减少未来收费方式使公众受益。

在实例1-2中,项目公司凭借其在能源效率、可持续性和环境管理方面的高标准,获得了绿色债券发行资格,项目公司的具体举措包括为配套设施安装太阳能发电板、减少车辆废气排放、实施野生动物保护计划、系统性垃圾回收再利用等。由此可见,就工程能源基础设施行业而言,绿色债券的运用并不仅限于新能源开发,而是可广泛运用于清洁交通、生物多样性保护、绿色建筑等诸多领域,进而从不同维度共同应对全球气候变化挑战。

(三)项目融资技术被更广泛运用于债券发行中,项目债券在项目建设期初始融资中也发挥着日益重要的作用

传统上,由于债券投资者的风险偏好(分散的债权投资者通常没有能力和意愿分析和承担建设期风险),债券通常用于工程能源基础设施项目的再融资,而随着金融创新的不断深入,项目债券也逐步用于建设期。

实践中,相较于银行贷款融资,项目债券融资的整体占比仍要小很多(且集中于美国、英国等若干个资本市场发达的国家)。尽管如此,无论是提供建设期初始融资,还是作为商运后再融资选项,债券融资能够更广泛地运用于工程能源基础设施项目开发领域,对于投资者和融资方而言,无疑都是十分利好的消息。

但是,我们也注意到,从现有的建设期发行项目债券案例来看,虽然融资文件和担保结构趋同于银行项目融资的对应文件,但因债券投资者对建设风险的承受意愿和能力仍远远低于商业银行和多边开发机构,适当的增信措施(无论该措施来源于东道国政府、国际组织还是私人投资者)仍是项目融资成功落地的关键。

【实例1-3】秘鲁利马地铁2号线BOT项目

在秘鲁利马地铁2号线BOT项目中,约16.5亿美元资金以根据美国证券法下Rule 144A/Regulation S发行的20年期项目债券的方式获得。支持发行债券的基础资产是秘鲁交通与通讯部签发的收款

凭证 RPI－CAO，每份 RPI－CAO 对应一定的工程里程碑节点的应付款。支付 RPI－CAO 的现金流来源于秘鲁利马地铁项目设施使用者支付的购票款和在购票款不足情况下的政府补足差额。除了常规的项目资产担保以外，项目公司提供了担保债券赎回付款的银行信用证；秘鲁政府还进一步承诺，在地铁售票收入无法按期足额偿付时，则秘鲁政府将采取一切行动补足差额，就差额部分形成投资者可向秘鲁政府直接、无条件且不可撤销地主张付款的债权。秘鲁政府的补足差额和项目公司信用证在融资中发挥了重要作用（见图 1－12）。

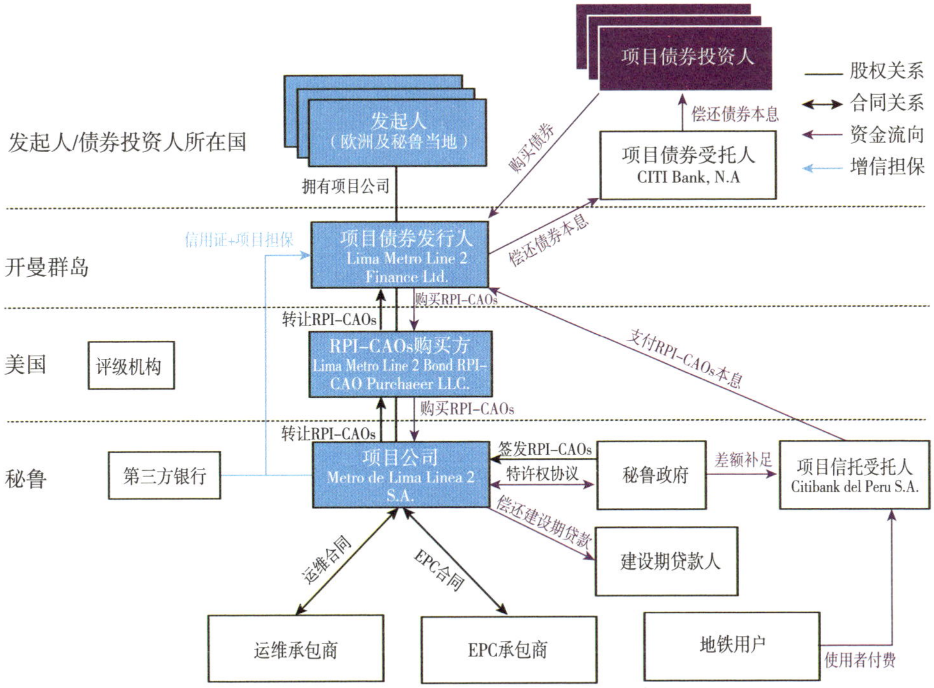

图 1－12　秘鲁利马地铁 2 号线 BOT 项目交易结构图

（四）在工程能源基础设施项目再融资阶段，资本市场可望发挥更加重要的作用

除传统意义上的项目债券，资本市场上其他融资工具也正在被越来越多的

引入工程能源基础设施领域。其中,具有较强代表性的有 ABS 和 REITs。

资产证券化是将各类合同债务(通常是贷款)捆绑的一种金融技术,以便将其集中起来并出售给投资者,形成 ABS 产品。原则上,能够产生稳定现金流的资产均可进行资产证券化。随着社会经济活动的发展,ABS 的基础资产从最初的银行房产抵押贷款、汽车贷款、信用卡贷款等信贷金融资产,逐步拓展到市政交通等基础设施项目收费权、门票收入、专利使用费收入等收益权。实践中,基础设施 ABS 已经成为一种重要的基础设施项目融资工具①。从原始权益人角度出发,可以将未来合同债权变现,而从 ABS 投资者的角度出发,则是买入了一个具有稳定回报的金融产品,其回报不受原始权益人资信情况影响,并在理论上设置了一道隔离原始权益人自身风险的"防火墙"。在基础设施领域,ABS 不仅可被金融机构用于将其多个项目上的项目贷款打包变现,形成相应的基础资产池,从而增加资金的流动性,也正在成为非金融企业再融资的选择。

"REITs"全称为不动产投资信托(Real Estate Investment Trusts)②,通过新设特殊目的载体将可产生良好现金流的资产转化为基金份额或公司股权,并对该特殊目的载体的收入来源、利润分配、股权安排、税收待遇进行特殊规制,从而人为地创造出一种收益率稳定的投资产品,以吸引资本市场上的投资者。

---

① 不同于项目债券由既已存在的公司(无论是项目公司,还是项目发起人)作为主体发行,在基础设施 ABS 发行过程中,首先需要将基础资产(如电费收益、高速公路收费权等)转让至一个新设的特殊目的载体,以达到资产和风险隔离的目的,而投资者通过购买特殊目的载体发行的支持证券产品,取得对基础资产所产生收益的分配权利。

② 作为一种人为创设出来的融资结构,虽然每个国家对"REITs"的组织形式和具体权利的设置略有差异,但其在本质上存在诸多共性,包括:(1)作为一种特殊目的载体,REITs 的投资被限制和集中于特定资产[例如,在美国,75% 的资产需要用于投资特定不动产;在中国,80% 以上基金资产投资于基础设施资产支持证券(并持有其 100% 份额),基础设施资产支持证券持有基础设施项目公司 100% 股权,穿透取得基础设施项目完全所有权或经营权利];(2)其主要收入来源需要源于拥有和经营前述特定资产(例如,在美国,其至少 75% 的总收入来自不动产租金、不动产融资抵押贷款利息或不动产销售;在中国,基础设施基金需以获取基础设施项目租金、收费等稳定现金流为主要目的);(3)绝大部分利润需要向股东进行强制分配(例如,在美国,其股东股息分配不低于公司每年收入的 90%;在中国,收益分配比例不低于合并后基金年度可供分配金额的 90%);以及(4)公司股份或其他权益需要分散分布于公众手中,而不能是由个别投资者控制(例如,在美国,公司至少有 100 名股东,且不超过 50% 的股份由 5 个或更少的个人持有;在中国,投资者不少于 1000 人,扣除战略配售部分后,网下发售比例不低于公开发售数量的 70%)。

REITs 的历史最早可追溯到 20 世纪 60 年代的美国，作为 1960 年颁布的《烟草消费税延长法》（Cigar Excise Tax Extension）副产品之一，这种将房地产开发和证券投资结合起来的新型投资方式被人为创造出来。

21 世纪初，REITs 这一创新性的融资形式也被逐步运用到基础设施领域。2020 年 4 月，中国证监会、国家发改委联合发布《关于推进基础设施领域不动产投资信托基金（REITs）试点相关工作的通知》，标志着基础设施 REITs 在我国也正式拉开序幕。作为美国最大也是最为成功的基础设施 REITs，上市于纽交所的美国铁塔公司（American Tower Corporation）于 2011 年改组为 REITs 之后取得了迅速的发展，目前在全球拥有分布于 20 多个国家的 21.4 万多个通信站点，已然是全球最为重要的无线和广播通信运营商和开发商之一[①]。美国铁塔公司成功的案例无疑给世界范围内的投资者新的启示，也为基础设施领域融资打开了一扇新窗。

由于 REITs 通过上市交易面向公众募集资金的属性，出于公共政策的考虑，基础设施 REITs 主要服务于已进入运营期且投资回报良好的项目，尚不能够作为解决基础设施项目建设期初始融资的手段。然而，基础设施 REITs 的产生和发展体现了在原有的融资惯例下不断与时俱进、创新发展的勃勃生命力。作为一种可以吸引大量公众资金的运营期再融资工具，基础设施 REITs 可以很好地盘活存量资产，增加市场流动性，其未来发展令人拭目以待。

---

① 美国铁塔公司（American Tower Corporation）简介参见 https://www.americantower.com/company/。

第二章　系统思维

——海外工程能源基础设施项目的常见风险及管理

海外工程能源基础设施项目参与主体众多、涉及不同司法辖区，加之资金密集、合同履行期限长、项目生命周期长、投资回收期长，项目潜在风险源较多，一旦发生风险后果严重。该等特点决定了海外工程能源基础设施项目的风险管理贯穿于整个项目的生命周期，从项目开发阶段的评估决策到项目顺利签约后的执行、实施阶段，每一个阶段都有相应的风险管理重点和任务。思维决定行为，行为决定结果，对参与海外工程能源基础设施项目的中国企业而言，自始树立和具备风险管理的系统思维和意识至关重要。

第 一 节

识 别 风 险

在每个海外工程能源基础设施项目开发阶段，全面地识别、评估项目风险并相应建立风险管控预案，不仅有利于企业前期评估项目可行性、甄别决策项目，而且有利于成功推进项目的顺利实施。

一、海外工程能源基础设施项目的常见风险概述

海外工程能源基础设施项目通常分为开发、投融资（融资关闭）、建设和运营四个阶段。面对不同东道国迥异的投资环境、宏观经济环境、法律、行业监管政策与市场开放程度等，往往常见以下六大主要风险：（1）法律合规风险；（2）建设完工风险；（3）运营管理风险；（4）金融风险；（5）商业风险；（6）政治与不可抗力风险。基于具体项目模式和项目阶段不同，六大主要风险的具体表现不尽相同。有些属于项目全流程风险，如法律合规风险、政治与不可抗力风险；有些则属于阶段性风险，如建设风险、融资和商业风险（见图 2－1）。

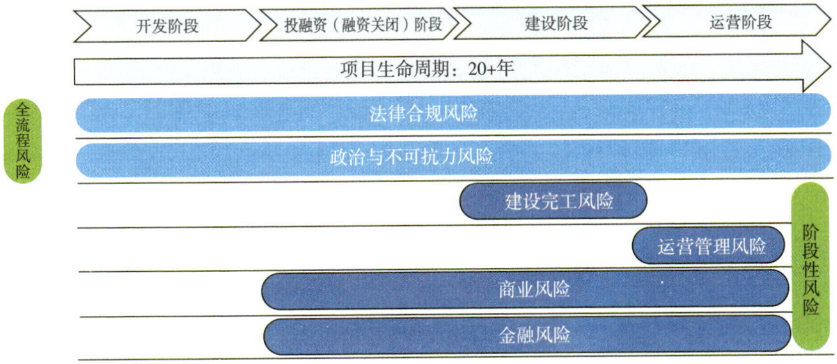

图 2－1　海外工程能源基础设施项目面临的六大主要风险

(一)法律合规风险

海外工程能源基础设施项目在东道国开发和实施。因此,无论是通过参与东道国政府公开招标取得开发权的项目,还是通过议标取得开发权的项目,东道国的政府与私人业主采购机制、项目开发权是否已经合法取得、项目是否能够取得或已经取得的审批许可是否存在法律瑕疵、项目用地的权属问题、建设运营要求、环保、劳动用工等法律合规风险,不是直接关系项目的合法性,就是关系项目的顺利实施和运营,贯穿整个项目生命周期,需要自始予以关注和重视。

【实例2-1】东南亚某国光伏BOO项目

在该项目中,中国投资者在事先未对东道国相关法律环境调研、不了解电站项目开发的正常合法路径的情况下,就仓促与东道国的某省政府,先行达成项目开发协议,并承诺了提交保函等一系列的义务。但省政府所授予的开发权实际上存在瑕疵和诸多限制,这直接导致了后续项目推进中的种种不利。比如,就项目开发权,东道国对于私人投资电站项目的开发路径有着明确的法律规定,由省政府主导并与投资者签订项目开发协议不符合东道国私人投资电站项目的法定开发路径和程序,投资者取得的项目开发权实际没有法律效力。就项目的电价,东道国的电价申请与批准需要遵循一套严格的程序,省政府并非东道国批准电价的主管机关,省政府在项目开发协议中对于电价作出的承诺根本不具有法律约束力。

在实例2-1中,投资者没有在一开始及时关注和识别项目开发权风险、与项目预期收益密切相关的电价风险,即推进项目开发,后面不得不承担项目实际无法落地的种种损失。

(二)建设完工风险

项目按期建设与完工,关系到项目的建设、成本与工期延误损失,是实现项目各方商业意图的前提。实践中,影响海外工程能源基础设施项目按期完工的风险因素主要包括:(1)未能获得或维持项目开工、建设与完工相关审批/许可;(2)土地获取、拆迁或赔偿不能顺利开展;(3)未能取得项目现场进入权、道路通行权或临时用地;(4)项目设计延迟或变更;(5)劳动力、原材料、资源、设备等项目必需品无法提供或供应不及时;(6)设备或其他财产毁损;(7)施工材料、工艺存在质量缺陷;(8)现场物质条件不利于项目建设(如存在地表/地下障碍、遭遇不良地质条件等);(9)环境污染风险;(10)现场化石、文物保护义务;(11)项目不符合性能质量标准,不能达到预期产能;(12)EPC 承包商或分包商的违约或破产等。

(三)运营管理风险

海外工程能源基础设施项目投入运营后面临的运营管理风险一般包括:运营商能力缺乏、运营绩效不达标、运营成本增加等风险。

(四)商业风险

商业风险是指项目不能获得正常收益的风险,主要包括项目产出的服务或产品的收费收益不足风险、项目产出的服务或产品的市场价格波动风险、市场需求变动风险、原材料供应不足风险、设备费用上涨、人工费用上涨风险及通货膨胀风险等。

(五)金融风险

海外工程能源基础设施项目生命周期长,投资回报期长,项目持续面临着金融风险。项目的金融风险主要表现为外汇风险和利率风险。外汇风险是指在东道国当地获取的收入不能按预期汇率兑换成外汇、外汇汇出受到限制以及汇率变化等风险。利率风险主要是指由于项目相关国家的金融市场利率发生波动(特别是发生与预测情况相反的变化)时造成的投资者/项目公司需要增加融资成本的风险。

(六)政治与不可抗力风险

由于合同履行时间长、项目生命周期长,海外工程能源基础设施项目受东道国政治、经济局势变化影响较大,容易面临政权不稳、政府更替,甚至战乱、政府违约等政治风险。比较常见的政治风险主要包括:(1)东道国政权出现动荡与更迭,发生战争、动乱;(2)项目公司的资产、股权被征收或国有化;(3)法律不完善及法律变更,主要指在外商投资、税收、劳动、外汇管制、环保或项目交付的产品等重要方面缺乏清晰法律规定,给项目实施带来困难及不确定性,或相关法规出现对投资者及项目公司不利的变更,导致成本增加、收益降低乃至项目违法或不可行等后果;(4)东道国政府违约,是指东道国政府由于缺乏政策连贯性或其他原因而实施拒付债务、暂停项目、终止合同等行为。

不可抗力风险范围更广,通常指当事人所不能预见、不能避免并且不能克服的事件,包括自然风险事件和政治风险事件。

【实例 2 -2】斯里兰卡科伦坡港口城项目

据公开信息①,2014 年 9 月,在中国国家领导人访问斯里兰卡期间,中方企业与斯里兰卡国家港务局在两国领导人见证下签署了金额高达 14 亿美元的某港口城 PPP 项目协议,并于同日举行开工仪式。中方企业负责投融资、规划、建设,并获得部分土地的永久使用权,斯里兰卡政府负责提供项目所在海域权、项目许可的办理等工作。该项目曾作为我国与斯里兰卡最大的双边投资合作项目,获得斯里兰卡前总统的大力支持。然而,在仅仅不到一年的时间里,由于斯里兰卡国内的政治纷争与政权更迭,新总统上台后便基于项目未实施全面的环境影响评估、环评审批缺乏透明度、项目建设导致周边海域污染引起鱼类资源减少等环保问题而叫停该项目。项目开发受阻直接导致中方企业每日发生高达 38 万美元的直接经济损失。原本为企业与东道国之间互利共赢的商业合作的项目,不可避免地受到由于东道国政治派别之间的政治博弈而带来的影响与冲击,相关风险远远超出企业凭

① 《习近平和斯里兰卡总统拉贾帕克萨共同考察中斯港口合作项目》,载新华网 2014 年 9 月 17 日,http://www. xinhuanet. com/politics/2014 - 09/17/c_1112522851. htm;Linda Che - lan Li,et al., *the Belt and Road in Sri Lanka: Beyond the Debt Trap Discussion*, the Diplomat (May 7, 2020), https://the-diplomat. com/2020/05/the - belt - and - road - in - sri - lanka - beyond - the - debt - trap - discussion/. 威廉与玛丽学院(College of William & Mary)全球研究中心 AidData 数据库于其官网提供的本项目信息。https://china. aiddata. org/projects/33431/,2022 年 10 月 31 日访问。

借一己之力能够处理的范围。历经几个月与新政府的重新谈判后，中方企业放弃了1.4亿美元的索赔款项，同意斯里兰卡政府撤回先前中方取得的20公顷土地永久使用权，改为99年期租赁，方使项目于2016年8月获得重启。

在实例2-2中，东道国的政治风险使项目"一波三折"，令中方企业反复陷入困境。由此可见，对于政治环境不稳定的国家的项目，中国企业需要对其政治风险进行特别评估和考量，事先做好风险判断和应对的工作。

二、海外工程能源基础设施项目的风险识别

项目潜在风险的识别和评估手段主要包括经济、技术可行性研究，法律、财务、税务、技术等尽职调查。结合每一个海外工程能源基础设施项目具体情况，通过法律尽职调查识别并评估上述六大类风险，是项目决策的依据，也是防范和管控项目法律风险的第一步。实践中，很多企业只是在海外并购时有做尽职调查的意识，殊不知不管是股权并购投资、绿地投资，还是只做工程，甚至只是劳务作业，法律尽职调查都是不可或缺的，区别仅仅在于尽职调查的范围和关注的重点有所不同。

（一）法律尽职调查的类型

通常，根据尽职调查对象的不同，法律尽职调查又可以进一步区分为法律环境尽职调查、项目公司法律尽职调查与合作方/交易相对方法律尽职调查。

1. 法律环境尽职调查

法律环境尽职调查主要是指对于东道国相关法律框架实施的尽职调查。基于海外工程能源基础设施项目的特点和具体情况，法律环境尽职调查主要围绕项目的投融资、建设和/或运营活动，了解东道国法律针对项目所属行业的外商准入条件与投资限制、公司设立与治理、主要监管机构和监管规则、项目开发路径、授予程序、土地权属与土地优惠政策、设计、采购与施工涉及的招投标要求、进出口管制、项目资产权属、担保机制、项目产品或服务的价格机制与政府

补贴、外汇、税收、劳动、保险、合同适用法律及争议解决机制等方面的具体规定，以便外国投资者对于项目投融资、建设与经营的法律与商业风险进行识别预判、评估与应对。

【实例2-3】东南亚某国水电BOO项目

在本项目中，由东道国当地A公司和日本B公司合资设立的项目公司已取得项目开发权，并已与C公司签署购电期限为25年的购电协议。项目公司面临资金短缺困境，A公司拟将其持有的项目公司15%的股权出售。中国D公司有意入股项目公司，以获得项目的EPC工程。同时，D公司希望争取对投资人更有利的购电协议条件。通过东道国法律环境尽职调查，D公司了解到当地法下对于已经取得临时发电许可的项目的股权转让存在锁定期限制，股东在项目实现商运前，只能向控股90%以上的关联方进行转让。而在该项目中，临时发电许可作为签署购电协议的前置条件已被项目公司取得。因此，即便D公司有意向通过直接收购A公司持有的15%股权而承揽该项目的EPC工程，也受限于当地法的股权转让限制而无法通过拟议交易结构实现商业目的。针对法律环境尽调发现的拟议项目交易结构可行性风险，D公司分别对3种替代交易结构的可行性进行了论证：(1)D公司间接收购A公司的股东的一定股权，从而间接持有项目公司15%股权；(2)D公司间接收购A公司新设全资子公司的一定股权，并由A公司转让项目公司部分股权至全资子公司，从而间接持有项目公司15%股权；(3)项目公司增发股份并由D公司认购项目公司的新股，从而直接持有项目公司15%股权。针对上述3种替代交易结构，结合东道国法律有关外商投资水电项目的准入条件与比例限制、股权锁定期是否具有股权穿透要求以及发行新股的法定程序，D公司进行了补充法律环境尽调，最后确认了发行新股模式的可行性。

在实例2-3中，D公司通过法律环境尽职调查，在项目初期识别了当地法对于项目拟议交易架构的限制规定，论证了项目拟议交易架构与替代性方案的可行性，有效规避了拟议交易结构的合法性风险。

2. 项目公司法律尽职调查

项目公司法律尽职调查的对象是，为项目实施而专门设立的特殊目的公司。取决于项目所处的阶段不同，项目公司法律尽职调查的工作量和关注重点会有较大不同。例如，对于尚处于项目开发阶段的项目公司，虽然尽调范围会因公司设立时间短、实体资产还没形成、没有开展经营而比较有限，但前期项目开发成果、项目开发权合法性与有效性，因不仅关系项目的合法性，而且关系项目公司股权估值、后续开发成本，是此类项目公司尽调的核心。

【实例 2－4】南亚某国风电 BOO 项目

中国公司 A 原计划以 EPC 承包商的身份进入南亚某国风电 BOO 项目，由于项目缺乏资金，投资人 B（项目公司的股东）提出向 A 转让项目公司 40% 的股份，股权转让价款数千万美元。双方磋商了接近 1 年，基本条件已经谈妥，只待股东协议定稿签署生效，EPC 合同同步生效。根据内部决策程序，A 在即将签署股东协议前聘请律师审查股东协议，律师建议对项目公司以及东道国风电项目相关法律环境进行尽职调查。尽职调查结果表明，项目还处于非常初级的开发阶段，项目公司所拿到的项目开发成果仅仅只是拿到了政府意向函（LOI），完成了现场踏勘和可研，而包括开发权、环评、并网、发电许可、电价在内的关键许可、证照的申请工作均还没有实质性启动。

在实例 2－4 中，从项目公司取得的极其有限的开发成果来看，B 公司开出的股权转让款明显偏高。对于海外工程能源基础设施项目，项目公司股权的真正价值，只有在了解相关开发成果在该国此类项目路线图的所处阶段，才能评判买来的股权价值是多少。只有把拿到的开发权放到整个项目的路线图中来考虑，才能知道买下来的项目今后有什么样的风险，要历经多少步骤才能达到最终目标，真正落地实施项目。

3. 合作方/交易相对方法律尽职调查

合作方/交易相对方法律尽职调查，主要是针对合作方/交易相对方如股东、业主等实施的尽职调查。与项目公司法律尽职调查相比，合作方/交易相对方法律尽职调查的范围较浅，主要关注合作方/交易相对方的合法存续、资产与信用、重大债务风险、合规经营等履约能力相关的风险。

（二）确定法律尽职调查范围的核心考量

尽管法律尽职调查按照标的对象可分为以上三大类，但视项目模式、项目所处阶段以及企业参与角色不同，海外工程能源基础设施项目需要实施的法律尽职调查形式与范围不同。

1. 绿地投资与棕地投资

海外工程能源基础设施项目，依项目所处阶段不同，一般分为绿地投资项目与棕地投资项目。绿地投资，主要指投资者在东道国通过新设项目公司或收购还在开发、建设阶段的项目公司的方式投资、开发新项目。棕地投资，主要指投资者通过并购的方式获取已经进入商业运营的项目从而获得项目商业运营期产生的稳定收益。由于项目所处阶段不同，投资形式不同（绿地投资包括新设和并购），两类投资项目的法律尽职调查范围和核心考量存在明显差异。

针对绿地新设投资项目，法律尽职调查通常仅涉及法律环境尽职调查和合作方/交易相对方的尽职调查。同时，相比棕地投资，绿地新设投资的法律环境尽职调查除了会侧重关注项目开发路径、开发权、关键许可证照、项目用地的取得途径和方式外，也会关注外资准入、项目公司的设立要求和程序，比如，外商直接投资的准入条件与持股比例是否存在限制、不同公司组织形式及其设立程序、股东出资义务的履行时间与出资形式的要求、项目公司的治理机制、小股东保护机制、股权转让是否存在锁定期或其他限制等。同时，由于工程能源基础设施项目投资回报期长，投资人往往会从保障项目实现项目全生命周期的收益水平的商业目的出发，关注在东道国法律框架下如何通过项目协议约定项目各方（如政府、项目公司、承包商、分包商等）的风险分配机制以及项目的退出机制等问题。

对于绿地并购投资项目，由于项目并未进入商业运营，故除项目公司尽调，绿地并购投资仍然还需要进行法律环境尽职调查，关注项目开发成果、开发权、已经取得的关键许可证照的合法性和有效性、未取得的关键许可证照的取得途径和方式，关注项目协议对于稳定收入的保障、潜在风险的责任分担等安排。

2. 工程承包项目

对于在海外工程能源基础设施项目中主要担任承包商角色的中国企业，其核心商业意图为顺利实施工程、实现承揽工程的经济效益，规避承揽工程的风险。此类工程承包项目的尽职调查主要涉及法律环境尽职调查和合作伙伴/交易相对方尽职调查。相比投资类项目，工程承包项目的法律环境调查相对有限，通常会关注项目承包商选聘的法定程序要求，承包商的资质要求与取得程序，分包的限制，项目是否存在强制性设计、采购、建设或其他标准，项目的实施是否对于当地成分有强制性要求，设备材料的进出口限制与关税，劳工等问题。此外，对于采用延期付款的工程承包项目，尽职调查还需要关注业主名下的各类动产、不动产、账户和合同权益的权属状态、权利负担、担保可行性、设立形式、担保效力与担保实现的程序等问题。

【实例 2－5】东南亚某国合资公司设立项目

本项目中，中国公司 A 拟在东南亚某国寻找当地具有工程总承包资质的合作伙伴，通过设立合资公司的形式承揽电力工程总承包工作。经与当地建筑工程企业 B 的商谈，双方初步达成合作意向。结合 A 公司的商业诉求，在法律环境尽职调查中，律师重点关注了外商投资开发电力和工程承包行业的准入限制、合资公司的设立类型与治理、合资公司开展工程承包项目的资质要求与取得程序；在交易相对方法律尽职调查中，律师重点关注了当地合作伙伴取得的资质许可与履约能力。通过法律尽职调查，律师识别出新设企业在当地开展 EPC 工程承包业务，对其股东存在一定的行业经验与资质要求，而对于 A 公司拟开展 EPC 工程承包业务应当取得的资质许可，当地建筑工程企业 B 取得的资质许可无法满足该等要求，A 公司的商业诉求面临无法实现的风险。

在实例2－5中，通过前期法律尽职调查，影响交易可行性的重大风险被及时识别。如中国投资者未做尽职调查即与不适格的合作伙伴设立合资公司，其承揽工程的商业目的显然难以实现。

3.红旗尽调与全面尽调

实践中，法律尽调从成果形式上，还存在红旗法律尽调报告（red－flag due diligence report）与全面法律尽调报告（full－scope due diligence report）两类主要形式。红旗法律尽调报告，也称风险提示型法律尽调报告，一般是指律师结合项目的具体交易结构和商业目的等对尽调标的开展具有有限范围的法律尽职调查，对可能影响交易的重大法律风险及应对建议进行提示的尽调报告。全面法律尽调报告，一般是指律师对于尽调标的开展系统性、全面性的法律尽职调查，对法律风险及应对建议进行全面提示的尽调报告。

在海外工程能源基础设施项目中，需出具红旗法律尽调报告还是全面法律尽调报告，没有放之四海而皆准的标准，应结合交易所处阶段、商业意图、交易时间表和法律服务预算等项目具体情况综合衡量和选择。如果是非控股交易，尽调目的是为识别是否存在影响交易进行的重大风险（deal－breaker），且交易时间表紧张、法律服务预算有限，则出具红旗法律尽调报告能满足上述需要；反之，如果是控股权交易，尽调目的是为全面识别尽调标的的情况和风险，且交易时间及成本允许，则可考虑出具全面法律风险尽调报告。此外，实践中也有具体交易情况综合使用红旗法律尽调报告及全面法律尽调报告的做法，如先针对目标公司重大负债、重大合同、重大诉讼等进行核心法律尽职调查，出具红旗法律尽调报告，如果未发现影响交易的重大风险，再进行补充法律尽调，以实现对目标公司其他风险有全面了解的目的①。

---

① Yong Kaichang，10 *Tips for Effective Management of PRC Outbound M&A*，*Mondaq*（Aug. 24，2021），https://www.mondaq.com/china/corporate－and－company－law/1104884/10－tips－for－effective－management－of－prc－outbound－ma－part－1.

三、海外工程能源基础设施项目法律尽职调查的开展

海外工程能源基础设施项目的法律尽调离不开东道国当地律师的参与。如果交易涉及东道国以外第三国，如中国企业需要在第三国设立平台公司，还需对第三国的法律环境尽调，法律尽调工作还需要第三国律师的参与。

但是，同一类型海外工程能源基础设施项目交易通常面临的主要风险点和问题具有更多共通性，由能够结合类似交易特点、准确把握尽调要点并能独立复核东道国律师尽调成果、把控整体尽调流程的中国律师来牵头主导法律尽调工作，对于高效开展海外工程能源基础设施项目法律尽调工作往往不可或缺。

以东道国法律环境尽调及项目公司尽调为例，海外工程能源基础设施项目法律尽调通常包括以下主要流程（见图2－2）。

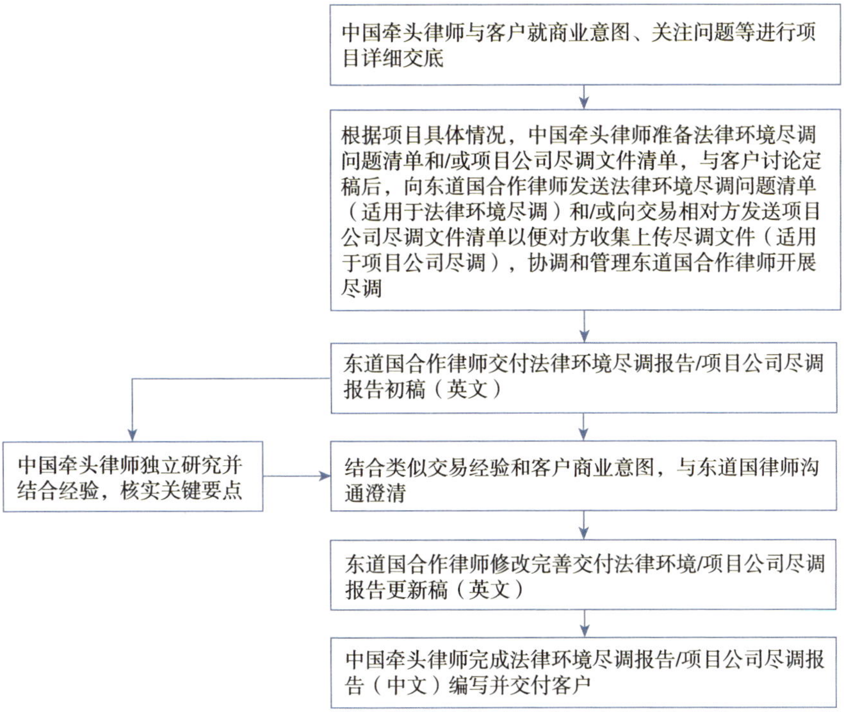

图2－2　海外工程能源基础设施项目法律尽调的通常流程

在图 2－2 流程中，有经验的中国律师，基于长期、专门从事多个司法辖区跨境交易法律服务的经验，能够统筹考虑交易特点、交易结构设计和交易文件起草的需要等方面因素，对整体流程进行总体规划，并在过程中使用精准的法律语言和惯常表达，不仅实现对法律尽调流程的高效管控，也有利于避免中国企业在直接聘用对接东道国律师和第三国律师过程中，因法律体系、市场环境、文化和语言差异等因素导致沟通不畅或存在障碍，以及因“多头”管控境外律师和第三国律师牵扯工作界面不清或能力不足等诸多问题。一方面，在法律尽调问题清单或尽调文件清单准备环节，中国牵头律师因为了解中国企业的文化和核心商业诉求及关注，能够在尽调问题清单和尽调文件中全面反映客户核心商业诉求；另一方面，中国牵头律师因为参与众多类似跨境交易，能够结合类似交易的经验和惯例来准备清单，确保法律尽调问题清单或法律尽调文件清单全面覆盖类似交易关注要点和常见风险点，避免在缺少同类项目经验情况下出现问题或风险点遗漏等情况。

【实例 2－6】东欧某国风电并购项目中的法律尽调工作

在东欧某国风电并购项目中，中国投资者拟通过收购的方式进入当地一家风电项目公司 A，并计划承揽该项目的工程总承包工作。尽管在法律尽调开始前，卖方主张项目公司已取得开工前所需的全部许可和土地权利、且审批许可均合法有效，但东道国当地律师通过尽职调查发现，该项目由于开发时间较早、项目未实质开工，项目公司取得的大部分开发成果存在瑕疵。比如，环境影响评价因未能取得主管机关对项目开工与实施的核实确认而可能失效；建设许可因未在法定期限内完工而导致存在失效的风险；项目公司已取得的土地建设权因未在法定期限内完工而导致土地建设权存在被土地所有权人向法院申请认定失效的风险。东道国当地律师基于上述问题得出的法律尽调结论是，因该项目诸多审批许可证照存在瑕疵和风险，建议中方投资者直接放弃该交易，另行选择其他项目。

针对较为关键的建设许可，中国牵头律师根据经验进一步与东道国当地律师核实，发现导致可能失效的原因是适用许可颁发时的旧法，其中规定未在颁发建设许可后5年内完工将导致建设许可失效；而东道国政府为鼓励能源项目建设，颁布了新法，其中规定未在颁发建设许可后10年内完工才会导致建设许可失效。

基于上述调研情况和进一步澄清，中国牵头律师协助与卖方就尽调发现做了沟通交流，卖方表示愿意在交割前对环境影响评价中存在的瑕疵予以修复，且卖方对土地享有所有权，愿意为本项目重新设立土地建设权。最终中国投资者综合考虑东道国市场操作实践、新能源项目并购处于热潮的总体趋势以及卖方澄清中的承诺等因素后，决定推进交易，但把尽调识别的风险点的关闭设置为股权收购协议的签约和交割前提条件。

在实例2－6中，有经验的中国牵头律师在交易中起到牵头和主导的作用，能够凭借自身丰富经验，协助复核东道国当地律师的法律尽调意见并找到应对方案，为整体交易风险评估和交易决策提供有力的法律支撑。

第二节

风险的防范与管理

尽职调查识别出的法律风险，通常从性质上可以分为两类：一类是难以通过法律技术处理的根本性的风险，需要放弃项目；另一类是可以做法律技术处理或适当管理的风险，需要在推进项目的过程中通过不同的风险管控措施控制或降低风险。在识别评估法律风险基础上，基于各国法律普遍承认的合同自由原则，通过合同分配、转移和管控风险，将各方反复谈判达成的交易条件、权利义务、风险和责任的划分全部都落实在合同里，成为双方最终执行交易和项目的依据，这对复杂性、长期性的海外工程能源基础设施项目尤为重要。

一、重视合同，利用合同分配权利义务和风险

（一）合同的重要性

由于中国传统商业文化的特点，很多企业家重视长期合作关系和人情，而不习惯甚至反感过于具体或详细的合同条款，缺乏合同意识。但是，海外工程能源基础设施项目的市场主要在发展中国家，营商环境、法治程度相对落后，法律制度不尽完善。同时，海外工程能源基础设施项目的执行周期较长，短则2年，长则20余年，项目全周期内发生政权更迭、法律变化、不可抗力等情况在所难免，适用法律的普适性规则很难直接规范和适用于情况各异的具体项目和交易条件。

【实例2－7】俄罗斯民法典有关工程变更的规定

工程变更是工程承包合同和实务的常见问题，大多数法域对于单纯的工程量变化是否构成变更、承包商对于多大程度的工程变更才有

权主张额外价款,并没有特别直接的规定,往往需要裁判人员根据适用法律的一般性原则,结合个案的具体情况予以判断。比较而言,俄罗斯民法典第二编第四章第37节“承揽”第3分节“施工承包”第744条对于工程变更机制的规定相对明确和具体:

“第744条 对设计文件进行修改

1.在因变更设计文件引起的额外工作的费用不超过建设总费用预算10%,且该额外工作不改变建筑承包合同规定的工程性质的范围内,业主有权对设计文件进行变更。

2.如果设计文件的变更超过本条第1款规定的范围,则其应在双方协商的额外预算的基础上实施。

3.因非承包商原因造成的工程费用超出预算10%以上的,承包商有权根据本法典第450条的规定要求重新修改预算。”

按照上述规定,对于业主提出的工程价款10%以内的额外工作承包商是否有权主张额外价款,俄罗斯司法实践中存在两种观点。一种观点认为,第744条第1款规定业主有权提出工程价款10%以内的工程变更,而第3款仅规定工程价款10%以外的部分承包商有权主张调价,因此应当理解为10%以内的部分承包商无权主张调价[①]。另一种观点认为,第744条第1款仅仅是赋予了业主在工程变更不到工程造价10%范围内无须承包商另行同意即要求承包商执行的权利,但并未明确剥夺承包商就10%以内部分主张额外价款的权利[②]。

由此可见,即便适用法律中存在相对明确的规定,要达到出现争议时能够直接援引而定分止争、避免不确定性的程度,还有相当一段距离。

各国法律普遍认可当事人意思自治、缔约自由原则,认可依法成立的合同的法律效力,赋予合同是当事人间的法律的神圣地位。因此,在法律允许的、广阔的自由约定空间内,合同是当事人争取自身权利的抓手,也是发生争议后主

---

① 俄罗斯伏尔加河沿岸联邦管区仲裁法院2013年8月13日对N A65-11311/2012号案的裁定。

② 俄罗斯乌拉尔联邦管区仲裁法院2015年9月21日对N A60-24553/2014号案的裁定。

张权利的基础,其重要性务必需要中国企业重视。

海外工程能源基础设施项目实践中,在经营业绩、买方市场地位等多重压力下,中国企业往往急于锁定项目和签约,不重视和研究合同约定、识别风险,等到合同执行时各种问题和风险开始逐步暴露出来,而中途放弃和退出项目不得不面临更大的损失。“如此不利的合同约定,难道就没有挑战其效力的空间吗?”成为面临此种被动局面时中国企业的一项“条件反射”式的共同问题。但在合同自由的基本法律原则下各国法律允许事后挑战不利合同条款的空间非常有限,一般仅可能适用于非法、欺诈、胁迫、重大误解等这些极端情形,对于参与海外工程能源基础设施项目的商事主体而言,证明难度极高,需要中国企业一开始即应客观认知。

【实例 2-8】中东燃煤电站核心设备供货合同的责任限制条款

一家中国承包商于2015年签署了中东清洁燃煤电站PPP项目的EPC工程合同。在商签EPC合同时,业主(项目公司)将本项目购电协议(Power Purchase Agreement)下的商运日“背靠背”地向EPC合同传导,规定只有在PPA下实现COD时,EPC合同下的临时接收日(Provisional Acceptance Date)方才成就,此时承包商才向项目公司转移工程照管风险、起算质保期。

EPC合同进一步规定,承包商应保证业主(项目公司)不因承包商导致的电站不可用而在PPA下遭受任何损失。

但是项目商运后频繁停机,购电人按照PPA向业主(项目公司)主张高额的性能违约金,项目公司转而向承包商索赔,金额高达原EPC合同性能违约金的3倍之多。

经调查发现,机组频繁停机是由锅炉设备缺陷导致的。但是,在承包商与锅炉供应商签订的锅炉供货合同中,约定了如下责任限制条款:

Notwithstanding and without limiting any other provision of this

Agreement, and to the maximum extent permissible at law, neither party will be liable to the other party for the following losses:[无论本协议其他条款作何约定,且在法律允许的最大范围内,任一方均不对另一方的以下损失承担责任:]

(a) remote, special, indirect, incidental or consequential loss or damage;[可能性极低的、特殊的、非直接的、以外的或间接的损失或损害;]

(b) loss of or default under business contracts (other than this A-greement), lost revenues, loss of profits, loss of goodwill or business or loss of opportunities; or[其他合同下的损失或过错、收入损失、利润损失、商誉或信誉损失、机会损失;或]

(c) loss of use, loss of power, the costs of replacement power, loss of production or additional operating costs.[丧失使用价值、电力损失、替代电力电费、发电或额外运营成本。]

根据锅炉供货合同的上述约定,即便锅炉设备存在质量缺陷,供货商也不负责赔偿承包商因此遭受的间接损失、利润损失、收益损失、发电损失等,实际上只在供应合同约定的责任上限内承担设备性能违约金。

为尽可能向锅炉供货商转嫁风险,承包商拟挑战该合同条款的效力,遂与合同适用法律的英国律师探讨。根据英国律师意见,英国法尊崇合同自由原则,双方对于排除责任范围的约定清楚明确无歧义,从双方的主体地位、签约背景看,供货合同的商签也不存在胁迫、不当影响、虚假陈述、非法等承包商可以抗辩合同约束力的事由,因此,该责任范围排除条款合法有效,具有法律约束力,基本不存在挑战其效力的空间。

在实例2-8中,承包商在下游合同的商签中未能在下游锅炉供货合同中完整全面考虑上游合同责任“背靠背”传导，导致处于本属于供货商的责任不能转嫁的不利境地。

(二)合同机制分配权利义务和风险

在充分识别项目全周期法律合规风险、政治与不可抗力风险、建设完工风险、运营管理风险、金融风险、商业风险的基础上，需要设计和准备具体细致的合同机制，落实各方协商达成的交易条件以及各方权利、义务、责任和风险的分配。

以世界银行指导编制的某国别电力特许权项目的项目协议为例，尽管项目非正常终止不能按预期回收投资以及投资落空的风险相对极端，但由执行协议(Implementation Agreement，IA)文本和购电协议(Power Purchase Agreement，PPA)文本共同构成的项目协议仍然对此类风险的分担予以细致规定。IA 和 PPA 分别规定了各自的终止事由以及一定的交叉违约导致终止的条款，并在 IA 文本中规定了不同终止情况下项目公司将电站转让给东道国政府的价款确定机制(见表 2－1)。

表 2－1　终止赔偿机制

序号	终止 IA 的事由	对应的电站转让价款构成①				
		a	b	c	d	e
1	项目公司 IA 违约，导致政府终止 IA(此后如果政府选择受让电站)	√				
2	政府 IA 违约，导致项目公司终止 IA，此后项目公司选择向政府转让电站	√	√	√	√	
3	法律变更不可抗力，导致购电人或项目公司终止 PPA	√	√	√	√	
4	自然不可抗力，购电人在项目公司修复方案违约的情况下(获政府批准后)终止 PPA(此后如果政府选择受让电站)	√				√

① 电站转让价款具体构成含义：a：贷款本金及利息；b：原始股本金残值；c：不超过 4 年的净现金流；d：为不可抗力修复而投入的额外股本金；e：原始股本金残值 + 不可抗力前投入的额外股本金。

续表

序号	终止 IA 的事由	对应的电站转让价款构成				
		a	b	c	d	e
5	政治不可抗力，各方认为修复具备可行性，但购电人（获政府批准后）终止 PPA	√	√	√	√	
6	政治不可抗力，各方认为修复不具备可行性，导致 PPA 终止	√	√		√	
7	政治不可抗力，各方认为修复可行，但无法获得修复融资，导致 PPA 终止	√	√		√	
8	政治不可抗力，项目公司出现修复方案违约但能证明已尽勤勉义务，购电人（获政府批准后）终止 PPA	√				√
9	政治不可抗力，持续或在一年内总计超过 180 日，购电人（获政府批准后）终止 PPA	√	√	√	√	
10	政治不可抗力，持续或在一年内总计超过 180 日，项目公司终止 PPA	√	√	50%	√	
11	政治不可抗力，项目公司出现修复方案违约且未能证明已尽勤勉义务，购电人（获政府批准后）终止 PPA	√				80%
12	修复方案或修复费用估值被专家修改后，购电人（获批准后）终止 PPA	√	√		√	

上述机制中，不同事由导致 IA 终止的，项目公司所能获得的电站转让价格会存在较大差异。其体现的原则是，电站转让价款与项目公司违约的过错程度挂钩，因项目公司违约导致 IA 终止的，政府支付的电站转让价格最低，其他非因项目公司违约导致 IA 终止的，政府支付的电站转让价格视情况有所不同并相应上调。相比交给适用法律补充或之后双方协商的不确定性，此机制在兼顾项目公司一定合理利益的基础上，结合不同情形对项目终止的后果作出了比较详细的规定，提供了明确具体的合同救济机制。

二、通过合同执行管控风险

没有完美的合同，为达成交易，谈判过程中的妥协和让步难以避免。另外，基于海外工程能源基础设施项目的复杂性和执行时间跨度特点，有利的合同条件也可能因为执行中的错误或陷阱而失去优势，反过来合同最初的不利和劣势也可以通过执行中的机会获得扭转。因此，作为过程管控的关键环节，合同商签完成后组织项目执行团队熟悉消化合同，既要研究如何对合同中有利于己方的合同机制善加使用，也需对不利之处了然于心，探讨管控和化解风险的方案。

（一）做好合同交底

实践中，项目开发和合同谈判团队与项目执行团队往往由不同的人员组成，因此由谈判团队给执行团队进行合同交接和信息传递、完成合同交底的情况比较多见，这一安排具有必要性。从管控风险目的来看，有效和正确的合同交底必须以形成风险预案为导向。

概言之，团队在进行合同交底时，应围绕工期、质量和造价三个方面对合同条款进行梳理分类，分析有利、不利之处及相关风险，考虑谈判阶段的取舍背景等，在此基础上形成风险管控预案。在形式上应避免将合同交底作为仅由项目开发和谈判团队向项目团队讲解合同条款和灌输各项风险的单向的过程，而应该是一个循环往复的过程，通过交底—分析—再交底—深化—检查—调整的过程，进而形成一个针对项目具体不同风险的完整且随检查而动态调整的风险预案，作为项目执行过程中的指导性纲领。

此外，合同执行与风险预案的实施需要项目团队上下高度协同，因此，参与合同交底的人员范围不能仅限于合同部门和项目管理团队，需要项目团队的所有核心成员参与，确保参与项目的核心人员对合同内容以及风险预案措施的思路保持一致理解。

（二）通过合同执行管控风险

根据具体项目情况的不同，风险预案的内容存在极大差异。但风险预案的实施反映在合同执行上主要是从填补合同空缺、变更合同不利方面、整体创造有利同期记录三个方面来实现。

客观上，任何合同都不可能面面俱到地考虑到履约过程中的所有安排。我们以通过项目执行文件填补合同空缺为例，简要介绍通过合同执行管控风险的核心思路。

海外工程能源基础设施项目各方工作界面交叉复杂，权利义务交织，如果合同对于存在工作界面交叉的工作缺少明确界定，即意味着潜在的争议和责任。针对这些潜在风险事项，可以利用在合同履行的过程中提交文件的机会，在工作还未开展、合同相对方尚不敏感和戒备时积极主动地编制相应操作执行文件，规避和管控相关风险。

【实例2－9】利用质量保证文件明确移交程序

中非某机场工程项目由工程所在国工程部担任项目业主，但是由于民航局是机场的最终使用者（end user），合同也规定了民航局将深度介入项目的实施，但合同无论是正文还是技术附件，对于最为重要的竣工验收环节都没有规定明确的流程，而仅泛泛规定承包商提起竣工验收申请后由工程部和民航局共同组织验收，验收程序应达到二者的满意之后工程师方才能够签发移交证书。

在合同交底阶段，承包商意识到合同中不仅没有明确的竣工验收程序，反而规定工程部和民航局共同负责验收，意味着在业主之外又增加新的验收主体。根据对工程所在国政府办事效率的了解，两个部门极有可能会互相推诿验收责任，对于何时验收、如何验收、由谁签字确认验收通过，将在实际操作过程中需要长期的协调才能确定，影响移交工程。

为了规避风险，承包商认为有必要增加和明确竣工验收流程，但如果直接提出以合同补遗的方式进行，对方有可能会表示反对，即使对方同意，也难以保证对方愿意就详细的流程进行谈判，因此承包商决定采取其他途径。合同规定承包商应建立质量保证体系（quality assurance system），并向业主提交质量保证文件说明承包商如何确保工程质量符合规范要求。经仔细分析，承包商在提交的质量保证文件中将竣工验收作为一个重要组成部分，详细地规定了竣工验收的每个步骤，以及每个步骤的前提条件、具体内容和标准，并针对每个步骤设计了有针对性的记录表格。不仅如此，承包商还进一步规定了工程部、民航局和承包商各方的责任，并在质量保证文件中包含了参与竣工验收流程的各方人员名册格式，供各方在开始竣工验收流程之前填写。

通过将竣工验收流程体现在质量保证文件中，承包商成功地实现了竣工验收流程的协商和确定，规避了验收过程中由于验收主体责任不清导致的延误。

由此可见，针对合同未明确事项，可考虑利用履约过程中形成的项目执行文件填补合同空缺，增加有利于己方的安排。进一步地，针对合同中于己方不利的条款，承包商可以通过执行中的协商沟通，寻找对己方有利的替代操作方案，再争取双方签署书面文件予以固定，并在后续实际履行中，注意创造相应的同期记录来和签署的书面文件前后呼应进行配合。

第三章　合同之术

——海外工程能源基础设施项目的典型合同及核心法律问题

第一节

海外工程能源基础设施项目的合同体系和法律保护

海外工程能源基础设施项目具有开发建设运维周期长、交易结构复杂的突出特点。在项目全生命周期里，项目参与方需要综合考虑项目开发权授予、股权投资、债务融资、建设施工、运营维护、出售公共产品和服务、移交等不同维度的问题，并相应签署一系列具有不同侧重的项目合同文件，具体规范各方在项目实施过程中的权利义务关系，这是各方权利义务的基础。这些项目合同文件与东道国法律和国际条约（包括双边条约和多边条约）共同形成完整的体系，既规范参与各方的交易行为，也保护各方的合法权益。

一、海外工程能源基础设施项目的合同体系

由于不同项目模式和具体情况不同，海外工程能源基础设施项目涉及的合同文件不一。总体而言，以 PPP 投建营模式开展的海外工程能源基础设施项目涉及的合同文件最为复杂。在此项目模式下，投资人独资或合资，通过一层或多层的平台公司，在东道国设立项目公司（可能有当地合作伙伴参与），将其作为获得项目开发权、投资建设持有项目资产并后续运营的主体，围绕项目公司形成了项目投资协议文件包、项目协议文件包、项目实施文件包及融资文件包的复杂合同群。典型交易结构如图 3－1 所示：

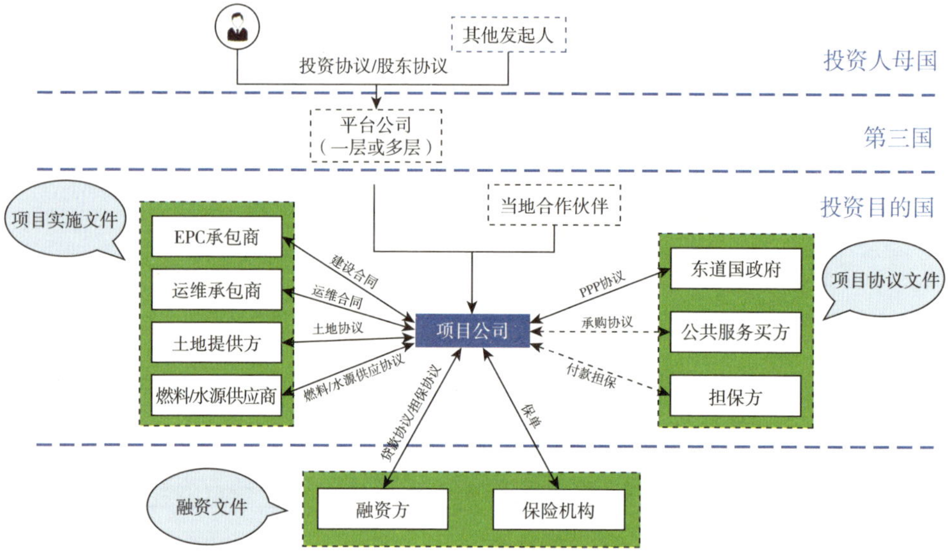

图 3-1　典型交易结构图

从图 3-1 可以看出，除上方的投资文件包外，以项目公司为中心，还需要与相关方签署项目协议文件、融资文件和项目实施文件三大类交易文件。实践中，由于项目所处行业和业务类型不同，具体交易文件可能不同。例如，风电、光伏发电项目不需要燃料供应协议；在铁路、高速公路等交通基础设施项目中，项目公司常常直接向公众收取服务费，而不是将服务卖给特定承购方，所以一般也不需要单独签署照付不议的承购协议，而仅有 PPP 协议。

（一）投资协议文件包

投资协议文件包一般包括联合体协议、合作框架协议、股东协议、股权购买协议等文件。对投资者而言，其提供的股权出资往往最早投入项目中，但直至项目周期完结方最后退出项目，体现了投资者与融资方之间的核心风险利益分配逻辑。视项目所处开发阶段不同，在投资者各方之间，往往从签署初步的合作框架协议开始确定初步意向，并最终形成有约束力的股权交易文件（股东协议、公司章程、股权购买协议等），根据交易类型不同围绕出资、估值、定价、支付、交割、决策、退出等事项设计具体的合同机制，规定各方权利义务。针对投资协议的详细介绍，详见本章第二节“投资协议文件包”。

（二）项目协议文件包

项目协议文件包通常包括PPP协议和承购协议。除此之外，在特定国别和特定行业，政府或其他担保方可能还会为PPP协议和/或承购协议出具担保，保证PPP协议和/或承购协议下相对方的支付和其他义务。项目协议是海外工程能源基础设施项目的核心项目交易文件，涵盖项目授权与实施、政府支持、政治风险分配、公共服务购买、交叉终止和终止赔偿等机制，是项目实施的基础与构建项目可融资性的关键。针对项目协议的详细介绍，详见本章第三节“项目协议文件包”。

（三）项目实施文件包

项目实施文件包主要包括土地协议、建设合同（包括EPC合同或其他工程建设合同）、原材料/燃料供应合同、运营维护合同、技术许可协议、分包合同等一系列规范项目具体实施的合同文件，围绕项目建设和运营涉及的土地、设计、采购、施工、竣工、运营、维护等事项规定各方权利义务。针对工程实施文件的详细介绍，详见本章第四节“项目实施文件包”。

（四）融资文件包

融资文件包包括贷款协议、担保协议、账户协议、直接协议、托管协议以及对应的保险合同［如中信保海外投资保险（债权）保单、海外投资保险（股权）保单］等文件。在海外工程能源基础设施项目中，项目建设所需的绝大部分资金需要通过债务融资获得，银行贷款仍在社会资本（私方）投资的基础设施融资领域扮演着最为重要的角色。除此之外，承包商延付、项目债券、融资租赁、ABS等其他融资模式也在融资和再融资中占据着重要地位。针对融资文件的详细介绍，详见本章第五节“融资文件包”。

总而言之，相比传统工程承包模式，PPP投建营模式的法律关系已经从承包商与业主之间的二元发包承包关系转向多元复杂关系，投资人不仅参与工程承包业务管理，还向前扩展到项目的开发和投融资环节，向后扩展到项目的运营维护环节，这决定了此类项目模式面临比传统工程承包模式更复杂、防控难度更高的风险。因此，为了合理地将法律合规风险、建设运营风险、政治与不可抗力风险、商业风险、金融风险等通过合同机制在各方之间进行分配，形成权利义务相互协调衔接、逻辑严密的闭合，需要高度结合与灵活运用务实的项目商业思维与精巧的法律技术，实战经验更是宝贵的财富。

二、可融资性要求

对于采用PPP投建营模式开发的工程能源基础设施项目，由于资金需求大，项目融资是主流的融资模式，而项目融资实践遵循的“可融资性”评价标准往往是项目能够成功融资的关键。从融资方视角，项目的可融资性可具体体现在项目收入现金流是否充足稳定、项目风险分配是否合理均衡、担保措施是否完善等方面。

（一）充足稳定的现金流

可融资性要求项目具有长期稳定的收入，且现金流能满足偿还贷款本金和支付利息的要求。在项目融资模式下，基于项目运营产生的现金流的稳定性是偿还融资银行贷款本息的基础，也是融资方的核心关注。实践中，根据项目收入是否同市场需求挂钩，海外工程能源基础设施项目的收费模式主要分为使用者付费、影子付费以及可用性付费模式。三种模式下市场供需变化对项目现金流的影响不一，其具体区别参见本章第三节的“承购协议的核心机制与法律问题”部分内容。

简言之，一方面，如果各方通过前期调研和评估对项目市场需求拥有充足信心，则使用者付费模式可成为首选，而无须政府方给予任何补贴或担保；如果相关市场需求不足，导致纯粹的使用者付费无法满足投资收益和贷款还本付息要求，则政府方需更多分担相关商业风险，全部或部分的可用性付费将成为满足可融资性的必然要求。另一方面，如果项目本身现金流存在较大不确定，融资银行很可能会要求投资者人提供额外的担保，打破项目融资下无追索或有限追索的微妙平衡。

（二）合理的项目风险分配

合理的风险分配和风险管理机制是项目成功的关键，也是可融资性的重要方面。除合理评估项目市场需求和运营收入、通过全部或部分可用性付费分配商业风险以外，建设完工风险、运营维护风险、政治和不可抗力风险、外汇金融风险往往是海外工程能源基础设施项目比较常见的风险，都可能会导致项目无法实现预测的现金流收入。因此，相应的风险分配机制也是投资人和融资方的关注重点。原则上，任何风险都应由最适宜承担该风险或最有能力管理和控制风险影响的一方承担。视项目所在国别、行业等具体情况不同，风险分配机制也存在差异。

以政治风险和不可抗力风险为例，通常而言，根据项目协议，在发生自然不可抗力的情况下，投资人往往仅能获得延期，而需自行承担额外的费用和损失，并通过商业保险适当转移风险；在发生法律变更或武装冲突、战争、暴动、禁运、制裁等政治事件情况下，投资人往往完全无力承担相关风险，除了获得延期权利以外，投资人往往需要争取政府方就项目公司的损失和费用进行直接或间接的补偿。此外，在海外工程能源设施项目长达十几年甚至几十年的生命周期内，汇率波动、汇兑限制、金融危机等外汇金融风险可能成为左右项目投资收益、项目公司还本付息能力的关键因素，项目协议是否包含适当的支付货币安排、汇率调整机制、汇兑支持和便利等约定也是融资方和投资人需关注的重点问题之一。如果发生持续的政治风险和不可抗力风险严重影响项目继续实施、导致项目不得不提前终止的极端情况，投资人需争取终止赔偿应至少涵盖未偿还贷款本息、股权投资本金及全部或预期投资回报。

另外，在政府方和投资人之间，建设完工风险和运营维护风险通常主要由投资人承担，出于可融资性的考虑，相关风险需要通过其他合同安排进行适当转移。通常而言，项目公司会相应签署建设合同和运维合同，“背靠背”地将相关风险转移具有相应经验和资质的专业承包商，以实现项目按时完工和平稳运行。此外，出于可融资性的目的，投资人和/或项目公司也需主动或被动地购买适当的商业保险、政治保险及金融工具，以减少自然不可抗力、政治事件、汇率波动、汇率限制等风险可能带来的损失。

（三）完善的担保措施

在项目融资模式下，贷款的还本付息依靠项目未来经营效益，且对项目投资人无追索权或仅享有有限追索权。因此，种类繁多的担保文件也是海外工程能源基础设施项目的特色。一方面，融资方希望从投资人处获得尽量多的担保，要求在适用法律允许的最大范围内对项目公司的全部股份、资产和权利设置担保权益。另一方面，融资方通常会要求以签署直接协议的方式，与PPP协议、承购协议、建设合同、保险保单等关键交易文件的相对方建立直接合同关系，并明确在借款人严重违约情况下的介入权，即融资方可采取必要措施接管和出售项目，从而在极端情况下确保自身利益最大化。

三、项目融资模式下交易文件需要考虑衔接的主要事项

在实践中，投资协议文件包、项目协议文件包、项目实施文件包下关键交易文件的商签早于融资文件。因此，投资人不仅需要借助经验丰富的顾问、结合具体项目情况在交易文件中提前考虑和落实可融资性要求，尽可能设计精细的风险分配机制，还需要在关键交易文件中明确根据融资银行要求修改调整的安排，并在合同条款上留出必要接口。

（一）融资关闭

考虑到融资的重要性及不确定性，合同各方通常会考虑将核心交易文件全面生效与融资关闭挂钩。例如，PPP协议往往将实现融资关闭作为项目公司及其股东的核心义务之一，并作为协议全面生效的前提；股东协议会将融资关闭作为后续出资前提；建设合同的全面生效时常也取决于融资关闭条件的达成。与此同时，在融资文件下，PPP协议、承购协议、建设合同、土地协议、运维合同等核心交易文件的签署和生效也会被作为融资银行确认融资关闭进而首笔放款的前提条件。

（二）终止与介入权

合同终止虽是极端情形，交易文件也应对此进行衔接。在交易文件中，常见的终止情形包括违约终止和不可抗力终止，而在个别情况下也会设置项目公

司单方面便利终止权。

针对项目公司违约导致的终止，如上文提及的“介入权”，虽然贷款人的“介入权”通常是在其与关键交易文件（如 EPC 建设合同、供应合同、技术许可协议等）的相对方签署的直接协议中具体约定，但也需要在关键交易文件中留出必要接口。

此外，项目公司通常拥有“交叉终止权”，相关终止程序需要上下游交易文件匹配。以运营维护合同为例，项目公司（作为业主）签署运营维护合同是为了履行在项目协议下的运维义务，而一旦项目协议终止，项目公司也没有再继续聘请运维承包商的必要性。因此，运营维护合同需明确约定项目协议终止情况下运营维护合同的相应终止。

（三）担保及其他

在项目融资模式下，融资方往往要求在项目公司所拥有的全部资产和权利上为贷款人利益设置担保。相应地，在其他交易文件协商过程中，投资人需要事先明确约定合同相对方知悉并同意融资方在项目资产和权益上设置担保，为融资文件下担保结构的落实扫清障碍。例如，股东协议往往会事先将为贷款人利益设置担保作为股权转让限制的例外；在土地协议协商阶段，投资人需要明确在相应土地权设置抵押或其他担保权益，以及相应担保登记手续和执行安排。

此外，融资文件下其他要求往往也需要在其他交易文件中进行反映。这些要求涵盖贷款人在融资协议下的关切，包括对投资人及项目公司处置其项目资产和权益的限制、对项目实施流程的监督和控制等多个方面。例如，投资协议往往需要反映贷款人对项目公司股东股权转让、分红等方面的限制；工程实施文件需要允许贷款人或其雇用独立工程师监督项目执行、审查项目收支、对合同文本提出修改建议等。

第 二 节

投资协议文件包

一、联合体协议

在海外工程能源基础设施项目中，无论是作为潜在投资人参与 PPP 项目的投资、建设和运营，还是作为承包商承揽建设工程工作，企业往往需要选择与其他拥有技术、资金、设备或当地市场资源的合作伙伴组成联合体，一方面可各取所长、提高获得项目的可能性，另一方面也可借此分摊风险。联合体各个成员之间如何分工、如何决策、如何分担风险、分配收益等，就需要通过联合体协议落实。但不同于组成实体的合资企业，此类契约型联合体的主要特点在于其各个成员一般需要对外共同承担连带责任，各成员对外承担的责任并不仅局限于其在联合体内的参与份额。

（一）PPP 项目联合体协议的主要机制与法律问题

对 PPP 项目而言，联合体协议更多适用于通过招标方式选择投资人的情形。实践中，PPP 项目的联合体协议也称“联合开发协议”。由于在中标后，中标联合体通常会被要求在一定期限内设立项目公司以实施项目，因此，PPP 项目联合体协议一般主要结合招标文件要求的业绩、经验以及项目实施要求，对各方的角色和分工等事项进行约定。对于联合体成员之间在中标后、项目实施阶段的关系，则通常由后续各方就项目公司签订的合资协议、股东协议予以细化与规制。

1. 共同投资人的分工和牵头方的确定

组建联合体投标的目的主要在于通过资源和业绩的互补，以满足项目采购方及招标文件的资质要求，提高竞争力。PPP 项目的共同投资人通常分别在项目的建设、运营或融资等方面各自具有优势，往往也按此分工准备投标文件中相应部分的内容，一旦后续中标亦按此分工实施。因此，联合体协议的分工条款至少需要将投标文件的分工安排尽可能明确，并可通过附件形式具体详列。为履行各自在投标阶段分工内容而产生的费用，多数情况下通常由各个联合体成员自行承担，这些费用通常包括制作、准备投标所需的文件，以及取得所需的技术数据、图纸等。

联合体的牵头方一般由联合体成员中参与份额最高的成员，或由 PPP 项目中重要阶段的实施人或主要风险承担人承担，是 PPP 项目的主投资人。联合体牵头方通常在投标阶段承担投标行为的统筹管理工作，如协调各联合体成员提供投标所需的信息、代表联合体对外谈判、统一接收采购方提供的信息，以及在各个联合体成员一致同意的情况下最终对外提交投标文件等。

2. 联合体协议与股东协议的衔接

如前文所述，一旦联合体成功中标，联合体通常需就项目的实施另行设立项目公司，各联合体成员将以项目公司股东的身份，通过共同签订股东协议的形式，明确相互之间关于项目公司的权利义务关系。因此，联合体协议中的部分条款可能会与项目公司股东协议有关，如在项目公司设立后，各联合体成员应按照其参与份额相应调整其作为股东在项目公司中所占股比、各方应在项目公司设立后将自身为项目所取得的合同、许可执照或其他相关权利转让给项目公司，或明确由联合体成员（或其关联方）作为后续与项目公司签订项目协议（如 EPC 合同、项目管理合同、运维合同、燃料供应合同等）的相对方等安排。

如果联合体成员较多且各自的商业诉求不同，可能存在联合体中标后，因股东协议中的一些核心条款无法达成一致而使项目公司无法按期设立的风险，对项目实施造成不利影响。对此，可以考虑在联合体协议的谈判阶段，先行对股东协议中的这些核心条款形成原则性意见并纳入联合体协议，促进后续股东协议的商谈和签署。

3. 排他性

联合体成员之间的排他合作是各方开展合作的前提。从投标准备开始，通常联合体协议约定联合体成员的合作具有排他性，即在联合体协议的有效期内，任何一方不得自行或与第三方联合就联合体协议所涉项目提出要约或签订任何合同。排他性义务通常也应适用于自愿退出联合体，或被联合体除名的成员，以避免成员离开联合体后又以其他身份重新参与竞争项目。实践中，视具体情况和各方的谈判，也可进一步扩大排他性义务的范围，如除联合体成员自身外，将其关联方也纳入需遵守排他性义务的范围。

（二）工程承包项目联合体协议的主要机制与法律问题

对于工程承包项目而言，联合体协议同时涵盖各成员在投标和工程实施阶段的安排。实践中，在投标期限紧张的情况下，联合体成员通常会考虑先仅就投标阶段的分工和责任分担签订一份相对简单的联合体协议。一旦中标，再对联合体协议进行细化修订，或者签订联合体执行协议，明确实施阶段各方的权利义务安排。

1. 联合体成员的工作责任界面与分工

对于工作界面交织、实施流程复杂、参与方众多的工程承包项目而言，清晰划分联合体各个成员的分工，是避免项目实施过程中产生争议的重中之重。

首先，各个联合体成员彼此之间的分工范围存在重叠，或是工作界面划分不清，是导致项目执行过程中联合体因分工不清而产生争议，进而影响整体工作进度的主要原因之一，需要重点关注。其次，联合体协议对于工作范围的描述通常是从联合体成员各自角度出发，因此需要关注各联合体成员的工作范围计总后相较工程承包合同下的工作范围是否存在缺口。通常可以考虑在联合体协议明确属于工程承包合同范围但未在联合体协议分工中载明的工作，由工作性质和内容与之最为相关的联合体成员承担。

针对工程实施过程中可能出现的变更，联合体协议可考虑对变更的执行主体进行规定（如采取前述的由工作性质内容与之最相关的成员承担）。由于一项变更可能同时影响到多个联合体成员的工作范围，需要联合体协议对此事先考虑和设计机制，如约定此类情况下的分工及其后果（包括因此需对各联合体成员参与份额比例进行的调整），或者留待各方后续谈判确定。

2. 联合体对内责任分担

由于联合体成员需要共同对外承担连带责任，业主无须区分实际是哪一联合体成员导致使其有权追责的事件发生，而可以选择向任何一名联合体成员追责，这就使各成员之间内部如何区分追责尤为重要。

就联合体的个别成员方被业主或第三方基于联合体相关工作选择追责的情形，较常采用的原则是，对于能够确定责任方的，在联合体内部由该责任方独立承担，并对被选择追责的其他成员方承担保障义务，确保该被追责的成员方免受损害和损失。在不能确定责任方的情况下，则由全体成员按照其各自的参与份额比例共同分担以临时性地解决争端。

对于存在多名责任方的，出于保护在联合体中占比较低的成员利益，或因其分工性质较易产生对外责任的成员（如分工中大量工作都在项目关键路径之上的成员）等目的，实践中存在对于责任方超出一定责任限度的部分，由其他联合体成员共同承担的安排。具体而言，可以考虑约定责任方需承担责任的责任上限（如以联合体在主合同中的责任限度乘以该责任方的参与份额比例计算），对于超出该上限的责任，则由其他原本不需要负责的联合体成员共同分担。当然，此类责任分担的安排通常也需要相应排除欺诈、故意或重大过失等产生的责任，并应与主合同中责任限额的例外规定保持一致。此外，对于联合体中无责任方基于联合体相关工作被选择追责，但因责任方破产而无法承担保障义务的情形，部分联合体协议中也会有类似由其他联合体成员共同分担责任的安排。

以上是联合体内部基于业主或第三方索赔的责任承担和分担原则。需要考虑的是，实践中在联合体内部还存在一类与业主、第三方的索赔无关的内部责任事项，对此，根据具体项目的情况、各方共同利益权衡和谈判博弈，联合体协议可以继续遵循责任方负责赔偿遭受损失损害的成员方的原则，或从更好地开展合作、避免联合体成员彼此间产生大量索赔角度，约定除非系因成员方欺诈、故意或重大过失产生，各成员之间适用“互不索赔原则”（No Cross Claim）。整体而言，如果联合体成员间的分工存在较多界面，事实上将不可避免地导致各自的工作容易受到其他方工作影响，如果一概约定不得互相索赔，对易受影响的一方而言显然有失公平，需要考虑合理的机制对此类风险予以平衡。例如，针对一方负责设计，其他方负责采购和施工的模式，可以在联合体协议中提前约定，当因设计变更导致的采购和施工工作量增加达到一定金额时，其他方有权向负责设计的成员方索赔。

3. 保函

保函是业主追究联合体责任的重要抓手。从投标阶段开始，业主通常就会要求联合体提交投标保函，如后续中标，则联合体还需提交预付款保函、履约保函、质保保函等。

从联合体角度来说，对于保函的具体开立形式，最为理想的无疑是由联合体各个成员按其分工所占金额比例分别开立并向业主提交。但业主从方便自身风险管控的角度来说，通常不愿意接受这一安排，而要求由联合体中某一成员（通常是牵头方）全额提交保函。因此，联合体协议往往需要相应约定由其他成员根据各自参与份额比例向对外提交保函的成员提供反担保的安排。需注意的是，执行时如该等反担保也以保函形式提供，则应重点审核反担保保函与对外提交的保函是否保持一致或有机衔接。否则，在保函被业主索赔时，对外提交保函一方是否能够顺利索赔反担保保函将因此存在不确定性。

4. 决策和僵局解决机制

不同于独立的法律实体有相应章程性文件乃至法律法规对其决策方式进行规定，联合体成员面对项目执行涉及各自不同的利益诉求时，其决策方式只能诉诸于联合体协议。因此，联合体的决策机制对联合体的合作是否顺畅、项目是否能得以顺利实施而言是不可或缺的。

联合体决策机制包括决策的主体、决策的事项以及决策的程序这三大要素。在契约型联合体模式下，联合体通常会共同组建一个决策机构，如决策委员会（Steering Committee）、联合体委员会（Consortium Committee）等。

就决策机构的组成，不同于公司股东可能根据其持股比例高低获得不同人数的董事提名权，尽管联合体成员各自的分工金额占比不同，但在一般实践中，各联合体成员拥有平等的提名决策机构成员的权利（如各联合体成员各有权提名一名授权代表作为决策机构成员）。就决策的事项和程序，有别于一般公司决策中常见的多数决形式，实践中联合体较常遵循的原则是：原则上决策机构的决策都需在全体一致的情况下作出，仅当决策的事项仅与部分联合体成员相关时，仅由相关的联合体成员同意即可。

如上文所述，联合体决策机制通常为一致表决机制，因此不可避免出现无法达成一致意见，进而形成“僵局”的情况。对此，联合体协议通常会设计类似冷静期、管理层决策等机制。但是，考虑到如果重大事项长期无法形成一致意见，很可能会造成联合体在业主合同下违约的后果，对此，联合体协议可考虑约定，在僵局将对合作项目产生严重延误或损害时，则对该僵局事项的决策可通过多数决，甚至某一方（如联合体牵头方）单独决定的形式完成。

二、合作框架协议

在每个工程能源基础设施项目的开发初始阶段，投资人可能会和政府方（既包括政府部门，也包括承担政府部门的国有企业）进行初步接洽，并确定投资的初步意向及合作的基本框架。合作框架协议在形式上既可能是相对正式的协议，也可能是更为简短和灵活的谅解备忘录。但无论其形式如何，合作框架协议的目的相似。

虽然签署合作框架协议距离项目实际落地还很遥远，且通常合作框架协议本身的法律约束力有限，但项目伊始通过合作框架协议明确合作意向、搭建整个项目投资、融资、建设和运营的架构，从项目商务角度看无疑有利于整个项目的后续顺利推进。但从法律角度来看，合作框架协议的适用情形等相关风险需要予以重视。

（一）合作框架协议的适用情形

对于海外工程能源基础设施项目的开发，投资人首先需要事前了解东道国公共采购和招投标规则。合作框架协议并非可适用于所有工程能源基础设施项目。

合作框架协议相对常见于投资人自主发起项目或者法律允许通过非公开招标方式实施的项目。在此类项目中,投资东道国法律往往给予了政府方和投资人进行单独协商的空间,而对于在财务、技术和法律架构等方面缺少先例的复杂项目,政府方和投资人也需要"摸着石头过河",就立项阶段的具体步骤、工作内容及所需时间进行沟通协商和达成初步一致。然而,对于招投标类项目,法律往往已经规定了清晰明确的项目评估和授予程序,政府方和投资人之前签署合作框架协议的行为有违招标公平、公开和透明的原则,通常为法律所禁止。

即便在投资人自主发起的项目中,投资人与政府方在项目立项阶段签署合作框架协议,也并不意味着投资人必然会在后期项目授予中掌握先机。通常在各国公共采购和招投标规则下,在完成项目立项后,具体项目的授予仍将以招标(公开招标和邀请招标)为原则,而以非招标方式为例外(且适用非招标方式需满足特定的实体和程序要求)。如果项目进入招标程序,政府方并不会与单一投资人继续排他地就项目开发进行协商,但该投资人在后续投标程序中可能获得评标加分、未中标情况下费用补偿等优势。

(二)合作框架协议的主要机制与法律问题

澄清合作框架协议是否适用的前置性问题后,合作框架协议的条款设置和内容即成为关注和考虑的重点。

合作框架协议通常包括合作目的和模式、双方权利义务、费用分担、保密条款、排他性条款。此外,双方也可能对未来拟签署项目协议的核心商业条件进行约定(如投资回报、工期、付费模式等)。但实践中,合作框架协议就该等核心商业条件的约定越为具体细致,则意味着谈判周期越长、锁定项目的难度往往会越大。因此,针对合作框架协议是否涵盖未来具体协议实质内容及涵盖范围,双方也会综合考虑和进行取舍。除了上述商业条款以外,合作框架协议也包括适用法律、争议解决、终止和解除等法律性条款。

1. 各方权利义务安排

通常投资人和政府方还会基于合作框架协议协商并在未来签署更为详细

的PPP协议、承购协议、股东协议等具体投资和项目执行文件，以确定各自在项目开发、融资、执行等方面的具体权利、义务和责任范围。因此，合作框架协议往往不会就各方权利、义务和责任进行非常详细的约定和设置，而多是更为原则性和过渡性的约定。

一方面，在具体合作框架协议中，协议各方往往仅是就下一阶段具体协议签署设置过渡性安排，明确各方基于特定目的和原则协商和签署更为详细的PPP协议、承购协议、股东协议等具体协议，以取代或补充既有的合作框架协议。另一方面，合作框架协议可能也会就项目的后续和开发确定“过渡性”的具体权利义务，以指导后续工作的开展。例如，投资人可能被赋予筹措项目所需资金、开展项目可行性研究、提交项目建议书等职责，政府方则需要（协同其他政府部门）提供项目进一步信息、推动项目评估和批准等工作，并在税收、劳务、审批许可等方面承诺给予政策优惠。此外，具体合作能否开展往往还取决于尽调结果、内部决策程序、政府审批等因素。因此，合作框架协议中也会将上述尽调和内外部审批事项作为各方具体的行动方案的一部分。

无论合作是否成功，协议各方均不可避免地需要向对方提供项目和/或自身的保密信息。因此，除了项目实施方面的权利义务安排以外，保密义务同样是合作框架协议的重点。作为协商的重点之一，协议各方往往会要求在合作框架协议中重点约定保密条款，甚至签署单独的保密协议，以明确合作本身及基于协议获得或产生的全部或特定资料属于保密信息，并相应设置保密期限和违约责任。

【实例3-1】非洲某公路BOT项目

为改善A国某区域交通状况，A国交通部制定了建设某公路的规划。A国交通部前期已经开展部分可行性研究，但因财政资金不足而暂时搁置，因此希望通过引入投资人，重启该项目的开发。经与A国交通部协商，投资人B公司与A国交通部就以“BOT”模式投资、建设和运营该国境内某公路项目达成初步一致，并签署了合作框架协议。

根据合作框架协议，投资人B公司的义务包括：(1)筹措项目所需资金；(2)配合政府方更新项目可行性研究；(3)在双方就技术条件达成一致前提下，尽快就商务条件达成一致；以及(4)根据未来签署的项目协议，负责项目的建设和运维。A国交通部的义务包括：(1)为投资人提供开展技术和商务方案所需的信息；(2)协调相关政府部门，对投资人准备的商务条件和技术条件进行评估分析；以及(3)起草和协商项目协议，并报内阁批准。

通过实例3-1可以看出，双方约定的重点是在短时间内合作更新项目可行性研究，而对于未来签署具体项目协议的具体安排则约定较少，体现了合作框架协议的“过渡性”。

2. 排他性和合同期

合作框架协议的签署意味着协议各方往往具有开展合作的意向和愿景，但政府方和投资人双方均需要考虑和面对的商业现实是，政府方通常并不愿意“吊死在一棵树上”。实践中，此类合作框架协议可能会明确约定双方非排他性合作，或者约定协议不限制他们寻找其他更好和可行的选择以实施项目。值得注意的是，受制于东道国法律，政府方与投资人间在具体项目上的合作需遵循一定的公共采购和招投标规则。在这种情况下，即使存在排他性约定，也可能因为违反强制性法律或公共政策而无效和无法执行。

与排他性具有关联性的另一个问题则是合同期的确定。通常合作框架协议下的各方义务越为宽泛和抽象，则合同期可被设定得越长；如果合作框架协议下的各方义务非常具体和明确，则协议各方尽快达成具体协议从而对既有合作框架协议进行补充或替代的愿望会变得更加迫切。涉及具体项目的开发，如果协议各方在签约时尚无法就项目和合作的未来前景拥有清晰的认识，那么随着项目推进和尽调开展，前景会变得日趋明朗。因此，合理的合作期设置有利于督促协议各方尽快签署具体协议或者允许协议各方适时地结束合作。相应地，合作框架协议往往会设置一个或多个最终期限或者终止事件，如果特定事件(如取得特定政府审批许可、签署具体协议)在特定时间没有达成,或者特定事件(如项目已经授予第三方、法律变更、尽调或勘探发现重大风险)发生,则协议各方的合作也会相应终止。

3. 合同约束力和违约责任

合作框架协议是否应当具有约束性,以及在何种范围内具有约束性往往是合作框架协议各方考虑的重点问题之一。

实践中,有些合作框架协议会明确约定协议本身并不具有约束性,仅是确定各方接洽和谈判的整体原则和方向,双方就交易达成的具体安排仍以各方后续协商和签署的正式协议为准。相应地,在这种情况下,如果协议各方最终并未按照合作框架协议达成正式协议,协议各方也并不会产生任何违约责任。另一种情况则是,合作框架协议会明确约定协议对各方均具有约束力(无论其生效是签字即生效或是附条件生效),并会约定违约情况下的赔偿责任。此外,实践中还有一种做法是对合作框架协议的不同条款进行区分,约定部分条款具有约束力,而对其他条款的约束力进行限制。实践中,即使协议各方意图是合作框架协议不具有约束力,协议各方往往也会选择将保密条款作为无约束力的例外,并明确约定相应违约责任,以避免商业秘密被泄露的风险。

如果合作框架协议本身并没有对其约束性进行明确约定,则需要结合条款约定本身和适用法律进行相应判断。例如,在普通法系国家,合同成立的关键要件之一是协议各方需要有对价,而如果合作框架协议未指明协议双方存在的对价且缺少可推断出存在对价的其他证据,则可能会被认定为协议各方之间不存在具有约束力的合同;再如,如果协议各方的义务仅仅是基于既定原则负有就具体协议达成一致的义务,则也可能因构成“旨在达成协议的协议”(agreement to agree)而被认为不具有可执行性。此外,如果适用法律对于特定类型的项目的实施具有强制招标的要求,而项目又不满足适用直接谈判或其他非公开招标方式的法定前提,则即使未约定其约束力或做出了相反约定,合作框架协议也会无效和不可执行。

三、项目公司设立协议及股权交易协议

实践中，中国企业目前开展海外工程能源基础设施类 PPP 投建营项目，主要以新设项目公司直接进行绿地投资或对取得一定开发成果的绿地项目开展股权并购为主。项目公司设立及股权交易的主要投资并购法律文件包括股东协议、公司章程、股权收购协议、增资协议。与投资并购成熟运营的企业项目相比，工程能源基础设施类 PPP 投建营项目投资并购交易的特殊之处在于，其商业逻辑的实现来源于有待建设完工的项目资产及其将来的运营收入，缺乏历史财务运营指标的参考，故需要熟悉此类交易的特殊性及相关风险，并考虑和反映在相关的投资并购交易文件的合同机制中。以下结合工程能源基础设施项目绿地和近绿地项目的特点，介绍项目公司设立和股权并购两类交易文件中的主要机制和法律问题。

（一）股东协议和章程

1. 项目公司股东协议和公司章程

如果多名投资人投资设立项目公司或者经股权交易后项目公司有多名股东[①]，则各股东之间需要订立股东协议[②]来规范股东之间的权利义务。股东协议通常包括公司的经营范围、出资、股权结构和股东信息、治理结构、分红、项目的融资、优先认购权和反稀释、退出、股权转让程序、不竞争和其他义务、股东权利、陈述保证、终止、适用法律和争议解决等条款。

与此同时，在绝大多数法域，公司章程通常是法定的公司基本文件，需要对外公示。公司章程主要内容一般包括公司的基本情况、经营范围、股权结构、治理结构、分红机制、解散清算等。公司章程对股东、公司以及公司董事、监事等人员具有普遍的规范和约束效力并具有公示公信效力，而股东协议的约束力仅及于缔约的股东之间。因此，股东协议中适宜披露、具有广泛约束力的内容，以

---

① 对于一人有限责任公司，一般仅有公司章程，没有股东协议。

② 也称合资协议、投资协议。

及东道国法律要求公示的内容才会被纳入公司章程。实践中,作为完整的股东协议,项目公司拟通过的公司章程一般会作为股东协议的附件一并签署。

此外,需要关注东道国法律对股东协议和公司章程的效力优先性,是否存在强制性规定。当股东协议与公司章程在实践中发生条款冲突时,通常需要区分是针对股东内部之间的事项,还是股东与合理信赖公司章程的第三人之间的事项。实践中,考虑到股东协议更为全面体现股东的商业意图,且为确保股东间安排在公司运行中落实,股东协议规定在股东协议与公司章程不一致的情况下,各股东应修改公司章程使之与股东协议一致的约定,较为常见。

2. 股东协议的主要机制与法律问题

(1)出资、增资和融资

出资、增资和融资关涉项目建设和运营所需资金,是海外工程能源基础设施项目需解决的重大事项。

海外工程能源基础设施项目中,通常在可行性研究阶段估算项目总投资金额,项目总投资金额一般包括股权出资金额和债务融资金额。项目公司作为实施项目的载体,其初始出资和后续增资之和,一般应达到项目总投资金额中的股权出资金额。相应地,股东协议中一般需要基于财务模型、项目资金需求、资金注入节点、融资模式等商务考虑,约定各股东的股权初始出资/后续增资金额、出资币种和汇率、出资/增资比例、实缴出资/增资前提条件和时点、不按约定出资/增资违约责任。就债务融资部分,则约定项目后续融资的安排和股东就融资承担的义务。

实践中,股权出资一般会与项目建设里程碑及融资资金注入相匹配或成比例;初始出资金额需考虑项目设立后合理时间内的前期工作的费用支出需要,具体需根据项目实际情况而定。

在新设绿地投资项目中,除非东道国法律有特别要求,一般投资人在初始出资或大额增资前往往需要确认项目开发取得一定进展、主要项目协议已签署或生效、中国境外投资备案或核准文件已取得等,并将这些条件设置为初始出资的前提条件。在绿地并购项目中,股权并购协议下股权交割完成后,后续增资或认购一般根据项目建设需要由股东会/董事会决议通过后进行，可能会与一定里程碑节点挂钩。

【实例3-2】东南亚某铁路BOT项目股东协议中出资和增资安排

在东南亚某铁路绿地投资BOT项目的股东协议中，出资和增资条款中，首先约定项目总投资金额、债股比及对应的股本出资和债务融资金额。根据投资人的评估，在项目公司成立后至第一次股东大会前预计前期工作所需资金为项目所需股权出资总额的0.4%，但这个金额也远高于东道国公司法法定要求的最低注册资本金额。

同时，股东协议约定后续将根据特许权协议规定资金注入计划，依据项目建设进度和股东会决议，后续逐步进行增资。项目公司初始注册资本的注入前提条件，包括股东协议已签订并生效、中国境外投资备案已完成、公司章程文本以准备完成且令股东满意、特许权协议已签订并生效。

值得注意的是，是否按比例认购增资或认购新股以及未按约定增资或认购的后果，实践中可能成为股东协议中控股股东与小股东之间谈判和博弈的条款之一。小股东可能要求就增资或增发新股事项的决策拥有一票否决权。原因在于，海外工程能源基础设施项目通常所需的总投资金额巨大，如果不在股东协议中作特别约定，则资金匮乏的股东可能因无力行使优先权而导致他们的权益被稀释，并进一步导致股东协议签署时本来预期的股息收入减少，且涉及新股东加入公司，可能还导致现有股东就增发新股的价格、公司治理结构的改组等协商谈判。

为应对自身持股比例因项目公司增发新股而被摊薄，有议价能力的小股东可能会争取在股东协议中约定反稀释机制和设置一定安排，以避免在增资或增发过程中持股比例被稀释。谈判地位较强、对项目开发或建设不可或缺的小股东，可能会争取要求项目公司在增资或增发新股时，控股股东应保证项目公司向小股东等比例免费派发新股，从而维持小股东原有持股比例；谈判地位相对较弱的小股东，可能会坚持后续增资或增发新股的股价不得低于该小股东认缴时的股价。

【实例3-3】印度尼西亚水电IPP项目公司股东协议反稀释条款

中国企业拟通过增资方式投资印度尼西亚水电IPP项目公司，预计增资后持股34%。按照与交易对方的协商，中国企业争取到了起草股东协议的权利。为保护自身利益，中国企业提供的第一稿股东协议的反稀释条款约定，项目公司后续增发新股时，控股股东保证项目公司向中国企业免费派发新股从而使中国企业的持股比例维持在34%，相关条款如下：

In the event that the Project Company issues any new shares to any investor (the "New Investor") and the Minority Shareholder declines to participate in subsequent funding rounds, then, subject only to completion of a subsequent funding round by the New Investor, the Minority Shareholder shall be issued concurrently at no cost such number of shares as is required to maintain its Shareholding Percentage calculated immediately prior to the completion of such funding round. [在项目公司向任何投资人（"新投资人"）发行新股且小股东（注：特指本轮增资、签署该股东协议的投资人）拒绝参与后续各轮融资的情况下，如果新投资人完成了后续各轮融资的交割，则小股东应当同时被无对价地派发相应数量的新股以使其维持在该轮融资交割前持有的股权比例。]

就债务融资而言，实践中海外工程能源基础设施类PPP投建营项目一般采用有限追索的项目融资模式。因此，融资机构往往要求项目公司股东提供融资担保，包括股权质押和完工担保。各股东方是否同意为融资目的按比例提供融资担保，实务中是谈判点之一。为推进项目，控股股东往往需要提供股权质押及额外的完工担保，如母公司担保。有议价能力的小股东除提供股权质押外，可能不同意提供额外的融资担保。

(2)公司机关决议机制安排

由于各国法律对公司的治理结构的规定和要求不同，在不同国家设立的项目公司的公司治理机关也存在差异，如保加利亚《商法》规定，股份有限公司(AD)可以选择单层或双层治理结构。单层治理结构包括股东大会及董事会，在双层治理结构下还可能设有监事会和管理委员会。实践中，单层治理结构比双层治理结构的灵活性更强，整体上以股东会为最高权力机关、董事会为常设经营决策机关的公司治理模式更为多见。无论哪种模式，股东协议对相关治理机关如股东会和董事会的决策权限设置，主要由法律强制规定、公平和效率间的选择倾向、具体项目中各股东谈判地位、商业诉求和利益平衡等因素决定。

具体而言，股东协议中股东会和董事会间的权限划分，首先需要遵循东道国法律的法定最低要求影响。通常，为了兼顾效率与公平和保护债权人和/或小股东利益，各国法律会规定有些事项仅可由股东会决议、不能由董事会决议，有些事项需由股东会绝对多数决(如2/3以上表决比例通过)甚至是全部股东一致同意方可通过。但上述强制性要求一般是最低法定要求，法律并不限制各股东在股东协议中作出高于法定要求的决策比例。违反上述法律规定，公司决议机关作出的决议可能被认定为无效。

从效率角度来看，在有多名股东、股权相对分散的情况下，股东会作为最高权力机关而非常设机构，召集程序复杂和召开更为耗时，而董事会通常为常设机构，召集更为容易和召开更为频繁。因此，在不违反法律强制性规定前提下，越多事项被纳入董事会决策权限范围，决策效率会更高。但实践中，股东会和董事会决策事项的划分和表决比例设置，更直接体现了大股东和小股东为各自商业意图和话语权的博弈。最终形成的妥协结果，很大程度上取决于各个股东的股权权重和谈判能力，常见的情形是将部分直接关系小股东根本利益的重大事项，设置为小股东有一票否决权的股东会重大事项或保留事项(见表3-1)。

表 3－1　常见的股东会或董事会决议重大事项及小股东一票否决权事项

对比项	常见的股东会/董事会决议重大事项	常见的小股东一票否决权事项
一般范围	常见重大事项可能包括： ①修改章程、增资、减资 ②增减董事会席位、任命董事 ③发行新股、期权及可转换证券（如可转债）等 ④确定股息分配方案 ⑤与第三方设立合伙、合资公司等 ⑥对外股权投资 ⑦对外借贷举债或提供担保 ⑧公司合并、分立、重组或变更经营目的等 ⑨处置公司重大资产或债务等 ⑩批准关联交易 ⑪批准、修改公司年度预算，以及批准一定金额以上的超预算支出 ⑫公司解散、注销或清算等	①修改章程、增资、减资 ②增减董事会席位、任命董事 ③确定股息分配方案 ④公司合并、分立、重组或变更经营目的等 ⑤公司解散、注销或清算等

在海外工程能源与基础设施类 PPP 投建营项目中，结合具体项目情况，以上一票否决权事项往往还进一步扩充到项目协议的签订、修改、终止，工程和运维承包商的选聘，工程合同重大变更、索赔等事项。

（3）股权转让和退出机制

海外工程能源基础设施类 PPP 投建营项目生命周期一般长达 20—30 年，在项目各个阶段投资人都可能基于不同原因需要转让部分股权或全部退出。因此，股东协议需要合理的股权转让和退出机制，为不同情形下投资人后续转让和退出项目预留可操作的路径。

股权转让条款，一方面，受限于东道国的法律规定或 PPP 协议的规定，实践中不少国家对工程能源基础设施类 PPP 投建营项目有锁定期要求，主要是为了确保对项目投资和融资具有主导作用的发起人控制权不变，促进投资人以实现商业运营为首要目的，为项目长期利益考虑。主要投资人的控股权不变更，这同时也是项目融资方的要求。

另一方面，股权转让条款也体现各股东商务诉求博弈的结果。各股东均需要合理的退出机制。大股东实践中存在实现商运后退出的诉求,除法定要求外不希望设置更多限制。并且,从控股股东角度,还希望在股东协议中规定购买期权(call option)、拖售权(drag along)从而拥有让小股东退出的主动权。小股东对项目公司经营管理的话语权有限,希望投资的退出机制更为灵活,不但希望在经营前景不及预期或无法获得预期利益等特殊情况下有退出机制,也希望在大股东"变心"情况下能够至少同步退出,希望股东协议中能给予他们卖出期权(put option)、随售权(tag along[①])等退出机制。因此,股东协议中需要就上述权利和退出机制的触发条件、行权程序和行权价格等问题提供具体的机制。下面以实践中常见的锁定期、卖出期权和随售权为例,说明海外工程能源基础设施类项目股东协议实务的一些特点。

具体而言,锁定期条款一般需要结合东道国法律或 PPP 协议的要求明确锁定期起算时点、终止时点、不能转让股权的比例、不能转股的限制范围,具体需结合项目实际情况进行约定。例如,在巴基斯坦某项目中,根据 IA 标准条款,原始股东在商运日前以及商运日实现后 6 年内,无论是向第三方转股,还是项目公司增发新股,都不得使原始股东的股权比例降至 51% 以下;主要投资人在商运日实现后 6 年内的持股比例不得低于 20% 。

就小股东的卖出期权,海外工程能源基础设施项目的股东协议往往会规定一些具有行业特点的卖出期权触发条件,比如:①项目未能按期取得关键审批许可,导致项目存在重大合法性风险;②项目上游重大协议终止,导致项目的建设完工、稳定运行或预期收益存在较大的不确定性,如特许权协议、承购协议、土地协议等;③小股东入股项目公司的预期商业目的落空,如小股东如以承揽项目 EPC 工程而投资项目公司,在 EPC 合同非因小股东原因终止的情况下,小股东应当争取在此情况下有权行使卖出期权。

即便原则性地确定了卖出期权的触发条件,大股东和小股东对于具体条款的设置也存在不同利益取向。例如,即便大股东在股东分工中主要负责为项目

---

① 也称"co – sale right"或"piggy – back right"。

取得各项审批许可,也原则性同意了在法定期限内项目公司未能按期取得关键审批许可时小股东享有卖出期权,大股东也会倾向于将小股东行权的触发条件进一步限缩于非因大股东过错而导致审批许可未能按时取得,而小股东则会倾向于约定为非因自身过错而导致未能按期取得。这种利益的博弈和更精细化的约定,也是各方协商卖出期权条款的重点。

随售权是项目公司股东(一般是大股东)向第三方转让股份的情况下,其他股东(一般是小股东)有权按照拟出售股权的股东与购买方达成的价格和条件,参与到该交易,按照拟出售股权的股东与其他股东在项目公司中的股权比例,向第三方转让股权的机制。就随售权而言,如果股东协议约定了小股东的随售权,那么第三方在向大股东发出收购要约的同时,也必须向小股东发出同等条件的购买要约。如果小股东对第三方控股后的项目公司运营存在疑虑,那么他们可以选择将股权出让给大股东或第三方,从而部分或完全退出项目公司。

相比小股东卖出期权的触发条件,随售权的触发条件相对简单,与项目实施情况挂钩不多,一般主要协商确定:①触发随售权的股权比例,如第三方拟收购的股权达到项目公司股权的1/2、2/3或3/4等比例;②小股东行使随售权时有权出售的股权比例,如与大股东同比例出售,或者与大股东拟出售的项目公司股权比例相同。

(二)股权收购协议和增资协议

项目公司设立后,对项目公司股权进行交易主要有两种模式,即股权转让模式和增资扩股模式,相应的交易文件也有所区别。前者的核心交易文件是股权购买协议,后者的核心交易文件是股权认购或增资协议(两类交易文件合称为“股权并购协议”)。但两种模式下,股权并购协议的核心法律问题并无实质性差异。

1. 股权转让模式和增资扩股模式

对于工程能源基础设施类PPP投建营项目,股权交易对象往往是为开发特定项目的目的而设立的特殊目的公司,或项目公司的上层平台公司的股权,且私人有限公司的非竞标股权转让或增资扩股较为常见。

股权转让和增资扩股两种模式的主要异同点对比如表 3－2 所示。

表 3－2 股权转让和增资扩股两种模式的主要异同点

对比项＼交易模式	股权转让模式	增资扩股模式
交易文件及其当事方	股权购买协议	股权认购或增资协议
缔约方	原股东、新股东、项目公司（视情况①）	原股东②、新股东、项目公司
获得交易对价的主体	原股东	项目公司
股权稀释	不稀释	稀释（各方未另行约定的情况下，原则上原有股东的股权比例会相应稀释）
公司内部批准	一般不是需要目标公司股东会批准的法定事项③	一般是需要目标公司股东会绝对多数批准的法定事项
其他股东是否有优先购买/认购权	有	有
原股东方是否继续留在项目公司	收购全部股权情况下，原股东完全退出；收购部分股权情况下，原股东仍留在项目公司	原股东仍留在项目公司

总体而言，海外工程能源基础设施类 PPP 投建营项目的并购交易中，由于项目公司股权交易主要发生在建设期，增资扩股模式能让新投资人注入的资金留在项目公司、而非由原投资人套现退出，有利于弥补项目开发建设的资金缺口，且原股东方留在项目公司有一定动力去利用当地资源和能力协调政府关系和支持项目推进。因此，新投资人一般会更倾向于采用增资扩股模式，以便注入的资金留在项目公司、与原投资人共同承担后续项目开发和实施风险；原投资人则刚好相反，往往更倾向于股权转让模式，以便尽早套现退出，避免被绑定在项目公司中承担项目后续开发建设风险。

---

① 如果其中涉及项目公司须履行的义务，往往将项目公司作为一方。
② 原股东是否同样作为股权增资协议当事方，在不同国别存在不同的交易惯例。
③ 如前述介绍，股东协议中可能限制股东一方向第三方转股的权利。

2. 股权并购协议的核心机制和法律问题

在工程能源基础设施类 PPP 投建营项目的股权交易中，股权并购协议的条款结构与主要条款较一般的并购项目并无实质性差异，主要包括交易标的、价格、付款、陈述与保证、交割前提条件和交割、交割前承诺、交割后承诺、违约责任和赔偿、终止、适用法律和争议解决等，以及常规的保险、保密、完整协议、交易费用和税费、通知等法律条款。

但在一些条款的具体设置上，PPP 投建营绿地股权交易的特定方面，具有不同于建成后已投入运营的工程能源基础设施类 PPP 投建营棕地项目或其他行业成熟运营企业并购交易的特殊考虑。

下面以股权并购协议为例，介绍其中最核心的定价和付款、交割前提、交割前和交割后承诺、陈述与保证、与股东协议的衔接等机制。

(1) 定价机制

价格条款往往是股权交易各方最为关注的条款，不同的定价机制会影响到经济利益和风险转移时点、估值的方式、价格调整安排等。在价格条款中，不仅需要约定价格的金额、币种，有时还需要说明价格的计算方式和依据，从而使买方能够应作为定价基准的指标变化时主张调整价格。

股权收购或增资交易的价格往往不是简单的现货交易中的“一锤子买卖”，而是与股权交割或商定时点的企业价值挂钩。实践中，企业经营情况通常不断变化，而股权并购或增资交易中的估值往往是基于签约日或签约之前的某个基准日，与实际交割日存在时间差，目标公司的企业价值和对应的股权价值可能在这段期限内发生变化。因此，为确定股权交易对价，实践中发展出两种常见的定价机制，即交割账目(closing account)机制和锁箱(locked box)机制。交割账目机制，是指在签约日(或基准日)确定项目公司企业价值的基础上，根据交割日和签约日(或基准日)之间项目公司现金、负债和运营资本等的变化，在交割后对股权交易对价进行调整的机制。锁箱机制是指交易双方根据锁箱日的资产负债表确定项目公司的固定股权价值，且在股权并购协议的签约日进行固定，原则上不在交割后进行调价的机制。

总体而言，锁箱机制下交割后股权交易价格一般不调整，买方承担锁箱日后项目公司运营情况变化的风险（但会约定漏损补偿机制应对该风险），更偏向卖方利益；交割账目机制则允许在交割日根据财务报表的相关指标变化情况进行调价，更偏向买方利益。两种定价机制各有特点和利弊，两种方式的特点和优劣势如表3-3所示：

表3-3　锁箱机制及交割账目机制的特点和优劣势对比表

定价机制 对比项	锁箱机制	交割账目机制
是否为固定价	固定价	不是固定价
价格调整	在签约前基于历史的财务报表来确定价格后，价格在签约后一般不调整	签约后，股权交易价格处于变动状态，直到交割日价格才固定
价格所基于的基准财务报表	基于历史的财务报表	基于交割后准备的交割日财务报表
减损处理	通过合同机制（如价值漏损补偿机制）解决。卖方保证锁箱日后企业价值不会减损，并在减损情况下给予补偿	通过估值调整解决。签约日后的企业价值变化都会反映在基于交割账户调整后的交易对价中
是否审阅交割日账目	无须制作并审阅交割日账目，一般在交割后不调整交易对价	交割后需要准备交割账目，并基于现金、负债和营运资本等调整交易对价
对哪一方更友好	对卖方更友好	对买方更友好
优点	节省双方对交割后价格调整的谈判时间和费用成本； 股权并购文件较为简单，无须对交割后的调价机制，包括现金、债务、营运资本的构成及确认、交割账目准备和审阅、潜在争议解决等事项进行约定； 交易价格确定性更强，一般不会就股权交易价格产生纠纷	能够更准确反馈初始估值日至交割日间的目标公司价值的变化

续表

定价机制 对比项	锁箱机制	交割账目机制
缺点	股权交易价格，不能准确反映价格锁箱日至交割日期间企业价值的变化，仅是通过合同机制进行补偿	双方需对交割后价格调整的谈判花费较多时间和费用成本； 合同更为复杂，需对交割后的调价机制，包括现金、债务、营运资本的构成及确认、交割账目准备和审阅、潜在争议解决等事项进行约定； 交易价格确定性不强，相比锁箱机制更容易导致双方就股权交易价格产生纠纷

海外工程能源基础设施类 PPP 投建营项目中，针对并购尚在开发阶段目标公司的绿地交易，由于项目核心运营资产尚未建成、签约日（估值日）与交割日期间营运资本的变化相对而言较为有限，因此实践中锁箱机制更为常见。但就锁箱机制的采用，买方仍需评估以下因素，以判断是否具备适用锁箱机制的条件和可行性：①是否具备对目标公司锁箱日的财务和经营状况做详尽的法律和财务尽调的条件，锁箱日的财务报表的质量如何、是否清晰完备；②结合业务情况判断交割前的现金、负债、营运资本是否会发生较大变化；③锁箱日至交割日期间不允许开展的可能导致漏损的业务，对公司经营和价值的影响；④是否能就审核漏损金额的第三方机构达成一致；⑤通过合同机制向卖方追偿漏损金额的难度及卖方履约能力①。

针对并购已实现商运的目标公司的棕地项目，需根据项目公司是否需持续采购经营原材料、营运资本和负债等变化情况、双方谈判地位等因素，综合考虑采取锁箱机制还是交割账目机制。

① Ronan O' Sullivan, et al., *Pricing Mechanisms: Locked box vs Completion Accounts*, Practical Law, https://uk. practicallaw. thomsonreuters. com/7 - 516 - 6888? comp = pluk&transitionType = Default&contextData = (sc. Default)&firstPage = true&OWSessionId = 957c6e1e89b44b7e8e0817bf911f24c1&skipAnonymous = true, Published on 25 Jan. 2012.

(2)付款机制

在海外工程能源基础设施类PPP投建营项目的并购交易中,往往交割时项目尚未实现商业运营,甚至尚未开工、处于较早期阶段,不排除已取得的证照存在瑕疵或现存情况对后续开工建设有不利影响等问题,后续项目存在融资关闭和商业运营有实质影响的风险。

站在买方角度,付款节点安排是管控交易风险的重要手段之一。买方更倾向于将一定比例的款项与卖方/项目公司履行一定关键义务、达成一定里程碑(如融资关闭、实现商业运营)挂钩,保留一定比例的尾款作为保证金,或延付的交易对价可因卖方违反陈述与保证或违约造成的损失而调减。在将上述付款与特定里程碑挂钩安排下,里程碑时点实现的条件和标志界定是否清晰较为关键,如针对融资关闭,仅要求签署融资协议还是要求首笔资金到位、要求多高比例的股本和债务融资资金已到位,以及股东贷款是否视为融资资金等,实践中需要考虑并明确。

相对而言,站在卖方角度,在买方提出上述诉求情况下,卖方常常要求买方将股权交易的全部价款存入第三方托管账户,或要求买方提供付款担保,以便在上述条件和节点到达时从托管账户获得交易对价或兑付担保获得交易对价。如果双方商定引入托管账户机制,一般会在付款条件中一并约定。通常交易双方会选择银行或金融机构作为托管方,有时会应托管方要求在托管方账户协议模板基础上进行修改,反映交易双方诉求,也可能由交易一方提供托管账户协议文本。针对托管账户安排,站在买方角度,往往要求托管账户资金担保多项义务,且在股权交易价款根据股权并购协议相应调整或卖方根据股权并购协议应对买方承担赔偿责任时,买方有权直接从托管账户资金中扣减;站在卖方角度,则一般会要求股权交易价款不可从托管账户资金中扣减、在条件和时点到达时无条件释放给卖方,主张托管账户资金不应担保卖方赔偿责任,或者即便同意通过以共管账户形式担保,也希望另设单独的较低金额的赔偿资金专用共管账户来解决。

【实例 3-4】东欧电力收购项目股权并购协议中价格及付款机制

由于 2021 年 7 月欧盟提出 2030 年欧盟温室气体净排放量与 1990 年的水平相比至少减少 55%、2050 年实现“碳中和”等减排政策目标，东欧某国当地再生能源市场处于投资热潮中，偏向于卖方市场。在某再生能源电站绿地股权收购项目中，通过法律尽调发现卖方现有审批许可存在一定的效力瑕疵，买方虽然意欲收购该项目但卖方在交割日前修复的审批许可是否可能影响融资关闭、并网发电及商业运营，仍有一定的不确定性。因此，站在买方角度，股份购买协议的付款及价格调整条款设置了如下保护机制：

首先，在付款安排上，设置了与项目里程碑挂钩的延期付款机制。在股权交割日，约交易对价 15% 的款项在交割日支付；约交易对价 50% 的款项在融资关闭的时点支付；剩余款项在项目实现商运时再支付。

其次，就定价方式而言，考虑估值日至交割日期间项目公司无实质经营且买卖双方均对交易对价的确定性有较高预期，股份购买协议的定价模式采用锁箱机制。但买方争取到在交割日后 6 个月内发现如有锁箱日至交割日期间的漏损金额，卖方应赔偿买方，且买方有权从未付的交易对价中扣减的安排。

最后，针对卖方在股份购买协议下违反陈述和保证条款或依据保障（Indemnity）条款需要向买方赔偿的损失，买方均可将卖方应支付的赔偿，从买方应付而未付的股权交易价款中扣减或抵销。

上述机制在较大程度上从合同机制方面保护了买方利益，缓释了卖方证照瑕疵影响项目建设、运营的风险。

（3）交割前提条件

股权并购协议的签订意味着双方就收购条款和条件已达成一致，但只有当双方依协议履行一定义务以及有关要件实现，即交割前提条件具备后，才开始互相转移标的股权和支付价款。由于交割前提条件不成就的情况下买方没有义务进行交割和付款,并且除非条件不成就是由一方造成的、双方均对不进行交割不承担责任。因此,实践中交割前提条件机制历来都是谈判协商的重点。在交割前提条件机制中,一般会约定具体实现交割所需前提、最迟实现交割时间、未能实现交割前提的法律后果。

为界定买卖双方各自负责促成的交割前提条件、进而界定守约一方享有的救济权利,股权并购协议中一般会针对卖方和买方分别约定交割条件。总体来看,交割前提条件可以大致分成以下两类(见表3-4)。

表3-4 交割前提条件

对比项	一般海外并购交易	海外工程能源基础设施类PPP投建营项目的特别考虑
常见条件	①双方各自取得股东会、董事会等公司治理机构批准交易; ②卖方或项目公司取得第三方对交易的同意,如项目公司或卖方订立的有控制权变更条款的合同相对方; ③交易获得政府主管机关的批准,如投资人母国的境外投资审批、东道国的外商准入审批、反垄断审查通过等; ④视双方商业诉求,卖方任命的项目公司高管、关键员工退出或继续留任; ⑤项目公司股东会或董事会作出任命买方提名的项目公司新高管的决议,待交割时生效; ⑥项目公司其他股东放弃优先购买权; ⑦项目公司向买方出具股权凭证; ⑧未发生重大不利变化; ⑨卖方完成交割前承诺;	①项目公司在签约日或基准日应当取得而尚未取得的许可证照应当弥补瑕疵; ②项目公司在签约日或基准日尚无须取得但预计在交割日需要取得的重要许可证照,于交割日前取得; ③已达到签署特许权协议或承购协议的开发阶段,则可能需将反映买方诉求的特许权协议或承购协议的修改已达成一致或签署纳入; ④项目公司已取得为实施工程能源基础设施项目所需的土地权利; ⑤已签署工程承包合同的终止(视具体情况); ⑥项目公司正常经营所必要或不必要的关联交易合同的续签或终止; ⑦卖方妥善解决买方在尽职调查中发现的影响项目公司持续稳定运营的重大问题。
	⑩双方各自的陈述与保证真实、准确,且对陈述与保证未有重大违反的情况;	

续表

对比项	一般海外并购交易	海外工程能源基础设施类 PPP 投建营项目的特别考虑
	⑪双方就股东协议和公司章程的修改达成一致或已签订； ⑫解除公司资产或标的股权上的担保或权利负担； ⑬重大债务已经通过和解、清偿或终止等方式清偿、和解或处置； ⑭没有任何诉讼、仲裁或相关法律程序阻碍交易进行。	

就交割前提条件的博弈，一般卖方会尽可能要求限缩交割前提条件。由于信息不对称，买方会尽可能将法律、财务、技术尽调中发现影响交易的重大问题纳入交割前提条件。双方会在谈判中就买方发现重大问题的影响、合同已有的救济机制进行协商。最后妥协一般是将双方认为确实影响交易目的实现、无法仅通过调整交易价格或设置陈述和保证及关联赔偿机制解决的重大问题，纳入交割前提条件。实践中，买方一般会要求将卖方做出的陈述和保证在交割日真实和准确，作为交割前提之一。但卖方可能主张，并非任一陈述和保证的不准确或不真实就会导致交易不能交割。经过谈判交锋，双方可能会将一些根本性、直接影响并购商业意图实现的陈述与保证的全面真实、准确，作为交割前提条件，仅违反一般性陈述与保证时买方仍有交割义务。

除此之外，双方也会就各自负责的交割前提条件的范围、交割前义务的放弃、实现先决条件的义务程度[如是合理努力（reasonable efforts）还是最大努力（best efforts）]进行协商。一般而言，针对买方负责的交割前提条件，卖方有权放弃该交割前提条件或因该交割前提条件未满足而不交割。针对满足交割前提条件的义务程度，不同法域的司法实践对"reasonable efforts/endeavor"和"best efforts/endeavor"所指义务的程度有不同认定标准，需结合当地司法实践寻求当地律师意见。

就最迟交割日期，由于股权并购协议签署之时，双方一般都难以预计交割前提条件何时才能够全部成就，因此，一般情况下约定交割日为交割前提条件的全部成就（或放弃）后的某一天。但双方一般会在协议中规定最迟交割日期（long－stop date），届时如交割前提条件仍无法全部成就或被放弃，除非双方协商延长，否则协议失效或终止并约定终止后果。

交割前提条件不成就的后果，往往也是买卖双方谈判的焦点之一。站在买方角度，如果是卖方负责的交割前提条件未成就，则买方除了有权不交割外，可能在股权并购协议中设置金钱违约金，在此情况下要求卖方支付解约费，实践中也称为“分手费”。但站在卖方角度，当买方负责的交割前提条件不成就时卖方也会要求买方支付一定的解约费，实践中也称为“反向分手费”。

如果卖方陈述与保证真实、卖方妥善履行交割前承诺同样列入交割前提条件，则当卖方陈述与保证不真实或未能履行交割前义务时，如果协议没有约定买方的救济是择一的或排他的，则买方不仅依赔偿条款有权向卖方索赔，还有权不进行交割。

（4）交割前和交割后承诺

在签约与交割之间的过渡期内，买卖双方一般均需完成一定的行为以促成交割前提条件的满足。特别是在签约与交割之间的过渡期内卖方仍然控制着项目公司，在此情况下股权并购协议一般会给予买方在过渡期内一定程度上了解和干预项目公司经营的权利，并且限制卖方一切非日常经营活动，以防止卖方滥用控制公司的权力实施不适当的行为。交割前承诺机制中，一般会规定交割前承诺的事项、承诺方完成承诺的时间、承诺义务的履行标准。

海外项目公司的并购往往无法在交割后就画上句号，即便是控制权变更的收购交易，交割后目标公司持续稳定经营往往也可能需卖方配合，或实践中部分涉及卖方的义务可能不得不在交割后履行。因此，交割后承诺条款在股权并购协议中也相对常见。在交割后承诺机制中，一般会规定交割前承诺的事项、承诺方完成承诺的时间、承诺义务的履行标准。

具体而言，过渡期内业务经营权的限制范围，往往是买卖双方就交割前承诺谈判的重点之一。双方会从积极义务和消极义务两个角度，约定在过渡期应尽合理或最大努力完成的事项以及不得开展的活动。从积极义务角度，常见的交割前承诺包括卖方应当正常经营项目公司、给予买方信息知情权、维持项目审批许可证照持续有效等；从消极义务角度，常见的交割前承诺还包括：在未经买方同意的情况下，项目公司不得修订公司章程、增发股份、分红、处置重大资产、签订重大协议、对外担保等，不得与第三方展开本交易的谈判等。根据一般法律原则，在卖方违反交割前承诺的情况下，买方有权向卖方主张损害赔偿。

就交割后承诺，常见的卖方交割后义务包括配合办理在公司登记部门的相关变更登记、不与项目公司从事竞争业务、不招揽项目公司员工、保密、公告与信息发布等。如果卖方在交易后并未丧失大股东地位，则从买方角度可以争取要求卖方促使项目公司依法合规经营，并对尽调中发现的、未作为交割前提的项目公司存在的重大问题和合规性瑕疵，在交割后予以补救。

海外工程能源基础设施类PPP投建营项目中，需要注意不竞争条款。实践中卖方可能与买方都是能源和基础领域有经验和实力的开发商，在此情况下买方可能需设置不竞争条款，保护后续运营收益不因卖方竞争而受损。在不竞争条款中，双方往往会协商承担义务的主体是仅包括卖方还是也包括卖方的关联方，是否需要限定不竞争的期限、区域和项目类型。针对卖方未能完成交割后义务，一般救济措施主要是买方依据合同的赔偿条款，要求卖方赔偿损失或要求卖方保障买方免受一切损失。

【实例3－5】东南亚某电力项目股份认购协议中的交割前和交割后承诺安排

东南亚某电力绿地开发项目中，项目处于获取许可证照节点、尚未实现开工阶段。中方投资人希望从该项目的项目公司控股股东手中收购40%股份。

站在买方角度，股份认购协议中就交割前承诺条款做了如下安排：

一方面，从消极义务的角度，该股份认购协议约定，目标公司和现有股东未经买方同意，不得使管理层发生变动，不可开展合并和收购，不得与其他方签订涉及目标公司股权的协议，不得解散、清算或宣告目标公司破产，不得变更目标公司的主营业务和法律形式等。从排他合作角度，该股份认购协议进一步约定，在最迟交割日前项目公司及其现有股东包括关联方不得直接或间接考虑或表达对任何第三方的其他报价或投标建议文件的兴趣，不得直接或间接与任何第三方协商或谈判。另一方面，从积极义务角度，股份认购协议规定，项目公司有义务向买方提供与交易有重大不利影响的公司财务和经营信息，并确认和补充尽调数据库涉及事项的重大进展情况，以及目标公司财务和业务经营情况。

考虑到中方投资人仅认购小额股份、卖方仍持有控股股份，卖方对项目后续成功商运至关重要，但卖方作为股东可能与项目公司产生竞争，站在买方角度，股份认购协议中就交割后承诺做了如下安排：

首先，自交割日起至项目商运后25年（即项目购电协议的有效期）内，卖方不得与该国开展与项目公司相竞争的业务，不得招揽和雇用项目公司的员工，不得招揽或诱使项目公司或关联方聘用的分包商减少或终止为项目公司提供服务，卖方不得发生控制权变更。其次，考虑到在交割时项目仍处于相对早期开发阶段，在交割日取得部分关键证照的条件尚未满足，因此规定项目公司应当且卖方应促使项目公司，在交割日后9个月内取得项目公司之前未取得的重要证照，如取得市商业许可、签署林地使用协议等。最后，考虑到卖方主要负责获取融资且融资关闭按期实现对项目推进有重大意义，股份认购协议进一步规定，项目公司及卖方应持续维持项目证照有效，并按照约定期限实现融资关闭。

（5）陈述与保证

陈述与保证往往是股权并购协议中篇幅最长、内容最烦琐的条款，历来也是当事双方关注的重点条款之一。

陈述与保证条款存在的必要性主要在于，买方虽然对项目公司进行了尽职调查，但与卖方相比买方仍然处于信息不对称的地位，加之受限于卖方披露的全面性、项目时间表紧张等因素，往往买方不太可能全面掌握目标公司的全部法律、财务、经营、技术等情况，通过设置陈述和保证条款，可以将因未披露或披露不完整、不准确的风险转移给卖方，降低买方估值和交易的顾虑。卖方的陈述和保证真实和准确，是买方进行估值和定价的基础。如果陈述与保证不真实的情况或不准确发生在交割前，一般而言，买方有权不交割；发生在交割后，买方一般可以要求卖方进行赔偿，因此详尽的陈述与保证条款是对买方比较有利的保护手段。

对卖方来说则正好相反。卖方往往希望将陈述与保证限定在为开展交易所必需及己方合理知悉的范围内，避免负担过重或不公平的风险。卖方不仅会限制陈述与保证的范围，而且会倾向于增加买方基于陈述与保证不真实而索赔的限制条件和免责条款，如索赔的时间限制、金额限制、将买方已经知悉且不得索赔的事由规定在披露函中等。在双方谈判地位相对平等、顾问经验丰富的交易中，陈述与保证条款的谈判也往往越深入和激烈。

以陈述与保证的内容为例，在股权并购协议中，股权交易中买方和卖方均会做出陈述和保证。但买方的陈述与保证相对有限，一般会涉及买方合法设立存续、有权订立和履行协议、订立和履行协议不与适用法律及其公司章程相抵触、订立和履行本协议不违反对其有约束力的其他合同、未发生破产清算等。

卖方作为股权出售方做出的陈述与保证较为广泛。在股权交易中可区分为卖方基础性陈述与保证和一般性陈述与保证。区别基础性陈述与保证和一般性陈述与保证的意义在于，同一般性陈述与保证相比，买方可以要求基础性陈述与保证适用不同的责任限制和救济方式，如要求更长的索赔期、要求基础性陈述与保证在签约日和交割日重复做出；如果违反了基础性陈述与保证，除了损害赔偿以外买方还可以有要求解除合同的权利等。违反基础性陈述与保证的责任，一般不能被陈述与保证保险所完全替代，而一般性陈述与保证的责任可以在很大程度上转移给陈述与保证保险①。

就海外工程能源基础设施类 PPP 投建营项目绿地并购交易而言，由于并购时项目尚未实现商业运营甚至是尚未开工建设，卖方已取得合法有效的项目开发权、保证合法开工建设的核心审批许可及取得能够支撑项目建设的土地相关权利，往往是项目能够顺利开工并实现商业运营的前提。因此，买方需要卖方对此做较为全面的陈述与保证。针对重要审批许可，除了在卖方陈述与保证条款中列明已取得的审批许可清单外，还需考虑要求卖方取得的审批许可的程序符合当地法律、审批许可在签约日和交割日保持合法有效、不存在导致审批许可被撤销或终止或需重新颁发的情况、不存在导致审批许可被撤销或中止的处罚或诉讼、不存在就审批许可的未决诉讼或其他法律程序、就审批许可未因违反法律而遭受处罚、当前取得许可不会对未来取得许可产生重大不利影响。针对土地权属，不但需要考虑卖方对项目公司是土地的所有权或使用权的权利人、土地权利上不存在权利负担、无第三方权利主张、不涉及未决诉讼和法律程序做出保证，还应考虑要求卖方对取得的土地权属足以支撑项目建设和运营需要做出陈述与保证。

此外，在海外工程能源基础设施类 PPP 投建营项目绿地并购交易中，项目公司已经取得的审批许可是支撑项目公司估值的核心要素，买方收购的目的通常也是获取项目开发权、获得有价值的审批许可证照及获取项目建设所需的土地所有权或使用权，因此获得合法和充分的土地权属和合法有效的项目开发权，可能需视情况纳入基础性陈述与保证范围内。

【实例 3－6】收购新加坡某能源公司股权交易文件中有关重大许可的陈述与保证安排

(a) 附件 4.12(a) 包含一份真实、完整和正确的清单，列出被收购公司或任何子公司在本协议签订之日所持有的所有重大审批许

① Griffith, Sean J., *Deal Insurance: Representation and Warranty Insurance in Mergers and Acquisitions*, Minnesota Law Review. 3257, https://scholarship.law.umn.edu/mlr/3257, p. 1855, 1872 (2020).

可。所有重大审批许可的真实、完整和正确的副本已提供给买方。除附件 4.12(a) 披露的情况外,所有重大审批许可均具有完全法律效力,并且被收购公司和子公司在所有重大方面均已遵守重大审批许可下的相关义务。没有任何未决或据卖方所知威胁将启动的任何法律程序,在合理预期下会导致任何此类重大审批许可被修改、暂停、撤销或终止。被收购公司和子公司持有目前开展其各自业务所需的、按照适用法律、合同和审批许可需要取得的重大审批许可。

(b)　附件 4.12(b) 包含被收购公司或任何子公司开发、建造、拥有和运营开发项目将需要的所有重大审批许可的真实、完整和准确的清单(根据现行法律)("未来开发许可")。据卖方所知,没有任何事实、情况、事件或条件在合理预期下,会阻止或延迟任何被收购公司或子公司,按期或根据开发、建造、拥有和经营资产或业务需要去取得任何未来开发许可。并且,在任何此类未来开发许可中不会被施加任何重大不利条件,或不会被设置其他限制以致被收购公司或子公司目前正在开发的任何资产或业务的开发、建设、拥有和经营计划受到影响。

在实例 3 -6 中,卖方不但就已取得的重大审批许可仍有效、重大许可持有人遵守了许可中规定的义务、没有可合理预见的导致重大许可修改/中止/撤销/终止的未决法律程序或相关威胁做出陈述和保证,并且卖方还就目标公司及子公司拟开发、建设、拥有和运营资产及业务未来所需取得的审批许可,不存在造成妨碍和延误的事实和情形做出陈述和保证。

再如,就陈述与保证的限制而言,股权并购协议中卖方经常要求在特定陈述与保证中增加"重大性"(materiality)和"知晓"(knowledge)方面的限制,这也是买卖双方谈判中常见重点之一。

以"知晓"(knowledge)的限制为例,卖方常常要求在部分陈述与保证条款中增加"to the reasonable / best knowledge of the Seller"或者"so far as the Seller aware”等限制。实践中，买卖双方谈判交锋后，往往达成的妥协是对“知晓”（knowledge）进行界定，明确是实际知晓还是推定知晓以及规定知晓主体范围和方式。在陈述保证条款中规定不但实际知晓，且依据职位本应知道也属于“知晓”（knowledge）范围（即推定知晓），对买方更为有利。买卖双方可能就知晓主体的范围进行谈判，实践中可能会通过协商确定一份知晓主体的清单，清单中往往包括董事、高管，有的项目中也可能列入控股股东及业务部门负责人。就知晓方式，如果买方接受对知晓主体的限制，往往会增加“经合理和谨慎询问”（after due and careful enquiry），增加该限定后，只有在知晓的主体经过适当和谨慎询问后仍不知情的情况下，卖方才可就违反该项陈述与保证主张免责。

此外，卖方可能还会争取纳入披露函。对于卖方在披露函中披露的事宜，卖方有权抗辩买方基于卖方陈述保证不真实、不准确而享有的救济权利。如果卖方坚持设置披露函，则卖方披露的事实是否清楚、充分及达到何种程度可以免责，是买方需要关注的核心，如卖方对于披露函本身的信息的真实性和准确性也应纳入卖方的陈述与保证范围。

总体而言，陈述与保证条款是股权并购协议中极其复杂的条款，与其他重要条款存在有机联系。除前文介绍的与交割前提条件、披露函的联动外，陈述与保证条款的设置与价格条款也有所联系。如果股权并购协议采用的定价机制是交割账目机制，由于过渡期的经营损益已经通过价格调整由卖方承担，一定程度上会减少买方对陈述与保证需要在交割日重复的顾虑。如果采取的是锁箱机制，交易价格通常以项目公司在锁箱日的资产负债表为基础，因此买方在交割日获得陈述与保证的重述，一般是需要争取的重要权利。

（6）与股东协议的衔接

除上述五个方面股权并购交易的核心机制外，海外工程能源基础设施类PPP投建营项目绿地并购交易中，还需注意股权并购协议与股东协议之间的联动。通过股权并购协议取得股权，大多是为了获得控股股权以项目开发权，或取得非控股股权进而获得投资收益，而该核心商业目的的实现需要通过股东协议和公司章程中加入或落实相应机制来实现，因此需要关注股权并购协议与股东协议的关联和衔接。

一方面，在交易文件生效安排上，股东协议通常应在股权并购协议下交割实现之日生效。另一方面，从买方角度考虑，在签订股权并购协议时，买方作为潜在股东与项目公司现有股东，应同时签署股东协议和公司章程的修改或补充协议，以便将买方对增资/融资、公司董事和管理层安排、表决机制、转股限制、退出安排等核心商业诉求在股权并购文件签订时锁定。实践中，将股东协议和公司章程修改稿或补充协议，作为股权并购协议的附件的安排相对常见。如实际交易中，在时间表紧张、窗口期有限等特殊情况下，作为退而求其次的方案，至少将买方与现有股东就公司治理、表决机制等核心诉求达成的条款清单作为股权并购协议的附件，避免交割后谈判筹码减少带来不确定性。

第 三 节

项目协议文件包

本书所讨论的“项目协议”，特指规定海外工程能源基础设施项目中东道国政府或有权机构授予项目公司开发权，以及项目公司提供产品或服务的收入途径及机制安排的各类协议。项目协议是以 PPP 投建营模式开展的海外工程能源基础设施项目的核心交易文件，是构建项目可融资性的核心。

一、项目协议文件包概述

海外工程能源基础设施类 PPP 投建营项目的项目协议主要包括两类，即 PPP 协议和承购协议。在不同国家和不同法律制度下，PPP 协议和承购协议的表现形式不同。同时，依项目交付标的商品化程度及行业特点不同，项目协议的合同结构既存在 PPP 协议与承购协议的双合同模式，也存在仅有 PPP 协议而没有单独承购协议的单一合同模式。

（一）PPP 协议

PPP 协议存在不同类型，并且在不同国家和法律制度下，PPP 协议的表现形式和称谓也不尽相同。有的国家直接将其称为 PPP 协议，比如，在埃塞俄比亚 PPP 法的规定及相关项目实践中，将工程能源基础设施 PPP 项目中授予开发权、规范公方和私方义务和责任的协议称为“PPP 协议”。在有些国家，PPP 协议表现为或被称为特许权协议。比如，老挝《投资促进法》[①]规定，针对土地开发、特别经济区开发、矿业、电力、航空和通讯类行业的投资属于特许经营活动，

① 老挝 2016 年颁布的《投资促进法》第 41、42 条。

投资人需通过签订特许权协议获得老挝政府授予的特许权，才可开展此类业务。

按照社会资本（私方）拥有资产所有权和经营权的范围及私方承担责任及风险的程度，各类 PPP 协议简要对比如图 3－2 所示。

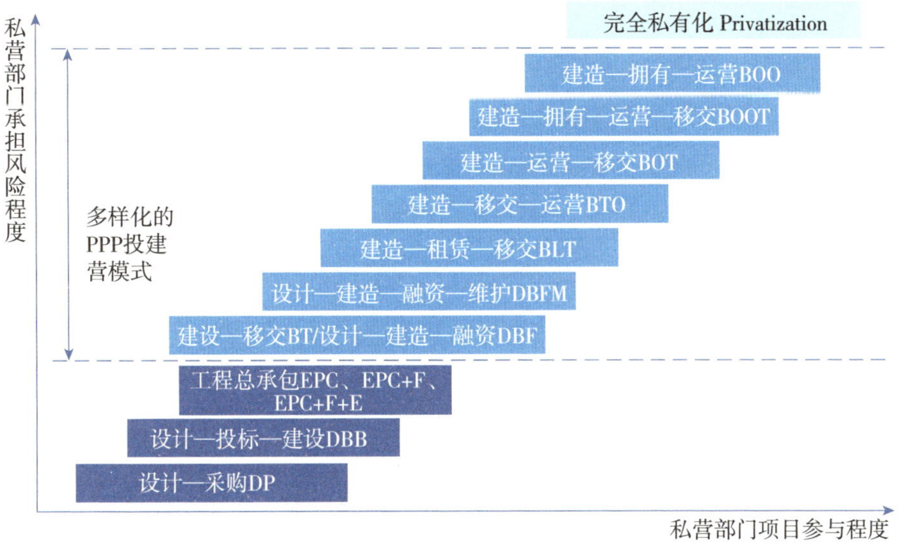

图 3－2　各类 PPP 协议简要对比图

总体而言，随私方的参与程度由少到多，承担的风险也相应由低到高。并非所有项目都有 PPP 协议。不排除在部分国家，会以政府主管部门颁布就项目开发权的审批许可的方式，来代替签订 PPP 协议。比如，在越南，与以 BOT、BOO 等 PPP 投建营模式开展的电力项目需签订 PPP 协议不同，以独立发电商（Independent Power Producer，IPP）模式开展的电力项目没有 PPP 协议，投资者依据越南《投资法》就电力项目视投资规模、用地面积等不同情况取得国民大会、总理或人民议会颁发的投资政策决定（Decision on Investment Policy），代表取得项目开发权。

（二）承购协议

本书所称的“承购协议”，主要是指由东道国政府或有权机构与项目公司签订、规定在特定期限内承购方支付价款购买项目设施产出的产品或服务相关安排的协议。

承购协议的缔约方，一般是东道国有权提供或运营公共服务的公共机构或企业（如国家电网公司、公路局等）和私方在东道国投资设立的项目公司。承购协议主要解决项目产出的产品/服务出售给谁、如何计量和出售、出售的产品如何定价和回款的问题，同时也会对项目产品/服务生产和供应过程中被中断、干扰甚至终止等特殊情况下的风险分配做出安排。在以项目融资模式实施的海外工程能源基础设施项目合同体系中，居于核心地位。

依项目类型和交付标的不同，承购协议可大致分为两类。一类是在交付标的为可转移、可计量的物理产品的项目中，如发电、供水 PPP 项目等，一般存在独立的承购协议（如购电协议、购水协议），规定标的产品的价格和付款安排，以及标的产品生产设施的建设运营要求和标的物交付要求和计量等内容。另一类是在交付标的为项目设施本身或无形的特定服务的项目中，如道路、桥梁、医院、监狱等 PPP 项目，通常没有单独的承购协议，而是将定价和付款、交付设施或服务的考核要求等安排合并纳入 PPP 协议中。

实践中，承购协议表现为不同的具体形式①：

1. 照付不议合同（Take or Pay Contract）

在该合同模式下，承购人有义务收取（即购买）项目产品/服务，或者不收取产品/服务但也有义务按约定价格支付价款。此类合同常见于能源电力 PPP 项目中，无论是否存在实际购电需求，购电方均有义务基于电站可用的容量和约定的电价，持续向售电方支付固定电费，以覆盖项目公司的贷款偿还费用、固定运维费用及一定比例的股本回报。在一部制电价下和两部制电价下，照付不议模式也有不同表现形式。

2. 即取即付合同（Take and Pay Contract）

在该合同模式下，承购人仅按约定价格支付其收取的项目产品/服务，项目

① E. R. Yescombe, *Principles of Project Finance*, 2nd edition, Academic Press, 2014, p. 106 – 108.

收入显然具有不确定性，项目融资模式下融资方不大会接受此种承购协议。

3. 差价合同（Contract for Difference）

在此模式下，项目公司在市场上直接出售产品，而不是卖给承购人，但如果市场价格低于约定的价格水平，则承购人向项目公司支付差价或补贴，反之，则由项目公司向承购人支付差价。此合同模式常见于竞争性电力市场国家的电力交易结算模式中。

除上述承购协议的常见形式外，也有一些著作或文章将长期销售合同（Long - Term Sales Contract）[①]、对冲合同（Hedging Contract）[②]、管道合同（Throughput Contract）[③]归为承购协议的范围。

受本书主题所限及结合中国企业“走出去”的核心关注，本节第 4 部分对承购协议核心机制和法律问题的论述，将以“照付不议”合同为主，兼顾讨论无独立承购协议 PPP 项目中的承购相关条款。

二、PPP 协议与承购协议的联动

在双项目协议结构的海外工程能源基础设施项目中，PPP 协议和承购协议共同搭建和构成了项目基本交易架构，形成了分配东道国政府、项目公司与承购人权利义务和风险的合同机制，是构建海外工程能源基础设施项目可融资性的核心法律文件。图 3 - 3 简单直观地展示了双项目协议结构通常的安排。

---

① 此类合同常见于油气、矿产、化工类项目中，在该合同模式下，承购方同意购买约定数量的标的产品，但购买价格基于购买时的实际市场价格或约定的市场价格参数。项目公司不承担标的产品的市场需求变化的风险，但需承担合同价格的变化风险。在有的 LNG 项目中，也可能约定标的产品的最低价。

② 常见于大宗商品交易市场，主要是达到套利或规避风险等目的在期权远期等市场上同时买入和卖出一笔数量相同、品种相同但期限不同的合约。

③ 常见于油气管道项目融资中，管道使用方承诺运输一定数量的产品并为此支付最低价款。

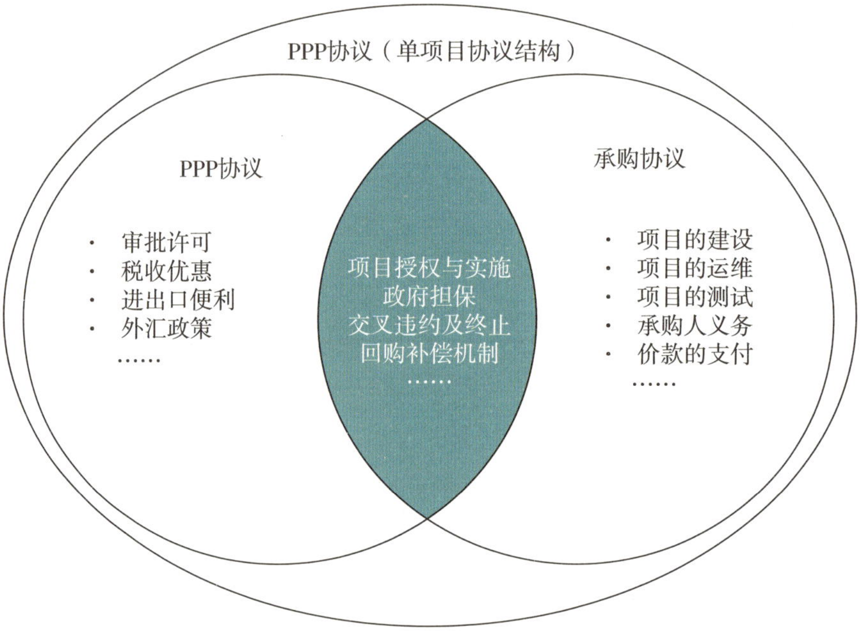

图3-3　双项目协议结构下PPP协议和承购协议所涉主要内容

尽管项目公司与不同主体签署PPP协议和承购协议，但二者必须确保相互之间的有机衔接。比如，应对涉及项目授权与实施、交叉终止和终止赔偿、双重违约等机制做好衔接安排。

（一）项目授权与实施

PPP协议的生效是取得项目开发权，进行投融资、建设和运营等权利的基础，因此承购协议通常同步或部分情况根据不同商业考量晚于PPP协议生效。就PPP协议的合同期限而言，其从商业角度需要满足项目公司偿还贷款和利息、运营和维护成本，以及向投资人提供回报的要求，具体落实到合同层面，则还需要进一步结合包括在合同期限中的建设期和运营期的不同情况进行考虑。实践中，PPP协议的合同整体期限的起算通常与实现融资关闭，或者个别情况下仅与合同有效签署挂钩。

承购协议合同期限的起止与延长机制通常与PPP协议保持一致。在承购协议晚于PPP协议生效的情形下，承购协议到期结束时点也应与PPP协议保持一致,不应长于 PPP 协议的合同期限。

由于合同整体期限内因不同原因发生建设期延长的情形并不少见,此时实际运营期将随着建设期的延长而缩短,导致项目可能产生因缺乏足够的运营期而无法还本付息的风险。因此,私方投资者往往会争取另行约定运营期从实现商运开始起算,以避免上述风险。这些机制均需要在 PPP 协议与承购协议中作出有机衔接和安排。

【实例 3 -7】越南某 BOT 燃煤电站项目 BOT 协议与购电协议有关合同期限的规定

在该项目下,BOT 协议(BOT Contract)在经正式签署、政府担保出具、投资许可证颁发,以及煤炭供应协议和 PPA 均生效后才生效,并以此作为“运营期”的起点,在项目商运日后 25 年期满,且可根据 BOT 协议延期。购电协议在签署后就生效(但双方履行购电协议项下义务需以满足包括融资关闭实现等一系列前提为条件),在项目商运日后 25 年期满,也可根据购电协议项下规定的不可抗力事件而延期,同时还规定如果 BOT 协议下的“运营期”延长,则购电协议的期限原则上也将自动延长相应的期限。

【实例 3 -8】巴基斯坦 BOOT 模式水电项目执行协议与购电协议标准文本有关合同期限的规定

在该套标准文本下,除少部分如定义、合同期限、获取项目用地、项目许可、转让和担保等条款签署就立刻生效外,IA 将在实现融资关闭后全面生效,有效期限则与 PPA 定义的合同期限相同。在 PPA 下,合同则从购电人收到实现融资关闭的通知后开始生效,合同期限为实现商运后 30 年,且可按照购电协议的规定延长(如发生不可抗力事件导致延误等情形)。

比较上述实例 3 -7 和实例 3 -8 中对于 PPP 协议和承购协议合同期限的相关规定可以发现,二者都试图将两份合同期限的结束时点保持一致,但在具体安排上，实例3-7中两份合同理论上都可按照各自的相关规定进行延期，这就带来了两份合同最终有效期不同的潜在可能性。

相较而言，实例3-8中合同的期限以及相应延期的安排只需考虑购电协议下的规定，不会出现因两份协议规定不同而导致不一致的情形，是更好的设计。

（二）交叉终止和终止赔偿

与以上逻辑一致，如果项目出现提前终止的情形，那么无论是PPP协议还是承购协议哪一份提前终止，则另一份协议的状态都需要考虑衔接。PPP协议和承购协议中需要设置交叉终止机制。具体而言，当一份合同项下出现导致终止的事由时，另一份合同也应具备相应终止的条件，如两份合同中均将一方在另一份合同项下的实质性违约作为该合同中的违约事件，或是进一步直接约定当某份合同终止时，另一份合同也应自动终止。

【实例3-9】越南某BOT燃煤电站项目BOT协议和购电协议有关交叉终止的规定

在该项目中，BOT协议针对提前终止分别规定了“发起人方违约”、“越南方违约”以及“非政府不可抗力事件”的情形。因发起人违约提前终止的事由主要包括：(1)发起人违反BOT协议下实质性义务并无法在90天内补正；(2)BOT项目公司违反BOT协议下实质性义务并无法在90天内补正；(3)BOT项目公司未能在要求商运日后12个月内实现商运；(4)BOT项目公司在收到书面通知30天后仍未向BOT协议相对方越南工贸部按期履行相应付款义务；(5)BOT项目公司未能在融资关闭后90天内签发建设合同的开工令；以及(6)因“越南核心项目协议”下BOT项目公司的实质性违约导致购电协议、土地租赁协议终止(“越南核心项目协议”的定义包括BOT协议、购电协议和土地租赁协议)。

因越南方违约提前终止的事由主要包括：(1)越南工贸部违反

BOT协议下实质性义务并无法在90天内补正;(2)越南工贸部在收到书面通知30天后仍未向BOT项目公司按期履行相应付款义务;(3)出现政府不可抗力事件后且BOT项目公司未能收到相应全额赔偿;(4)法律变更;以及(5)除BOT协议外,越南核心项目协议或越南政府担保终止(但因BOT项目公司实质性违约或非政府不可抗力事件导致的除外)。

因非政府不可抗力事件提前终止的事由则包括:(1)如果发生非政府不可抗力事件(并使BOT项目公司受影响)或非EVN(即购电方)责任事件("责任事件"为购电协议项下定义的概念,指影响EVN、法律变更或电网系统的非政府不可抗力事件),虽无须修复但影响项目实现商运或生产设施按保证容量发电超过180天,则双方均有权终止;以及(2)如果发生非政府不可抗力事件(并使越南项目相对方受影响),虽无须修复但影响项目实现商运或生产设施按保证容量发电超过180天,双方亦均有权终止。

相应地,该项目购电协议规定,双方有权因对方出现BOT项目公司违约事件或EVN违约事件而提前终止购电协议安排,以及因BOT协议终止而自动终止购电协议的"特别终止"。

在实例3-9中,在项目BOT协议和购电协议的交叉终止安排下,BOT协议无论因为何种原因提前终止,购电协议均终止。但购电协议终止,BOT协议是否必然终止,则需要区分情况考虑。

一旦项目被终止,接下来最关键的问题便是终止赔偿。从PPP协议和承购协议的联动关系角度来看,通常的安排是将承购协议下的终止赔偿机制直接指向PPP协议。

(三)双重违约问题

合同履行涉及方方面面,双项目协议结构下,不可避免地存在同一事实触发两个协议下的违约的情形,因此需要考虑设置避免双重风险(double jeopardy)

条款,以避免项目公司因同一事实而被不同主体重复索赔的潜在风险。

【实例3-10】巴基斯坦某PPP电力项目执行协议中有关避免双重违约的规定

该项目IA中规定,除涉及"项目公司许可""保险""税务""终止"条款的争议或违约外,购买方对于PPA项下的任何争议或违约所作出的书面和解或放弃,对于巴基斯坦政府针对项目公司同一行为或事实所提出的索赔有约束力。针对涉及上述条款的争议或违约,则需购买方和巴基斯坦政府共同书面签署才生效。

执行协议进一步规定,如购买方以PPA项下违约为由提起的索赔已在某一程序中得到终局解决,则巴基斯坦政府不得就项目公司在执行协议下实质相同义务的违约提起任何程序。但是执行协议中的上述规定,均不影响巴基斯坦政府和购买方各自按照执行协议和PPA提起旨在终止相应协议的程序。

三、PPP协议的核心机制与法律问题

尽管因不同国家法律制度、市场环境的差异,PPP协议的表现形式包括特许权协议(concession agreement)、IA、政府支持协议(government support agreement)等不一而足,但从增加对投资人吸引力以及PPP项目可融资性角度来看,不同合同形式的背后始终有存在共性的核心问题。本部分将对这些核心问题进行探讨,对于涉及项目付款计价机制,则将在本节第4部分"承购协议的核心机制与法律问题"中介绍。

(一)东道国政府担保

在发展中国家和新兴市场国家的海外工程能源基础设施项目中,东道国政府所提供的政府支持和担保是非常重要的风险缓释措施,也是评估项目可融资性的重要条件。因此,除授权私方投资、建设、运营项目外,PPP协议还应明确东道国政府为私方提供的相应支持和保障,以缓释相应项目风险、提高项目可

融资性。其中，东道国政府担保就是极重要的支持，即由东道国政府在 PPP 协议中或另行通过签署具有约束力的相关文件，承诺在项目协议项下特定义务未能被按约履行的情况下，东道国政府保障供应方免受损失，或直接履行特定义务，有时也被称为"主权担保"[①]。

1. 政府担保的主要类型

广义上，政府担保按照其担保内容可分为两大类：一类是针对项目协议履约的担保，另一类则是针对政府特定不利行为的担保，如由东道国政府向项目公司及其股东保证，不会在没有足够补偿的情况下对项目公司的股本或资产进行征收或国有化。对于第二类保证，各国政府从吸引和鼓励投资角度，通常不难协商和争取。

对于第一类保证，实践中东道国政府在何种范围内和条件下就项目协议履约提供担保是各方协商和争取的焦点。按照担保的具体义务不同，此类保证可进一步细分为下列类型：

（1）承购担保（off－take guarantee）。由东道国政府对项目公司向相应公共主体提供货物或服务所应获得的付款收入提供担保。基于付款的基础不同，所担保的对象可能是项目的最低收入或使用量，即无论项目运营的效率如何，项目公司有权收取的费用始终不会低于特定阈值。

（2）供应担保（supply guarantee）。由东道国政府向项目公司担保相应公共主体向项目公司供应项目运营所需要的原料和资源，如燃料、水、电等，或是针对供应合同项下的违约赔偿付款提供担保。

（3）终止付款担保（termination payment）。东道国政府针对项目提前终止时项目公司有权获得的终止付款予以担保，此项担保使融资银行获得了在项目提前终止的极端情形下对于项目公司的还本付息的保障，是融资银行评估项目可融资性的重点关注之一。此外，对于难以在项目期限内全额清偿贷款或使投

---

① Jason Zhengrong Lu，Jenny Jing Chao & James Robert Sheppard，*Government Guarantees for Mobilizing Private Investment in Infrastructure*，World Bank Publications，2019，p. 7.

资者获得足够收益的项目，为吸引和鼓励投资，东道国政府也可能同意担保项目协议到期后，项目公司有权获得的项目剩余价值的付款。

（4）概括担保（general guarantee）。此类担保并不区分项目协议具体义务而对任何类型的违约向项目公司提供担保。此类担保不常见，只有当政府方签约主体在项目协议下承担的义务与其资信能力相比存在落差的情况下有可能争取到，以获得主张由东道国政府替代相关签约主体对项目协议项下的义务进行实际履行的可能。

2. 政府担保的合法性和有效性

与政府担保覆盖的范围和事项同样重要的是政府担保的合法和有效性。政府担保需满足特定的授权要求，如果政府担保涉及编列国家预算，则该等授权通常由该国立法机关拥有最终决定权限。在一些国家中，立法机关可能会进一步将相关权限授予如财政部、国库或内阁会议等政府机关。以哈萨克斯坦为例，2000 年，哈萨克斯坦为集中中央统一管理的目的，要求任何政府担保均需取得财政部的事先批准，如政府担保涉及外国贷款，则贷款人需向财政部下的专门监管部门提交年度商业计划和季度财务报表。同时，哈萨克斯坦政府也引入了对外提供政府担保的年度上限金额机制。这一改革也使当时在哈萨克斯坦的许多外国贷款项目由于无法获取政府担保而未能进一步推进①。

【实例 3－11】中东某油气项目东道国政府就项目所出具的担保

在该项目中，国际投资人承担某油田的开发、勘探及生产工作，并就此与东道国国有石油公司签订了技术服务合同，以项目所生产的原油作为其提供相应技术服务的报酬。东道国的石油部以国际投资人为受益人就该项目提供了一份担保，相关表述为“The Ministry of Oil, hereby unconditionally and irrevocably guarantees for the benefit of [前述国际投资人] to make available or cause to be made available to [东

① Hana Polackova Brixi, et al., *Government at Risk: Contingent Liabilities and Fiscal Risk*, the World Bank and Oxford University Press, 2002, p. 70－71.

> 道国国有石油公司] such financial and technical resources as may be required to perform and fulfill its obligations under the Contract, as may be amended from time to time by the Parties thereto…"
>
> 项目的相关参与方对该石油部担保的性质和有效性提出了疑问。经征询当地律师,该担保只是由石油部"提供履行合同义务所需的财务和技术资源",并不符合该国法律对于政府出具主权担保所规定的流程,如应满足特定授权流程、符合预算法规定并纳入国家财政预算等,故并不构成以该东道国政府信用为支持的担保,而是仅以石油部自身的资信为支持。

由此可见,投资人自项目开发伊始即应有从当地法角度研判政府担保的合法性和有效性的法律风险意识。

此外,也需要关注政府担保的生效和有效期。通常,政府担保应在出具后或其他不晚于计划融资关闭的时间点前生效,以满足项目融资关闭的要求,其有效期则应覆盖项目全程直至对应的担保义务全部履行。

3. 主权豁免

政府担保还可能涉及主权豁免的问题。由于政府担保的担保人是主权国家,如果围绕政府担保出现争议并进入争议解决程序,东道国政府可能以主权豁免原则主张其不得成为相关诉讼或仲裁程序的被告方,且其财产不得成为强制执行的对象。尽管各国司法实践中对主权豁免采取的态度不尽相同[例如,我国对主权豁免采取绝对豁免原则,而有些国家(如英国)则只要在合同中约定仲裁就足以推定为已放弃主权豁免]。对此,《联合国国家及其财产管辖豁免公约》①则规定可以通过合同约定明示放弃主权豁免。因此,实践中较为常见的安排是,在政府担保中由担保人(即东道国政府)明确声明放弃主权豁免的条款,放弃其可能享有的诉讼豁免或执行豁免。此外,从谨慎角度,也需考虑安排当地律师从当地法律的角度对放弃主权豁免条款的合法有效性进行论证。

---

① 由联合国大会2004年12月2日第59/38号决议通过,截至2022年11月已有23个国家批准。

（二）东道国政府提供的其他支持

在 PPP 协议中，投资人协商争取东道国政府提供的其他常见支持包括外汇汇兑与汇出保障、审批许可支持和税收优惠等。

1. 外汇汇兑与汇出保障

通常而言，海外工程能源基础设施类 PPP 投建营项目下项目公司提供产品或服务的收入是东道国当地币，而中国企业参与投资的大部分国家的央行对境内的外汇兑换和交易实行全面监管，当地货币不能自由兑换外汇而需要通过经授权的信贷机构进行兑换，且偶尔还会遇到因外汇储备不足而导致外汇兑换实际上无法实现的问题。因此，对于中国投资人和融资方来说，应争取东道国政府对外汇兑换及汇出自由予以支持和保障，并在 PPP 协议中明确相应的保障机制。

需要注意的是，在实施外汇管制的国家，当地法律一般缺少明确、具体的外汇兑换汇出的流程和操作办法，PPP 协议的机制应尽可能详细具体。

【实例 3－12】东南亚某国燃煤电站 BOT 项目关于外汇保障机制的规定

该项目 BOT 合同中约定了一套比较具体的外汇汇兑和汇出操作流程：

第一，项目公司设立三个专用账户，分别为在当地拟进行换汇的银行（换汇行）设立的用于接收项目收益的当地币账户（1 号账户），将 1 号账户中当地币转换为美元的账户（2 号账户），以及根据融资文件要求在境外金融机构设立的离岸美元账户（3 号账户）；

第二，项目公司在每个付款日前通知承购方和换汇行；

第三，在每个付款日前特定期限，由换汇行就当地币和美元汇率向项目公司发出通知，项目公司同日随即开具当期以美元计价的发票；

第四，在付款日，由承购方根据发票向 1 号账户以当地币付款，项目公司则指示换汇行进行相应汇兑；

第五，换汇行应相应在付款日对1号账户中的金额进行换汇并转账至2号账户，但如其无足额美元，项目公司应通知东道国政府和央行，要求其在付款日后特定期限内确保换汇行有足额美元以兑换待兑换部分的30%；在付款日后特定期限内，项目公司则可以寻求任何其他银行兑换1号账户中剩余金额，并进一步通知东道国政府和央行尚未兑换的余额，后者则需确保相应余额得以兑换；

第六，在完成兑换后，项目公司有权指示换汇行将2号账户中的全部金额转至3号账户中，换汇行在收到该指示后应立刻执行并在7个工作日内完成转账，而无须任何东道国政府机构对此颁发任何审批或许可。

2. 审批许可支持和税收优惠

项目公司在项目的投资、建设、运营过程中均需要按照东道国法律取得相应审批许可，因此，PPP协议通常要求东道国政府对于项目所需的各项审批许可的申请和维持提供支持。除原则性规定东道国政府对于项目公司取得审批许可提供支持外，对于通过前期法律尽调识别的项目建设运营所需主要许可，项目公司和发起人也可能要求在PPP协议中以清单形式列出，由东道国政府负责在“非歧视”的条件下协助项目公司取得、维持并延期。同时，如果东道国政府对相关审批许可要求存在修改、提高要求的，则应争取与东道国政府违约或法律变更机制衔接。

在海外工程能源基础设施项目中，争取由东道国政府在一定期限内提供税收优惠待遇并落实在PPP协议中也是常见的安排。税收优惠的常见形式，包括对于特定税种（常见的包括所得税、利润税或针对项目设施的不动产税等）适用于一定的免税期或适用当地税法规定的更低税率，或是针对项目所需的进口设备豁免关税等。对此，需要注意从东道国法律角度研判确认PPP协议中相应税收优惠待遇的授予是否符合法律规定的批准程序。

（三）政治风险的分配

海外工程能源基础设施 PPP 项目的重大核心风险是长达数十年的运营或投资回收期间内东道国的政治条件、法律变化或政府违约行为等政治风险导致项目失败、不能收回项目投资或回报降低的风险。根据“风险应由最适宜承担该风险或最有能力管理和控制风险影响的一方承担”的原则，实践中东道国政府通常不会反对政治风险由其承担，但东道国宽泛的原则性同意需要 PPP 协议中具体的合同机制来落实。

1. 征收和政府违约

对于征收，PPP 协议中一般会要求东道国政府承诺除非经合法程序且提供了合理补偿，不得对项目公司的股本或资产进行征收或国有化，如果东道国政府违反该承诺，则将构成其在 PPP 协议项下违约，类似其他如东道国政府/承购方未能按期支付项目付款等政府违约情形，使项目公司有权终止合同，并获得相应终止赔偿的权利。为避免解释政府违约行为的不确定性，PPP 协议通常应定义相对具体的政府违约事件清单。

【实例 3－13】巴基斯坦某水电 BOT 执行协议关于政府方签约主体违约事件的规定

在该项目中，项目公司与巴基斯坦私人电力基础设施委员会（Private Power & Infrastructure Board，PPIB）签订了执行协议，协议的终止条款中清单式地规定了构成 PPIB 违约事件，并因此使项目公司有权终止的情形，包括：(1)因购电人的合并、重组、私有化而导致其付款义务不再属于政府担保的担保范围或导致其付款义务被转让给不具备履行该等付款义务所需法定资格的主体；(2)巴基斯坦政府未根据执行协议和担保函约定在相应到期日向项目公司支付到期付款且未在30天内对此予以纠正；(3)购电人实质性违约且未在一定期限内予以纠正；(4)巴基斯坦政府在实施协议或政府担保项下实质性违约且未在一定期限内予以纠正；(5)发生法律变更，且造成巴基斯坦政府在实施协议或政府担保项下或购电人在购电协议项下的义务或承诺无效或不可执行，或造成项目公司在购电协议履行义务、行使权力或收付款构成非法行为，且上述法律变更造成的后果持续超过一定期限；(6)巴基斯坦政府或任何公共主体对项目公司的股份或资产实施征收、强制采购或国有化。

2. 法律变更

海外工程能源基础设施项目的投资、建设和运营在东道国法律框架下实施，无论是项目相关审批许可的获取条件，还是融资银行可设置抵押的资产种类、税收要求等，无一不受到东道国法律的规制，并进一步影响投资人的收益。从合同双方提前分配风险、增加确定性角度，PPP协议需要考虑并尽可能细化法律变更机制，包括法律变更的定义以及法律变更的风险分配和救济方式等。

(1)法律变更的定义

从投资人角度，“法律”通常被赋予较为宽泛的定义，如包括东道国中央和地方的法律、法规、命令、规章、条例、通知、司法决定或是其他由公共主体颁发的具有类似性质的规定。在此基础上，“法律变更”包括：①合同中所定义的法律、对该等法律的适用或解释发生变更或调整；②对项目的设计、建设、融资、运营、维护等增加新的审批许可要求；或③对于项目所需审批许可的颁发、延期或修改提出新的重大条件。

此外，PPP协议中可以进一步将“法律变更”细分为“一般法律变更”(适用于东道国整体而不区分特定行业领域或项目，如提高对雇员福利的标准)、“特定法律变更”(适用于该项目所在的行业领域，如提高特定电站项目的排放标准)、“歧视性法律变更”(仅针对该项目或特定数个项目作出)，并据此约定不同的风险承担规则。

(2)法律变更的风险分配和救济方式

在发生法律变更后项目公司是否可以救济，以及在何种程度上获得救济，实践中视项目具体情况、谈判地位不同通常有以下三种安排：

第一,法律变更风险全部由政府方签约主体承担。PPP 协议规定由政府方签约主体对因法律变更造成的全部损失向项目公司提供补偿,此安排在新兴市场较为常见。

第二,一定金额范围内的法律变更风险由项目公司分担。PPP 协议对于法律变更造成的损失设置一个金额标准,在该标准之下的损失由项目公司自行承担,政府方签约主体就该标准之上的损失向项目公司提供补偿。

第三,仅特定法律变更风险由政府方签约主体承担。PPP 协议规定政府方签约主体仅承担特定的法律变更风险,比如改变了 PPP 项目所提供的服务的相关法律进而对 PPP 项目造成影响,或是歧视性的法律变更(如仅针对该 PPP 协议所涉的项目而不涉及其他同类项目,或仅针对供应方而不涉及其他主体)。

在上述安排的基础上,PPP 协议也会进一步规定法律变更发生后的具体救济方式,包括对项目公司违约责任的免除以及费用补偿。针对违约责任的免除,如果项目公司因不由其承担风险的法律变更而无法履约、履约迟延,则其无须就此承担相应的违约责任,并有权就相应义务的履行获得延期。针对费用补偿则存在不同形式:①提高政府方签约主体应付的付款;②提高终端用户的付款;③向项目公司支付固定金额的付款;④减免项目公司特定的付款义务;⑤延长 PPP 协议项下的运营期限。

3. 政治不可抗力

通常而言,不可抗力指一方无法控制、该方签约时无法合理防备、事件发生后该方无法合理克服且不归因于该方的事件。大陆法系国家的法律虽然将不可抗力作为强制性的法律免责规定,但内容较为原则;普通法系国家的法律中则通常并无这一概念,需当事人在合同中进行相应约定以分配不可抗力风险。在 PPP 协议中,由于政府方对政治风险的承受能力更强,通常会针对不可抗力进一步区分出“政治不可抗力”,以对相应风险分配单独进行约定。实践中,每个项目具体情况、谈判地位以及经验不同,合同机制的细致程度不一,防范争议和相应风险的程度不一。

以政治不可抗力的定义为例,政治不可抗力通常包含战争动乱、紧急状态、东道国政府征收项目、不予颁发项目许可，以及其他政府方项目参与者的违约行为等。在此基础上，投资人还应尽可能争取根据项目具体情况予以细化，使风险分配更为清晰。此外，也有不少合同将法律变更作为政治不可抗力事件的一种情形。

【实例3-14】东南亚某国燃煤电站BOT项目中政治不可抗力事件

该项目BOT合同将不可抗力事件分为非政府不可抗力事件以及政府事件两类。政府事件，是指对项目公司造成的不利影响金额总计超过100万美元的下列事件或与其类似的事件，具体包括：(1)在东道国发生的或由东道国引起的战争、内乱、侵略、恐怖行为、革命、暴动等；(2)在东道国境内发生的，超出本项目生产设施范围外或在全国范围内进行的罢工、按章怠工或其他类似劳工困难，但不包括针对本项目现场或可归因于项目公司或承包商的事件；(3)项目公司未能按照至少不劣于相应政府许可所规定的条件获取、维持、更新相应政府许可，除非项目公司并未完成相应申请流程；(4)东道国方关键项目参与方未能或迟延履行其在相应项目合同下的义务且对项目公司造成的不利影响金额超过300万美元，且该情形并非由项目公司或承包商的违约，或因非政府不可抗力事件导致(同时规定，如果是因上游承购方未在承购协议项下按约付款而直接导致项目公司无法付款，则不构成该项规定中所谓项目公司违约的情形)；(5)因政府事件而导致承包商未能按约履行或发生延误；(6)东道国政府未能履行其在政府担保项下的义务或政府担保未能持续有效；(7)东道国通过新颁布的法律或判决使项目合同、项目公司的投资许可被终止、丧失效力；(8)东道国政府和东道国方关键项目参与方对于任何关键项目协议、政府担保或投资许可毁约；(9)任何东道国政府主体征收项目公司的资产、权利股份；(10)法律变更导致无法避免地阻碍或延误项目公司履行BOT合同项下义务，且项目公司未根据BOT合同就此获得全额补偿；(11)在项目公司已满足相关法律要求的情况下，东道国的海关或其他政府机关，未能或迟延对项目建设运营所需的设备、材料(包括燃料)清关放行超过14天；(12)由于在项目现场发现未爆炸武器、地质或考古发现，或因东道国政府在项目现场或项目现场附近排放有害废物(进而影响项目公司的经营或其满足相关东道国环境法要求)从而导致的延误；(13)因某一其他政府事件而导致的放射性污染、电离辐射；(14)因前述政府事件实质上影响东道国方项目参与方履行相关项目合同项下的义务；以及(15)与上述事件性质类似的任何事件或情形。

在实例3－14中，投资人积极协商和争取了较为全面的政治不可抗力事件，值得借鉴。

就政治不可抗力的救济，除无须承担相应违约责任外，投资人还应尽可能争取照常收费或其他补偿机制，以维持还本付息的现金流收入。

(四)合同终止和终止赔偿机制

海外工程能源基础设施类PPP投建营项目的运营期往往持续十几年，甚至几十年不等。这期间一旦出现国家法律、政治经济形势发生重大变化，或一方重大违约等情况导致项目难以实施而不得不提前终止的极端情形，政府是否赔偿以及在何种范围内赔偿也是融资方重点考虑和评估可融资性的一个方面。

在一般的工程承包合同和其他商事合同中，合同因一方过错提前终止(解除)的，另一方可以要求恢复原状或采取其他补救措施，并有权要求损害赔偿。但在PPP投建营项目中，从供应方及融资机构角度来看，无论终止是否因政府方违约或供应方引起，政府方都应回购项目并支付供应方一定回购价款或补偿。这是由海外工程能源基础设施类PPP投建营项目所具有的公共性、公益性以及部分垄断性的特点所决定的。

概言之，PPP协议通常将导致合同终止的情形分为因项目公司原因终止、因政府方签约主体原因(包括政治不可抗力)终止以及因一般不可抗力终止，相应地,政府方的终止补偿范围将综合考虑合同当事方的过错程度、供应方的贷款金额、股权款、股息以及项目设施的实际建设费用等。

在因项目公司违约导致终止的情况下,通常项目公司有权获得的终止赔偿,实践中较常见的安排方式有以下三种:

1. 市场价值法

市场价值法,是指通过对项目进行重新招标以确定项目的剩余价值。具体的终止赔偿金额为重新招标过程中的最高价,减去东道国政府因项目终止而产生的费用(如重新招标的费用)后的金额。但需注意的是,此种方式一般适用于PPP市场发展程度较高、有充分活跃参与者的市场,且重新招标本身需要耗费大量的时间和费用成本。此外,由于存在市场泡沫,或存在重新招标结果不利的潜在可能,贷款人也通常较难接受此种方式。

2. 账面价值法

账面价值法,是指按照为项目建设已实际支出的费用计算。该方式的优势在于计算简便且适用成本较低,但由于账面金额只能侧面反映项目的剩余价值,且赔偿金额独立于融资金额,如果赔偿金额明显低于融资金额,则无疑会产生可融资性问题,但如赔偿金额高于融资金额,则存在潜在鼓励投资人或贷款人故意违约以触发终止赔偿的风险。

3. 贷款余额法

贷款余额法,是指按照项目终止时剩余的贷款本息金额和应向贷款人支付的其他损失费等。该方式旨在确保贷款人的利益,但基本不考虑股权投资者的利益,当然,其潜在逻辑在于,如果项目公司违约,股权投资者通常是首要责任方,这种损益承担方式有一定合理性。在适用该方式的情况下,需注意扣减贷款人可得的保险赔偿以及其可获得的偿债准备金账户中的金额,且在PPP协议的谈判过程中,需促使东道国政府也熟悉融资文件中的相应安排。总体而言,该方式是最易为贷款人接受,也是实践中较为常见的安排。

与项目公司违约导致终止不同,因政府违约终止的终止赔偿会更加注重对股权投资者的补偿。以初始回报法为例,在考虑已支付给股权投资者金额的前提下，终止赔偿金额应等同于项目融资关闭时的预估现金流的内部收益率。该方式通过使股权投资者获得融资关闭时预期的收入，具有计算简便、确定性高的优点，通常较易为投资者接受。但是，由于该方式并未考虑项目在合同终止时的实际表现，如项目在终止时的表现优于预期，则将变相遭受损失（也潜在使东道国政府有更多诱因主动终止合同以避免项目公司获取高于预期的收益），如项目在终止时的表现差于预期，则将出现过度赔偿的情况。实践中投资人一般很难获得此条件。

（五）协议期限和锁定期

PPP 协议期限的确定，主要涉及商务相关的考虑因素，如项目公司在协议期限内是否可以通过所获得的收入以偿还贷款，用于运营和维持项目，以及向股权投资人提供回报。一般来说，项目协议期限应设置在贷款偿还完后的一定期限内，为项目公司在遇到财务困难的情况下贷款人允许延期或调整贷款结构预留灵活性。考虑到海外工程能源基础设施类 PPP 投建营项目融资关闭、完工建设的不确定性，项目协议期限不宜单独以 PPP 协议签约，或将项目实现融资关闭作为起算时点。在可能的情况下，投资人应尽量争取设置 PPP 协议的分步生效机制。

在海外工程能源基础设施类 PPP 投建营项目实践中，从东道国政府方角度，为了避免投资人倒卖项目、确保项目的稳定落地，东道国政府通常会对主投资人的资质作出要求，并对主投资人在项目公司股份的转让进行限制。例如，要求主投资人在项目商运后 4 年内，对项目公司的持股不得低于 26%，且应同时保持最大股东地位。如果违反这一锁定期要求，则将构成项目公司违约事件进而使政府方有权终止 PPP 协议。

对于此类锁定期安排，需要注意的是，由于投资人往往考虑通过在第三国成立的平台公司间接投资项目，故有必要与政府方明确约定：锁定期安排是否仅限于项目公司的直接股东，还是将追溯到项目公司的最终控制人。实践中，通过平台公司间接持股的方式规避锁定期限制的空间普遍比较有限，需要结合东道国法律研判和探讨，投资人在准备投资方案时应予以重视。

四、承购协议的核心机制与法律问题

依交付标的商品化程度及行业特点不同，海外工程能源基础设施类 PPP 投建营项目的合同结构既存在 PPP 协议与承购协议的双合同模式，也存在仅有 PPP 协议而没有单独承购协议的单一合同模式。本部分就承购协议的核心法律机制的讨论，既适用于独立的承购协议下的相关机制，也适用于无独立承购协议、在 PPP 协议下规定承购安排的相关机制。除非特别说明或项目实例中存在特定背景，本部分承购协议下的购买产品或服务的一方称为“承购方”，产出和供应产品或服务的一方称为“供应方”。

在海外工程能源基础设施类 PPP 投建营项目的融资实践中，承购协议能否提供足够且稳定的现金流是融资方评审项目是否具备可融资性的关键，也是投资人决策投资的关键。同时，除正常收费机制之外，承购协议的条款通常还需为供应方及承购方之间如何分配相关核心风险提供合理预期。

（一）稳定收入机制

承购协议下的收费模式、费率水平、产品或服务的市场需求风险、宏观经济指标变化的风险由哪一方承担，这些因素直接影响项目预期收入的水平是否足以构建支撑还本付息和获得合理股本回报的稳定现金流基础，是承购协议的核心机制。

1. 收费模式

海外工程能源基础设施类 PPP 投建营项目比较常见的收费模式主要包括使用者付费、影子付费以及可用性付费模式。从供应方的角度，三者主要的区别在于不同模式下的使用量及收费风险的承担主体，以及由此导致的供应方商业风险的大小（见表 3－5）。

表 3－5 海外工程能源基础设施类 PPP 投建营项目常见收费模式对比表

对比项	使用者付费	影子付费	可用性付费
收费或付费的基础	项目公司直接向其所提供产品或服务的终端用户收取费用，项目收入与产品、服务使用量挂钩，且受市场需求波动影响	政府方基于产品或服务使用量向项目公司支付费用，项目收入与产品、服务使用量挂钩，且受市场需求波动影响	政府方基于产品、项目资产和服务满足合同约定的质量作为付费的基础，在供应方满足项目使用标准的情况下，即便项目未实际使用，政府方仍承担付款义务，增大财政压力
使用量及收费风险承担	供应方承担使用量以及收费风险，政府承担风险较低	供应方承担使用量风险，收费风险由政府承担	政府方承担使用量及收费风险，供应方承担风险较低

在海外工程能源基础设施类 PPP 投建营项目实践中，收费模式的设计和确定，较大程度上取决于承购方和供应方之间就标的产品或服务的市场需求风险如何分配。通常而言，当市场需求风险主要由供应方承担时，付费采用使用者付费的价格机制或主要基于使用量付费；当市场需求风险由承购方承担时，则付款主要基于可用性；如果市场需求风险由承购方和供应方分担，则付款可能是使用量与可用性相结合。

（1）使用者付费模式

在使用者付费模式下，供应方有权直接从最终使用者或用户手中直接收取费用，此类付款机制常见于海外公路、桥梁、隧道等市场化运作较为成熟、可主要依赖运营回收投资收益的项目中①。适用此类付费机制的重要前提之一是当地法允许私人企业直接向最终使用者收费；此外，也需考虑最终使用者付费的意愿及收费难度等因素。在使用量付款模式下，私人将承担市场需求的风险，在此情况下供应方需要基于运营期和预期使用量测算商业可行性；如果商业可行性不足，有的项目中承购方或政府方可能提供部分补偿（如商业可行性补贴、

① Elisabetta Iossa, et al., *Best Practices on Contract Design in Public－Private Partnerships*, World Bank Website (January 2007), p. 18, https://ppp.worldbank.org/public-private-partnership/sites/ppp.worldbank.org/files/2022-05/Best_Practices_on_Contract_Design_in_PPPs.pdf.

减税、贷款等)。

【实例3-15】东南亚某铁路项目特许权协议中收费机制

东南亚某铁路项目的特许权协议明确规定,政府授予供应方对铁路货运使用者和客运乘客的自主收费权。针对客运定价,考虑客运收费影响民众出行便利和公共利益,政府设置了定价考虑因素和价格批准机制。

特许权协议规定特许权受让人(项目公司)在决定收取客运和货运运费价格时,应当考虑:第一,该铁路的市场需求及市场竞争力;第二,特许权受让人(项目公司)设计、建设完工、运营和维护铁路的费用(包括融资费用及股东的预期利润);第三,从上述收费预先确定之日起,通货膨胀因素的影响以及汇率波动的影响。

就具体定价而言,特许权受让人(项目公司)应当在运营开始日前向东道国政府提交客运基准票价以获批准,在运营期内,特许权受让人(项目公司)应当有权在经批准的客运基准票价金额的80%至120%的区间内自主确定或制定客运票价。针对货运收费定价、第三方机车运营者的收费定价、其他铁路连接收费定价,特许权受让人(项目公司)拥有完全自主权,不受政府审查和审批。

在实例3-15中,项目公司拥有一定的自主定价权,但考虑到未来铁路客运和货运量受宏观经济发展、市场需求、航空和公路竞争等多种因素影响,经过投资人积极争取,特许权协议规定了建设期和运营期内增值税、所得税、关税等多项税收减免激励措施,以及在项目公司运营期任一年度的实际运营收入低于可行性研究确定的预测运营收入且导致项目公司陷入资金困难的情况下,东道国政府承诺协助项目公司克服资金困难。

(2)影子付费模式

很多电力或交通项目采用“影子付费模式”,即并非由供应方直接向终端使用者收费,而是由承购方收费后支付给供应方,但终端使用者通过向政府部门缴纳使用费和税收等形式成为费用的最终承担主体。这种安排,一方面,可以使公共企业成为承购人,实现承购主体的增信及增强可融资性;另一方面,避免供应方因直接面对较为分散的终端用户而不得不承担的信用风险、收费成本高难度大、民众抵制等问题。在有些项目中,承购方可能提供一定的最低收入补偿,及设定供应方收费的上限金额。

【实例3-16】哥伦比亚某公路特许权项目特许权协议中的收费机制

哥伦比亚某公路特许权项目特许权协议规定,特许权受让的收入虽然主要来自公路通行费收入,但是由特许权人(当地某市的公路局)直接支付给特许权受让人(项目公司)。

特许权受让人(项目公司)的收入主要由承购方支付的酬金(主要是公路通行费收入)、承购方提供的收入补偿金额等收入组成。其中酬金为相应月份对应的通行费净收入,减去一定的折现金额。项目公司在每一个功能单元完工证明签署开始至运维期结束期间,收取的通行费构成项目公司酬金的主要来源。特许权协议中还规定了最低收入补偿机制,即在运营维护阶段开始后的每12个月内,在实际的公路收费站收费收入低于特许权协议规定的收入支持金额的情况下,承购方将提供专项风险补偿,确保项目公司的收费不低于特许权协议规定的收入支持金额。这相当于为项目提供了一定的收入补偿,在一定程度上缓释项目公司的收入受公路车流量的影响,以保障项目的可融资性和经济可行性。

此外,为了平衡政府负担和避免私人投资者获得超额收益,特许权协议规定,项目的通行费收费期原则上为29年,但如果提前获得了合同生效时计算的通行费净收入现值,则收费期提前截止。

(3)可用性付费模式

在可用性付费的机制下,承购方依据合同中界定的服务可用性进行付款,无论相关服务或需求是否真正需要或使用,承购方承担服务或产品的市场需求变化的风险。为激励供应方达到和保证可用性,合同中往往也会规定出现部分不可用情况下的收费扣减机制或公式。比如,公路项目中,可用性通常涉及可供通行的车道数;公路因维护等原因停用则纳入不可用时间,超出一定不可用期限情况下供应方将需要支付相应违约金,但有的项目中也会规定供应方达到一定可用性指标情况下可获得奖金。

【实例3－17】南亚某国公路项目PPP协议下收费机制

南亚某国公路PPP项目中,付费方式为可用性付费。该项目PPP协议规定,运维期收入的计算和收取并不与交通流量及收费挂钩,而主要以资产状况和运维服务满足特定指标作为付费的基础。可用性付费由政府签约方每半年支付一次,且每期的可用性付费可基于汇率及通胀因素做一定程度调整(二者的所占权重分别为60%和40%)。交通流量和收费风险原则上均由政府承担,对项目公司而言,由于可用性付费主要取决于建设质量和运维服务水平,从而确保了本项目建设运维在符合合同要求前提下项目现金流的相对稳定。

就可用性的考核而言,PPP协议附件规定项目公司在提供运维服务过程中需要满足一定的关键绩效指标(KPIs)并确保道路的可用性,否则将遭受两类违约金扣减,即可用性扣减(Availability Deduction)和绩效扣减(Performance Deduction),从而影响项目公司可收取的可用性付费,并(在扣减达到特定上限的情况下)可能导致PPP协议的违约终止。根据PPP协议约定,可用性扣减基于不可用车道数、距离和时间计算,如果不可用率超过1%(即可用率低于99%),则将相应产生可用性扣减。绩效扣减在项目公司未能满足关键绩效指标(KPIs)的情况下产生;相关关键绩效指标(KPIs)要求项目公司在发生道路凹陷、裂痕、积水等情况下在规定时间内进行修复,否则将相应产生绩效扣减。PPP协议进一步约定,如果项目公司连续3个账单期产生可用性扣减,或连续6个账单期产生绩效扣减,则将构成政府签约方有权终止PPP协议的"项目公司违约事件"。在终止情况下,项目公司仅可获得未偿还贷款本息的终止赔偿。

(4)综合可用性和使用量付款的收费机制

基于可用性和使用量付款的典型承购协议,是海外发电项目中的购电协议。在海外发电项目中,根据电费支付基础和构成的不同,常见的电费模式可分为一部制电价和两部制电价。在两种电价模式下,通过不同机制安排确保投资者可以获得稳定的偿还贷款的现金流及一定的预期收益。

在两部制电价及容量电费"照付不议机制"下,电价分为容量电价和电量电价。容量或可用性通常是指项目设施已经按照设计及项目文件要求的性能考核指标建成且处于可用状态。只要发电设施达到一定的可用性,售电方即可获得容量电价对应的容量电费,与电量是否被真正调度无关;此外,售电方还可依据实际供应的电量,获得电量电价对应的电量电费。在这种模式下,在容量电价范围内,售电方可获得的收入不承担市场电力需求和电网调度的风险。表3-6中可以看到巴基斯坦燃煤电站和水电站购电协议的两部制电价的大致安排。

表3-6　巴基斯坦燃煤电站和水电站购电协议的两部制电价安排

对比项	巴基斯坦燃煤电站购电协议标准文本	巴基斯坦水电站购电协议标准文本
容量电费	每月的容量的电费基于该月度可用容量(Available Capacity)和规定的电价进行支付,不受市场电力需求和电网调度的影响。 每小时的可用容量被称为声明可用容量(Declared Available Capacity)。项目公司在商运开始时以及每个运营日开始前16个小时通知购电方声明可用容量,可以提前4小时通知修订并调增声明可用容量或在支付违约金情况下通知修订并调减声明可用容量。一般情况下,每小时的可用容量即为项目公司宣告的声明可用容量(包括其修改或调整)。在净发	每月的容量电费基于该月度测试容量(Tested Capacity)和规定的电价进行支付,不受市场电力需求和电网调度的影响。 初始测试容量根据调试试验(Commissioning Tests)中设定的连续6小时的期间内,对电站设施的发电容量的测试获得,并根据一定的参考水文条件进行调整;商运后每年也会通过年度容量测试来评估测试容量是否需要调整。

续表

对比项	巴基斯坦燃煤电站购电协议标准文本	巴基斯坦水电站购电协议标准文本
	电量小于调度净发电量的情况下，每小时的可用容量为净发电量；在声明可用容量（包括其修改或调整）或净发电量高于调度净发电量的情况下，每小时的可用容量为净发电量，但最高不超过调度净发电量的101.2%。	
电量电费	每月的电量电费基于该月调度和传输的净发电量（Despatched and Delivered Net Electrical Output）和规定的电价，进行计算并支付。如果项目公司未实际输送电量，则无权获得该电费。 调度和传输的净发电量，为响应调度指示或经修改的调度指示，电站发出并传输至连接点的净发电量，但不得超过调度要求的101.5%；任何情况下购电方应接收最低年度电量（Minimum Annual Energy）并支付相应电费，最低年度电量为相应合同年度可用容量的50%。	每月的电量电费基于该月电站发出并传输至连接点的净发电量和规定的电价进行计算并支付。如果项目公司未实际输送电量，则无权获得该电费。

上述两部制电价机制主要在海外燃煤或其他热电项目中采用。在很多海外再生能源或新能源电站项目中，收费机制通常采取单一制电价“照付不议”模式。在这种电价模式下，购电方仅根据电价及售电方实际供应的上网电量支付电费。根据购电方对购买电量的承诺程度，又可以分为最低电量“照付不议”模式和供应电量“照付不议”模式。

在最低电量“照付不议”模式下，购电方承诺收购项目所发一定数量的最低电量，在最低电量范围内承担照付不议义务。如果由于购电方违约等原因不能实际供应最低电量的，购电方仍需支付最低电量所对应的电费。一般最低电量对应的电费，能够保障售电方的偿还贷款的本息、运维成本、保险费和合理的股本回报。但购电方对超出最低电量的部分不承担照付不议的义务，且针对超发的电量可能要求售电方按照更低的电价出售给购电方。

在供应电量“照付不议”模式下，购电方根据购电协议所规定的电价及售电方实际所供应的上网电量而支付电费，无论购电方是否实际需要所发的电量，但对因售电方原因而没有真正产生的电量，则购电方没有义务支付费用。在供应电量“照付不议”模式下，在供应电量范围内，售电方不承担供应电量的市场需求风险。这种模式下，投资人和融资方一般会评估再生资源条件是否充沛和是否足以支持产生足够电量，以支持获得覆盖偿还贷款本息、运维成本、保险费及合理股权回报的电费收入。

【实例3－18】印度尼西亚某小水电项目购电协议中的供应电量“照付不议”机制

印度尼西亚某小水电项目即采用供应电量“照付不议”机制模式。该项目购电协议规定，购电方印度尼西亚国家电力公司（PLN）“照付不议”的基础是在项目公司声明电量范围内，电站输送到计量系统交易点的供应电量。在供应电量“照付不议”模式下，对于项目公司实际所发电量，无论PLN是否需要，PLN均按购电协议规定的电价支付电费，但对于项目公司因自身原因没有真正生产的电量（按购电协议约定停机维护除外），PLN没有支付义务。

项目公司每月电费包括两部分：①基于年度声明容量的实际供应电量加上非因项目公司原因损失的电量所对应的电费收入；②超过声明电量110%的超发电量对应的电费收入（如果有，则电价单价按正常电价的50%计算）。

在实例3－18中，可以看到PLN将在一定程度上分享超发电量的收益。需要注意的是，在供应电量“照付不议”模式下，一般融资银行需评估购电方对供应电量“照付不议”的电费收入是否足够确保还本付息。

2. 定价及价格调整机制

海外工程能源基础设施类PPP投建营项目下产品或服务的费用水平与定价逻辑主要在于成本投入，包括建设期还本付息及投资回报两个方面。以海外发电项目为例，无论是一部制还是两部制电价，其定价考虑的具体因素并无实质不同,都设置了保证还本付息成本和相对合理的预期投资收益的“照付不议”机制,以满足可融资性要求,差别只是机制的表现形式不同,即通过“容量电价”机制来实现还是通过特定形式的“电量电价”机制来实现。

海外工程能源基础设施 PPP 投建营项目建设和运营周期通常长达数十年,投资回收期长,建设和运营期间收费费率往往受到通货膨胀、外汇汇率贬值等因素的影响,因此,尽管缔约时定价合理,供应方一般仍会进一步考虑汇率、利率和通货膨胀等宏观因素对收入的影响,以及承购协议下是否设置了基于汇率、利率和通货膨胀等波动的调价机制。

以巴基斯坦《再生能源发电政策(2006)》为例,可以看到再生能源电站的电量电价构成要件均有相应的调价指数(见表 3 –7)。

表 3 –7　巴基斯坦《再生能源发电政策(2006)》规定的调价指数

电价构成要件	调价指数
股东回报	浮动利率变化 卢比兑美元的汇率变化
还本付息	卢比兑美元的汇率变化
固定运维成本	巴基斯坦批发物价指数(WPI)
用水费用	巴基斯坦批发物价指数(WPI)

(二)产品/服务供应受阻的风险分配

前述承购协议的收费机制,主要侧重从产品或服务的出售和市场购买需求风险分配的角度考虑。与此相关的是,产品或服务的供应机制及供应风险的分配。

原则上承购协议下产品或服务的供应风险,主要由产品或服务的提供方(即供应方或供应方设立的项目公司)承担。但实践中,产品或服务的提供可能因定期运营维护、紧急事件、公共服务设施网络等非供应方原因而受阻或中断,或者供应原料/燃料由政府方提供,因此,供应方通常需要关注承购协议是否针对因上述原因导致产品或服务无法供应的情况,设置豁免供应和/或一定的补偿机制。

以垃圾发电项目为例，如果垃圾供应不足或供应的垃圾不符合发电所需原料的要求，则购电协议下的发电和售电将受到直接影响，因此基于项目可融资性考虑，通常在垃圾供应和处理协议中会对垃圾供应不足或不符合要求的风险做出安排。

【实例3－19】印度尼西亚某垃圾电站项目中垃圾供应不足或不符合要求的风险承担机制

印度尼西亚某垃圾发电项目中，当地市政府既是《特许权协议》下的特许权人也是《垃圾处理合作协议》下的供应方。

就供应垃圾数量而言，《垃圾处理合作协议》约定，在项目30年运营期内，当地市政府应平均每天向项目公司供应垃圾量为1000吨，具体每天供应垃圾量不多于或者不少于平均每天供应垃圾量的10%、全年供应垃圾量不少于365,000吨。如果当地市政府供应垃圾量超出前述项目公司可接收的最大量的10%，项目公司有权拒绝接收，因被拒绝接收所产生的运输费用和其他费用由当地市政府承担。

就供应垃圾质量而言，当地市政府保证，运营期内供应的垃圾不应包括超出10%的不可接受垃圾[Unacceptable Waste，主要是指有害和有毒垃圾、医疗垃圾、建设垃圾及其他不可依据法律处理的垃圾(如含水率超过55%的废弃物)]，项目公司有权拒绝不能满足最低要求的垃圾。当地市政府应将垃圾运送至卸料大厅供检查并计量，项目公司有权将不符合要求的垃圾退还当地市政府，费用由当地市政府承担；如果当地市政府收到项目公司要求后2天内仍然未收集不符合要求的废弃物，项目公司有权将废弃物运送至指定填埋区，因此产生的相关费用由当地市政府承担。如果因存在不可接受垃圾导致项目公司遭受损失、造成环境损害或公共安全损害，当地市政府应保证项目公司免受全部损失。

（三）付款保证

在海外工程能源基础设施类PPP投建营项目中，为确保项目付款的稳定性和付款主体的信用，承担付款义务的主体通常会提供一定的担保措施（如设置准备金账户、提供保函或信用证），东道国政府也可能会为项目项下付款义务提供主权/政府担保。付款主体的信用情况以及何种担保措施是融资方考量的核心因素之一。

针对付款主体的信用情况，融资方一般较为关注付款主体在知名国际评级机构（如标普、穆迪、惠誉等）的信用评级情况、总体资信和财务状况、是否有付款违约先例等。

针对付款担保措施，融资方通常对于电费支付义务的担保力度非常重视，如果能够提供主权担保且东道国主权信用评级较高，则对项目获取融资有较大支持作用，具体可参见本节前述第2部分“PPP协议与承购协议的联动”中有关政府担保的内容。

如果购电方提供其他第三方的付款保证、保函、信用证，则融资银行一般主要会关注以下几个方面：(1)保证/担保主体是第三方金融机构出具还是非金融机构出具，出具人的资信情况如何；(2)保证/担保中是否对担保责任有限制，是否为连带责任，以及担保期限；(3)保证/担保的赔付范围除了电费支付义务，是否包含各项赔偿义务；(4)保证/担保中是否有完善的放弃主权豁免的表述等。

（四）建设完工风险分配

海外工程能源基础设施类PPP投建营项目实践中，在合同约定的期限内将项目设施建设完工并投入商运、提供产品或服务，是供应方的核心义务之一。为管控供应方不能按时完工的风险，承购方往往要求供应方提交银行保函、备用信用证等履约担保，未按时完工可能导致支付违约金、被执行担保等后果。

1. 工程建设完工延误

承购协议下，原则上应由供应方承担项目的建设完工风险并确保按时投入商业运营。但由于承购方和供应方存在一些工作界面的交叉或实践中存在一些供应方不可控的因素，在因承购方原因、非供应方可控制的原因导致工程完工和商运延迟情况下,是否由承购方承担风险及是否规定了相应的补偿机制,是供应方需要关注的重点问题。

(1)提供项目现场进入和占用权延误的风险

在海外工程能源基础设施类PPP投建营项目中,总体上项目建设所需土地的取得方式有两类:一类是供应方自行购置或租赁取得,另一类是承购方或东道国承购方提供。如果由供应方自行购置或租赁取得,则供应方需要通过尽调了解购置或租赁的程序、所需时间、所需成本,并在承购协议完工期间及价格机制中相应考虑。如果由承购方或东道国承购方提供,则供应方需要关注在承购协议中是否设置了清晰明确的移交现场的条件和要求、移交时间,以及在非因供应方原因延迟移交情况下,供应方是否有权顺延要求的商运日并获得补偿。

(2)项目连接设施的延误风险

在海外工程能源基础设施类PPP投建营项目实践中,基础设施工程往往需要连接公共设施既有的公用设施网络系统,如电站连入东道国国家电网、水厂连接东道国水管网等。在海外发电项目中,通常在项目设施到国家公共电网之间的互联设施中间会确定一个连接点,作为双方对连接设施责任的界面:项目设施到连接点的连接设施,一般称为"卖方连接设施",比较常见的安排是由供应方负责融资、建设和维护;连接点到东道国国家电网的连接设施,一般称为"买方连接设施"。

针对买方连接设施比较常见的安排是,承购方负责融资、建设和维护。如果项目设施和卖方连接设施就绪、但因承购方原因未能按期完成买方连接设施导致商业运营迟延实现,供应方一般有权获得商运日期延长和补偿。连接点的确定也非常重要,连接点距离项目设施远,则一般意味着供应方承担的成本高。

(3)可能由承购方承担风险的其他情形

实践中,常见的供应方可能主张延长商业运营日的其他原因包括:①发生承购方或东道国政府违约事件;②发生不可抗力事件;③发生法律变更事件;④再生或新能源项目发电资源条件异常变化,如水文情况变化、风力或光照条件无法达到最低要求等。通常在发生上述情形下,供应方有权要求延长要求的商业运营日,并获得一定的补偿。

2. 商业运营条件、测试及考核

在合同约定期限内通过商运测试并实现完工和商业运营,是供应方的核心义务。承购协议往往会对商业运营的定义和条件进行规定,通过商运测试后一般会颁发商运证书,作为进入运营期的标志。

针对商业运营条件,从供应方角度,需要关注商业运营条件是否合理、要求是否清晰、标准是否客观且便于核实。针对实现商业运营所需的性能测试程序,一般会规定测试时间及通知、测试的开展和见证主体、测试类型及步骤、测试证书的颁发、重复试验和补救机制等要素。从供应方角度,通常需要关注测试的程序和步骤是否清晰具体、测试的内容和范围是否与性能相关及是否合理、是否针对核心测试程序设置了颁发测试证书机制、因承购方原因造成干扰情况是否有救济机制、在测试结果不达标情况下是否设置了修复或补救机制。

针对商业运营的考核,通常承购协议会规定计划或要求商运日,为实现商运设置最迟期限,仅允许在有限的情形下给予延长计划或要求商运日的权利。同时一般会要求供应方提交履约担保用以保障商运按期实现。在因为供应方原因导致未能按期实现商业运营的情况下,承购方有权要求支付违约金并扣划履约担保。从供应方的角度,除了从项目管理角度力争按期实现商业运营外,为应对商运延迟风险,一方面需要将商运延迟违约金向聘用的建设承包商"背靠背"转嫁;另一方面需要考虑在承购协议中要求设置商业运营延迟违约金的上限。

【实例 3 – 20】孟加拉国某公路项目 PPP 协议中商业运营条件及商运测试安排

孟加拉国某公路项目 PPP 协议规定,在竣工试验通过且独立工程师颁发完工证书,且实现商业运营日的前提条款满足后,商业运营日实现。在 PPP 协议附件中规定商业运营的前提条件包括:公路安全审计已经完成;全部公路工程已完工;竣工试验已成功完成;所有开发和建设许可仍持续有效;电子收费系统和人工收费亭以及所需运营人员已经就位且做好开始运营准备;商运前需要准备的项目控制计划已经获得政府方缔约主体(Contracting Authority,即授予本项目特许权的缔约方)的批准;所有多余的材料已经从现场移除;项目运营手册已经完成并更新;符合PPP协议要求的公路收费费率已经在项目公司网站上公布;独立工程师为确认项目公司已做好开始运营服务准备提出的其他合理要求。

该项目PPP协议就商业运营实现设置了如下商业运营测试程序、内容和证书颁发机制:

针对测试时间及通知,PPP协议规定在预计实现完工前30天,项目公司通知独立工程师和政府方缔约主体,独立工程师和项目公司协商确定日期后通知缔约机构和贷款人以便其安排代表见证试验程序。

针对实施和参与主体,PPP协议规定所有竣工试验由项目公司依据附件规定开展,独立工程师观察、监督和核实试验结果是否达到合同约定,政府方缔约主体和贷款人代表见证试验过程。

针对试验类型及步骤,PPP协议规定了目测和物理检查(Visual and Physical Inspection)(核实是否全部工程和设备已完工)、驾驶测试(通过驾驶驾车和三轴满载大卡车测试工程是否符合合同要求)、驾驶质量测试、交通摄像头和数据测试、收费系统测试、其他测试(独立工程师认为其他为验证性能所需开展的测试)、安全检查、性能标准测试(包括测试是否符合良好行业管理、缔约机构的要求、适用法律及审批许可要求、PPP协议规定的其他要求)等试验程序。

针对试验证书,PPP协议规定在试验完成并通过后,项目公司应颁发完工证书。

针对试验补救机制,PPP协议规定,如果试验结果不符合合同要求,则独立工程师应将试验结果提交政府方缔约主体,政府方缔约主体可指示独立工程师暂扣完工证书,并要求项目公司修复缺陷并重复试验直至通过测试，或者政府方缔约主体也可指示独立工程师颁发完工证书，并将不符项纳入消缺清单并要求项目公司在后续一定期限内消除缺陷。

（五）运营期性能测试和考核

交付或提供达到承购协议约定的性能要求的产品/服务，是供应方的核心义务之一。在海外工程能源基础设施类PPP投建营项目承购协议中，通常会根据项目定价模式、行业及项目特点设定相应的性能指标和考核机制。针对性能考核，项目公司需首先关注性能指标设定是否合理、考核指标是否反映项目的核心功能要求、性能指标设定是否具体、客观且易于核实等。性能违约金往往与性能不达标从而对项目可用性或服务降低的程度挂钩，可以在依据偏离考核要求的幅度区间设置不同等级的违约金标准。

【实例3-21】巴基斯坦某光伏项目购电协议中运营期性能考核机制

在巴基斯坦某光伏电站项目购电协议中，就合同容量考核指标而言，由于该协议采用单一制电价、设置了“供应电量照付不议”的机制，购电协议中也相应要求作为售电方的项目公司需要保证电站的可用性。针对发生不可抗力事件、计划停机、运维停机、全部或部分强制停机或光照条件不足等非售电方能控制的特殊情况，购电协议规定这些特殊情况导致不能达到可用性，不视为售电方未达到可用性。

另外，从功能角度，购电协议也对电站各个部分和关键性能指标（包括逆变器性能、主变压器性能、变压站性能、功率补偿指标、控制保护及监控系统要求、计量系统要求、电站性能监控系统要求、环保要求、谐波要求）的运行性能要求进行规定，如电站总体在零下30摄氏度至零上55摄氏度温度范围内正常运行，针对功率补偿指标购电协议要求电站光伏电站功率因数在正负0.95范围内等。

此外，承购协议的履行也可能会受到不可抗力和法律变更的影响，可触发承购协议终止的承购方违约事件、供应方违约事件、不可抗力等情形及终止赔偿机制,也是海外工程能源基础设施类 PPP 投建营项目承购协议中需关注的重要问题。实践中在 PPP 协议与承购协议的双合同模式下,上述机制需注意 PPP 协议和承购协议的有机衔接。对于不可抗力和法律变更、终止情形及赔偿的核心机制和法律问题的分析,详见第 3 节第 3 部分“PPP 协议的核心机制和法律问题”。

第四节

项目实施文件包

一、土地协议

（一）土地协议概述

海外工程能源基础设施项目从项目规划到落地，需要最先考虑的问题之一就是选址，以及如何获得项目建设和运维所需的项目用地。投资人需要核心考虑的问题是，向谁及以何种方式获得项目实施所需项目用地。这既涉及东道国宏观的土地制度，也涉及微观的土地权属和具体地块用途。通常而言，项目用地可通过土地购买和土地租赁两种方式取得，而个别地块的取得还会涉及地役权。实践中，虽然不同国别的土地制度不同，协议在名称上可能存在差异，但主要条款结构却差别不大，包括土地位置描述（和地图）、租期（购买不适用）、对价的支付、土地用途和使用限制、陈述保证和承诺、终止等。投资人需要考虑的问题往往也是共性的。

（二）土地协议的核心机制与法律问题

1. 土地权利获取方式

由于不同国家基本土地制度可能存在的差异，以何种方式取得土地往往受限于东道国法律环境和市场惯例。例如，依据老挝法律，土地归国家所有，个人或组织取得土地权利的方式包括土地使用权、土地租赁权和土地特许经营权三种。并且，老挝法律下外国个人和组织取得土地的方式仅限于土地租赁和土地特许经营，外国个人和组织不得拥有土地使用权。因此，在老挝，外国投资人参与的基础设施项目往往是通过签署特许权协议的方式获得土地，特许权协议中一般会设置专门的土地条款,对土地的使用和限制进行约定。在哥伦比亚,土地主要分为公有土地、私有土地和原住民区域土地,除了禁止外国公司获取边境土地以外,哥伦比亚法律对外国公司获取其境内土地未设置法律限制,但当获取的土地为原住民所有时,项目公司应进行事先协商,需要更有侧重性地考虑原住民的利益。由此可见,因为基本土地制度的不同,投资人获得项目用地的基本方式也存在差异和限制。

另一个影响土地获取方式的因素,则是项目本身的性质及与之对应的不同用地需求。对于单个的项目而言,用地需求往往是多样的。一方面,除了永久用地以外,在项目建设和运维过程中还不可避免地涉及针对进场道路、仓储、临建工程等用途的临时用地,这同样需要基于不同土地用途,采用不同方式获取项目用地。例如,在乌克兰陆上风电项目中,针对风机的塔基,项目公司通常和地主签署长期的土地租赁协议;针对线缆、进场道路和风机吊装场,则是通过签署地役权协议的方式解决。对于海上风电项目,因为设施本身位于近海或远海,从而存在需要取得相应海域使用权的特殊性。在英国,领海区域和新能源区(renewable energy zone)归国家(王室)所有,英国王室地产(the Crown Estate)负责海床租赁权招标,中标人将与英国工室地产先后签署排他权协议、租赁意向协议、海床租约。另一方面,即使在永久用地或临时用地之内,由于项目类型、用地需求等方面的差异,也会存在土地权利获取方式的细微差异。例如,在输电项目中,架空输电线并不会直接附着于土地之上,而是距离地面有一定高度,该部分项目用地通常不会以购买或租赁方式获得,而以地役权的形式提供。

值得注意的是,涉及土地交易,不同国家对于土地协议的形式也存在法定要求。例如,在英国法下,涉及不动产的交易,交易双方必须以契据(deed)的方式签署合同文件,而不能以普通合同方式签署,从而存在文件格式、签约方式、见证等方面的要求。在这种情况下,除了按照协商条件签署一份土地交易合同约定更为详细的交易条件以外,交易双方在实际交割时还需另行按照规定格式签署一份买卖契据(purchase deed)或租赁契据(lease deed)。在同属于普通法系的巴基斯坦，交易中也遇到过类似的要求，在交易双方签署土地租赁协议之外，双方还应当就每个地块单独签署相应的租赁契据，并相应办理登记，方能使土地权利产生法律效力。

2. 土地权属

简单来说，土地权属相关问题涉及土地所有权本身是否明确清晰、是否存在第三方针对土地所有权的主张、是否存在为第三方利益设置的权利负担（包括租赁权、地役权、限制性承诺、抵押等）。区分政府提供项目用地、从私人处取得项目用地两种不同情形，针对土地权属问题的考虑也会存在差异。

出于公共政策、吸引投资等方面考虑，东道国法律有可能会明确规定为项目用地的征收提供便利的政策和措施，政府公共权力的介入往往可使征地过程涉及的安置和补偿安排相对简单。以越南为例，根据越南《土地法》的规定，如果需要将他人正在使用的土地转租给投资人用于开发项目，有关主管机关需要提前作出土地收回决定，并在依法完成土地赔偿和安置工作后，才可以将相关土地转租给投资人用于开发项目。在东道国政府为支持基础设施投资、通过政府机关或其他公共主体向项目公司提供用地的情形下，投资人需要明确政府提供土地的范围和时间计划，相应地在合同中注意约定，如果政府机关或其他公共主体未能按照约定履行供地义务时，项目公司有权取得赔偿、甚至是项目协议合同的交叉违约和终止（即政府机关或其他公共主体在土地协议下的违约同时构成 PPP 协议下的违约甚至是终止事由）。

此外，值得注意的是，即使是在政府机关或其他公共主体负责提供项目用地的情况下，其提供的项目用地范围也可能不会完全满足项目的全部用地需求。实践中，有的 PPP 协议会约定，对于不属于政府签约方提供的项目土地及权利范围，若项目公司认为其为项目所需而应额外获得的，则应自费和自担风险取得。对此，投资人应结合项目具体情况，考虑在可行范围内向政府方提出额外用地需求，或者在开发阶段考虑投资概算和时间计划时便充分考虑额外用地的需求和成本。

针对从私人地主处直接取得土地，虽然可以让土地提供方在土地协议签署时做出相应的陈述保证或者承诺，但为了解并进而解决相关既有的第三方权利的问题，投资人首先需要在项目初始阶段开展详细的土地尽调和调研，并有针对性地就相关限制逐一解除（但如果地块很多，或者投资东道国没有统一的线上土地登记系统，这项工作就会变得相对耗时和开支庞大）。对于以购买方式取得的土地，通常需要在土地机关进行相应的权属变更登记，而在一些国家，即使通过长期租赁获得的土地，也存在相应的登记要求。

在实际项目执行过程中，即使是土地权属证上明确登记的地主，也并不意味着其必然有权对土地进行处置，相反，土地之上可能存在土地信托、抵押、第三方权利等诸多限制性因素。在尽调阶段，投资人需要关注土地权属是否清晰和明确，是否存在信托、抵押、地役权或者其他私人地主（或转租方）出售、出租或者转租的限制等；如果发现项目选址存在土地权属方面的瑕疵或者限制，作为买方或者租赁方的项目公司需要与作为卖方或出租方的地主针对具体问题进行逐一协商，要求其采取出售或出租前先行采取解除抵押、与第三方协商使其同意解除潜在的交易限制等措施。值得一提的是，即使是从私人地主处取得项目用地，也可能存在公权力介入的情况，从而给投资人解决土地问题带来便利。例如，在哥伦比亚，就私人投资的输电项目，在项目公司与地主或利益相关方未就使用土地的赔偿金额达成一致的情况下，项目公司有权提起法院诉讼程序；在这种情况下，法官对赔偿金额进行司法审查后一般可以授权项目公司开始项目的建设，而后再解决赔偿问题。

此外，对于融资银行而言，土地问题往往是其在为绿地项目提供融资过程中会重点关注的问题。对于融资银行而言，建设期的成本超支和工期延误风险往往是最难以控制和接受的。如果项目用地在开工前无法按期交付，除了面临土地成本本身的不确定性以外，也意味着承包商可能无法全面开工，并可能会相应引起承包商就工期和费用进行索赔。在这种情况下，融资银行就不得不评估相关情况对项目可融资性的影响。因此，融资银行通常将获得全部项目用地默认作为融资关闭的先决条件之一。如果部分土地无法在融资关闭前取得全部项目用地，投资人需要与融资银行协商灵活方式，如将部分项目用地的取得作为后续条件，以尽快实现融资关闭。

3. 土地使用期限

土地使用期限主要涉及土地租赁和地役权的情形。对于通过租赁或地役权方式取得项目用地，投资人需要考虑项目用地的使用期限与项目本身的特许权期以及生命周期相匹配。

在由政府或其他公共主体负责提供租赁土地的情况下，特许期结束后资产往往移交给政府或其他公共主体。因此，通常的安排是，土地权协议自 PPP 协议的全面生效日起生效，有效期与 PPP 协议约定的特许期相同。此外，如果政府或其他公共主体在土地协议项下严重违约，项目公司需要关注其是否有权据此"一揽子"地终止其他项目协议，从而得到适当保护。

在 PPP 协议期满不需要移交项目资产的项目模式下（如 BOO 项目模式），除了考虑土地协议期限与其他项目协议期限的匹配以外，投资人可能还需额外考虑的是，在购电协议或其他承购协议的期限届满的情况下，继续经营相应的设施是否可以带来良好的经济收益。如果是，则仅仅与其他项目协议期限的匹配显然不够，投资人需要考虑将土地租赁期限延续至项目整个生命周期结束。为了保留相对主动的选择权，土地协议中可以对投资人的续期选择权预先设置安排。

二、建设合同

在以 PPP 投建营模式开展的海外工程能源基础设施项目中，项目设施的建设是最为重要的一环。工程的设计、建设和施工是从无到有、形成项目资产的过程，关系项目的成败。从投资人和融资银行的角度出发，建设期风险往往是最不可控的，建设期的成本超支和工期超期会影响整个项目的现金流和还款情况，故建设合同也通常是工程实施文件中最为复杂的一个，是融资银行关注的重点。

（一）建设合同概述

在以 PPP 投建营模式开展的海外工程能源基础设施项目中，出于控制投资、转移和分配风险的考虑,"EPC(设计—采购—施工)模式"是通常被采用的工程实施方式。无论是融资银行,还是投资人,在可行的范围内,都倾向于由一个拥有相关经验和资质的承包商(或者承包商联合体)承担项目设计、采购和建设的完整和单一责任。在这种模式下,项目公司将仅仅对接单个承包商(或承包商联合体),而无须多头管理多个设计、采购和施工合同,从而在整体上将建设期风险转移至承包商。

实践中,出于税收筹划的考虑,有些项目会采用 EPC 合同拆分安排。在这种模式下,虽然合同名义上区分为多份合同(通常为离岸设计合同、离岸供货合同和在岸施工合同),并由不同的主体(分别担任离岸承包商、离岸供货商和在岸承包商角色)与项目公司分别签署,但上述拆分安排并不会改变承包商(或者承包商联合体)承担单一责任的交易基础。除了分别签署的离岸设计合同、离岸供货合同和在岸施工合同,项目公司还会与全部承包商共同签署一份搭桥协议或伞协议,明确全体承包商对项目公司承担连带责任,并协调各方工作及不同合同条款,以最终达到如同仅签署一份 EPC 合同的实际效果。需要注意的是,视项目所在东道国法律要求和实践不同,EPC 合同拆分安排存在潜在合规风险,投资人需要事先评估和研判相关风险。

实务中,采用 EPC 模式的建设合同时常会采用各行业机构制定的合同范本。常见的行业机构包括国际咨询工程师联合会(FIDIC)、美国建筑师协会(AIA)、英国合同审定联合会(JCT)、英国土木工程师协会(ICE)、日本工程促进协会(ENAA)等,这些合同范本在不同国别和类型的项目中得到不同程度的应用。虽然合同范本非常多样,但围绕工程实施的价格、工期和质量三大控制要素,合同条款内在逻辑上却存在诸多相通之处。实践中,除了合同正文以外,建设合同往往还包括大量的技术、商务、财务等方面的附件,以明确工程实施的技术规范、现场条件、环保要求等事项。

(二)建设合同的核心机制与法律问题

整体而言,无论具体项目的建设合同基于何种范本修改、设计和编制,通常可以从以下几个方面把握 EPC 模式下建设合同的核心问题。

1. 合同工作范围

海外工程能源基础设施项目的实施，一般会涉及从勘察、设计、施工、监理、采购、监造、运输、保险、安装、调试、试验直至工程全面完工并最终交接验收的复杂的全过程，且涵盖之后的质保期责任，是涉及多领域、多接口的系统工程。在 EPC 模式下，就承包商的工作和责任范围是涵盖了以上全部事项还是仅涵盖部分事项，建设合同需要尽可能准确地描述和定义，以明确划分与业主（包括业主雇用的其他承包商）之间的责任界限和接口。

由于工作范围和责任范围直接决定建设合同的合同价格，在实践中，投资人（业主）与承包商的立场不同，工作范围条款的描述往往成为谈判焦点之一。业主通常倾向于采用抽象概括的语言描述承包商的义务，以尽可能管控和向承包商转嫁项目执行过程中工作超范围的超支风险，如约定“工程应能满足合同规定的工程预期目的”，“工程应包括为满足业主要求或合同隐含要求的任何工作，以及（合同虽未提及但）为工程的稳定、或完成、或安全和有效运行所需的所有工作”。

需要指出的是，在承包商负责和主导工程全部设计的 EPC 模式下，业主基于实现承包商承担单一责任、以相对确定的合同价格和工期“交钥匙”地完成和交付项目设施的目的，提出上述要求有一定的合理性。但是，与业主此要求相匹配，从权利义务平衡和兼顾承包商利益的角度出发，在能够满足业主提出的功能性标准要求和业主必要的过程控制的前提下，承包商也应享有高度的自由，可以充分发挥设计“龙头”的作用，通过统筹设计和其他工作例如材料与设备选择、施工方法和内容之间的关系做出对项目成本最优的选择，进而实现在相对固定的合同总价和计划工期内完成和交付项目的目标，达到控制成本和降低工程造价的目的。

实践中，不少争议产生于权利义务失衡的合同。项目的具体情况不同，如何适应性地调整合同逻辑和风险分配，兼顾双方合理利益是项目成功的关键。

2. 合同价格与支付模式

建设合同的计价方式一般分为固定总价、固定单价和成本加酬金三种。在

EPC模式下,如上文提及,"固定总价"安排是此类项目的通常实践。除非发生建设合同明确约定的例外情形,合同价格需要覆盖承包商为正确设计、实施和完成工程、并修补任何缺陷所需的全部有关事项,而允许承包商索赔费用的事项限于变更、业主提供现场迟延、法律变更、部分不可抗力事件(业主风险范围)、业主指示的暂停等非常有限的事项。值得注意的是,对于审批许可、现场不可预见的条件等业主义务,除非完全无法由承包商取得或者核实,建设合同往往会要求承包商明确承诺其已经充分考虑相关风险,而不会因此产生额外的费用索赔,双方就此进行的义务和责任范围的划分也往往是谈判中的重点和难点。

【实例3-22】中东某国EPC合同价格条款

在业主A公司与承包商B公司签署的中东某国EPC合同中,就合同价格调整做出了如下描述和限制:"作为对承包商全面、完整地履行工程和履行合同义务的充分对价,雇主应向承包商支付附件B[价格本合同附表]约定的固定合同价格('合同价格')。合同价格包含所有税款、关税和征费,在合同有效期内不得因任何原因(包括但不限于工资增加、货币波动、通货膨胀、税法变化)而进行任何调整和/或变更。除第14条[变更和调整]另有约定以外,合同价格不得作任何调整,且不限制雇主根据合同从向承包商支付的任何款项中扣除违约金及任何性质的费用和损害赔偿的权利。"

就合同价格支付安排而言,一般按照里程碑付款,以形象进度确认对应付款节点的方式进行,这是与EPC模式下合同价格对应固定总价(而不是由具体工作项目组成的工程量清单和价格表)的特点相衔接的。在这一付款模式下,建设合同中的"付款计划表"是工程款结算的主要依据,是以合同价格为基础,约定付款期数、每期达到主要里程碑/主要计划工程量及每期需付款的金额。通常付款计划表中的付款节点,是按形象进度的形式确定,而非根据实际完成的工作量验工计价进行。

实践中，一方面，融资银行会要求项目公司事先提交建设预算，并确保在每个提款日提交的请款申请与建设预算保持一致；另一方面，融资银行的技术顾问也会在每次提款前确认项目的重大里程碑按照原定工期计划完成，或者项目公司在出现迟延或超支情况下已提出可行的纠正方案。因此，与融资文件下的提款相匹配，建设合同也会基于融资文件的要求，对承包商请款文件的内容和形式有更为规范和严格的要求。

3. 工期

(1)建设合同的工期设置

工期通常始于开工日，建设合同应规定开工的前提条件、开工日的确定标准和开工通知。在约定开工前提条件时，需注意规定业主的相关义务，主要包括融资关闭、获得必要的现场权利以及必要的各类工程许可。工程保险通常由承包商负责，但如果合同约定业主负责投保工程一切险、第三者责任险等与工程密切相关的险种时，为防止开工时相关保险未落实，应将业主负责的保险已投保并提供相应证明文件(如保险合同)作为开工的前提条件。

实践中，工期安排通常可分为两类，即以开工日起算的相对工期或者将固定日期设为完工的最晚时间。相较于相对工期，将工期设定成一个固定日期在海外工程能源基础设施项目(尤其是采用项目融资模式的项目)中更为常见。对于投资人而言，项目是否能在特定日期前完工往往关系着项目的成败。在上游 PPP 协议或承购协议项下，往往会要求项目应当在特定时间节点完工并实现商运，如果项目公司未能按时实现商运，则会产生高昂的误期违约金，甚至在满足一定条件情况下成为政府方有权终止合同的“项目公司违约事件”。在新能源项目中，工期的重要性更加明显，对于需要争取“标杆电价”窗口期的投资人，是否能够在特定时间前抢先商运更是直接关系是否可以获得及获得何种标杆电价的关键。

与工期设置相关的另一个焦点则是完工和接收的标志，除了 EPC 模式下通行的竣工试验以外，项目公司可能会将上游 PPP 协议和/或承购协议项下的其他义务作为接收的条件，这既包括上游项目协议政府方对项目进行的性能验收，也包括一系列与商运相关的审批许可，这也会成为双方在谈判中激烈争论的焦点问题，需要双方事前做好相关调研，对上游项目协议约定、审批许可取得条件和难度有清晰的认识和实践经验，以做出更为准确合理的商业决策。

（2）建设合同的工期延长

出于控制工期风险的考虑，建设合同往往对承包商有权主张工期延长的事件进行最大限度限缩。一方面，业主一方倾向于将允许承包商索赔工期的事项限于变更、业主提供现场迟延、不可抗力事件、业主指示的暂停等非常有限的事项；另一方面，建设合同通常会将“关键路径”作为是否允许延期的关键，承包商仅有权就发生在关键路径上的延误主张延期，并明确承包商对延误负有减轻影响的义务。

如果发生同期延误，哪一方应该承担相应的不利后果是涉及工期的另一个焦点问题。所谓“同期延误”，是指项目公司和承包商在相同时间段就其分别应当履行的义务均发生关键路径上的迟延，或者工程因其分别应承担的风险导致关键路径上迟延。根据建设合同的约定，承包商原则上就业主过错或业主承担风险的事项有权向业主索赔工期，而业主也有权因承包商过错或承包商承担风险的事项不予延长工期。作为英国法院关于同期延误的经典判例，在 Henry Boot Construction（UK）Ltd. 诉 Malmaison Hotel（Manchester）Ltd. 案中，法院认为，如果导致同期延误的原因之一系由业主承担风险的事项，则即使延迟中的一部分是承包商造成的，承包商仍将获得覆盖整个延迟期间的完整延期。这一原则显然是项目公司不愿意接受的，项目公司倾向于在建设合同中规定，在发生同期延误的情况下，如果存在承包商过错或承包商承担风险的事项，则承包商无权获得相应的延期。作为上述两种路径的中间方案，建设合同中往往可以达成的妥协是，在双方负责或承担风险的范围内，按照双方分别的责任比例确定工期的延长。

（3）误期违约金

违约金的优点在于通常无须证明，从而使业主可以快速地从承包商处获得赔偿，并相应向第三方转移支付。因此，业主往往将设置误期违约金作为管控工期风险的最直接和重要方式。如果工程完工发生迟延，则承包商需要交纳相应的误期违约金，误期违约金的金额往往与上游项目协议下的收入损失和/或违约金挂钩。

实践中，相对高昂的每日误期违约金金额往往成为以 PPP 投建营模式开展的海外能源基础设施项目的特色，也成为合同双方谈判的重点和难点。合同双方往往会就承包商是否及何种范围内应当赔偿项目公司高昂的电费、道路收费等预期收入损失产生争论，而承包商也需要通过设置误期违约金上限来控制误期的风险。作为国际工程项目的一般惯例，双方往往可以接受间接损失互不赔偿的原则，但项目公司又会希望把误期违约金作为上述原则的例外，将融资费用、预期利润等作为计算逾期违约金的基础之一，以作为吸引和安抚融资银行以及股权投资人的重要筹码。

4. 质量和竣工试验

（1）工程适用的技术规范标准

工程设计和建设应当适用和遵循何种技术和质量标准不仅影响工程造价，也关系工程的实施组织。除了需要满足工程所在国的强制性技术标准，融资银行和项目公司还会设置特定的工程技术标准。此外，“审慎/最佳行业实践”（prudent/best industry practice）也是在建设合同中经常被提及的概念。作为一项人为定义的标准，“审慎/最佳行业实践”通常指承包商在相应工程中采用的标准、技术和审慎程度不得低于相同国别和市场有经验的承包商就类似项目所采取的同等标准、技术和审慎程度。从项目公司的角度出发，上述定义还会被加诸“国际”（international）、“受尊敬的”（reputable）、“最佳”（optimum）等形容词，而从承包商角度出发，则会争取将其限制在“同一时期”“同等价格水平”等条件之下。

（2）竣工试验和性能违约金设置

工程质量的检查和考核往往是包含样品检测、出厂试验、现场监理、竣工试验、竣工后试验等多个环节的系统性工作。其中，竣工试验和竣工后试验是体现工程已经完工的里程碑，也是业主控制质量的一个十分关键的手段。竣工试验条款通常包括竣工试验的前提条件、竣工试验标准和程序、业主和承包商各自的义务、竣工试验结果评估、延误的试验、重新试验以及未能通过竣工试验的后果。同时，合同的技术附件通常会具体规定试验的程序、时间要求以及通过的指标等详细内容。

实践中，竣工试验和竣工后试验通常直接与性能违约金和/或合同减额（甚至是整个工程拒收和合同终止）挂钩。针对竣工试验和竣工后试验，无论是项目公司还是承包商，均需要首先关注试验性能指标设定是否合理可行，是否设置了未能达到性能指标情况下的补救期及重复试验的规定。通常而言，在上游的 PPP 协议或承购协议中，如果性能不能达到合同约定的性能保证指标，则项目公司面临向政府方相应性能违约金和/或收入因故障及其后续检修而减少的风险。从项目公司的角度出发，上游的违约金需要相应地向下游承包商进行转嫁，从而设置相同或相近的性能考核指标和性能违约金。

此外，工程实施过程以及商业运营后因工程缺陷问题或者设备条件导致噪声、空气、地质、水源等方面的环境污染和生态破坏，项目公司可能还会遭受金额巨大的罚款、停业整治等行政处罚措施及相关的诉讼风险，从而给项目公司造成进一步的损失。从项目公司的角度出发，需要在性能指标及相关违约损害赔偿的约定中相应考虑上述处罚和风险。比如，在特定的环境污染或破坏情形后果（如风机的噪声污染）相对可控和可以预估的前提下，可以考虑设置单独的违约金；或者要求承包商保障项目公司免于因工程缺陷或者设备状况导致的环境污染或破坏而招致的全部索赔、损失和损害（但因使用设施所不可避免的后果除外），并将其作为承包商责任上限的例外。

【实例 3－23】欧洲某国陆上风电项目性能违约金机制

业主 A 公司与承包商 B 公司就其位于欧洲某国的风电项目签署了 EPC 合同。EPC 合同中就功效曲线和噪声水平两项指标进行性能考核。功效曲线测试和噪声测试将在缺陷通知期届满前 9 个月进行。以功效曲线性能违约金为例，如果测试确定的风机功效曲线测量值低于保证值，则按照如下方式计算和支付违约金：①B 公司首先需要就因性能不达标而使 A 公司在测试前发生特定期间（如为首次测试，则是首次测试前 6 个月，如非首次测试，则是该测试与前一次测试之间间隔期间）（"测试前发电期间"）的损失支付违约金（"测试前性能违约金"），其金额为功效曲线测量值低于保证值的比例 × 每日违约金单位金额（基于每日预期电费收入设置）× 测试前发电期间总天数 × 项目效率；②如重复测试通过，则在①项所列违约金以外，B 公司仅需再就该测试与前一次测试之间的测试前发电期间的损失按照相同方式计算和支付测试前性能违约金；③如果重复测试仍未通过，则在①项所列违约金以外，B 公司需就 A 公司在测试后直至项目购电协议约定的购电期和购电期届满后的特定期间（"测试后发电期间"）的损失支付违约金（"测试后性能违约金"），但如果风机制造商后续修复性能问题，业主 A 公司将向 B 公司返还其针对修复日起至测试后发电期间届满期间收取的测试后性能违约金。

5. 工程变更

工程变更，是指增加或删减合同范围内的工作，通常引起合同价格或工期的变化。如前文所述，EPC 模式下建设合同一经签署，业主（项目公司）通常预期工程能够严格按照既定的预算和进度计划进行。然而，现实中，工程变更往往难以避免，有些是项目公司出于商业和技术因素主动进行的选择（如在实际融资金额低于预期情况下削减项目规模、在新技术出现时通过引进新设备增加收益），而有些则是现实条件变化所采取的被动举措（如法律和强制性技术规范变更触发的设计调整）。为了加强对变更的管理、增强工期和成本的确定性，项目公司往往会从构成变更的范围和变更的程序两方面进行控制。

（1）变更的范围

由于工程最终属于业主所有，建设合同一般赋予业主在工程实施期间（甚至到缺陷通知期结束前）单方面修改工程、发出变更指示的权利。承包商一般仅可以就使业主受益的加快竣工、降低费用或提高功效的价值工程提出变更建议。

实践中，双方比较容易对业主的指示是否构成一项变更（进而承包商有权调整价格和工期）产生争议。为此，业主（项目公司）往往通过"负面清单"在建设合同中明确不构成变更的情形（从而限缩承包商主张合同价格和工期调整的范围）。不构成变更的负面清单通常会包括正常的设计深化、承包商对设计进行的修改和纠正、因承包商未发现基础资料数据不准确或不完整而导致的调整、因承包商违约或过错导致的工程调整等情形。

（2）变更的程序

在变更程序上，由于建设合同通常要求承包商负有执行变更的义务，从承包商角度，建设合同应明确规定业主发出变更指示必须以书面的形式作出，而不能随意以口头或其他形式作出，同时还应注意承包商是否享有反对的权利以及有权反对的情形。例如，在 FIDIC 文本下，承包商仅能以难以取得变更所需的货物、变更将降低工程安全性或实用性以及变更对工程性能保证产生不利影响三个事由反对业主指示的变更。

针对变更产生的额外费用，业主（项目公司）会倾向于在建设合同中事先列明主要设备和材料的分项价格明细，以及（在难以事先列明价格明细的情况下）明确承包商进行后续报价的规则及需提交的支持文件（如相关分包商报价、发票、账目或收据等），以增加成本变化的透明度和确定性。此外，为了尽可能减少变更对项目进度的影响，建设合同通常会明确承包商在等待业主变更批复的同时不应减缓工程的实施，以及约定在双方尚未就价格、工期等调整达成一致前，业主仍可（通常基于其认为合适的临时付款）指示实施、承包商应执行特定变更。

实践中，取决于谈判情况，承包商也可能争取到其在双方就费用和工期影响达成一致前有权不执行变更，或者协商其他可能的风险分担机制。例如，双方可就法律和强制性技术规范变更导致的工程调整约定一个门槛金额，如执行相关变更的费用低于该门槛金额，则承包商承担相关风险，合同价格不予调整；

如额外费用高于该金额，则业主承担相关风险，允许对合同价格做相应调整。

6. 背靠背安排和同等救济原则

海外工程能源基础设施项目涉及投资、融资、特许权及工程实施等复杂的合同群，项目商业条件、相关方的权利义务通过不同的合同来落实。因此，除需要考虑单个合同机制的精细和严密以外，不同合同之间的有机衔接是确保项目最终成功实现交付和稳定商业运营的关键要素。就工程实施文件包合同群而言，其意义即是为了执行和落实上游项目协议，因此，确保上游项目协议与下游工程实施合同之间合同责任和义务的传递是工程实施文件包下各合同设计和编制的一项重要原则，实践中通常形象地称为“背靠背”原则。

上游项目协议与下游建设合同间义务和责任的“背靠背”具体体现是多方面的，既包括在建设合同条款设置上对标准、工期、质量、环保、当地成分等方面要求进行细致的衔接，也包括在合同中宽泛地约定承包商应当履行和遵守项目公司在上游项目协议涉及项目建设的义务和要求，并将承包商在下游建设合同下的索赔权利与项目公司在上游项目协议下的索赔进行关联。为了达到责任和义务“背靠背”的目的，项目公司通常会将上游项目协议的摘要或部分条款作为建设合同的附件，要求承包商熟悉相关条款的内容并予以遵守。无论对于项目公司，还是对于承包商而言，在可行的范围内将承包商需要遵守的“背靠背”义务约定得细致和具有可执行性，可以避免未来就此产生争议的风险，对双方均有利。从过往经验来看，仅在合同正文宽泛约定承包商应当履行上游项目协议相关义务而缺乏具体细致的机制往往会埋下争议的种子。

值得一提的是，在以 PPP 投建营模式开展的海外工程能源基础设施项目实践中，投资人往往会在拟采用“项目融资”模式的建设合同中要求承包商接受同等救济（Equivalent Project Relief）原则。在该原则下，承包商在建设合同中能够索赔的工期、费用或其他救济，以业主（项目公司）在上游项目协议就相同事件中能够从承购方和/或特许权授予人处取得工期、费用或其他救济为限。这意味着，如业主（项目公司）未能从上游项目文件下获得对应救济，承包商在建设合同下也无法得到相应的工期、费用和其他补偿。虽然同等救济原则的使用不仅限于建设合同(项目公司也会要求运维承包商接受相同的要求),但在实践中该原则在建设合同中出现的频率最高。

从承包商角度,同等救济原则使承包商(在无权分享投资收益的情况下)承担了过多本应由业主承担的风险,且承包商的索赔将在很大程度上取决于业主可根据上游项目协议可获得的救济。但是,从投资人和融资银行的角度出发,为尽量避免成本超支风险和转嫁完工风险,同等救济原则通常成为主要关注之一,取决于具体项目和谈判情况,双方会对该等原则的适用范围、索赔程序进行深入协商,从而达成一定妥协。

【实例3-24】中东某国光伏IPP项目同等救济条款

在业主A公司与承包商B公司就其位于中东某国的光伏项目签署的EPC合同中,双方约定了如下同等救济原则:(1)如果就业主在项目协议(包括购电协议、并网协议、土地协议等)下拥有对应权利的事项,承包商在EPC合同下有权主张延期、价格调整或其他救济,则该等救济应限于业主在相关项目协议项下所能获得的同等救济;以及(2)同等救济原则不适用于变更(但不包括PPA或并网协议引起的特定变更)、暂停和业主违约或妨碍行为(但不包括购电人在PPA下或承包商在EPC合同下的行为、疏忽或指示导致的行为)这三种情形。

7. 合同终止和终止赔偿

尽管合同提前终止是各方不愿意看到的极端事件,但从风险管理角度出发,建设合同需要考虑和设计相应的合同机制。在建设合同下,终止的事由通常分为因业主违约终止、因承包商违约终止、不可抗力终止和业主便利终止四大类。其中,双方违约终止往往是各方谈判的重点和难点。

就因业主(项目公司)违约终止而言,相较于其他传统工程模式下的建设合同,以PPP投建营模式开展的海外工程能源基础设施项目下的建设合同往往存在两方面限制。

第一,项目公司会尽可能地限缩和控制承包商有权据以终止建设合同的业主违约事件。项目公司往往会要求将上述事件限于支付严重迟延、暂停超期、破产清算和未经允许转让，并尽可能对触发具体条件进一步设置限制，而不太会接受承包商可基于业主的其他实质性违约行使终止权。

第二，融资银行会相应要求“介入权”，以在必要时临时接管或永久转让项目，以尽可能避免融资协议下的大范围违约发生。在这种情况下，即使发生了承包商有权据以终止建设合同的业主违约事件，承包商仍不能即刻终止建设合同，而是需要给与融资银行合理时间选择是否（自行或指定第三方）临时取代项目公司接管项目，而如果融资银行选择临时接管项目公司，则会和承包商就临时接管前后的支付达成和解方案，并在临时接管期限结束后视情况将项目转让给第三方或者允许承包商终止建设合同。

就因承包商违约终止而言，除通常规定承包商在建设合同下的违约事件外，项目公司还会要求设置与上游项目协议和融资协议终止的联动，从而将上游合同下重大违约或终止事件与建设合同下承包商违约终止关联起来。这种情况下，如何公平合理地区分各方在此事件下的责任界限和因果关系，往往成为双方协商的重点和难点。承包商应积极争取的安排，在仅有承包商违约或其他过错是上游协议终止的主要原因（而非次要原因）时，项目公司方有权据此终止下游的建设合同。

就终止赔偿而言，相较于承包商在因项目公司违约、持续的不可抗力或业主行使任意终止权（如有）终止情况下可从项目公司处获得的赔偿，双方就项目公司因承包商违约终止情况下可向承包商主张的终止赔偿的分歧往往更加突出。

一方面，就前一类因项目公司违约、持续的不可抗力或业主行使任意终止权（如有）终止的情形，从承包商的角度出发，在单个项目中遭受的损失除了已完成工程本身价值和无法撤销的物资订单以外，主要还包括下游分包和供货合同取消、相关的人员物资撤离等方面的费用。双方对此范围通常并不会有原则性的分歧。但承包商在此类项目模式下面临和需要考虑的一个现实问题是，项目公司资产和权利出于融资目的往往全部或绝大部分担保给融资银行，承包商在项目公司资不抵债情况下受偿的顺位较低。也就是说,如果项目公司真的发生资不抵债的情形,建设合同下的承包商的违约赔偿权将在一定程度上成为纸面上的权利。

另一方面,在项目公司因承包商违约选择终止合同的情况下,考虑到其在上游融资协议和项目协议(甚至是股权协议)的种种违约责任,项目公司因项目终止产生的损失可能远高于建设合同的合同价格本身。因此,投资人(及其顾问)往往会在赔偿范围和责任上限等方面提出进一步的要求。例如,在终止赔偿范围层面,项目公司可能会直接要求将融资费用损失、电费收入等明确纳入终止赔偿范围,或者将终止赔偿作为间接损失互不赔偿的原则的例外,从而间接将上述损失纳入赔偿范围。

8. 适用法律与争议解决

通常而言,建设合同的合同准据法可以由合同各方进行选择,工程所在国对此进行限制的情况相对少见。但是,工程所在国法律下关于承包商资质、审批许可、技术规范与标准、劳务使用、安全生产、竣工验收、工程责任及保险等方面强制性法律规定往往也需要建设合同双方予以遵守,而不能通过选择合同准据法予以规避和排除。

就建设合同下争议解决机制,详见本书第四章介绍。有必要指出的是,除选择常见的国际仲裁作为争议解决机制以外,出于上下游协议间争议关联性的考虑,项目公司往往会倾向于进一步设置合并仲裁条款,以使上游项目协议与下游建设合同下的关联争议能够一并解决,从而节约项目公司的仲裁时间和金钱成本。但从承包商角度出发,则存在因被卷入其他仲裁案件而使其仲裁时间和金钱成本增加的可能,故往往倾向不加入上游项目协议的争议解决。就合并仲裁,伦敦国际仲裁院(LCIA)、香港国际仲裁中心(HKIAC)、国际商会国际仲裁院(ICC - ICA)等主流仲裁机构的现行规则均设置有合并仲裁条款。以国际商会国际仲裁院为例,按其仲裁规则,在满足特定条件前提下,经一方当事人要求,仲裁院可将两个以上案件合并仲裁。上述条件包括当事人已经同意进行该合并,各案仲裁请求依据同一份仲裁协议提出,或者虽非基于同一仲裁协议但当事人相同、法律关系相同且仲裁协议兼容。实践中，为使合并仲裁更具有确定性和可操作性，建设合同需要有机衔接，提前考虑和设计相应的合并仲裁条款。

三、设计、施工分包合同

海外工程能源基础设施项目往往是多领域、多接口的系统工程，任何一个EPC 承包商恐怕都难以完全凭借自己的能力直接完成，往往需要通过多方合作、密切的配合、统一的协调，才能成功完成一个工程项目，因此客观上从专业分工、资源利用效率最大化等角度，EPC 承包商（即本节所述的总包商）也需要引入设计分包商和施工分包商。并且，囿于工程所在国当地工程技术标准、外籍劳工许可程序繁杂、本地化率要求等原因，还常常需要将部分工作分包给东道国设计分包商或施工分包商。

需要注意的是，多数国家出于对工程项目质量安全方面的考虑，在法律法规或政策中通常会禁止总包商对工程项目的全部、至少是主体部分进行转包或分包。即使不考虑相关法律规定，业主一般也会在建设合同中明确予以限制。以 FIDIC 银皮书为例，其中明确规定承包商不得将整个工程分包出去，一旦承包商违反规定，将构成承包商的实质性违约，业主有权解除合同。实践中，兼顾工程实施客观需要和业主的管控，通常会采取短名单，区分工作内容提交业主事先批准等机制，允许总包商使用分包商。

（一）设计、施工分包合同概述

设计分包合同，是指 EPC 承包商作为总包商与专业工程设计公司（即设计分包商）签署的、将工程的设计工作交由设计分包商完成的合同。视 EPC 承包商（总包商）自身的能力和具体项目的情况，设计分包商需要完成的工作内容和范围不同，包括工程的全部或部分概念设计（conceptual design）、初步设计（preliminary design）、详细设计（detailed design）、施工图（construction drawing）、施工详图（shop drawing）等。

施工分包合同，是指 EPC 承包商作为总包商将工程的土建、安装工作或劳务清工等交由施工分包商完成的合同。

从性质上看，无论是设计分包合同还是施工分包合同，都是上游 EPC 建设合同的下游交易文件，都需要在条款、机制、权利义务方面与总包合同进行有机衔接。因此，设计分包合同和施工分包合同的条款体例上具有一定相通之处，也因为各自适用的工作范围性质不同而存在一定差异。总体来看，设计分包合同和施工分包合同的共性条款基本集中在商务条款和法律条款方面，而核心差异主要集中在技术条款方面。

在商务条款方面，设计分包合同和施工分包合同一般均包括定义和解释、合同语言、通讯、审批许可义务、EPC 承包商权利义务、分包商权利义务、分包商人员、开工条件、工期及其调整事由、价格及其调整事由、付款、保函等条款。

在法律条款方面，设计分包合同和施工分包合同一般均包括分包合同组成文件、陈述保证、转让和再分包、知识产权、保密、合规、分包合同相对性及其例外、与其他承包商或分包商的协调合作、违约责任、停工、终止、保障、保险、不可抗力、索赔、适用法律、争议解决等条款。

在技术条款方面，设计分包合同的特有机制一般体现在设计范围、设计标准、设计伴随、设计验收、设计错误、设计责任等条款上。

设计范围条款一般规定设计分包商需要完成的勘察、设计工作内容和范围。在海外工程能源基础设施项目中，不同国家往往对于设计阶段、各阶段设计深度的划分和要求有所不同，需要结合项目国别的工程标准在合同中具体明确。设计标准条款一般规定设计分包商开展勘察、设计工作需要遵守的技术法规、技术规范、技术标准等，其中既可能包括项目所在国强制性标准，也可能包括 EPC 承包商根据上游总包合同义务与业主协商确定的任意性标准。设计伴随条款一般规定设计分包商在项目现场驻场并进行设计交底、解决技术问题、提供技术咨询等其他技术服务的义务。设计验收条款一般规定业主、监理工程师和 EPC 承包商对中间设计成果、最终设计成果进行审查和验收的程序。设计错误条款一般规定发现并修改错误的程序和期限、费用承担、分包商怠于修改时总包商自行或委托第三方修改的权利等。设计责任条款一般规定设计分包商对于其设计错误给 EPC 承包商或第三方造成的损失所应当承担的责任范围、责任限制,并与分包商及其设计人员应当购买的设计责任险等保险义务进行衔接。

与设计分包合同相比,施工分包合同的特有机制一般体现在与建设、安装工作内容性质相关的条款上,主要包括放线、技术文件和设计交底、施工组织方案、营地、土石料场、进场道路和运输、水电气、安全文明施工、施工机具、设备材料、隐蔽工程验收、竣工验收、缺陷责任、保留金、计量和估价、计日工、暂列金等。

(二)设计、施工分包合同的核心机制和主要法律问题

整体而言,除因合同双方角度和立场不同导致的具体考量和取舍差异外,设计、施工分包的合同工作范围、价格与付款、变更、工期、考核验收、终止、争议解决等机制和条款,与前文介绍的 EPC 建设合同相关机制和条款的考量和逻辑并无本质不同。以下主要介绍实践中分包合同相较总包合同的特有机制和法律问题。

1. 与上游总包合同的衔接机制

如前文在 EPC 建设合同部分介绍,确保上游项目协议与下游工程实施合同之间合同责任和义务“背靠背”传递的原则,是工程实施文件包下各个合同设计和编制的一项重要原则。实践中,基于项目公司全面负责项目设施建设和运营的逻辑,就项目设施在建设实施方面的合同责任与义务,东道国政府在项目协议中的要求主要反映在技术标准、实现商业运营的条件和时间上,故项目协议下相关责任和义务向 EPC 建设合同(即总包合同)的传递相对简单。总包合同因为涉及工程设计、采购、施工的方方面面,覆盖从勘察、设计、施工、监理、采购、监造、运输、保险、安装、调试、实验、质保直至工程全面完工并最终交接验收的复杂的全过程,故如何将总包合同的相关责任和义务向分包合同全面和有效传递,既不简单照搬又不出现责任风险敞口,一直以来都是分包合同的实操重点。具体来说,目前国际工程合同通行标准文本和业务实践中基本存在以下几种模式。

(1)总包合同是分包合同的构成文件之一

美国建筑师协会(AIA)分包合同标准本文(以下简称 AIA 分包合同)①采用将上游总包合同规定为分包合同构成文件的方式,以实现分包商承担总包商在总包合同项下、与分包工程相关义务的目的。AIA 分包合同标准文本第 1.1 款规定:

> The Subcontract Documents consist of (1) this Agreement; (2) the Prime Contract, consisting of the Agreement between the Owner and Contractor and the other Contract Documents enumerated therein; (3) Modifications to the Prime Contract, whether issued before or after the execution of this Agreement, in accordance with the provisions of Article 5; (4) other documents listed in Article 15 of this Agreement; (5) Modifications to this Subcontract issued after execution of this Agreement, in accordance with the provisions of Article 5. These form the Subcontract, and are as fully a apart of the Subcontract as if attached to this Agreement or repeated herein. [分包合同文件由以下构成:(1)本协议;(2)构成业主和承包商(即本节所述的总包商)之间协议的总包合同,及其中列举的其他合同文件;(3)依据第 5 条,于本协议签署前后对总包合同作出的修改;(4)本协议第 15 条所列其他文件;(5)在本协议签署后,依据第 5 条对分包合同作出的补充和修改。上述文件构成分包合同,且如同其作为本协议附件或在本文中重述一般,均构成分包合同的一部分。]

在此基础上,AIA 分包合同标准文本第 2 条进一步规定就总包合同涉及的分包工作而言,总包商享有总包合同下业主的权利和义务,而分包商则享有总包合同下总包商的权利和义务。如果总包合同条款与分包合同条款不一致,以

---

① AIA Document A401™ –2017 Standard Form of Agreement Between Contractor and Subcontractor.

分包合同条款为准。

(2)总包合同不是分包合同构成文件,但分包合同规定分包商已知悉总包合同规定

FIDIC 施工分包合同条件(以下简称 FIDIC 分包合同)[①]和英国合同审定联合会(JCT)设计建造分包合同(以下简称 JCT 分包合同)采用这一方式。在上述分包合同文本中,基本包括以下规定:

第一,虽然总包合同不是列明的分包合同构成文件之一,但在具体细节上,FIDIC 分包合同规定有关的总包合同条件摘录后构成分包合同附件之一、优先于分包合同通用条件。类似地,JCT 分包合同规定有关的总包合同条件(Main Contract Conditions)摘录后构成总包合同信息表(Main Contract Information Schedule)、列入分包合同构成文件,但明确规定总包合同条件的优先性位于分包合同协议书(Sub - Contract Agreement)、分包合同条件(Sub - Contract Conditions)之后。

第二,总包商将总包合同条件、技术规范等附件剔除保密内容后提供给分包商,分包商确认已经知悉总包合同的相关规定。

第三,分包商承诺履行和遵守与分包工程相关的总包合同项下约定的总包商的一切义务和责任,保证自身履行分包合同将不会导致总包商在总包合同下的违约,否则在分包合同约定的责任限制范围内,赔偿总包商因此遭受的全部损失。

(3)在总包合同基础上修改和起草独立的分包合同

在总包合同基础上修改和起草形成分包合同,此方式需要逐一对总包合同的责任和义务进行审阅和梳理,在保留适用于分包工程的责任和义务的原则下结合分包合同的商业条件起草合同,而将不适用的内容予以删除,从而在不援引总包合同的情况下也能实现分包合同下权利义务与总包合同的有机衔接。

---

① FIDIC Conditions of Subcontract for Construction, First Edition 2011.

实践中，第1、2种方式被称为“背靠背”①机制。需要注意的是，第1、2种方式并不意味着当事方可以简单地基于“背靠背”而准备一份十分简明的分包合同。从顺利执行合同、避免潜在争议角度，实际上无论采取哪种方式，总包商都需要逐条审视总包合同对于分包工程的适用性。

(4)“背靠背”原则需注意的问题

“背靠背”机制符合项目管理学科中风险转移/分担的理论，在海外工程能源基础设施项目实践中被广泛采用。

需要指出的是，由于“背靠背”并非法律明确的定义，而是商业实践中发展和引申出的概念，因此在分包合同的起草过程中，除了从概念上需要明确“背靠背”原则外，还需要通过相应的合同条款落实到分包合同的具体机制中，从而使“背靠背”机制进一步做到明确、客观、具体，具备可操作性，否则可能导致抽象的“背靠背”条款效力因缺乏确定性而不被适用法律认可，从而导致总包合同责任和义务向下游传递的商业意图落空。例如，哈萨克斯坦法律和司法实践一般认为，合同的重要条款必须在正文中明确规定，而不能仅仅规定在合同附件中，否则其效力可能存在被挑战的空间②。因此，假如分包合同按照上述标准文本，在正文约定了“背靠背”原则而通过附件并入总包合同的相关条款，在分包合同适用哈萨克斯坦法管辖的情况下，该等条款的效力存在不确定性。

【实例3-25】中东某电站工程分包合同的“背靠背”安排

中国工程企业作为中东某工程EPC总包商，与项目所在国当地工程企业签署了土建分包合同。土建分包合同对于“背靠背”机制有如下原则性规定：

第一，分包商接受总包合同中所有关于合同范围的条款；

第二，分包商在其工作范围内，遵守总包合同规定应由总包商履

① 国内工程项目语境下，“背靠背”条款内涵更为狭义，一般仅指总包商向分包商的付款以上游总包合同下、总包商收到业主付款为前提条件。实际上，在国际商事交易中，“back-to-back”原则适用于多种需要上下游合同进行衔接的交易类型，只是在建设工程领域更为常见。

② Perzadayeva S., Chaltabayeva R. & Nurlanuly A., *Application of FIDIC Contracts in Kzakhstan*.

行的义务和承担的责任；

第三，总包商按总包合同规定丧失对业主相应权利的，分包商相应丧失在分包合同中对总包商的相应权利；如果总包商向业主索赔不成功的，分包商不得向总包商索赔；

第四，分包商未能按总包合同要求的进度完成相应分包工程，则分包商应按照总包合同规定的违约金计算方式，向总包商支付延误违约金；

第五，分包合同未作规定的，适用总包合同规定。

虽然有上述“背靠背”原则，但是分包合同中对于工作范围、开工条件、工期延长事由、付款、考核验收等核心机制缺乏细化到可供具体操作的条款，导致双方在合同执行过程中频频产生争议。例如，分包合同没有规定相应的开工前提条件，导致分包商在分包合同约定的开工日期进场后，可供施工的图纸长期不足导致人材机闲置。为此，分包商就产生的窝工、延期等损失向总包商提出索赔，但总包商认为分包商索赔的事由都并非总包商有权向业主索赔的事由，根据上述约定分包商的索赔不应被支持。

总之，为了给自身履行总包合同留出必要空间，总包合同下的各项权利传递到分包合同中时都适度限制、各项义务传递到分包合同中时都适度扩张，在“背靠背”基础上争取更大空间给合同履行争取一点富裕度无疑是最为理想的。但是，在交易地位、商业条件、预算、项目进度等各方面条件难以允许的情况下，从顺利完成工程、减少争议的角度出发，采用“背靠背”原则的分包合同也需要在工作范围、变更、工期和进度、停工、考核验收、总包合同下的决定、终止等方面必须最低程度做到与总包合同无缝衔接，补充细化具体适用规则。

以工期和进度条款为例，分包合同需要从开工前提条件、工期进度、延期事由、违约责任角度与总包合同进行衔接。一般而言，分包合同的开工前提条件应当限于总包合同的开工前提条件范围内，以免发生总包合同下包含分包工程的工作已经起算工期、而分包合同下工期尚未起算的情形。对于工期进度，分包合同中需要规定分包商应当编制与总包合同进度计划相符的分包工程进度计划，并应考虑总包商审阅和合并提交业主的时间。对于延期事由，从合理公平角度，除总包合同下总包商有权延期的事由外，分包合同下一般仅会增加总包商造成的延误、其他分包商造成的延误等作为分包合同下特有的延期事由。对于工期延误责任，分包合同的误期违约金标准是否与总包合同一致，通常取决于具体商业条件，但触发和导致分包合同终止的责任需要结合总包合同规定取舍调整。

2. 分包合同"背靠背"付款机制

即便分包合同的起草整体上遵循和采用上述"背靠背"原则，也不当然意味合同价格和付款条件等商业条件"背靠背"，这通常取决于双方商务谈判。"背靠背"付款机制一般是指双方在合同中约定，付款方的付款时间、金额、方式等以第三方支付给付款方为条件。"背靠背"付款机制在各类合同中均可能出现，但实践中尤其在工程分包合同中最为常见。在 FIDIC 分包合同①、AIA 分包合同中②均有一定体现。"背靠背"付款机制的实质是将业主拖欠、拒付工程款的风险转移给分包商的一种保护总包商权益的交易安排。

(1)典型的"背靠背"付款条款

根据分包合同对付款义务的具体表述，实务中"背靠背"付款条款一般分为"Pay – when – Paid"和"Pay – if – Paid"两种，两者的主要区别有两点：其一，"Pay – if – Paid"条款旨在将业主付款作为承包商付款的前提条件，而"Pay – when – Paid"条款的目的在于设置承包商付款的期限。其二，"Pay – if – Paid"条款下分包商实质上承担了业主的信用风险，而在"Pay – when – Paid"条款下这一风险仍然实质上由总包商承担。

---

① FIDIC 分包合同第 14.6 款规定，在业主向总包商付款前，总包商有权延期向分包商付款，但延付的款项应在总包商收到业主付款后 7 日内向分包商支付。

② AIA 分包合同第 11.1.3 款规定，总包商应当不晚于收到业主付款后 7 个工作日内向分包商付款，但如果业主未向总包商付款的原因不是由分包商过错导致的，总包商仍有义务向分包商付款。

典型的“Pay – when – Paid”条款一般侧重于规定总包商向分包商付款的时间期限，而并不对于业主未向总包商付款的风险进一步作出明确的分配或传递。

【实例 3 –26】典型“Pay – when – Paid”条款①

Within [NUMBER] days of the Main Contractor's receipt of its monthly progress payment from the Owner, the Main Contractor shall pay to the Subcontractor all amounts paid to the Main Contractor by the Owner on account of the work performed and materials provided by the Subcontractor, exclusive of any retainage withheld under the Subcontract. [业主向总包商支付每月进度款后的【天数】日内，总包商应当将业主向总包商支付的款项中属于分包商完成的工程和提供的材料所对应的全部金额支付给分包商，但根据分包合同约定应扣减的金额除外。]

与“Pay – when – Paid”条款不同的是，“Pay – if – Paid”条款除了约定总包商付款义务成就的时间期限外，往往还将业主不对总包商付款的信用风险进一步转移给分包商承担。一般认为，为了达到向分包商转移和传递业主延迟付款和信用风险的目的，相对完善的“Pay – if – Paid”条款需要明确以下内容：第一，总包商向分包商的付款必须明确依从于业主向总包商的付款；第二，总包商从业主处收到款项，是总包商向分包商付款义务成立的先决条件；第三，上述先决条件并非仅仅对分包商付款义务的时间或方式的表述；第四，分包商明确知悉，其在分包合同下的收款将取决于业主而非总包商的信用。

① Michael S. Zicherman, Esq., Peckar & Abramson, P. C., *Pay – if – Paid vs. Pay – when – Paid in Construction Contracts.*

【实例3－27】典型“Pay－if－Paid”条款[①]

Notwithstanding any provision to the contrary, except where the failure to receive payment is the result of a default by the Main Contractor in the performance of its obligations under the Main Contract unrelated to the Subcontractor's performance of the Subcontract, all payments by the Main Contractor to the Subcontractor under the Subcontract, including without limitation, progress payments, partial or full release of retainage, payment for change orders, and final payment, are expressly and unequivocally contingent upon and subject to the Owner's acceptance of all Subcontract Work and the Main Contractor's receipt of payment from the Owner for the Subcontract Work. [无论是否存在任何相反的约定,除非业主未付款是由于总包商履行总包合同时存在违约行为导致,且该违约行为与分包商履行分包合同无关,则总包商根据分包合同向分包商支付的所有款项,包括但不限于进度款、部分或全部保留金、变更价款和最终付款,都明确、毫不含糊地以业主对所有分包工程的验收以及总包商收到业主对分包工程的付款为条件和前提。]

The Subcontractor expressly acknowledges that it relies on the creditworthiness of the Owner, and not that of the Main Contractor, for payment under the Subcontract. It is expressly agreed that any other basis for such nonpayment by the Owner, including the bankruptcy or insolvency of the Owner, will not excuse this condition precedent to payment from the Main Contractor to the Subcontractor. Subcontractor further agrees that Owner's acceptance of the Subcontract Work and the Owner's payment to the Main Contractor for the Subcontract Work are express, inde-

① Michael S. Zicherman, Esq., Peckar & Abramson, P. C., *Pay－if－Paid Clauses in Construction Subcontracts.*

pendent conditions precedent to the Main Contractor's obligation to make any payment to the Subcontractor and are not merely expressions of the time or manner of such payments.［分包商明确承认，对于分包合同项下的付款其将依赖于业主的信用而非总包商的信用。分包商明确同意，任何业主未付款的理由，包括业主破产或无力偿还，都不构成总包商向分包商该项付款先决条件的豁免。分包商还同意，业主对分包工程的验收和业主向总包商支付分包工程款是总包商向分包商支付任何款项的明确、独立的先决条件，而不仅仅是对此类付款的时间或方式的规定。］

（2）"背靠背"付款条款的效力问题

上述"背靠背"付款条款虽然对总包商提供了非常有利的保护措施，但在业主严重延迟向总包商付款，或者业主破产清算的情况下，总包商是否能够当然援引"背靠背"付款条款从而抗辩分包商的付款请求？实际上，"背靠背"付款条款在此情况下是否仍然合法有效、具有约束力，不同法域的司法实践中还存在较大差异。

倾向于认可"背靠背"条款效力的观点主要认为，按照现代民法主观等值原则，当事人主观上愿意以此给付换取对待给付即可，客观上是否相当则在所不问，法院不能扮演"监护"的角色，以自己的价值判断、变更合同的内容①。倾向于否定"背靠背"付款条款效力或"背靠背"付款条款至少存在效力瑕疵的观点主要认为，"背靠背"条款是总包方利用其相对优势，将本应由其承担的业主支付风险转移给分包方，有违公平和诚实信用原则或违反公共政策，应属无效②。

在英国法下，《建筑法》（1996）③第 113 条规定，如果建设工程合同的付款条件为承包商从业主处收到付款，则该条款无效。例外情形是，《建筑法》

---

①　王泽鉴：《债法原理》（第 1 册），中国政法大学出版社 2001 年版。

②　王清坤：《建设工程施工合同"背靠背"条款的效力及风险防范》；李馨、何溪滢：《分包合同"背靠背"条款司法实践》。

③　Housing Grants, Construction and Regeneration Act 1996.

(1996)规定,当业主破产时,总包商和分包商之间的“背靠背”条款有效,但前提是业主并非因总包商违约行为而未付款,且在业主破产前总包商不得怠于向业主主张债权。

【实例3-28】英国法院判例确认允许“背靠背”向分包商传递而业主因破产而无法付款的风险

在Aqua Design & Fenlock诉Kier Regional Limited案中,因业主在未支付总包合同工程款的情况下破产,总包商Kier进而拒绝向分包商Aqua Design和Fenlock付款,从而引起分包商的起诉。尽管在该案中就分包合同是否包含“背靠背”条款尚存在事实上的争议,但英国法院在法律论证时指出:“毫无疑问,如果分包合同中包含‘背靠背’条款,那么Kier将不承担向Aqua Design和Fenlock付款的义务。”

此外,在Durabella诉J. Jarvis & Sons案中,法院认为,承包商并非业主偿债能力的担保人,无法收回工程款的风险可以被合法分担,因此,要求分包商承担业主破产时无法收到承包商付款的风险是合法的;但是,如果在业主破产前,总包商系因为其自身的违约或怠于行使债权而未能从业主处取得工程款,则其不能在业主破产后援引背靠背条款对抗分包商索付的工程款。

需要指出的是,《建筑法》(1996)仅适用于项目地位于英格兰、威尔士和/或苏格兰的工程项目。如果项目地位于其他法域,而仅仅是合同约定受英国法管辖,那么原则上将不适用《建筑法》(1996)的上述规定,此时“背靠背”条款的效力也将更多受工程项目所在国强制性法律规定的影响。

英国法的上述观点,在一定程度上反映了普通法系对于“Pay-when-Paid”条款效力的一般态度①,但即便是普通法系下的不同法域下,对于总包商能够通过“Pay-when-Paid”条款向分包商转移的风险范围,也可能存在不同规定。尽管同属普通法系、同样受英国法影响较深,澳大利亚法律甚至在业主破

① John Murdoch and Will Hughes: *Construction Contract*, fourth edition, p. 277.

产的情况下，也不倾向于认可“Pay – when – Paid”付款条款的效力[①]。

由于“Pay – if – Paid”条款相较于“Pay – when – Paid”而言对分包商更为严苛、要求分包商承担的风险更重，因此，通常来说，适用法律对于认定“Pay – if – Paid”条款效力的态度相对而言也更为保守。

3. 法定留置权

留置权一般是指债权人按照合同约定占有债务人财产，在与该物有牵连关系的债权未受清偿前，有留置该财产并就该财产优先受偿的权利。

在工程建筑领域，为平衡业主、总包商、分包商以及工人等各参与主体之间的利益，防止相互拖欠工程款或“三角债”现象的发生，某些国家法律会规定施工留置权（Mechanic Lien）[②]机制，其背后的原理一定程度上与我国《民法典》第807条规定的建设工程优先受偿权类似，都是出于保护弱势交易地位的承包商、实际施工人目的。在海外工程能源基础设施项目实践中，由于各国法律对留置权的规定存有差异，中国企业无论是作为面对业主的总包商，或是面对总包商的分包商，均需要提前就当地法律的留置权制度进行一定了解，包括留置权的成立、留置财产的范围、受偿顺位等。

以留置权成立条件为例，根据美国纽约州《留置权法》[③]，分包商如果拟设立留置权，应当不晚于完工前向工程所在郡办公室（the office of the county clerk）提交满足一定内容要求的留置权通知（Notice of Lien）并办理登记，否则留置权不生效。此外，有些法域可能还会规定，留置权通知登记后，分包商还需将留置权通知副本发送业主、总包商。

留置权虽然是保障分包商收款的一种手段，但实践中，总包商为了保证与分包商间的工程款争议不致影响总包商向业主交付工程，总包商通常会倾向于在分包合同条款或履行过程中，要求分包商做出放弃留置权的保证。实务中有两种较为常见的操作方式：一种方式是分包合同中直接约定分包商放弃留置权

---

① Julian Bailey：Construction Law，p. 499.

② 也称建筑留置权（Construction lien）。

③ The New York Lien Law.

的相关条款[①],但在此情况下需要着重了解适用法律是否允许在权利产生前债权人便声明放弃;另一种方式则是分包商在分包合同执行过程中将分期签署的留置权放弃声明函作为进度款的请款文件之一,在总包商已付款项对应的分包工程范围内,分包商放弃对该部分分包工程的留置权。总包商还需格外注意,如果总包合同下有类似规定,则分包合同中也应当做好相应衔接。

4. 有关索赔与无关索赔机制

在分包合同中区分"有关索赔"和"无关索赔"是一种相对更精细的合同机制,FIDIC 分包合同对此有所规定,但 AIA 分包合同、JCT 分包合同和英国新工程合同(New Engineering Contract,NEC)分包合同则未作区分。区分"有关索赔"与"无关索赔"的优点在于更多地保护了总包商利益,将分包合同下的索赔与总包合同联系起来,争取把获得总包合同下的索赔救济作为认可分包商索赔的前提,但缺点是程序更为烦琐,对于项目团队的合同商签和执行水平都有较高的要求。

(1)有关索赔和无关索赔的界定

在区分有关索赔和无关索赔的情况下,有关索赔一般是指:①分包合同的索赔事由同样构成总包合同下的索赔事由;②与总包商在总包合同下的索赔相关;以及③其他涉及总包合同下业主和总包商之间争议的索赔事项。如总包商认为构成有关索赔,则应当在收到分包商索赔通知后及时告知分包商,分包商如有异议双方可进一步协商一致,或交由第三方机构予以初步裁判。

如果构成有关索赔,一般情况下分包合同需要规定,总包商应按总包合同规定程序,提交包括有关索赔在内的总包合同下的索赔通知、索赔报告等索赔文件,并争取总包商和分包商的利益。分包商应遵从总包商的指令,保存造成索赔事件的记录,还应被给予机会参与相关讨论和协商。原则上,总包商不得在未与分包商讨论协商的情况下就索赔的解决与业主达成一致。

总包商应在工程师作出索赔决定或与工程师达成一致后立即通知分包商,

---

① 例如,FIDIC 分包合同第 7.4 款。

如果分包商对上述决定提出异议的,则应当视为一项有关争议并按约定程序解决。如分包商对于总包合同下的决定无异议,则总包商应当及时将属于分包商的份额转给分包商,双方对于份额的争议视为一项无关争议并按约定程序解决。

无关索赔的基本流程与一般的工程合同索赔流程类似,本书不再赘述。

(2)有关争议和无关争议的界定

在区分有关索赔和无关索赔的情况下,有关争议原则上是指因未能在总包合同下解决的有关索赔引起的争议,以及其他涉及总包合同的争议。无关争议一般包括:①无关索赔引起的争议;②已经在总包合同下已经解决但双方对于份额划分有异议的有关索赔引起的争议;以及③在总包合同下已经解决但双方对于份额划分有异议的有关争议。

如果构成有关争议,则总包商应当启动总包合同下的争议解决机制。如果构成无关争议,则按分包合同约定的机制解决。

5. 分包合同的适用法律与争议解决

如前文所述,适用法律和争议解决条款,很大程度上取决于总包商与分包商的商务谈判情况。站在总包商角度,保持分包合同的适用法律和争议解决条款与总包合同一致,存在便于项目执行、维护上下游交易文件风险分配的逻辑一致性、合理降低各方的履约成本等诸多优势。此外,如果分包合同规定总包商在总包合同下成功索赔是认可分包商索赔的前提条件,以及在分包合同下区分有关索赔和无关索赔的情况下,保持分包合同和总包合同在适用法律和争议解决机构的一致性,则更有必要。

实践中,总包商往往还在分包合同中进一步约定,如果分包合同下的争议事项与总包合同下已经启动争议解决程序的事项存在关联,则在总包商要求的情况下,分包商应当同意将分包合同下的争议并入总包合同下已经启动的程序一并解决。由于总包商往往具有优势地位,有的分包合同还约定,在总包合同下的争议与分包商有关的前提下,分包商不得在分包合同下提起争议解决程序,且总包合同下的争议裁判结果在满足一定条件下(例如,总包商充分征询分包商意见,给予分包商充分的知情权,充分考虑分包商向总包商提供的证据、文件,裁判结果不违反分包合同规定等)对分包商有约束力。但需要注意的是,这一规定在部分法域下可能被视为剥夺了分包商诉权从而存在效力瑕疵[①]。

【实例 3-29】欧洲某国海底电缆敷设分包合同争议解决条款

中国企业作为总包商与欧洲分包商签署了海底电缆敷设分包合同,其中规定总包合同下的争议裁判结果,对分包商在一定条件下具有约束力,而分包商不得另行对总包商提起争议解决程序,相关条款如下:

Main Contract Decision. Where the Main Contract provides for resolution of a dispute as between the Main Contractor and the Owner, the determination of such dispute under the Main Contract shall be binding on the Parties[②], and the Parties shall not proceed with the determination of any Dispute under the Subcontract, to the extent that:[总包合同的决定。如果总包合同规定了总包商和业主之间的争议解决机制,则总包合同项下对该争议的决定对总包商和分包商均具有约束力,双方不得对分包合同下的任何争议另行提起争议解决程序,只要:]

(1) such determination relates to an issue or matter of relevance as between the Parties;[总包合同的决定涉及双方之间的相关事宜或事项;]

(2) the Main Contractor has given reasonably sufficient notice and information to the Subcontractor and has given due

① Daniel O. Culicover: *Court Holds That Subcontract Failed to Incorporate Prime Contract, Despite Subcontract Explicitly Doing So*; Edifice Construction Company v. Arrow Insulation, Inc., et al..

② 指总包商和分包商。

regard to the reasonable requests of the Subcontractor in the conduct of all negotiations for the settlement of any related dispute under the Main Contract and any dispute resolution procedure that may arise in relation to it (including the appointment of any expert or arbitral appointment);[总包商已向分包商发出合理且充分的通知,并在进行总包合同项下争议的谈判和任何争议解决程序(包括任何专家选定或仲裁程序)时适当考虑分包商的合理要求;]

(3) the Main Contractor has taken into account the Subcontractor's submissions in respect of the subject matter of the relevant dispute determination process under the Main Contract; and[总包商已考虑了分包商就总包合同项下争议解决程序提出的意见;且]

the dispute determination and its reasoning is not inconsistent with the Subcontract, provided always that (i) the Main Contractor's obligations in respect of such claims shall not be construed as imposing an obligation on him to incur unreasonable costs nor to do anything in breach of applicable laws or requirements of any consent or that could place the Main Contractor in breach of the Main Contract or any agreement or undertaking entered into pursuant to it, and (ii) to the extent that the Subcontractor does not provide any reasonably requested assistance to the Main Contractor in respect of any such claim or action, the Main Contractor shall be relieved of its obligations pursuant to this Sub – Clause. [争议解决结果及其理由与分包合同不存在冲突,但在任何情况下:(i) 总包商对此类索赔的义务不得解释为要求他承担不合理的费用,也不得解释为要

求总包商违反适用法律或任何在先合意的要求,也不得使总包商违反总包合同或据此订立的任何协议;(ii)如果分包商未就任何此类索赔或行为向总包商提供任何其合理要求的协助,则应免除总包商根据本款规定承担的义务。]

四、供应合同

(一)供应合同概述

对于传统热力发电等需要依赖特定原料供应的工程能源基础设施PPP投建营项目而言,项目周期动辄长达十年以上,为了管控在项目运营过程中因缺少充足的原料供应而产生的风险,针对原料的供应,项目公司通常会与供应方签订供应合同,由后者承诺按照特定价格,在一定期限内提供特定数量的原料。从项目融资的角度,原料供应合同项下的主要风险,包括价格、数量、质量等,无疑影响项目公司能否取得长期稳定的现金流,往往也是融资银行评估项目可融资性的关注。

供应合同的条款通常主要包括供应原料的数量、质量、价格、运输和接收、付款、保险、违约和终止、免责事由和不可抗力、争议解决。以下简要介绍供应合同的核心机制和法律问题。

(二)供应合同的核心机制与法律问题

1. 合同期限

从提高项目可融资性角度,签订与承购协议期限尽可能匹配的供应合同以保障原料供应无疑非常重要。因此,实践中,供应合同往往会与项目协议一同签订,并规定其中有关具体原料价格、数量、运输和接收等实质性权利义务条款生效的前提条件,与其他项目协议规定的前提条件(如融资关闭已实现、核心审批许可已取得、项目协议已签署生效等)挂钩。

另外,由于项目公司通常在运营期,或是建设期尾段的调试阶段才需要原料供应以用于生产或调试工作,供应合同项下供应方实际供应原料、项目公司接收原料的义务的时间,应尽可能与承购协议或PPP协议项下规定的项目商运日（或商运日前的调试阶段）挂钩，同时也为潜在的建设完工延误导致的商运日延迟预留接口，以与上游项目协议衔接。例如，针对供应方并非政府方签约主体的关联方的情形，项目公司与供应方可在供应合同中约定，一旦供应合同中实质性权利义务的生效前提条件（如融资关闭）满足，项目公司需要在一定期限内向供应方通知该事实，以及承购协议项下的预计的商运日期。由于项目建设期存在各种可能导致项目完工和调试产生预期之外迟延的可能性，故项目公司通常有权不时通知供应方延期之后的预计商运日。从供应方角度，项目公司此类通知延期的权利通常会在次数、可延长的天数方面受到一定程度限制，以尽可能稳定供应方的供应安排。

2. 供应量的调整确定和照付不议

除了在来料加工模式（tolling model）的项目中，承购方同时兼具原料供应方的角色、项目公司直接基于将承购方提供的原料转换为对应产品而获得付款，使项目公司无须考虑原料供应量与产品产出需求的匹配问题之外，针对大部分供应合同而言，供应量的调整和确定无疑是合同中最重要的机制之一。

从项目公司角度，为了管控承购方在上游承购协议项下对于产品采购需求量变化进而导致原料需求量变化的风险，项目公司通常希望有权调整其在供应合同项下对于原料的需求量。

实践中，针对确定供应量较为常见的安排是，双方先约定一个基准供应量（如每年特定公吨数），同时给予项目公司在一定增减范围内调整该基准供应量的权利。在该基准供应量的基础上，细化出更短周期内的供应量计划（如季度供应计划），项目公司同时也拥有针对每一批次供应量通过提前预告的方式进行调整的权利，以与项目公司波动的实际运营需求进行匹配。针对项目商运日之前的调试、试运行工作所需的原料，由于用量相对有限且易于提前预测，则通常区别于商运期的供应计划单独进行约定。

就“照付不议”，区别于承购协议项下常用的“take - or - pay”的表述，供应合同项下此类安排通常被称为“put - or - pay”。实践中在部分项目的供应合同中，基于供应方的谈判地位和市场条件，也会存在由项目公司承担“照付不议”

义务的安排。类似承购协议,在此种安排下,项目公司向供应方承诺某一最低购买量,即便因项目公司实际运营过程中需求降低而未实际接受该最低购买量的原料,项目公司也要按该最低购买量向供应方付款,从而一定程度上保护供应方免受项目公司原料需求量降低的风险。在供应合同采用"照付不议"安排的情况下,通常对于原料"照付不议"的付款风险,项目公司也会考虑是否以及如何能够通过承购协议的相应机制得到覆盖。与"照付不议"对应的则是"即取即付"(take – and – pay),即在供应合同中,项目公司仅针对其实际需要并接收的原料向供应方付款,即由供应方来承担原料需求量不足的风险。

【实例 3 – 30】东南亚某燃煤电站项目煤炭供应合同有关供应量确定和"照付不议"的安排

针对煤炭供应量的确定机制,该煤炭供应合同设置了"基准年度供应量"(Base Annual Quantity,BAQ)的概念,在单一供应年度内,项目公司有权在该供应年度开始前 50 天,在规定的"年度调增量"和"年度调减量"的范围内对 BAQ 进行调整,形成"调整后基准年度供应量"(Adjusted Base Annual Quantity,ABAQ)。在项目公司要求调增 BAQ 的情况下,其仍有权在该供应年度的单一季度前 60 天通知供应方,对 ABAQ 调减不超过每季度 1 船,且调减在任何情况下不得超过实际调增量。除此之外,项目公司也有权在单一供应年度的任一季度前 60 天,通知调减 BAQ 或 ABAQ 不超过 3 船(相较"年度调减量"更低)。

在年度供应量的基础上,项目公司则应在每季度前 45 天内,根据需求向供应方通知季度交付计划,其中确定针对该季度其拟议采购的煤炭船数和对应的受载期(layday),以作为后续实际运输和交付的依据。

就"照付不议",该煤炭供应合同下设置了"最低接收要求"(Minimum Technical Requirement,MTR),为较 BAQ 相对更低的煤炭数量,以及"最低接收责任",即某一供应年度内实际交付的船数与 MTR 的差值。如果在该供应年度内,项目公司接收的煤炭数量低于 MTR,则项目公司仍需要就最低接收责任部分的煤炭按照合同约定的计价方式向供应方付款,但供应合同同时明确规定最低接收责任是供应方针对项目公司未能满足 MTR 时的唯一救济。当然,项目公司的"照付不议"义务并非完全固定,当 BAQ 或 ABAQ 发生变化时,MTR 也将根据其变化幅度而相应调增或调减。对于项目公司采购的替代煤炭、项目公司要求交付但供应方未能交付的煤炭(因项目公司违约导致的除外)、因不可抗力使项目公司无法接收进而取消的煤炭,MTR 也需要据此相应调减。

3. 未足量供应或质量未达标的救济机制

如果供应方未能在约定期限内足额提供原料,或提供的原料质量不符合要求,必然会对项目公司的生产运营造成不利影响,故供应合同一般均会规定供应方应承担相应的违约责任。实践中,两类违约在相应具体后果和救济方式上存在一定细节上的差别。

就未足量供应的后果,在不存在免责事由的情况下,通常来说,供应方至少需要赔偿项目公司通过其他来源补充采购原料而额外产生的成本,或是在无法采购补充原料的情况下,赔偿双方就此约定的违约金。如果供应不足的情形在一定期限内发生多次,还可能使项目公司有权以供应方违约为由终止合同。如果供应方和承购方之间存在特殊关联(如均由东道国政府所有),则供应方的赔偿责任可能还进一步包括项目公司本可以获得的利润等。

【实例 3－31】南亚某燃煤电站项目煤炭供应合同中供应量不足时的赔偿责任安排

在该协议中,针对供应量不足时的赔偿责任,按照项目是否进入商运分为两大类情况,且赔偿责任中均包含项目公司在购电协议项下因此遭受的损失。在计划商运日之后、商运日之前,如果供应方未能按照约定足量供应煤炭,且因此直接导致项目的商运日迟延超过 10

天，则供应方需承担赔偿责任的范围包括：(1)由于项目公司或EPC承包商无法按期开展调试，使项目公司需额外向EPC承包商支付的费用；(2)项目公司在购电协议项下本可有权获得的电价中固定运维费用和保险费用的部分；以及(3)项目公司因此需在购电协议项下向购电方支付的违约金；但针对商运日因此被延误的前60天，供应方应承担的责任还受限于其在煤炭供应合同项下本可获得收入的一定比例。

在商运日之后，如果供应方未能按照约定足量供应煤炭：(1)在供应不足期间，项目公司采购替代煤炭以用于项目经营而产生的额外费用；(2)如果项目公司无法足量采购到替代煤炭，或采购替代煤炭的成本高于容量电价因此减少的部分，则应赔偿该等容量电价的损失；以及(3)项目公司因此需在购电协议项下向购电方支付的违约金。

除承担赔偿责任之外，鉴于原料供应量不足，或原料供应无法按期供应的情况通常能够提前预见，故供应方通常还应就此向项目公司提前发出通知预告，以使项目公司有机会自行或与供应方协商以采取一定补救措施。

就供应原料质量未达标而言，由于原料的质量，如纯度、质量、能量含量等会影响项目的生产运营效率，进而影响项目公司的收入，因此，供应合同中一般会规定原料品质所应达到的具体标准，以及对原料取样检测的方式。针对原料取样地点而言，通常选择原料的来源地、装载地等对于供应方更有利，选择原料交付地或项目现场的原料仓储设施等则对项目公司更有利。如出现质量未达标的情形，项目公司可主张的救济通常包括拒收相应原料、向供应方主张违约金、调减原料价格，或者由供应方赔偿因使用未达标原料而产生的清理、修复费用，或是对因此造成的生产效率降低、运营成本增加进行赔偿。

4. 终止违约事件

通常而言，除违反陈述保证、进入破产清算程序、违反合同约定将合同项下权益转让，或违反实质性义务超过一定期限未能补救等通常构成触发终止的违约事件外，供应合同中的项目公司违约事件可能包括：(1)项目公司未按期向供应方付款超过一定金额，或超出一定期限；（2）项目公司在特定的最后期限日未能完成项目建设或放弃项目。供应方违约事件则可能包括：（1）供应方在一定期限内出现特定次数，或总计出现超过特定次数未能按期足量供应原料的情形（或在出现未按约供应的情况下未能提出或履行补救计划）；（2）因供应方违约而导致项目公司在上游承购协议项下受到的违约金罚款达到一定比例。从项目公司的角度，违约事件除应排除不可抗力，以及对方违约原因外，有时还会排除上游 PPP 协议的政府方签约主体违约造成的后果，以尽可能管控项目公司的风险。

需要注意的是，基于工程能源基础设施 PPP 投建营项目融资的特点，上游 PPP 协议、承购协议，或是其他项目运营所必需且具有专属性的协议的终止，也应使项目公司有权终止供应合同。

五、运营维护合同

（一）运营维护合同概述

在海外工程能源基础设施 PPP 投建营项目中，融资银行从稳定运营和保障还本付息角度，往往会要求项目公司与运维承包商订立长期的运营维护合同，由运维承包商对完工并进入商业运营的项目承担运营和维护服务，运维承包商依靠专业知识和技能直接运营项目、对项目设施进行维护，作为回报业主向运维承包商支付运维费用。

运营维护合同的主要目的在于，围绕项目的运营和维护，约定业主和运维承包商的权利和义务。实践中，根据具体项目情况，运营维护合同在体例和内容上均有较大差别，但运维合同的条款通常主要包括运维服务的范围、标准、业主职责范围、价格与支付、保险、期限和终止、违约责任、免责事由和不可抗力、争议解决等。

（二）运营维护合同的核心机制和法律问题

1. 运维服务和接口责任

（1）运维服务的范围

根据“背靠背”原则，运营维护合同通常会在传递上游 PPP 协议和承购协议下运营和维护相关义务基础上，对运维承包商承担的运营和维护服务进行细致明确的规定。

根据运营维护合同的开始时间不同，运维承包商的运维工作范围会有较大的差异。如果运营维护服务在项目竣工后立刻开始，由于运营维护合同和EPC建设合同存在直接衔接，运维承包商的工作范围会扩展到项目竣工之前，包括项目竣工前和项目竣工后两个阶段。

在项目竣工前，通常在项目建设阶段运维承包商即开始介入参与审阅EPC承包商提交的设计，从项目建设完毕后运维的角度评估设计和提出修改建议。在竣工试验阶段，运维承包商通过配置人员参与竣工试验，尽快实地熟悉项目，可以达到在竣工之后立刻开始运维服务的目的。对于运维承包商来说，在竣工之前参与项目，也有助于了解项目建设过程中存在的影响运维效果的因素，也进一步有助于对在运维期间未能达到运维标准的责任的分析和认定。

在项目竣工后，运维承包商开始提供运维服务，服务内容以业主与运维承包商商定为准，运维承包商只是一个统称，在实践中业主可能将运营和维护分别发包给两个主体，每个运维承包商只负责运营或者维护，也可能业主自己负责运营或者维护中的一部分工作而由运维承包商承接其他工作。运维承包商承担的具体工作通常包括制订运维计划、运行项目、定期检查、修理更换设备、定时和不定时保养设备等。

(2)与业主的责任界面

从尽可能减少责任交叉不清的角度，业主在运营维护合同中除付款义务外所承担的其他义务较少，通常限于向运维承包商转交在EPC建设合同下EPC承包商提供的备品备件等较为简单的事项。

尽管如此，根据项目性质不同，业主的责任和义务界面存在较大差异。例如，电站项目的运行可能需要原材料或者燃料的长期供应，而供应的义务通常并不在运维承包商的义务范围之内，而是由业主方负责。此种情况下，业主的供应义务与运维承包商的运营和维护义务之间的界面需要界定清楚。

例如，原材料或者燃料的规格和参数等需要在运营维护合同中进行明确规定，避免双方在履约过程中对业主提供的原材料或者燃料是否存在质量问题产生分歧。再如，当采用海船运输燃煤时，卸货条件及责任由哪方承担需要明确。如约定为运维承包商的责任，则运维承包商不能在规定时间内完成卸货可能导致业主不得不向供货商支付滞港费。为了规避风险，业主通常会在运营维护合同中明确规定卸货效率和滞港费标准，约定如果运维承包商未能满足卸货效率则需承担滞港费。除上述供应责任界面外，在有些项目中，业主还同时承担一部分运维义务，在业主与运维承包商二者承担的运营和维护义务之间的协调与接口责任界定就尤为重要。

在涉及复杂设备的项目领域，考虑到项目中安装的各类设备的复杂性和专业性，对于项目中的关键设备，不排除业主和设备生产商另行签署长期服务协议，由设备生产商对关键设备提供维护服务。有些业主除了以投资人的身份设立项目公司参与项目开发，本身还是专业的承包商，具有很强的技术实力，很有可能自己承担一部分运营和维护服务，而仅将剩下的部分发包给运维承包商承担。

无论是业主引入第三方还是自己亲自参与运营和维护，都是运营和维护服务分别在业主的责任范围和运维承包商的责任范围之间进行分配，如果界面处理不当业主将不得不承担风险。在这种安排下，业主需要在相关协议包括运营维护合同、长期服务协议内对界面做细致处理，包括要求运维承包商、设备生产商和业主对于影响其他方的运维活动及时提前分享信息和与其他方配合等。考虑到运维承包商和设备生产商之间的责任界面不清可能导致的争议，还有必要考虑对运营维护合同和长期服务协议内的争议解决方式进行合并的接口设置。

(3)与 EPC 承包商的责任界面

运营维护合同作为 EPC 建设合同的下游合同，与 EPC 建设合同之间不可避免地存在责任义务的衔接。在 EPC 建设合同下的工程完工接受之时，运维承包商即需要开始运维工作，运维工作开始之后在缺陷责任期内 EPC 承包商还要承担消缺工作，因此，清晰界定 EPC 承包商与运维承包商二者之间的合同义务和责任,对于避免争议非常重要。

实践中,运维承包商与 EPC 承包商的责任界面主要涉及两个方面:

第一,竣工试验。实践中,通常在竣工试验阶段运维承包商就会入驻现场参与试运行,利用试运行的机会熟悉设备的操作。针对 EPC 承包商和运维承包商同时参加试运行的局面,EPC 建设合同中一般都会规定竣工试验的义务由 EPC 承包商承担,并且在项目移交之前项目照管责任由 EPC 承包商承担。EPC 建设合同还会进一步规定 EPC 承包商(而非运维承包商)负责控制和管理运维承包商派驻现场的人员。作为衔接,运营维护合同通常会明确竣工试验由 EPC 承包商负责,运维承包商参与竣工试验起的是配合作用,同时要求运维承包商保证其参与竣工试验的人员必须服从 EPC 承包商的管理,否则运维承包商应承担违约责任。

第二,缺陷及修复费用。EPC 建设合同内通常规定 EPC 承包商应在缺陷责任期内修复缺陷,也允许业主在缺陷责任期内对于新出现的缺陷通知 EPC 承包商,规定 EPC 承包商对由于自己的原因造成的缺陷承担责任。因此,对于缺陷责任期内因运维承包商运维不当导致出现的新缺陷,则运维承包商应承担责任。

相应地,在缺陷责任期内对于新出现的缺陷,运营维护合同一般应约定运维承包商有义务立刻向业主报告,以便业主能够及时通知 EPC 承包商。从技术上来说,大部分缺陷都可以较为明确地区分责任,但是对于少量的界限比较模糊的缺陷可能难以确定是由于设计或者建设过程中的问题导致,还是由于运维不当导致,很可能需要通过专家评估、争议解决程序来解决问题。为避免诉累,业主可能需要考虑在 EPC 合同和运营维护合同内考虑合并争议解决程序的方式,将两个合同下关于同一缺陷的争议纳入一个争议解决程序中解决。

【实例 3-32】环球水务诉维京群岛政府案

在 2020 年环球水务诉维京群岛政府案中①,英属维京群岛政府与

---

① Attorney General of the Virgin Islands (Respondent) v. Global Water Associates Ltd. (Appellant) (British Virgin Islands) [2020] UKPC 18.

环球水务在同一天签订了两份合同，分别为设计和建设合同、运营维护合同，约定由环球水务首先建设一座水处理厂，建造完毕后在12年内承担运维工作。由于维京群岛政府未能提供现场，项目最终未能落实，环球水务提出索赔，索赔金额中包括12年的运维工作所产生的收入。经过英国枢密院司法委员会的审理①，认定双方在同一天签署设计和建造合同、运营维护合同，并且在设计和建造合同内明确约定竣工后运营维护合同即生效，所以对于维京群岛政府来说，环球水务在运营维护合同下12年的运维工作所产生的收入完全是可以预见的，因此应就环球水务的此项损失作出赔偿。

结合实例3－32，从业主角度，为了解决EPC建设合同和运营维护合同之间的界面衔接问题，业主往往选择一个主体同时承担EPC承包商和运维承包商角色的操作方式，需要注意合同结构以及运维工作前提条件的设计，并特别关注EPC建设合同终止的损失赔偿范围，考虑适当有效的责任限制和免除条款。

2. 运维服务的标准

运维服务标准是双方判定运维承包商是否适当履约和决定款项支付的重要抓手。实践中，通常运维标准可以分为两大类：一类是要求运维承包商给出性能保证，承诺达到约定的具体的指标，如在电站项目中约定机组可利用率等参数；另一类是不设定具体的性能保证指标，运维承包商仅承诺履行勤勉尽责的义务实施运营和维护服务。

对业主而言，由于上游项目协议通常规定了项目的性能保证以及违反性能保证承担违约金，出于规避风险的考虑，业主通常倾向于采用上述二者结合的方式，不仅规定运维承包商应勤勉尽责地按照通行的行业标准实施运营和维护服务，而且要求运维承包商承担性能保证并就违反性能保证承担违约金。

就具体在运营维护合同内对于性能保证的规定，有些运营维护合同出于起草的简单便利，会概括性地约定上游项目协议关于性能保证的规定"背靠背"地

① 英国枢密院司法委员会是英国海外领地、皇家属地和部分独立英联邦国家的最高法院。

适用于运营维护合同，但最佳实践做法是，基于上游项目协议，如承购协议内关于性能保证的规定，在运营维护合同内结合适用性规定具体的指标，便于双方对照执行。

3. 付费机制

就运营维护的服务费，从控制成本的角度，业主通常倾向于采取固定费用，但由于运维期限的时间跨度，运维承包商通常难以接受完全固定的费用。

实践中，业主与运维承包商通常会协商一个固定费用涵盖运维承包商的成本及利润，在此基础上约定调价机制，与汇率、利率、通货膨胀等宏观经济因素挂钩。

此外，为了调动运维承包商的积极性，运营维护合同通常在付费机制中规定与运维工作质量挂钩的奖励和/或惩罚机制。根据项目性质，奖惩金额可以约定为年度实际收入与年度预期收入差值部分的一个比例，也可以约定为与性能保证具体参数挂钩的具体金额，视双方协商而定。

【实例 3－33】东非公路项目运营维护合同付费机制

在东非某高速公路项目中，运营维护合同内规定了以下付款计算公式：

$$AP_n = IAP_n - KPID_n$$

表示每个付款期的当期可用性付费（Availability Payment，AP_n）等于调整后的当期可用性付费（Indexed Availability Payment，IAP_n）减去关键绩效指标扣减（KPI Deduction，$KPID_n$）。

而每个付款期的 IAP_n 的计算公式如下：

$$IAP_n = BAP_0 + (BAP_0 \times 60\% \times C_n) + (BAP_0 \times 40\% \times i_n)$$

表示 IAP_n 根据运营维护合同中约定的基准可用性付费（Base Availability Payment，BAP_0），基于汇率（Currency，C_n）和通胀系数（Inflation，i_n）作一定调整后得出，其中基于 C_n 的调价比重为 60%，基于 i_n 的调价比重为 40%。

> 除了考虑上述调价系数外，IAP_n还受限于可用性扣减。可用性扣减基于不可用车道数、距离和时间计算，如果不可用率超过1%（即可用率低于99%），则将相应产生可用性扣减（$KPID_n$）。

上述项目的运营维护付款机制的整体架构符合一般项目的通行实践，但具体指标和要求设置的合理性需根据具体项目情况研究，运维承包商应从工程技术角度核实运维期考核的相关指标和要求，综合评估运维期可用性和履约的相关风险。

4. 合同期限与终止

虽然运营维护合同的合同期限根据项目情况有多种安排，在项目融资模式下，从确保运营期内运维服务的稳定性以及有利于保证运营收入的角度，常见的安排是运营维护合同与项目协议、EPC 建设合同同时签署，期限至少与上游项目协议约定的运营期相同。此外，运营维护合同还会结合上游项目协议的规定，要求运维承包商在合同到期即运维期限结束之后，协助业主"背靠背"地将项目移交给东道国政府或者指定的其他主体。

实践中，业主从希望根据市场变化保有重新谈判合同争取更加有利条件的灵活性角度出发，就合同期限可能还会采取一种更为灵活的运维期限安排，规定在初始运维期限到期前一段期限内，业主有权利单方面决定是否延长运维期限。这一合同安排可以给予业主最大的灵活度，运维承包商是否接受往往视市场条件和双方谈判地位而定。

就运营维护合同期限届满前的提前终止，终止事由通常可以归纳为三类：中立事件（即不可归结于任一方违约的事件，如不可抗力）、运维承包商违约和业主违约。但无论出于何种原因导致运营维护合同提前终止，业主首要需考虑的是，除非上游项目协议已经被终止，否则业主仍然需要履行运营和维护义务。因此，业主为避免上游项目协议下的违约，通常在运营维护合同中规定无论因何原因出现提前终止的情形，运维承包商都有较为繁重的配合义务，需要完成对新的运维承包商的工作交接。例如，规定运维承包商仍然有义务在特定时间之内继续提供较为重要的维护服务,规定一个过渡期并要求原运维承包商在此期间内和新运维承包商进行配合,以及向新运维承包商移交运维计划等相关资料。

业主签署运营维护合同是为了履行在项目协议下的运维义务,项目协议的终止将会直接影响到业主的运维义务的必要性,因此,运营维护合同需要明确规定业主拥有在项目协议无论何种原因终止时单方决定和终止运营维护合同的权利。

由于运维承包商的人选通常需要得到东道国政府的认可,在融资银行行使介入权,指定第三方接管业主的情况下,或者东道国政府终止项目协议后希望任命新的业主继续运营项目的情况下,均需要保留运维承包商能够继续参与项目的可能。为此,运营维护合同通常规定此种情形下运维承包商有义务与新的业主重新签署合同。

六、技术许可协议

随着中国企业的发展,在海外工程能源基础设施项目实践中,越来越多的项目都伴随技术许可交易,尤其是在石油化工、核电、高铁等与技术有直接关系的项目中,技术许可已成为项目实施过程中的重要内容。

(一)技术许可协议概述

技术许可协议是指技术所有人或处分权人作为技术许可方,将其所拥有的专利技术、专有技术、计算机软件等技术中的一种或多种的使用权在一定条件下许可给被许可方,允许其在一定地区和期限内,使用该项技术制造、销售合同产品,而由被许可方支付使用费的合同。在中国企业参与的海外工程能源基础设施项目实践中,许可方可能是投资人、EPC 承包商,也可能是投资人、EPC 承包商的关联公司。被许可方通常为项目业主或政府指定的其他法律实体。

技术许可按照许可方向被许可方授权的范围和性质,可以分为独占许可、排他许可、普通许可[1]及分授许可等。在海外工程能源基础设施项目实践中比较常见的是普通许可和为实施项目目的的可分授许可。普通许可是与独占许可及排他许可相对而言的,是许可方授予被许可方在规定地区和期限内使用许可技术制造和销售合同产品的权利,但这种权利不是独占的,许可方不仅可以在该地区继续使用许可技术制造和销售合同产品,还可以授予第三方在该地区使用许可技术。分授许可是指被许可方有权将自己从许可方得到的技术授权再授予第三方使用的许可安排。

一般来说,技术许可协议的条款可分为商务性条款(如定义、价格与支付等)、技术性条款(如许可技术范围、技术资料、技术服务、技术培训、考核验收等)、法律性条款(如保密、税费、不可抗力、法律适用和争议解决、保证、责任限制、索赔、合同生效、合同终止、违约责任等)三大类。

除了前述常见条款,根据不同的项目需要,还需考虑增加其他相关条款,例如,当技术许可同时涉及核心设备采购时,技术许可协议还需考虑增加设备运输交货、包装和标记、设备检验等方面条款,并应在许可范围、价格与支付、保证、索赔等条款中做相应衔接。

(二)技术许可协议的核心机制与法律问题

1. 许可技术的范围

许可技术的范围是技术许可协议的基础,从法律关系上看是判断技术许可协议当事双方权利义务的根本依据。通常而言,完备的许可技术范围条款通常应涵盖如下内容。

(1)许可技术的内容

根据权利保护的方式,许可技术主要可以分为专利技术和专有技术[2]两类。为避免后续就许可技术的内容产生分歧,双方一般应在技术许可协议中明确许

---

① 根据《最高人民法院关于审理技术合同纠纷案件适用法律若干问题的解释》(2020 年修正)第 25 条的规定,法定的技术许可类型有独占实施许可、排他实施许可和普通实施许可。

② 专有技术也称“技术秘密”“技术诀窍”等,它是随着技术援助合同的大量涌现而在合同书上频繁使用的用语。

可技术的内容，例如，通过附件的形式对许可技术的内容进行描述，通常包括：①许可技术的描述、生产规模、产品种类和质量；②主要的技术经济指标、原材料的消耗定额（如对水、电、煤等的要求等）；③许可方提供的设计图纸和数据、生产工艺的资料和说明、技术的使用范围等；④如果许可的是专利技术则还需列明专利授予的时间、专利号、专利的范围、保护地区和有效期等基本信息。

（2）许可的性质

技术许可协议应明确许可的性质是普通许可、排他许可还是独占许可，此外，还应明确许可是可分授权许可还是不可分授权许可。一般来说，只要未在合同中明确许可技术可分授，被许可方就不得再许可第三方实施许可技术。双方当事人究竟采取哪种许可通常取决于多种因素，需要考虑价格、市场、技术的性能等多方面的问题。例如，如果技术水平不高，销售市场不大，许可方可能同意采取独占许可形式；如果合同产品需求量大，市场十分广阔，而被许可方又无力垄断市场，则往往采用普通许可方式。

（3）许可的使用范围和地域范围

技术许可协议一般应明确被许可方使用许可技术的目的①、限定使用许可技术生产的产品种类及产量等。

许可的地域范围涉及两个层面的内容：一是许可技术本身使用的地域范围，如许可技术是否严格限定在被许可方所在国或所在地区使用；二是使用许可技术生产的产品的销售地域范围，如被许可方利用许可技术所生产的产品是否只限定在其所在国家或地区内销售。

需要注意的是，在海外工程能源基础设施项目实践中，如果 EPC 承包商不是技术许可方，无论是由业主获取技术授予 EPC 承包商使用，还是由 EPC 承包商直接取得技术，基本都会出现第三方为实施项目之目的而使用许可技术的情

① 根据我国《专利法》的规定，发明和实用新型专利权的范围包括为生产经营目的制造、使用、许诺销售、销售、进口专利产品，或使用其专利方法及使用、许诺销售、销售、进口依照该专利方法直接获得的产品，外观设计专利权的范围包括为生产经营目的制造、许诺销售、销售、进口其外观设计专利产品，因此在许可技术包含专利技术的情况下还应明确规定被许可方被授予的是专利权中的哪一项或哪几项。

况，例如，业主取得技术后，授予 EPC 承包商在项目的设计和/或采购中使用，或 EPC 承包商取得后，授予下游分包商在开展设计和/或采购工作中使用等。为此，项目业主或 EPC 承包商在技术许可协议的商签过程中均应提前对被许可方是否享有“授予第三方在同一个项目中使用许可技术的权利”保持高度关注。为了减少潜在纠纷，项目业主或 EPC 承包商应在签订技术许可协议时明确约定被许可方有权将许可技术授予项目相关方为项目之目的使用，或有权将许可技术披露给项目相关方。相关方的范围一般包括承包商、分包商、设备制造商、供应商等。

在项目融资模式下，项目执行过程中的各方能否合法使用所涉许可技术，从而保证项目顺利实施和按期实现商运是融资银行关注的核心内容。

(4)许可的期限

专利或专有技术的法律保护具有时间性，超出有效保护期的专利以及进入公有领域的专有技术都已经失去法律保护，故一般不存在权利许可问题。一般来说，对于专利技术，许可期限不应长于专利的有效期，而对于专有技术，则应根据预计技术寿命确定其许可期限。实践中，如果合同未对许可期限作出约定，被许可方获得的许可期限应视为与合同期限一致，如果合同中也没有约定合同期限则被许可方获得的许可期限应视为与技术有效期或技术寿命相同，不受期限限制①。

2. 技术许可费的计价方式

价格及支付条款往往是技术许可协议谈判焦点之一。技术许可费的计价方式主要分为三种，包括一次总算、提成收费或入门费加提成收费。

(1)一次总算

一次总算是指双方在签订技术许可协议时就技术许可费约定一笔固定金额，并由被许可方一次性付清或分期付清(一般按技术许可项目的完成阶段支

---

① 《最高人民法院关于审理技术合同纠纷案件适用法律若干问题的解释》(2020 年修正)第 28 条第 2 款规定，当事人对实施专利或者使用技术秘密的期限没有约定或者约定不明确的，受让人、被许可人实施专利或者使用技术秘密不受期限限制。

付)。采用一次总算时技术许可费在签约阶段即已确定,与被许可方后续的生产及销售情况无关,不会因被许可方利用许可技术的效果及收益的多少而发生变化。

实践中,使用一次总算的项目一般包括:①规模较小、较为简单、合同金额不高的项目;②许可技术可立即全部转移的项目;③被许可方消化、吸收及运用许可技术的能力较强,且无须许可方提供后续服务与技术支持、培训的项目;④被许可方有较充足资金并打算尽快摆脱对许可方的依赖的项目;⑤许可技术处于成熟期、实施起来较为简便及技术和市场风险不大的项目。

(2)提成收费

提成收费是指技术许可费以提成方式分期支付,每一期的技术许可费金额等于该提成期的提成基数与提成率的乘积。采用提成收费时在签约阶段一般只确定技术许可费的提成基数、提成率及提成年限/提成周期,并在技术许可协议执行过程中逐期计算应提取的技术许可费并支付;技术许可费与技术使用效益挂钩,随产品的产量、销量、销售额或利润的高低变化而浮动。

在采用提成收费计价方式的情况下,技术许可协议中需要明确提成基数、提成率及提成年限。以提成基数为例,提成基数存在多种选择,包括合同产品产量(如台、米、吨、千瓦等)、出厂价、销量、销售额(总销售额、净销售额[①])、利润等。其中,以净销售额为提成基数可兼顾双方利益,更易于被接受,是实践中被采用得最多的一类提成基数。双方应事先在技术许可协议中对净销售额进行定义,视具体情况进一步协商确定允许扣除的费用和项目,避免日后执行过程中因双方理解不一致而导致纠纷。

(3)入门费加提成收费

入门费加提成收费是指将技术许可费分成入门费及提成收费两部分进行

---

① 净销售额一般是指市场销售价扣除包装费、保险费、仓储费、宣传费、运输费、商业折扣以及各种税收等费用成本之后的金额,如果产品中含有许可方提供的零部件,则这部分价格也应从净销售额中减去。

支付[①]。入门费一般为固定价格,在技术许可协议生效后,或被许可方收到第一批技术资料后,或在考核验收合格后,或其他双方约定时点后的一定天数内支付一部分,作为许可方开展准备工作的费用或披露技术资料的补偿。提成收费是被许可方使用许可技术开始生产后,根据约定提成基数、提成率在提成年限内逐期计算支付的费用。

入门费加提成收费是目前技术许可交易中应用最普遍的一种计价方式,实际上是提成收费的一种变通做法,入门费相当于提前支付的提成费,被许可方支付入门费后应相应降低提成收费的提成率,或减少提成年限。

3. 许可技术的权属保证

权属保证主要包括许可技术所有权保证和许可技术不侵权保证,前者是指许可方保证其对许可技术享有进行技术许可的完整所有权或处分权,后者是指许可方保证其交付的许可技术是任何第三方不能主张任何权利要求或提出侵权主张的技术。由于知识产权的无形性及地域性特点,技术许可交易中的被许可方相对一般国际货物贸易的买方而言承担了更高的侵权风险,因此,技术许可协议通常包括比较详细的权属和不侵权陈述保证条款。

权属和不侵权保证条款一般应包括:(1)许可方保证其对许可技术拥有合法的所有权或向被许可方进行许可的处分权;(2)许可方保证被许可方按合同约定的使用范围使用许可技术、合同设备,或制造、使用、销售和进口合同产品等行为不侵犯任何第三方的任何权利;(3)许可方进一步保证,在被许可方遭遇第三方的指控侵权时,出面应诉、承担相关费用(包括对第三方的损害赔偿金、和解费用、律师费用等),并赔偿被许可方由此遭受的损失;(4)如果第三方指控侵权胜诉,导致被许可方不能继续使用许可技术的,则被许可方有权要求许可方采取:①承担费用为被许可方获得继续使用许可技术的权利;②修改许可技术相关部分使其不再侵权;③以不侵权的部分替换侵权部分;④撤掉侵权部分

---

① 入门费与提成费的比例受产品市场情况、被许可方的资信情况、收取提成费的实际操作可能性等多种因素影响而不同,一般而言,入门费占合同总价的 10%—20%,提成收费占合同总价的 80%—90%。

并降低技术许可费等救济措施,且被许可方在前述方案均无法合理实施时有权解除技术许可协议并有权要求许可方退还相应的合同价款。

另外,考虑到专利技术存在被无效的可能,专有技术存在第三方以独立开发相同或近似技术申请专利的可能,由许可方承担全部的第三方侵权相关责任的风险很大,为避免承担过重的侵权责任特别是赔偿责任,在实践中取决于谈判情况,许可方通常会争取一些风险分担安排。例如,就潜在的第三方侵权指控费用谈定一个比例,双方按比例分担可能发生的费用,包括应赔付给第三方的损失等,或者确定一个时间点,该时间点之前第三方侵权指控的风险和责任由许可方承担,之后的风险和责任则转由被许可方承担。

4. 许可技术的考核和验收

在项目融资模式下,项目公司能否通过技术许可协议,或通过技术许可协议与 EPC 合同的联动转移其所承担的技术风险是融资银行评审项目是否具备可融资性的关键。考核验收条款不仅是判断许可方是否完整转让了许可技术、许可技术是否符合约定标准并达到了约定目标的依据,还是划分双方合同义务、明确违约责任、确定补救措施进而转移技术风险的重要机制。

(1)考核验收的内容与标准

考核验收一般通过试运行、投料试生产、性能考核等多个环节对许可技术的性能指标进行考核。合同双方应结合不同许可技术的具体情况对考核验收的内容进行有针对性的规定。例如,对某大型化工装置配套技术进行考核验收,其考核对象为成套化工装置(即合同设备),考核性能指标包括生产能力(体现为日生产量)、产品质量(如合成氨一般考核液氨纯度、含水量、含油量)、消耗定额(包括原材料及水、电、气等公用工程)等。

在确定考核验收内容的基础上,技术许可协议应进一步约定考核验收的性能标准,作为许可方向被许可方提供符合要求的许可技术的衡量依据。需要注意的是,对于性能标准的选择,应注意项目所在国对许可技术的强制性技术标准,没有相关强制技术标准的,可选择参考项目所在国行业标准或国际通行技术标准或主流技术标准拟定具体标准规范。

(2)考核验收的程序

考核验收的程序需要双方根据项目的具体情况进行协商安排,以达到合理有效地对许可技术进行考核的目的,并不能一概而论,但考核验收一般应由被许可方组织,许可方主要根据约定提供技术指导及技术服务。就化工项目而言,典型化工项目的考核验收程序包括合同设备/合同工厂试运行、投料试生产、性能考核及验收四个阶段。这些阶段互相联系、互为条件,上一阶段工作的完成是下一阶段工作如期开始的前提条件。

考核验收的程序较为复杂,需要双方相互配合实施且双方工作存在较多交叉,因此,技术许可协议中应明确许可方和被许可方在考核验收阶段的准备工作及实施过程中的责任及工作界面划分,以免产生纠纷,影响考核验收的正常进行。一般而言,在被许可方负责组织考核验收的情况下,被许可方应负责使现场具备安装所需的土建、公共工程,并提供原材料,配备必要工程技术人员和施工人员;许可方则负责派遣合格工程技术人员、准备技术文件、提供必要专用工具仪器仪表并对安装考核工作进行技术指导等。

(3)考核验收的结果及责任

在合同约定了正常性能指标和最低性能指标的情况下,除了考核达到正常性能指标,视为考核验收通过,一般来说,在考核超过最低性能指标也视为考核成功,但此种情况下,许可方应支付性能违约金且在考核成功后承担费用协助被许可方尽量改善技术或设备性能以达到进一步满意的状态。如果不能达到最低性能指标,则视为考核验收失败,技术许可协议目的视为无法实现,此时被许可方有权解除技术许可协议并要求许可方赔偿损失或支付性能违约金。为避免争议,性能违约金条款应当明确约定性能违约金的计算方法以及计算基数。

另外,从许可方的角度,技术许可协议应约定如果由于被许可方原因,导致经过合同约定次数考核未能达到最低性能标准,则双方现场代表应及时签署免予验收证书,被许可方应承担考核发生的人工、材料等费用。另外,若由于被许可方原因迟迟未进行考核验收,且在许可方通知后的一定天数内,被许可方仍未进行考核验收的,视为许可技术或合同设备已达到正常性能指标,许可方可以要求签署免于验收证书,并由双方协商质保期的义务及尾款支付等问题。

需要注意的是,从项目可融资性角度,融资银行可能希望项目业主尽可能争取由 EPC 承包商"一揽子"负责工程所需技术,将技术风险转嫁由 EPC 承包商统一承担。

5. 许可技术改进与回授

在技术许可协议执行过程中,被许可方存在改进许可技术从而提高合同产品产量及质量、降低生产成本等方面的需要,许可方也会对许可技术进行改进,因此需要在技术许可协议中规定技术改进和回授条款。一般来说,技术改进和回授条款应当明确许可方和被许可方进行技术改进的权利,并应约定技术改进成果的知识产权归属、回授条件和时间、改进技术的使用限制等。

技术改进是技术许可协议实施过程中,双方对许可技术进行的提升、完善、优化或进行新的发明。技术改进在法律上并没有明确的定义,一般由双方根据实际情况在技术许可协议中规定"改进"的定义,典型如"改进是指被许可方对技术文件所做的任何改进、发展、发明、更改、调整、提高、扩展、修改、添附、升级、派生或创新"。

实践中,双方对改进权利的立场不同。对许可方而言,被许可方对许可技术进行改进,可能形成更有竞争力的新技术,对许可方构成竞争,抢占许可方的市场份额;对被许可方而言,许可方对许可技术的改进可能导致被许可方花钱购买的技术被新技术替代,或使被许可方按照许可技术生产的产品或提供的服务丧失市场竞争优势。因此,为保护自身利益,双方往往会在谈判中展开博弈,在技术许可协议中明确规定技术改进成果的权利归属、使用和处分的限制等。需要注意的是,各国从规制垄断技术、妨碍技术进步行为出发,通常禁止交易双方限制对方对许可技术实施改进,因此,技术许可协议通常约定改进技术的回授机制。

一般来说,回授条款应遵循对等原则,即交换改进技术的义务应双向对等。例如,许可方要求被许可方将改进技术许可给自己的同时,也应承诺在将来将其改进技术许可给被许可方或支付相应的对价，并在合同中明确回授时间、回授价款的确定和支付方式，以及双方对技术改进信息和情报的通报义务等。

需要注意的是，不遵循对等原则的回授称为“单方面回授”，在适用法律下可能存在效力风险。例如，我国法律规定不对等的交换改进技术的约定（包括要求一方将其自行改进的技术无偿提供给对方、非互惠性转让给对方、无偿地独占或者共享该改进技术的知识产权）属于非法垄断技术的无效约定。[①]

① 《最高人民法院关于审理技术合同纠纷案件适用法律若干问题的解释》（2020年修正）第10条和《民法典》第850条。

第 五 节

融资文件包

一、融资文件概述

与项目协议文件一样，海外工程能源基础设施项目的融资文件同样是一套复杂的合同体系，包括贷款协议、担保协议、账户协议、直接协议、托管协议等。合同是落实项目商业逻辑和分配风险的重要工具。虽然项目应具备良好的经济技术可行性是项目发起人（借款人）和贷款人的共同标准，但出发点不尽相同，贷款人的项目商业逻辑与发起人也不尽相同。理解融资文件的内在机理和具体机制需要了解贷款人视角的商业逻辑。

本节讨论基于商业银行为主要贷款人提供融资的假设，但相关原则和考量因素对项目债券以及其他形式的融资在很大程度上也是适用的。

（一）贷款人的商业逻辑和相关主要财务指标

由于项目融资由新设项目公司承担全部债务且具有无追索或有限追索性质，贷款人同意项目融资的核心是基于项目未来的稳定收入现金流能满足偿还本金和支付利息要求的预测。围绕此核心逻辑，贷款人以偿债能力分析为核心，一般从项目技术可行性、财务可行性和还款来源可靠性等方面评估项目风险。相应地，贷款人在项目融资交易的尽职调查和决策时会对项目的若干财务指标做分析和审查，并在融资关闭后将该等财务指标作为贷后监管和控制融资风险的一项重要工具。当这些指标偏离应有水平时，贷款人有权采取系列干预和补救措施，如禁止分红、现金归集，储备账户资金启动、控制借款人或其股东的额外权力等；视违约持续的情况甚至构成借款人违约事件并触发加速到期、取消或中止后续贷款等机制。相关主要财务指标简要介绍如下。

1. 债股比(debt - equity ratio)

债股比是项目公司长期债务与股本金之比。从贷款人角度,往往希望较低的债股比,从而保证能够获得发起人更多股权投资、确保发起人对项目的承诺、增加项目资产净价值。但是,发起人则希望尽可能高的债股比,进而降低需要其提供的投资资金。并且,因为使用债务资金的成本(利息)一般是固定的,更高的债股比意味着发起人可以有更多资金从事其他投资从而获得更多潜在回报。

实践中,每个具体项目债股比的确定是综合考量并经各方协商的结果。通常而言,在满足东道国法律和政策要求的前提下(如按照巴基斯坦《输电政策(2015)》,发起人的股权出资应不低于项目投资总额的 20%),贷款人还会从其承担的总体风险、项目本身的整体风险、项目的性质、发起人的身份、相关的行业领域和技术、项目的价值等多方面考量,与发起人协商确定。在笔者参与的海外电力项目中,债股比 80∶20 至 70∶30 比较常见。

2. 偿债覆盖率(debt service cover ratio,DSCR)

从贷款人角度,确保项目公司在出现还款责任的任何时点有资金来偿付相应款项是至关重要的目标。为此,贷款人通过财务模型对某时间段可用来偿债的总收入(即减去运营成本、保费、税款等,但在股权分红之前)与当期还本付息债务进行对比,以测算项目公司当期可用来偿还债务本息的可用现金流额度。

不同类型项目的 DSCR 要求存在显著差异,整体而言,项目本身风险越高,则贷款人对 DSCR 金额要求越高,反之亦然。例如,相较于没有承购协议的情形,银行对拥有承购协议安排的能源工程基础设施项目的 DSCR 要求会更低①。

3. 贷款期偿债覆盖率(loan life cover ratio,LLCR)

LLCR 是在项目融资中常用的另一评价指标,是指贷款到期前可用来偿还

① E. R. Yescombe, *Public - Private Partnership: Principles of Project Finance*, Elsevier Inc., 2014, p. 323.

债务的预期现金流(按照贷款利率折现得到的)净现值与特定日期未偿还债务本金之比。该指标测算的是贷款期内现金流可以偿还未清偿债务余额的次数。从确认和管控项目公司未清偿总债务不会面临资金短缺风险角度,贷款人一般设定最低 LLCR,以确保项目公司在整个贷款期内能够使用的总现金收入足以偿还未清偿债务余额。与 DSCR 不同,该指标测算的是项目公司在整个还款期内偿还剩余债务的能力,而不是特定偿债期间的还款能力。

(二)主要合同框架

项目融资的安排是一个较为耗时的过程。通常,虽然在项目开发早期,发起人会拿到潜在贷款人愿意参与该项目融资的兴趣意向函,但项目融资文件的谈判签署工作往往是在项目协议文件接近定稿关闭时启动。此时,发起人与相关方协商的主要项目协议的文本以及发起人提议的融资条件将一并提交意向贷款人评估考虑。

项目融资模式下融资文件的主要合同框架如图 3 –4 所示。

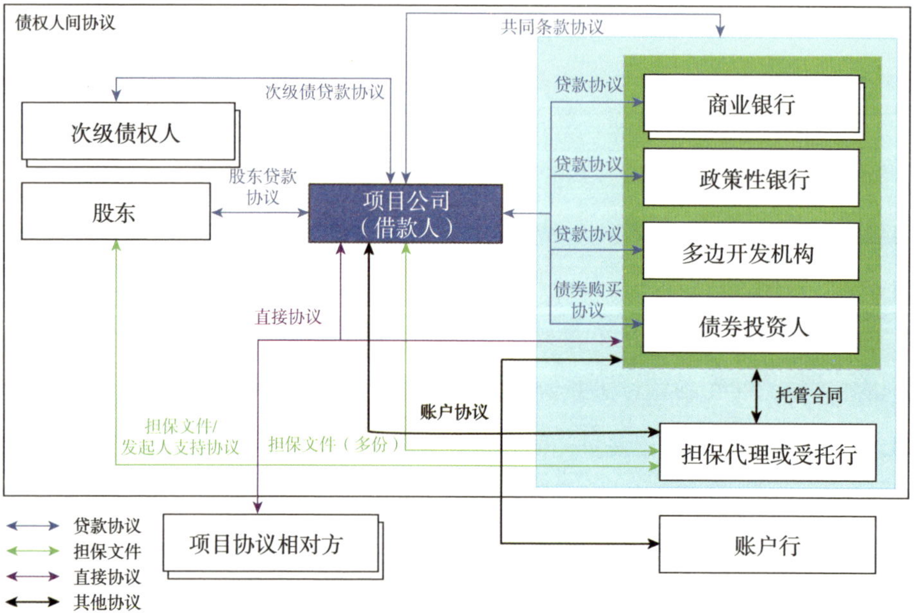

图 3 – 4　项目融资模式下融资文件的主要合同框架

1. 贷款协议

由项目公司作为借款人与贷款人(包括单一商业银行、多个商业银行组成银团等多种形式)签订,主要约定借贷双方、贷款金额、提款条件、提款期、贷款利率、还本付息计划、融资费用、偿债准备金、违约金、提前还款、保险等内容,是项目融资合同体系中的主合同。由于海外工程能源基础设施项目资金需求大,往往涉及多方贷款人,因此银团贷款的形式比较多见。有时贷款人还包括政府机构、多边开发机构、债券投资人等,此种情况下则采用联合贷款的方式。在联合贷款方式下,除各贷款人分别签署的双边贷款协议外,所有高级债贷款人与项目公司签署共同条款协议,约定适用高级债的一般性规则。

2. 债权人间协议

在存在多层级贷款(如优先级贷款和夹层贷款)的情形下,不同级别的贷款人之间在表决权、执行担保资产的时点、执行担保所得分配等方面,都需要用一份债权人间协议来协调,规制各债权人之间的关系。在项目融资渠道众多、层级复杂的海外工程能源基础设施项目中,债权人间协议往往是最为复杂、谈判焦点最集中的法律文件。

3. 担保协议

由借款人与贷款人或其担保代理行或受托行(security agency or trustee)签订,在有限追索权的项目融资模式下签约方还涉及发起人,担保形式主要分为不动产、动产抵押,股权和账户质押,权益让与,保证担保等。

4. 账户协议

在所有项目融资中,贷款人除希望在所有现金流上设立担保外,还希望取得项目现金流的主要控制权。为达到这一目的,贷款人会要求项目的所有现金流(无论是股权出资、贷款、销售收入、保险费或违约金和其他收款)都划转至指定的银行账户。相应地,由借款人、贷款人(或担保代理行或受托行)与账户行签订,主要约定贷款人委托账户行对借款人在账户行开立的贷款收入账户、资本金账户、运营(收入)账户、偿债账户、偿债准备金账户、赔偿及保险金账户等的开立和监管,以保证放贷资金和还款资金的安全受控。相应地,借款人需向账户行支付管理费。

5. 直接协议

由借款人、贷款人（或其担保代理行或受托行）与项目主要项目协议的合同相对方签订。直接协议主要约定若借款人在相关项目协议下违约且未采取任何补救措施（或采取了补救措施仍不能有效弥补），导致合同相对方有权采取终止或撤销项目协议、执行项目公司重要资产、暂停合同履行等行动，贷款人（或其担保代理行或受托行）将执行或指定第三方行使直接协议项下的权利，介入该合同完成有关工作的接续。以电力项目为例，需要签署直接协议的合同包括与政府签订的特许经营协议或执行协议、与购电方签订的购电协议、与建造承包商签订的建设合同、与运维承包商签订的运维合同、与供煤商签订的供煤合同等。

6. 托管合同

由借款人、贷款人与担保代理行或受托行签订，主要约定借款人将担保标的交予担保代理行或受托行进行托管，担保代理行或受托行代替贷款人签署、持有、管理和执行担保标的并依据贷款协议行使职责，以解决担保标的所在地缺乏分支机构来签署合同、执行担保的问题，或多个贷款人组成的银团或多层级贷款下选定一家银行作为担保代理行或受托行便于操作。

7. 发起人支持协议

为获得贷款人的融资，发起人往往需要对项目的运营和清偿债务能力提供一定支持。支持协议在名称上可能是“发起人支持协议”、“股权出资协议”或者“偿债承诺”等；在内容上视交易而定，包括完工支持、所有权限制、股东贷款处于次级等。

受篇幅所限，本节下文主要讨论贷款协议、担保协议及直接协议的核心机制和法律问题。

二、贷款协议核心机制和法律问题

在多数工程能源基础设施项目中，债务融资解决了项目所需的绝大部分资金。在目前市场环境下，银行贷款（无论是商业银行，还是多边开发机构作为贷款人）仍是债务融资的主要组成部分。因此，作为规范贷款人、借款人和其他相关方权利义务的主要依据，贷款协议在项目开发和执行过程中也极其重要。市场上，贷款市场协会（LMA）、亚太区贷款市场公会（APLMA）、银团贷款及交易协会（LSTA）等机构制定合同范本具有较强影响力，在不同的区域开展的项目中得到使用。

借款人和贷款人是贷款协议的基本签约方。借款人通常是项目公司，也可能是项目公司的直接或间接股东作为直接借款人，再由其转贷给项目公司，用于项目的实施。贷款人通常是融资银行，而在项目存在股东贷款的情况下，项目公司直接或间接股东也会作为贷款人出现。如果存在多个贷款人，贷款人内部还涉及进一步的细分。在银团贷款的情况下，融资银行（作为贷款人）内部往往还会存在牵头行（通常也会同时担任代理行）的角色，组织和协调贷款协议的协商与执行。在贷款区分优先级债务（senior debt）和劣后级债务（subordinated debt）的情况下，融资银行和其他贷款人也被相应细分为优先级债权人和劣后级债权人，在资金分配、救济方式、担保执行方面存在不同层级和顺位的安排。

贷款协议主要条款可以分为商务条款和法律条款。商务条款包括贷款额度和目的、请款及其前提、还款和提前还款、额度取消、融资费用等。法律条款包括定义和解释、适用法律、陈述保证、承诺、违约事件等。实践中，每个具体贷款协议的条款不尽相同，但都需要就以下问题结合商业条件的不同，考虑合同机制和条款的取舍。

（一）融资关闭

签署贷款协议并不意味着放款的开始。对于贷款人而言，借款人需要确保在正式放款前项目已经达到“万事俱备只欠东风”的状态，由此相应创设了“融资关闭”这个概念。“融资关闭”是指项目贷款协议项下首次提款先决条件得到满足或被贷款人放弃的日期。由于借款人的还款很大程度上依赖于运营后产生的现金流，而贷款资金发放却发生在尚未产生正向现金流的建设期，因此，在融资关闭前提条件的设置上，贷款人会将其非常关心的项目整体合法性和可行性、建设期工期和价格风险是否可控、作为还款来源的运营期收入是否确定等核心问题体现在融资关闭的前提条件中。

概括来说,常规的融资关闭前提条件涵盖项目公司及其股东投资决策流程、项目文件签署和生效、融资文件签署和生效、审批许可的取得、项目用地的取得、财务测算、技术论证等多个方面。首先,涉及投资决策,借款人需要在融资关闭前提交项目公司及其股东的章程、营业执照、内部投资决策文件(通常为股东会决议或董事会决议)等证明项目公司及其股东依法设立存续、投资符合内部规定的内部文件。通常情况下,贷款方还会要求在首笔放款前与项目公司等比例的股权出资也已经到位。其次,涉及项目文件和审批许可,项目公司往往需在融资关闭前达成的条件包括主要项目协议(PPP 协议、土地协议、建设合同、运维合同)签署和生效、主要项目协议的直接协议签署和生效、项目公司及其他参与方已经获得项目实施相关审批许可(涉及投资、环评、用地、规划等方面);此外,项目相关主要商业保险、政治保险等保单也是贷款人的核心关注所在。再次,在融资文件层面,除了签署贷款协议以外,相应的担保文件也应当签署生效并办理必要的登记手续。最后,贷款人也会要求财务尽调、法律尽调和技术尽调的结果令其满意,相应地,贷款人、借款人、承包商等参与方律师就交易行为、交易文件、公司情况等事项发表的正式法律意见,第三方出具或认可的项目可行性报告、技术顾问意见、保险顾问意见、项目工期计划、建设期和运维期预算等技术和商务文件也会成为融资关闭的前提条件。

实践中,融资关闭前提条件的设置因国别和具体项目而异,贷款人和借款人也会结合项目具体开发情况对此进行调整。贷款人可能综合各种利弊放弃部分整体影响程度较小的前提条件,或者将其调整为融资关闭后续条件,以便项目能够尽快实现融资关闭从而使项目建设取得实质进展。这通常也是各方从法律、商务、技术等多方面进行协商的重点和难点。从融资关闭先决条件的设置上可以看出,贷款人在放款前的关切涵盖项目的方方面面,如果合法性上存在先天不足或者在商业技术上缺少可行性,则融资关闭及项目得以最终落地将会面临很大障碍。从法律角度出发,为了使融资关闭能够按预期完成,项目发起人在项目开发初期便需要高度重视项目开发合法性问题，在专业顾问协助下做好具体文件的准备和归档工作。

【实例3-34】东南亚某电力BOT项目

在项目公司A公司开展的东南亚某电力BOT项目中，A公司和融资银行B银行间贷款协议设置的融资关闭先决条件包括：

(1)涉及借款人和担保人：(i)其公司章程、营业执照等文件核证副本，(ii)相关董事会决议和/或股东会决议的核证副本，(iii)授权代表签名样本，(iv)其财务报表和审计报告的核证副本；

(2)借款人和担保人(由董事签署)就如下事项作出的书面确认：(i)不存在对拟议融资和担保的任何限制情形，(ii)全部项目文件、股权文件和其他交易文件均已全面生效，(iii)与其相关或由其提供的每份副本均是准确、完整和有效；

(3)涉及项目主要相对方：(i)其公司章程、营业执照等文件的核证副本或个人身份证或护照的核证副本，(ii)相关董事会决议和/或股东会决议的核证副本，(iii)授权代表签名样本，(iv)每个项目主要相对方(由董事签署)就与其相关或由其提供的每份副本均是准确、完整和有效作出的书面确认；

(4)涉及EPC承包商：(i)就其目前没有任何建设合同项下的索赔、也不知道任何可能引起此类索赔事件作出的声明，(ii)借款人发出的开工令的核证副本，(iii)EPC承包商代表的姓名、职务和签名样本，(iv)EPC承包商已全额收到预付款的证明；

(5)涉及项目主要相对方：(i)每份贷款协议、账户协议、董事协议和其他融资和担保文件的签署版原件，(ii)签署版EPC合同、履约保函、运维合同的核证副本，(iii)签署版特许权协议、购电协议等项目文件的核证副本；

(6)涉及股权投资：(i)签署版股东协议、股东贷款协议和其他股

权文件的核证副本,(ii)经审计确认的初始股权出资已足缴的证明;

(7)融资和担保文件生效所需的每份通知、备案、确认、同意和/或确认的核证副本,以及相关税费已经缴纳的证明;

(8)就融资和担保文件、项目文件、股权文件及其他文件出具的法律意见书;

(9)环评批复(包括已满足环评批复中规定的开工前提条件的证明)、建设许可、境外投资证明及其他关键审批许可的核证副本;

(10)贷款人保险顾问报告、贷款人法律顾问尽职调查报告和贷款人技术顾问报告;

(11)财务模型、初始建设预算、初始运营预算、环境和社会管理计划、项目建设进度的报告;

(12)已投保所有施工期保险的证据,以及有关某些保险费的发票的核证副本;

(13)已在指定银行开立并维持项目账户的证据;

(14)涉及项目用地:(i)借款人取得全部项目用地的证明,(ii)借款人取得全部项目用地共同构成项目所需的全部土地的专家报告,(iii)土地价值评估报告。

在案例3-34中,在项目推进过程中项目发起人和项目公司(借款人)发现少量项目用地难以按时完成征地和交付。经与融资银行协商,双方同意将其从融资关闭前提条件清单中移除,调整为融资关闭后续条件。相应地,在贷款协议中,双方约定在融资关闭后6个月内将剩余土地权属证明提交银行,完成该部分土地相关担保文件的签署和登记。同时,贷款协议将按照约定时间完成融资关闭后续条件设置为项目公司(借款人)在协议下积极承诺之一,任何违反将构成借款人违约事件。

(二)贷款用途及管控

1.贷款资金的用途

贷款人发放的贷款必须用于项目有关的开支,即借款人应根据贷款协议将其获得的全部贷款资金用于支付项目成本。项目成本通常可包括项目建设成本、商运前发生的融资成本、商运前支付的保费。此外，对于商运前发生的任何其他资本支出、开支或费用，由贷款人批准，也将成为项目成本。

工程能源基础设施项目下的融资通常以定期贷款（term loan）的方式出现，基于财务测算可以覆盖项目建设期的大部分资金需求，而余下资金则主要通过股东出资的方式获得。银行贷款是融资的主要手段，而出于减少项目风险的考虑，项目文件和融资文件也会对项目债股比进行要求，将融资杠杆率控制在合理水平。

在无追索或优先追索的项目融资模式下，对于贷款人而言，其最关心的问题便是建设期不会出现成本超支和工期延误的情形，从而影响项目顺利实现商运并产生还款现金流。在项目进入运营期后，项目风险虽然整体降低，但借款人仍会关注项目的运营情况。相应地，贷款人需要对整个提款和还款期间的项目执行进行有效的过程控制，要求承包商对项目建设和运营情况进行报告，并聘请第三方技术顾问核实项目执行情况。除了早期制定合理的建设和运营成本预算以外，项目公司还需持续定期向银行提交建设报告和运营报告，以确保项目按照既定的工期和成本实施。

2. 项目账户安排

贷款人对资金的控制体现在资金出入两个方面。在建设期，除了前文提及的设置请款前提条件以外，银行在建设期发放的贷款本金将发放至指定账户，由借款人按照既定的用途使用。当项目进入运营或因其他原因产生现金流（如承包商的误期违约金），相关资金也需要存入指定账户用于特定用途。通常而言，贷款银行、开户行和借款人等方会签署单独的账户协议，对账户资金的归集和分配进行进一步规定。

基本账户包括贷款收入账户（debt proceeds account）、资本金账户（equity account）、运营（收入）账户［operating（revenue）account］、偿债账户［debt service（accrual）account］和偿债准备金账户（debt service reserve account）。其中，资本金账户用于归集股东股本金投资，贷款收入账户则用于归集借款人通过每次请款取得的贷款，运营（收入）账户用于收取项目进入运营期后取得的运营及其他收入，偿债账户主要用于在每个还款日前存入当期应还款本息，偿债准备金账户则用于存入和维持偿债准备金。除此之外，在具体交易中，在上述基本账户基础上，双方可能会对账户的设置进行更为精细的管理，从而细分或增加其他账户。上述细分或增加的账户包括用于归集和分配建设期全部股本金和贷款的支出账户（disbursement account）、用于归集和分配违约赔偿和保险金赔偿的一个或多个赔偿及保险金账户（compensation and insurance proceeds account）、用于股东分配的分配账户（distribution account）等。在海外工程能源基础设施项目中，由于收支涉及多币种和/或存在离岸在岸安排，因此上述账户往往还会进一步按照本币和外币、离岸和在岸做进一步区分。除了融资文件明确允许开立和维持的账户以外，除非贷款人另行同意，否则项目公司不得再开立和维持其他账户，以确保资金流向处于贷款人的严格监管之下。

3. 提款管理

在建设期，项目公司根据贷款协议获得贷款资金和股东的股本投入均需存入指定的贷款收入账户、资本金账户和/或支出账户，并按照约定进行调配，用于支付承包商费用、建设期保费、代理行费用等建设期成本，而不得用于其他目的。

出于控制信贷风险、确保资金用途的考虑，贷款协议通常会设置一系列提款前提条件，以在程序上确保资金使用符合贷款协议的约定。在每次提款之前，除了借款人需要没有持续的违约事件、没有出现资金缺口（或者在出现资金缺口情况下，股东将提供相应的成本超支补充投资）、项目的债股比仍维持在相同水平等前提以外，借款人需要相应提交承包商在建设合同下的请款文件，并确认建设合同下支出符合建设成本预算，以确保资金的使用符合预算和建设目的。借款人聘请的技术顾问也在请款中扮演着关键作用。作为每次提款的前提条件，技术顾问需要确认借款人出具的建设报告在所有重大方面均真实无误、没有关键里程碑未按时实现（或者在关键里程碑未实现情况下，已经制定可行的补救方案）、支付给建设合同下承包商的所有款项与承包商实际实现的关键里程碑相对应、其合理认为项目商运不会出现延误等事项,从而确保未出现实质性的工期和费用风险。

根据贷款协议约定,借款人需在约定的提款期内完成提款,而超期未提的贷款额度则会自动取消。通常而言,贷款协议下提款期与项目计划完工日息息相关。由于实践中工期往往会出现因各种原因延长的情形,贷款协议下提款期通常被设定为计划完工日后特定期间(如6个月)和实际完工日二者中较早者,从而给工期延长留出一定余地。

4. 运维期现金流瀑布的分配

在运营期,涉及对运营期现金流瀑布的管理,一般性的原则是,在项目经营正常、借款人没有违约前提下,首先满足项目运营需求,其次满足本息的支付,最后才可用于向股东进行分配。具体而言,收入应按照如下先后顺序进行分配:首先(根据运营预算或贷款人另行同意)为项目运营费用,而后用于支付与融资相关的代理行、担保代理人和/或担保信托受托人等日常管理和执行费用,之后通常按照先贷款利息后贷款本金的顺序偿还贷款本息(如涉及多个不同层级债权人,还需要就不同层级债权人本息支付的先后顺序进行进一步细化约定),其次按照要求提取和维持偿债准备金及其他准备金,最后才允许股东进行分配。项目公司需要在商运前并在之后定期制定项目运营成本预算。项目公司有义务按照预算实施项目,并向贷款人定期就运营期的支出、履约等情况进行报告,除非经贷款人同意,否则项目公司在运营期不得发生运营成本预算以外的支出,避免影响项目的偿债能力。

值得注意的是,在上述现金流瀑布分配一般性原则之外,贷款协议其他约定也可能打乱现金流的分配,主要包括现金清扫(cash sweep)机制以及DSCR和LLCR考核。首先,贷款协议有可能还会设置现金清扫机制,即在项目收入高于预期的情况下,贷款人可能还会要求将使用者按既定比例进行股权分配后的剩余资金用于提前还款,从而对现金流瀑布的分配机制做进一步调整。其次,作为借款人偿债能力的主要指标,DSCR用于体现借款人在某特定时间段(如一年或半年)内偿还当期债务的能力,而LLCR则反映的是借款人在整个还款期内偿还剩余债务的能力。如果 DSCR 和 LLCR 低于贷款协议设定的最低比例,项目公司股东的分红也将进一步受限,而如果项目公司股东无法采取措施维持 DSCR 和 LLCR,则贷款人可能进一步主张借款人违约事件,终止贷款协议,执行相应担保,用于偿还贷款本息和其他费用。为了真实反映项目未来的偿债情况,偿债准备金通常不会纳入 DSCR 和 LLCR 的计算。

【实例 3 –35】欧洲某新能源电力 IPP 项目

在欧洲某新能源电力 IPP 项目中,项目公司 A 公司负责融资、投资、建设和运营项目资产,并在商运后通过自由电力市场竞价方式售电。B 银行将提供部分优先级贷款融资,而作为银行贷款的补充,承包商 C 公司在建设期提供部分延付融资,顺位上劣后于贷款融资。此外,出于缩短账期降低风险的考虑,C 公司要求在项目售电收入高于预期情况下进行现金清扫,将剩余收入优先用于偿还延付款项。基于此,各方约定的(在未发生借款人违约情况下的)运营期现金流瀑布按如下顺序进行分配:(1)支付预算内经营性支出、经批准的预算外经营性支出、紧急情况下发生预算外经营性支出、(如有)预算内资本性支出和经批准的预算外资本性支出;(2)优先级贷款利息和费用;(3)优先级贷款本金;(4)优先级贷款偿债准备金;(5)承包商延付利息;(6)承包商延付本金;(7)承包商现金清扫金额;(8)股东分配。

(三)借款人的陈述保证和承诺

合同作为风险管理的重要工具,贷款协议往往通过大量篇幅约定借款人的陈述保证和承诺,涵盖可能直接或间接影响借款人还款能力的方方面面。除了按时还本付息以外,贷款人最为关注的便是借款人陈述保证和承诺履行的情况,因此借款人对上述约定的违反往往会构成借款人违约事件,最坏的结果是可能导致贷款人主张贷款加速到期。

1. 借款人陈述保证

贷款协议约定的陈述保证整体上可归为针对项目公司及其股东、项目协议、融资协议及项目执行情况四个主要方面，且时间上在每个请款日和还款日，相关陈述保证均被重复确认。就项目公司及其股东而言，陈述保证包括项目公司及其股东合法设立和依法存续、完成内部程序、不违反其他合同义务，项目公司拥有项目资产没有瑕疵、股东拥有的项目公司股权没有瑕疵等事项。就项目协议和融资协议，陈述保证包括项目协议和融资协议合法有效可执行、担保顺位符合约定、签署所需获得审批许可均已获得等。就项目实施而言，陈述保证包括项目公司的财务指标正常、未发生违约行为、披露信息真实完整、未涉及任何诉讼仲裁程序等。

2. 借款人承诺

由于项目融资高度依赖项目本身产生的现金流，贷款人往往会要求项目公司及其股东做出一系列繁杂的承诺，以确保执行中将积极且按照既定计划实施项目，并避免开展任何可能给贷款人利益带来损害的行为。前者称为“积极承诺”（positive covenant），后者称为“消极承诺”（negative covenant）。

积极承诺旨在使项目公司承诺严格履行项目协议和融资文件下义务、遵守法律规定以及维持项目的良好经营和资产价值，具体包括遵守项目协议约定和适用法律规定、主张任何权利并积极应对诉讼、遵守合规和环保方面的要求，维持 DSCR 指标、按要求购买保险等。借款人违反积极承诺通常不必然引起贷款人主张借款人违约事件，往往会给予借款人一定时间采取补救措施。

与此同时，贷款人也会对项目公司及其股东的活动进行限制，以确保项目按照预定计划实施。常见的消极承诺包括不得变更项目公司经营范围、开展与项目经营无关的任何活动，不得对交易文件进行修改或者签署任何新的协议，对超过特定金额的索赔和争议进行和解或作出妥协，不得进行任何合并和分立，不得转让股权，不得设置担保或处置资产，不得举借新的债务等。如果项目公司确有必要开展任何活动，则需要取得贷款人的事先批准，以便贷款人可以对其影响进行一事一议地评估和考虑。不同于贷款人对借款人违反积极承诺可能采取宽容的态度，如果借款人违反任何消极承诺，贷款人往往采取更严苛的态度，很可能主张借款人违约事件。

3. 重大不利影响

“重大不利影响”(Material Adverse Effect)是贷款协议下一个重要且频繁出现的概念。不同贷款协议下对“重大不利影响”的定义可能略有不同,但涵盖对以下几个方面具有重大不利影响的情形:(1)借款人及其(全部或特定)关联方整体的业务、资产、财产、负债、经营、(财务或其他)状况和发展前景;(2)任一合同方履行融资文件或项目协议的能力;(3)任何融资文件或项目协议的有效性或可执行性或任何贷款人享有的任何权利和救济。

“重大不利影响”在贷款协议中的作用通常体现在两方面。一方面,“重大不利影响”作为界定特定行为或事件达到何种程度方构成特定承诺和借款人违约事件的工具。例如,借款人就不违反法律做出的消极承诺可能会表述为“在相关违反可被合理预见地将产生重大不利影响的情况下,借款人应在所有方面遵守所有相关法律”。另一方面,上述借款人就其自身、其关联方、审批许可、项目文件等具体事项做出的陈述保证和承诺可能并不能穷尽所有对还款已经或可能产生不利影响的事件。因此,贷款协议往往还会额外设置兜底性的“重大不利影响事件”,是指贷款人(或其代理行)合理认为已经或很可能将产生重大不利影响的任何事件或情形。未发生重大不利影响事件往往构成每次提款的前提条件,而发生重大不利影响事件则构成一项单独的借款人违约事件。

(四)借款人违约事件

1. 借款人违约事件

贷款协议约定的借款人违约事件范围非常广泛,不仅包括借款人直接对融资文件的违反,而且涵盖贷款人认为可能直接或间接影响借款人还款能力的任何事件。对于缺少项目融资丰富经验的投资人而言,“借款人违约事件”的范围可能超出其一般性的认识。

借款人直接对融资文件的违反包括借款人未能及时偿还贷款协议下任何应付款、违反任何陈述保证、违反贷款协议其他约定(主要是违反积极承诺和消极承诺的行为)、未能维持债股比和DSCR等财务指标等。此外,项目公司及其主要股东发生破产或清算事件也通常会作为借款人违约事件,从而可能触发借款人的终止权。

但贷款协议下的借款人违约事件并不仅限于上述借款人直接对融资文件的违反，还包括甚至有些时候是并不归因于项目公司及其股东的行为或事件。例如，其他合同下的违约也可能构成贷款协议下的违约事件，这既体现为借款人对其他债务的交叉违约（即如果任何其他债务因违约被取消或加速到期，则贷款协议也会相应被取消和加速到期），也包括任何项目协议的非法、无效、不可执行或发生重大违约行为。而且，项目协议的重大违约不仅限于借款人本身的违约，也包括合同相对方的违约（如承包商在建设合同下的重大违约），从而要求借款人加强对其他合同相对方的管理和控制。如上文所述，在项目融资模式下，贷款人在建设期阶段最为关注的便是项目成本超支和工期迟延风险。因此，贷款协议通常还会将发生资金缺口（funding shortfall）和完工迟延明确规定为借款人违约事件，即使上述事件可能并不归因于项目公司及其股东。如果项目资产的物质形态或者权属遭受严重破坏（同样无论其原因如何），贷款人同样可能主张借款人违约事件（如项目资产本身发生损毁且没提出令贷款人满意的补救方案、发生任何征收或国有化行为）。

此外，“借款人违约事件”也并不限于已经对借款人还款能力产生影响的事件，有时也会涵盖未来可能对此产生影响的事件。例如，贷款协议通常还会兜底性地规定“重大不利影响事件”，涵盖对借款人（及担保人，如有）财务状况、资产和经营，任何重大项目方履行和遵守其在交易文件下的义务的能力，任何交易文件的有效性、合法性或可执行性，贷款人在融资文件下的权利或补救措施等已经产生或可能产生重大不利影响的事件。

【实例3-36】南亚某电力IPP项目

在项目公司A公司开展的南亚某电力IPP项目中，A公司和融资银行B银行间贷款协议设置的借款人违约事件包括：(1)未支付任何到期金额；(2)违反财务指标保证、后续条件和其他特定承诺；(3)违反其他义务；(4)虚假陈述；(5)交叉违约；(6)资不抵债和破产程序；

(7)债权人程序;(8)任何交易文件非法或无效;(9)任何交易文件的实质违约或被撤销;(10)项目公司停业;(11)借款人或任何担保人审计师就年度财务报表做出任何实质性保留;(12)重大诉讼、仲裁或行政处罚;(13)征收和国有化;(14)任何外汇汇兑限制;(15)(法院颁布)延期偿付令;(16)重大资产权属存在缺陷;(17)重大不利影响事件;(18)项目工期发生延误;(19)不可抗力事件;(20)特定交易相对方违反特定项目文件义务;(21)放弃项目和项目发生重大损毁;(22)关键审批许可被撤销、修改或不予更新;(23)项目未达到最低性能指标保证值;(24)偿债准备金账户低于规定;(25)存在洗钱和资助恐怖主义行为;(26)未能维持重要保险。其中,除未支付任何到期金额、违反财务指标保证、违反后续条件、征收和国有化、存在洗钱和资助恐怖主义行为等特定违约事件以外,贷款协议对于多数借款人违约事件设置了一定的金额或持续时间门槛,或者设置了补救期,从而不会在相关事件发生后立即触发加速到期等违约后果,而在一定程度上给予借款人进行反应和补救的机会。

2. 违约后果

如果发生借款人违约事件,最坏的后果是贷款人选择取消尚未提款的贷款额度(如有),而已经使用的贷款则加速到期,借款人需要在短时间内(按照贷款人要求)偿还贷款本金、已发生的利息及其他费用;相应地,贷款人将有权执行担保文件设置的担保,作为实现债权的手段。

另外,加速到期可能并不总是贷款人的最优选择,尤其是在项目尚未建成、有价值的项目资产尚未成型的时候。这种情况下,贷款人可能选择给予借款人一定补救或宽限期,或者协商获得更有利的债务重组方案。此外,贷款人也可能按照直接协议选择行使介入权(融资文件与项目文件下的违约事件通常存在重合),临时接管项目,甚至永久性转让项目公司原股东的权益,由第三方继续实施项目。值得注意的是,在违约事件发生且持续的情况下,贷款人有权(而非必须)行使任何权利,如果违约事件本身较为轻微或对项目影响有限,贷款人放弃主张借款人违约事件也可能是最优的选择。

(五)多个贷款人的特殊考虑

对于投资金额巨大的项目,可能由多个商业银行、多边开发机构、项目公司股东等债权人为项目共同提供贷款,从而涉及债权人间安排。多个融资银行(包括商业银行和多边开发机构)既可能分别与借款人签署多个单独的贷款协议,也可能组成银团统一与借款人协商和签署一份贷款协议。在世界银行、亚洲开发银行(ADB)、欧洲复兴开发银行(EBRD)等多边开发机构主导的贷款融资中,“A/B 贷款”的模式也被采用,允许商业银行更为灵活地参与到项目融资中来,并分享多边开发机构在资源和影响力方面的优势。多边开发机构作为名义上的贷款人就其提供的 A 贷款部分和商业银行提供的 B 贷款部分签署一份贷款协议,而商业银行则与多边开发机构签署参与协议,间接提供 B 贷款。

在复杂的交易中,协调不同类型和层级的贷款人利益往往是交易各方均不得不面对的棘手问题。不同债权人所面临的共同问题的核心,是资金的使用和分配以及(关系共同利益的)重大事项的决策,具体包括提款顺序、到期还款的时间、项目现金流分配顺序、执行担保所得资金的分配顺序,可能影响其他债权人利益的融资条件修改的限制、共同事项的投票安排、宣告违约和加速到期的协调等。对于借款人而言,为了解决不同债权人间利益的不一致,最根本的办法是多个银行组成银团,共同签署一份贷款协议。然而,实践中,多个贷款人的利益可能并不一致,因此更可能的情况是退而求其次(在多个贷款协议之外)再签署债权人间协议(intercreditor agreement)和/或共同条款协议(common terms agreement)。

实践中,债权人间协议的内容视具体交易不同存在差异,但至少会涵盖融资关闭前提条件、不同债权人就重大事项(弃权、修改或执行担保等)的投票安排、担保利益的分享、违约救济的分享[①]。更为理想的状态是,各方能够签署更为详尽的共同条款协议,以尽可能通过一份共同条款协议全方位协调不同债权人间关系。除了前述债权人间协议至少涵盖的内容以外,共同条款协议还会设置共同定义、项目信息披露和报告、提款前提条件、账户安排、现金流瀑布的分配、陈述保证、积极与消极承诺、违约事件和执行安排等,而每个债权人分别的安排则限于贷款金额、利率、还款安排等特定的商业条件。

对于不同层级债权人而言,最为核心的关注通常在于如何分配现金流瀑布、如何执行担保权利以及如何对重大事项进行决策。视资金分配、担保执行、救济方式层级和顺位的不同,债务可细分为优先级债务和劣后级债务。劣后级债务是无担保债务和/或在本息偿还顺位劣后于优先级债务本息偿还的债务。通常而言,债务的层级越低,其利息越高,其偿还的期限也越长。除了在现金流瀑布分配层面,劣后级债务本息偿还的顺位可能低于优先级债务本息的支付,优先级债务和劣后级债务的区别还集中体现在违约救济和担保执行层面。在发生借款人违约事件的情况下,劣后级债权人还款或行使其他权利会受到限制,典型的包括“付款阻断”(payment blockages)安排和“停顿期”(standstill periods)安排。前者要求在发生优先级债务下违约事件后对借款人支付到期的劣后级债务本息进行限制,后者则禁止劣后级债权人在违约事件发生后特定时间内行使债务加速到期的权利。就担保的执行而言,优先级债务和劣后级债务通常共享项目担保,但优先级债务将从任何执行担保所得款项中优先受偿,然后是第二顺位担保的债务,最后方是无担保的债务。考虑到劣后级债权人权利很大程度上受限于优先级债权人权利的实现,为了保护劣后级债权人的利益,也会对借款人被允许举借的优先级债务总额设置上限,未经劣后级债权人允许,借款人不得超额举借优先级债务。

债权人间安排的另一个核心问题则是如何对重大事项进行决策,这既包括

---

① E. R. Yescombe, *Public – Private Partnership: Principles of Project Finance*, Elsevier Inc., 2014, p. 400 – 401.

相同层级债权人之间的决策流程,也包括不同层级债权人的决策流程。在项目相同层级债权人之间,往往涉及更多的共同决议事项,涵盖贷款协议的方方面面。出于决策的高效性考虑,且基于重大事项的重要性不同,同一层级债权人间会设置多数决议(比例通常在66.7%至75%之间)和一致决议事项。一致决议事项通常包括对主张未按时还款、项目文件重大变更等重大借款人违约事件的放弃,以及对融资文件下担保安排、还款期限、还款金额、利率等核心商业条件的修改,而对于主张其他借款人违约事件的放弃、对融资文件的一般性修改、加速到期和执行担保等,则可以多数决议方式进行决策,以提高决策的效率。在优先级债权人和劣后级债权人之间,同样涉及需由不同层级债权人共同决定的事项,优先级债权人在取得劣后级债权人事先同意后方能行使贷款协议下的特定权利和采取特定行动。尽管需由不同层级债权人共同决定的事项清单会有所不同,但常见的包括任何可能导致到期日的延长或缩短、担保的任何调整或释放、执行担保行为、就借款人的破产重组计划进行投票等对劣后级债权人权利有重大影响的事件。

(六)适用法律和争议解决

贷款协议适用法律的选择通常需综合考虑贷款人、借款人、投资人和项目的所在地。如贷款人和投资人位于同一国家或地区,则出于对法律熟悉程度的考虑,贷款人和借款人(无论其是投资人本身还是项目公司)很可能会倾向于选择使用投资来源国法律(例如,如果贷款人及投资人均位于中国,那么中国法便很可能被选为适用法律)。如果项目各方与项目本身分属于不同国家和地区,则第三国法律可能是各方的首选。在这种情况下,得益于伦敦和纽约发达的银行金融市场,英国法和美国纽约州法律较多被选择为贷款协议的适用法律。

三、担保协议核心机制和法律问题

担保是贷款人实现风险分担与权益保证的最为重要的手段。在项目融资模式下,贷款的还本付息基本全部依靠项目未来经营效益,项目发起人没有或者仅(在一定时间和金额范围内)对债务清偿承担有限责任。因此,贷款人希望从项目发起人处获得尽量多的担保，要求在适用法律允许的最大范围内对项目公司的全部股份、资产和权利享有担保权益，是贷款人评估决策项目融资的关键条件之一。

根据具体担保资产的不同，各个项目通常会签署多份担保协议，涵盖的资产包括不动产、动产、股份、账户、应收账款和合同权利等。市场上担保协议的文本基本已经定式化，不同担保协议的条款结构和安排大体趋同。尽管如此，合同条款牵一发动全身，每个具体项目融资交易涉及的担保资产在不同适用法律下的取舍和变通，以及不同商业条件对合同文件原有逻辑的影响不一而足，对贷款人和借款人而言，如何精准周密地反映在具体项目的合同文件中并与其他合同形成有机衔接仍然是不小的挑战。

（一）担保资产类型及担保方式

在海外工程能源基础设施项目融资实践中，每个具体项目的担保结构和方式视项目公司的资产、权利的类型和性质、适用法律的要求而有所不同，如部分国家或地区的法律不允许将不动产担保给境外债权人。例如，在印度尼西亚，（包括矿产在内的）所有自然资源均归全体人民所有，法律禁止就采矿许可或所采矿产品设立任何担保权益。在此种情况下，贷款人和借款人便需要考虑当地法下允许的变通方式。

表3－8简要介绍项目融资通常涉及的主要担保资产和担保形式。视具体法域不同，在同类资产上可设置的具体担保类型并不相同，且相同名称的担保形式在不同法域也可能存在差异。例如，在中国法下，常见的担保形式是抵押和质押；而在英国法下，常见的担保形式包括抵押（mortgage）、押记（charge）和质押（pledge），但英国法下的抵押需要转让抵押物的所有权，待担保义务履行完毕后担保物的所有权方能重新转回抵押人。

表 3-8 项目融资涉及的常见担保形式

担保提供层级	资产	常见担保形式
发起人	项目发起人对项目公司的股权（包括通过多层控股平台公司）	股权质押
	发起人的资产	保证担保，如完工担保
项目公司	土地、房产	不动产抵押
	机器、设备、存货等有形动产	动产抵押
	账户、资金	账户质押
	合同权利，包括项目公司在 PPP 协议、承购协议、建设合同、运维合同、保险合同下的权利	债权让与担保

除以上常见资产及相应担保形式，浮动抵押（floating charge）在海外工程能源项目融资担保结构中也不少见，尤其是在涉及生产设备、原材料、存货等时刻处于变动状态的项目资产，或者贷款人希望将担保涵盖项目公司未来全部资产的情况下。由于此类项目公司资产处于不断变化中，或者项目资产仍需由借款人用于日常经营，从贷款人角度出发，如果适用法律允许（如普通法系），能够就项目公司现在和将来拥有的全部资产设定全面和浮动担保，则不仅可以将项目公司的每一项财产纳入作为实现债权的担保，而且在出现项目公司违约事件时，贷款人一般可以指定接管人接管，为自己的利益经营该项目，相比固定抵押形式下贷款人的主要救济方法是变卖担保物受偿，浮动抵押实现债权的保障力度更强。因为项目的价值在于其运营，而不是已经完工的资产。与浮动抵押相配套的安排是消极担保条款（negative pledge）。由于浮动抵押制度不阻碍项目公司（抵押人）基于正常开展经营活动需要而处分资产的权利，包括在浮动抵押资产上设置固定抵押，同时固定抵押担保的债权优先于在先设立的浮动抵押被清偿。因此，在浮动抵押资产根据法律或合同约定确定并转为固定抵押之前，贷款人（抵押权人）会禁止项目公司设立优先或同等顺位于浮动抵押得到清偿的任何后续抵押，也就是说，抵押权人会在抵押协议中要求抵押人承诺没有经过抵押权人的同意，不得将浮动抵押涉及的抵押财产再用于担保后续的债务。

（二）担保的设立与完善

确保担保资产上设立的担保权益合法、有效、可执行是贷款人关注的核心，对此确认的法律意见通常是一项重要的融资关闭先决条件。

视适用法律及担保类型不同，担保的设立可能以协议签署、实际占有担保物（或相关权利凭证）、发出通知、登记等不同方式为生效要件。海外工程能源基础设施项目的担保资产（如股权、账户）可能会跨多法域，具体担保的设立和完善要求不免会存在差异。以担保登记为例，贷款人往往关注不同法域下相关担保权益的设立是在担保协议签署即生效还是需要登记生效，或者需要登记来取得对抗第三人效力。例如，在越南法下，担保虽然通常并不以登记为生效要件，但登记与否却影响受偿顺位。根据越南《民法典》：（1）在均已登记的担保之间，按照担保登记的顺序确定效力优先性；（2）在已登记与未登记的担保之间，已登记的担保效力更优；以及（3）在均未登记的担保之间，按照担保的创设顺序确定效力优先性。

就担保完善手续的繁杂程度、是否需要支付额外税费（如印花税、不动产转让税）等问题，贷款人在项目最初的法律尽职调查中就需要有所了解，以便提前规划和安排担保方案，否则将直接影响融资关闭的实现进程。例如，在西班牙，由于设立不动产抵押需要缴纳的印花税太高①，基本很少采用不动产抵押这种担保方式。从担保协议下合同义务分配角度，贷款人或担保受托人都会明确规定借款人/担保人负责根据适用法律设立和完善相关担保权益，以及违反该等义务的违约救济机制。

【实例 3－37】BVI 公司账户质押合同协助担保完善条款

在中东某油气特许经营项目中，项目公司的母公司（位于英属维京群岛）为债权人利益在其项目相关账户上设置了押记，《账户押记合

---

① 计算税基为 1.2—1.5 倍的全部高级债务本金，以及依所在地区不同从 0.5% 到 1.5% 不等的税率，参见 Joaquin Sales：《The Project Finance Law Review：Typical Security Arrangements for a Single－Source Project Financing：a Spanish Perspective》。

同》就担保的设立和完善进行了如下约定：

The Chargor shall promptly do all such acts and execute all such documents (including assignments, transfers, mortgages, charges, notices, forms and instructions) as the Chargee may specify and in such form as the Chargee may require [in favour of the Chargee or its nominee(s)] in order to: [担保人应当根据担保权人的要求，并以担保权人要求的形式，（为担保权人或其指定的第三人利益）及时采取一切行动及签署所有文件（包括权利转让、转让、抵押、质押、通知、表格和指示），以便：]

(a) perfect, protect or enhance the Security created or intended to be created by this Charge (which may include the execution of a mortgage, charge, assignment, transfer, notice, instruction or other Security over all or any of the Charged Assets which are, or are intended to be, the subject of the Security constituted by this Charge) or for the exercise of any rights, powers and remedies of the Chargee provided by or pursuant to the Deferred Payment Agreement or by law; and/or [确立、保护或增强本押记合同已设立或拟设立的担保的效力（可包括在作为或拟作为本押记合同所设立担保的标的的所有或任何质押资产上设立抵押、质押、让与、转让、通知、指示或其他担保），或行使担保权人根据延期付款协议或法律规定所享有的任何权利、权力和救济；和/或]

(b) facilitate the realisation of the Charged Assets whilst this Charge is enforceable, subject to the Security conferred or intended to be conferred by this Charge or the exercise of any rights vested in the Chargee, any Receiver or nominee, including executing any transfer, conveyance, charge, assignment or assurance of all or any of the Charged Assets which are the subject of the Security constituted by this Charge, making any registration and giving any notice, order or instructions; and/or [在

本押记合同可被执行的情形下,根据本押记合同设立或拟设立的担保,或根据对担保权人、任何接管人或指定第三人所享有的任何权利的行使,促进担保资产的变现,包括对作为本押记合同所设立担保标的的所有或任何质押资产进行任何转让、转移、质押、让与或不动产转让,以及进行任何登记和发出任何通知、命令或指示;和/或]

(c) without prejudice to the generality of the foregoing paragraphs, the Chargor shall make timely filing and registration of this Charge in order to preserve, perfect and enforce the Security created by this Charge in its place of incorporation, including: [在不损害前述各段一般性效力的前提下,担保人应及时办理本押记合同的备案和登记,以便在本押记合同的设立地保护、确立和执行根据其设立的担保,包括:]

(i) promptly after execution of this Charge, create and maintain a register of charges for the Chargor (the "Register of Charges") to the extent this has not already been done in accordance with section 162 of the BVI Act; [在本押记合同签署后,如尚未根据《英属维尔京群岛法案》第 162 条为担保人创建和维护押记登记簿("押记登记簿")的,则立即为担保人创建和维护押记登记簿;]

(ii) promptly after execution of this Charge, enter particulars as required by the BVI Act of the security interests created pursuant to this Charge in the Register of Charges and promptly after entry of such particulars has been made, and in any event within 10 days of execution of this Charge, and provide the Chargee with a copy of the updated Register of Charges; and [在本押记合同签署后,立即按照《英属维尔京群岛法案》的要求,将根据本押记合同设立的担保权益的内容记入押记登记簿,并在完成上述记录后立即且无论如何须于本押记合同签署之日起 10 日内,向担保权人提供一份更新后的押记登记簿的副本;以及]

(iii) promptly after execution of this Charge, effect registration, or assist the Chargee in effecting registration, of this Charge with the Registrar of Corporate Affairs pursuant to section 163 of the BVI Act by making the required filing, or assisting the Chargee in making the required filing, in the approved form with the Registrar of Corporate Affairs and (if applicable) provide confirmation in writing to the Chargee that such filing has been made. [在本押记合同签署后,立即按照所批准的形式根据《英属维尔京群岛法案》第163条的规定在公司事务登记处完成或协助担保权人完成所要求的备案程序,并(在适用的情形下)在相关备案完成后向担保权人进行书面确认。]

此外,从谨慎和便于将来执行角度,即便相关法域的法律没有强制要求,担保权益在协议签署即生效,不需要登记来取得对抗第三人的效力,相关法律规定的其他担保完善要求以及市场习惯形成的诸多操作仍需完成。以香港公司的股份质押为例,股份证书(Share Certificate)的交付,被质押股份所在公司在股东名册上添加其股份已被出质的附注,以及签署并交付股份转让函(Transfer Instrument)和董事辞任函等附属文件等通常都需要当事方在签约时一并完成。

简言之,海外工程能源基础设施项目融资涉及多法域不同的法律要求和市场惯例,需要在事先充分调研和理解背后机理的基础上考虑取舍。比如,在是否按照英国法下契据形式(deed)签署担保协议的问题上,虽然过往较令人担心的合同因缺乏对价(consideration)而无效的风险在绝大多数情况下通过合同条款安排不再是问题,但仍需要考虑英国法下法定土地抵押权的设立必须以契据形式签署。同时,如果贷款人希望获得无须法院介入即可出售变卖以及指定接管人运营担保财产的权利,则英国法要求此种情况下担保协议应以契据形式签署也必须考虑。因此,如果担保资产位于普通法系国家,在理解契据形式背后的机理、调研当地法律要求的基础上采用契据形式签署担保协议是更为安全和务实的做法。

(三)债权让与担保

如上文简要梳理,合同权益的让与担保在海外工程能源基础设施的项目融资中是普遍要求。合同权益让与包括主要项目协议下的权益、保险权益和项目收益的让与。以海外电力 PPP 投建营项目为例,借款人项目公司需要将其在特许经营协议或执行协议、主权担保、购电协议、建设合同、运维合同、供煤合同等项目协议下的应收账款等权益,以及项目投保的工程一切险、海运险、财产险、再保险赔付等商业保险权益以及政治风险保险权益转让给贷款人,以便为贷款人利益设置担保。

与中国法下权利质押往往需要登记和公示不同,债权让与担保的成立本身一般不需要登记和公示①,但贷款人一般会要求借款人向相关合同的相对方发出权益转让通知,权利相对方对该合同/保单的权益让与事项出具书面的知晓函。为此,贷款人一般都会要求相关项目协议包含相对方明确同意和配合项目公司基于项目融资目的就其全部资产(包括合同权益)设置担保权益的条款。例如,在巴基斯坦,根据《金融机构(担保交易)法》(2016),如果应收账款的义务人已收到书面的权益转让通知或已书面同意应收账款的转让,则其应受相关担保转让的约束。

【实例 3-38】巴基斯坦某电力项目执行协议设置担保条款

在巴基斯坦某独立发电项目中,项目公司与巴基斯坦政府签署的执行协议就担保转让的同意进行了如下约定:

11.1 Assignment[转让]

No assignment or transfer by a Party of this Agreement or such Party's rights or obligations hereunder shall be effective without the prior written consent of the other Party, except as provided in Sections 11.2 (a) and (b). [未经另一方事先书面同意,一方对于本协议或其在本协议项下权利义务的转让不发生效力,但第 11.2(a)和(b)款规定的

① 比如,在中国,应收账款质押担保需要在中国人民银行征信中心登记。

情形除外。]

11.2 Creation of Security[担保的设立]

(a) Notwithstanding the provisions of Section 11.1, for the purpose of financing the Project, in connection with the Financial Closing the Company may assign to, or create a security interest in favour of, the Lenders in the Company's rights and interests under or pursuant to (i) this Agreement, (ii) any agreement or document included within or contemplated by the Project Agreements, (iii) the Project, (iv) rights/interests in the Land, (v) the present and future movable, immovable, and intellectual property of the Company, and (vi) the present and future revenues or any of the rights or assets of the Company; and (vii) any other present or future right, interest, property or asset of any kind and wherever situated. [尽管有第11.1款的规定,出于项目融资的目的,针对融资关闭,公司可就根据下述事项所享有的权利或利益向贷款人进行转让或为其设立担保权益:(i)本协议;(ii)项目协议中包含或拟订立的任何协议或文件;(iii)本项目;(iv)项目用地中的权利/利益;(v)公司现有的和未来的动产、不动产和知识产权;以及(vi)公司现有的和未来的收入或任何权利、资产;以及(vii)无论位于何处、任何种类的其他任何现有或未来的权利、利益、财产或资产。]

(b) Upon notification by the Lenders or the Agent to the Goverment, of the occurrence and continuance of an event of default under the Financing Documents, the Lenders shall have the right, among others, to (i) take possession of the Project and prior to the Commercial Operations Date, complete construction of the Project and operate and maintain the same and, after the Commercial Operations Date, operate and maintain the same, and (ii) cure any continuing Company Event of Default as provided under Section 14.4 of this Agreement. [当贷款人或代理人就

融资文件项下违约事件的发生及持续向政府发出通知后，贷款人即有权：(i)占有本项目，在商业运营日前完成本项目的建设、运营和维护，并在商业运营日后运营和维护本项目，以及(ii)按照本协议第14.4款的规定，纠正任何持续的公司违约事件。]

此外，就关键的项目协议，贷款人还会进一步要求直接加入与相对方签署直接协议，确保在发生项目公司违约情形下贷款人的介入权等机制能得到落实。直接协议的核心机制与法律问题详见本节第4部分“直接协议核心机制和法律问题”讨论。

(四)担保的执行

从贷款人角度，除了解适用法下可以获得的担保资产范围大小、担保措施的效力外，每项担保措施在相关法域的具体执行及相关程序，也是评估项目担保方案质量的重要方面。

因此，贷款人在最开始的法律尽职调查阶段即关注资产所在地适用法律以下问题：(1)对执行担保资产是否存在法定的宽限期、补救期以及前提条件的要求；(2)执行的具体方式，可以自行选择还是必须通过法院，私下协商还是必须公开拍卖等[①]；(3)项目公司破产对担保执行的影响，如是否必须等待破产程序终结；(4)被担保债权人参与公开拍卖与竞价的具体限制；(5)担保执行程序所需时间以及费用等。此外，在贷款人为境外主体的情况下，担保的执行往往还涉及外商投资限制、外汇汇兑和汇出、并购审批等方面的特殊问题。例如，根据巴基斯坦《外汇手册》，如股份质押的担保权人为境外贷款机构，则相关借款人必须就股权质押获得巴基斯坦国家银行的一般/特别许可，否则产生担保执行上的障碍。在越南，根据越南《投资法》，如有项目公司从事外国投资者附条件

---

① 比如，在中国，抵押权人行使抵押权的方式有两种：一是与抵押人达成协议以抵押财产折价或者以拍卖、变卖该抵押财产所得价款优先受偿；二是通过提起诉讼的方式向人民法院主张权利，请求人民法院拍卖、变卖抵押财产。以诉讼方式行使抵押权，其中又可细分为三种：一是在对主债权提起诉讼之时，一并诉请折价、拍卖、变卖抵押财产并就所得价款优先受偿；二是申请实现担保物权的非讼程序；三是在主债权诉讼之外，单独提起抵押权之诉。

投资行业(中国投资者参与较多的发电行业也在此列)、股份转让使境外主体持股比例超过50%等情况,则相关方应就该等转让取得并购审批,这也包括执行担保过程中股份转让的情况。

相应地,在不违反适用法律强制要求的基础上,根据合同意思自治的原则,贷款人可以在担保协议中对担保的执行设计细致和有利的合同机制。

【实例3-39】越南某电力项目下项目公司股权抵押协议条款

该项目中,项目公司股东与债权人之间签署的《股权抵押协议》就担保执行约定如下:

7.1　Enforcement[执行]

At any time upon and after the occurrence of an Event of Default which is continuing, the security created by or pursuant to this Agreement shall be immediately enforceable. The Security Agent may, if required by Vietnamese Law and by seven (7) Business Days' notice to the Mortgagor, in its absolute discretion and to the extent permitted by Applicable Law:[在某一持续的违约事件发生后的任何时间,根据本协议设立的担保可立即被执行。如果越南法律有相应规定,则担保代理人有权在提前7个工作日通知抵押人的情况下,在适用法律允许的范围内自行:]

(a) sell or assign or otherwise transfer all or any part of the Secured Assets to a person or persons appointed by the Security Agent;[出售、让与或以其他方式将担保资产全部或部分转让给担保代理人指定的一人或多人;]

(b) take over all or any part of the Secured Assets in satisfaction of the prompt and complete payment and performance in full of the Secured Liabilities; and[接管全部或部分担保资产,以及时、完全地支付和履行全部担保债务;以及]

(c) otherwise dispose all or any part of the Secured Assets or take any other action of enforcement permitted by Applicable Law, [以其他方式处置全部或部分担保资产,或实施适用法律允许的任何其他执行行为,]

in each case in such manner, at such place and on such terms as the Security Agent may, in compliance with any mandatory requirements of Applicable Law, determine to be desirable. [且针对上述各类行为,担保代理人可在遵守适用法律的强制性规定的情况下,以其认为适当的方式、地点和条件进行。]

The Parties agree that if the Security Agent or a nominee of the Security Agent takes over the Secured Assets pursuant to Clause 7.1(b), the value of the Secured Assets at such time will be either (1) the book value or (2) the market value of the Secured Assets, whichever is higher. If the Mortgagor determines that the book value or the market value of the Secured Assets do not reflect the value of such Secured Assets, the Security Agent shall be entitled to appoint an independent valuer to determine the value of the Secured Assets. If the valuer determines that the value of the Secured Assets is in a range of values, the value shall be the mid – point of that range. [双方同意,如果担保代理人或担保代理人指定的第三人根据第7.1(b)款接管担保资产,则担保资产届时的价值为(1)担保资产的账面价值,或(2)担保资产的市场价值,以较高者为准。如果抵押人认为担保资产的账面价值或市场价值不能反映该抵押资产的价值,则担保代理人有权指定独立评估师以确定担保资产的价值。如果评估师估定担保资产的价值在某一区间内,则其价值应为该区间的中间值。]

(五)适用法律与争议解决

在复杂的涉及多法域的海外工程能源基础设施项目融资交易结构下,适用法律和当地法律不是一个单一的概念,既可能指担保资产所在地的法律,也可能指担保提供人注册地/住所地的法律,还可能是贷款协议、担保协议约定的管辖法律,这三者可能一致,也有可能各不相同。

在海外工程能源基础设施项目中,贷款协议选择英国法或美国纽约州法为管辖法律比较多见,但选择担保协议的管辖法律时,并不必然与主合同即贷款协议的管辖法律一致,而应当充分考虑担保资产所在地、担保提供人住所地法律对担保文件管辖法的强制性规定、担保执行的便利性等。很多情况下,从方便执行角度,担保协议的管辖法律一般都会选择担保资产所在地法律。

类似地,就争议解决而言,尽管贷款协议一般多会选择在伦敦国际仲裁院(LCIA)、国际商会国际仲裁院(ICC - ICA)、新加坡国际仲裁中心(SIAC)等地仲裁,尽管在《纽约公约》覆盖范围内相关外国裁决可以在成员国得到承认和执行,从方便担保的执行角度出发(如在以账户和资金为主要担保时,选择账户所在地法院诉讼可以迅速采取保全措施查封账户),担保协议约定财产所在地法院诉讼解决往往是更加合适的选择。

四、直接协议核心机制和法律问题

在项目融资模式下,项目的价值在于其运营及其产生的现金流,而不是作为担保的项目固定资产本身。如前文提及,各国法律不尽一致,从确保无须法院介入即可指定接管人运营担保财产的权利,从而尽可能保持预期运营收入的角度,贷款人通常会与作为借款人的项目公司及项目主要合同的相对方签订直接协议,约定当项目公司违约且无法有效补救时,贷款人可以介入项目、行使项目公司在相应合同项下的权利,以此“直接”地参与到原本属于项目公司与其他项目参与方的合同法律关系中。对于贷款人而言,在项目执行遭遇重大问题的情况下,加速到期、执行担保、申请借款人破产清算往往是迫不得已的选择,而如果挽救项目和项目公司仍具有可行性,通过临时介入或寻找第三方接替原投资人将会是更有利的选项。有鉴于此,直接协议也构成了项目融资结构中的重要文件,为贷款人落实担保提供另一个抓手。

上述可能作为直接协议签约一方的,除贷款人(或代表贷款人的担保代理行或受托行)外,通常包括项目的政府方签约主体、承购方、建设承包商、运维承包商、原料供应方等。在评估就某份具体项目合同是否有必要签订直接协议时,贷款人通常会考虑合同是否涉及提供项目运营所必需的货物或服务、在类似合同条件下找到替代方是否存在困难等问题。如果上述问题的答案是肯定的,那么贷款人就需要考虑签订直接协议,并可能将相应直接协议的签署作为融资关闭的前提条件之一。

尽管实践中直接协议是针对不同的项目合同签订,但其主要条款差异不大,通常包括转让条款、补救期条款、介入和退出、合同更替、救济恢复条款等。以下就直接协议的核心机制和相关问题进行说明介绍。

(一)触发事件

通常而言,各方对贷款人有权启动直接协议的合同机制、介入项目的情形应限于项目公司发生性质严重的问题,进而导致相关项目合同的相对方暂停、终止的情况具有共识,分歧往往在于如何对这些严重事件的范围(即触发事件)予以定义和界定。

实践中,触发事件的范围通常包括:(1)相对方暂停履行相应项目合同项下义务;(2)相对方终止、撤销项目合同;(3)相对方启动或参与针对项目公司或项目公司财产的执行程序;(4)相对方启动或参与针对项目公司的破产、清算程序。从贷款人的角度,触发事件的范围通常需尽可能宽泛全面,以确保其拥有尽早介入项目的权利,因此,部分情况下触发事件还可能进一步包括如相对方针对项目公司启动或参与旨在实现相应合同救济的法律程序的情形,乃至如“相对方采取在相应司法管辖区就有类似性质的任何其他行动”的兜底式安排。相反,相对方则倾向于对此进行限缩,如针对相对方暂停履约的情形,规定作为触发事件的暂停履约的情况仅限于相对方的实质性义务,或是针对项目公司迟延付款允许相对方一定时间的暂停权。

【实例 3－40】欧洲某新能源电力 IPP 项目 EPC 合同直接协议

在该项目中，承包商为项目建设期提供部分延付融资以作为银行贷款的补充，并与项目公司、银行的担保代理人签订直接协议。在该直接协议中，各方以承包商向业主发出关于暂停、终止或启动针对项目公司的清算程序等的通知之日，或担保代理人发出关于融资文件项下违约事件发生的通知之日，作为“触发日”，并约定在触发日后最长不超过 120 天内（除非银行在此期间介入或由第三方替换项目公司）不得采取任何暂停、终止或启动针对项目公司的清算程序等行为，且需按约履行合同义务，除非在触发日之后承包商根据 EPC 合同有权暂停履约，包括承包商未收到项目公司在触发日之后应付的款项、项目公司未能按期签发延付证书，或项目公司无法证明其拥有足够用于支付项目成本的资金等情形。

（二）介入权、补救期和停顿期

当触发事件发生后，相对方还需先向贷款人提供一定期限的事先通知，以使贷款人评估决定是否行使介入权和做出相应补救。在通知中的期限未届满时，相对方不得采取相应行为。这一期限通常被称为“补救期”（cure period）或“停顿期”（standstill period）。

从贷款人的角度来看，争取更长的补救期符合其利益。但对相对方而言，更长的补救期会使其延迟行使项目合同下的救济权利。尽管如此，相对方和贷款人的利益在这一点上并非完全对立。在多数直接协议中，一般都会约定贷款人可由担保代理行或受托行或另行指派的第三方参与项目公司和相对方的合同关系。贷款人在享有项目公司的合同权利以借此采取补救措施、重回正轨的同时，多数情况下也与项目公司共同向相对方承担连带责任。通常，贷款人指派的第三方往往被限定为清算或接管人，贷款人拥有或控制的主体，以及具备相应资金和技术能力管理项目的第三方。如果贷款人没有采取充分补救措施的机会，那么在最坏情况下，一旦项目公司最终彻底违约或濒临破产，相对方作为一个没有担保的普通债权人,所能获得的补偿势必也是相对有限的。因此,随着贷款人的介入,相对方往往会获得贷款人代替项目公司清偿责任的机会。

【实例3-41】中东某油气项目EPC合同直接协议

> 该直接协议中约定,在贷款人向承包商发出介入权通知后10日内,承包商需向担保受托行提交报表以具体说明两部分金额。第一部分金额为截至介入权通知发出之日,在EPC合同项下应付承包商的全部付款金额;第二部分金额则为承包商因业主违约或其他原因而有权根据EPC合同主张的全部索赔金额,并具体说明:(1)索赔所依据的EPC合同的具体条款;(2)承包商可得的,关于业主导致索赔事件发生的作为或不作为的信息;(3)针对任何违约,承包商合理认为需要采取的补救该等违约的措施,以及采取这些措施可能需要的时间;(4)索赔的金额以及对此的合理计算方式;(5)该等索赔金额产生的任何其他费用,以及该等索赔所产生费用的费率;以及(6)根据EPC合同应就相应索赔支付的利息。

由此可见,贷款人行使介入权对承包商而言也不一定就不利。

此外,直接协议项下的补救期也可能会与项目公司与贷款人在融资文件项下约定的补救期限存在关联。如果相对方愿意在直接协议项下给予贷款人较长期限的提前通知,那么贷款人也应可以在融资文件项下给予项目公司更长的补救期限,如情况未能改善再行使融资文件和直接协议项下的权利。但如果直接协议项下的提前通知期限较短,则贷款人便很难再给予项目公司更多时间自行补救,而是更倾向于能够尽早通过直接协议介入项目,以避免不利结果发生。

(三)对项目公司的替代权

除了临时性地"介入"外,贷款人在直接协议项下通常还有权永久性地指派其他方替代(substitute)项目公司,即通常以合同权利义务概括转让(novation)的方式,由替代方彻底取代项目公司在项目合同项下的地位,并承担项目合同项下后续全部责任(以及部分特别约定的在合同更新发生前发生的责任)。因此，不同于前述“介入”的情形下介入方与项目公司共同向相对方承担连带责任，在“替代”的情形下，原项目公司不再作为项目合同一方，无须向相对方承担合同责任。同时，由于合同更新的法律效果是双方之间重新成立一个新的合同，原项目合同中双方彼此承担的义务和责任都将随着合同更新而不复存在。因此，直接协议中也有必要明确替代方是否需要承担项目公司在原项目合同项下的责任（如相对方提供的有关责任金额的报表中尚未被支付的部分）。

在替代的情况下，项目合同的相对方最为关注的问题当然是贷款人指派的替代方是否具备长期且妥善履行项目合同义务的能力。因此，贷款人对于替代方的指派是否需要经过相对方的事先同意，也常常是直接协议谈判中的焦点之一。对此，相对兼顾贷款人与相对方利益的做法是，根据项目特点明确替代方所需满足的客观标准，或是要求相对方如无合理的理由（包括不具备相应财务或技术实力、属于相对方的竞争对手等），不得拒绝贷款人拟议的替代方。但需要注意的是，如果项目本身是通过公开招标的方式授予项目公司，那么在指派替代方时，还需要考虑是否存在违反相关招投标法律规定的潜在风险。值得注意的是，除了相对客观的资金和技术能力标准以外，从合同相对方的角度出发，为避免其竞争对手永久性接管本项目，从而对其继续履行相关项目协议或其他商业利益造成损害，合同相对方有时也会坚持在直接协议中明确约定指派的替代方不得是其竞争对手。

在部分相对方为政府方主体的特许权项目中，考虑到项目的公共属性以及政府方主体在相关公共服务领域较为重要的市场地位，直接协议会额外赋予该政府方买断项目的权利，以便政府方确保项目所提供的公共服务能够得以延续。

（四）通过直接协议作出其他有利于贷款人的安排

除上述直接协议中的核心安排外，直接协议也可被贷款人用于对原项目合同中的条款进行修改，以形成更有利于贷款人、提高项目可融性或更符合项目需求的商业安排。

1. 由相对方放弃基于项目协议可能对项目公司享有的抵销权

贷款人为了尽可能确保其能够享有在相关项目协议项下有权获得的金额，

可能会要求相对方放弃在相关项目协议项下针对项目公司或者贷款人所享有的抵销、反索赔的权利。对于此类安排，必须结合项目协议的种类进行考虑。如果项目协议项下双方均容易向对方产生付款义务，则容易成为谈判的焦点。例如，在施工合同中，尤其是在需要贷款人介入、项目执行预期并非十分理想的情况下，项目公司和承包商很可能互相存在索赔主张，此时直接协议中是否进行此类放弃抵销权的约定就显得格外重要。

2. 由相对方签订新的直接协议

为便于项目后续潜在再融资的目的，贷款人也可能要求在直接协议中约定，当项目需要再融资或项目合同进行合同更新之后，由相对方和替代方与贷款人一方按照与该直接协议基本相同的条款条件签订新的直接协议。

3. 明确相对方在项目合同项下的付款账户

在部分项目融资交易中，尤其是针对构成项目公司主要收款来源的项目合同，贷款人会要求相对方将项目合同项下付款支付到指定的账户，或贷款人/担保代理行或受托行通知的其他账户中，以加强贷款人对项目收款情况的把控。

（五）对于让与担保的确认

项目协议下项目公司权利的让与担保（assignment by way of security）是海外能源基础设施项目中较为常见的一种担保形式，贷款人往往会要求将主要项目协议下的权益、保险权益和项目收益权均进行让与担保。作为相关担保权益设立和完善的要求，让与担保需要经书面形式向项目协议的相对方发出通知，并由权利相对方对权益让与事项出具书面的知晓函。

基于上述原因，贷款人会在直接协议中明确相对方确认收悉相关权利转让的通知安排，并约定在贷款人（通常为贷款人的担保代理行或受托行）向相对方发出通知说明项目公司在融资文件下违约、相关担保权利可被执行之前，项目公司仍有权行使合同项下的权利。进行这一安排的意义在于，如果项目合同对于项目公司的相关权利转让存在限制性规定，则由相对方对转让在直接协议下进行确认，不仅可实现前述完善担保的目的，也可以避免因未经同意的权利转让造成项目合同终止的潜在后果。

(六)适用法律与争议解决

与融资协议往往约定不同于项目合同适用法律的安排不一样,直接协议的适用法律通常与相应项目合同的适用法律相同,以尽可能减少适用法律不同而产生不同解释的潜在纠纷。此外,针对直接协议的争议解决方式,除应遵循与相应项目合同同样的争议解决方式的原则外,少数情况下贷款人可能进一步要求保留其他潜在争议解决方式的权利,如约定争议解决条款下约定的争议解决方式不限制贷款人/担保代理行或受托行在任何其他有管辖权的法院起诉相对方或项目公司的权利,以给予己方争议解决最大的灵活性。但需注意的是,此类争议解决安排的效力,并不一定能够在任何司法管辖区都得到支持,需结合具体适用法律的规定进行研判。

第四章　汝欲和平 必先备战

——海外工程能源基础设施项目的争议解决

海外工程能源基础设施项目的争议解决程序，相比一般商事争议解决程序，具有多元、多层级的特点，这是由工程项目体量大、合同履行期长、完工拖延的损失巨大，需要尽可能在过程中及时解决争议、推进项目的核心诉求所决定的。对于参与海外工程能源基础设施项目的中国企业而言，功在平时，熟悉、了解和懂得运用规则是维护和争取利益的第一步。本章简要介绍海外工程能源基础设施项目的常见争议及争议解决机制、主要证据披露规则，并进一步通过具体案例介绍工程争议案件审理的攻防准备，为预防和有效应对潜在争议提供一定参考和指导。

第一节

海外工程能源基础设施项目的常见争议及争议解决机制

一、海外工程能源基础设施项目的常见争议

海外工程能源基础设施项目合同的履行界面复杂、履行周期长，在动辄数年的合同履行期内从人工、物资材料价格上涨、汇率税收变化、法律政策变化、不可预见的现场条件、不可抗力等这类客观原因，到工作范围敞口、业主资料错误、业主需求变化、验收程序和界面模糊这类合同约定方面的原因，均可能引发纠纷。但无论具体原因和纠纷的内容如何不同，本质上均是围绕价格、工期与质量这三大核心问题而产生。

（一）工程变更

在海外工程能源基础设施项目中，合同各方因实际履约成本超出报价测算进而引发合同价格调整和增加，并进一步产生争议不在少数。项目实践中，项目成本超支的原因主要为两类：一类是发生人工及原材料的价格上涨、法律变化、汇率波动等风险；另一类则是工程变更，即工作范围和工作内容发生变化。

就工程变更而言，虽然工程变更按通常理解往往多为设计、图纸、规范等这些技术方面的修改，但是变更实际上是一个范畴非常广的概念，其涉及改变的内容还包括施工方法、施工程序、设备、材料、要求加速施工、减少部分合同工作、修改施工计划等。由于海外工程能源基础设施项目的复杂性和履约周期长，工程变更客观上难以预见或避免，故合同一般赋予业主在合同签订后单方面指示和实施工程变更的权利。

另外，海外工程能源基础设施项目实践中，业主广泛采用交钥匙合同（turn-key contract）、工程总承包合同（EPC contract）、设计及建造合同（design and build contract）的固定总价合同模式，追求合同价格在合同工作范围内不因工程量增减而变化，由承包商承担工程量变动的风险，以此避免向承包商支付的合同价格超出项目投资预算。

实践中，工程变更争议的焦点往往源自双方对固定总价到底包含哪些工作、相应的变化是否构成工程变更的截然不同理解。

1. 合同内明示和隐含的工作内容

固定总价所覆盖的工作范围并非只是在合同文件内明确列示的工作，也包括虽未明确列示但是承包商必须完成的其他工作，即隐含的工作。对于明示包含在固定总价内的工作，业主和承包商通常在理解上不会发生实质性的分歧，但是哪些隐含工作包含在固定总价内这一问题经常会成为双方之间的争议焦点。

在工程界广泛被引用的英国威廉姆斯诉菲茨莫里斯案中①，承包商（威廉姆斯）和业主（菲茨莫里斯）签订了固定总价合同，约定由承包商承建一座“完整、干燥且适宜菲茨莫里斯少校居住”的房屋，在技术规范中明确规定承包商的义务为提供“在前述具体内容中提到或以其他方式规定的为完成工作必需的全部材料”，以及“实施前述规范内提及和包含的所有类别的工作”。

技术规范中明确提及了地板格栅，但是并没有提及地板。因此，承包商主张地板显然构成额外工作，业主应就此给予额外付款。承包商虽然已经将地板材料运抵现场，但是表示除非业主同意给予额外付款否则将不会铺设地板。双方由此产生争议。业主随后将承包商逐出现场，利用承包商运到现场的地板材料完成了铺设。争议诉诸法院后，法院最终认定虽然技术规范内遗漏了地板，但可以明显推断出承包商应该承担地板工作。

为了避免争议，业界通行的一些合同条件中通常会对隐含工作进一步予以明确，以日本国际协力机构（JICA）发布的通用合同条件为例，第 7.2 款规定：

① Williams v. Fitzmaurice (1858) 3 H. and N. 844.

除非从合同内明确排除，对于未在合同内明确规定的但是能够从合同内合理推断出对于设施的完工是必要的工作和物资材料，承包商应实施这些工作和/或提供这些物资材料，如同这些工作和/或物资材料已在合同内明确规定。

国际咨询工程师联合会 FIDIC 1999 版银皮书第 4.1 款【承包商的一般义务】也有类似规定①：

工程应包括为满足雇主要求或合同隐含要求的任何工作，以及（合同虽未提及但）为工程的稳定、或完成、或安全和有效运行所需的所有工作。

2. 工程变更和设计深化的模糊分界线

隐含工作已然划定了较为宽泛的工作范围，而为了抢工期尽快投产，海外工程能源基础设施项目往往采用边勘测、边设计、边施工的方式，即国内俗称的“三边工程”，使工程变更的争议更为复杂。“三边工程”往往签约之时仅仅具备非常初步的概念设计，在工程实施过程中随着设计的深化、工作内容逐渐变得明朗起来时，双方对于哪些工作包含在固定总价中不可避免地会产生分歧。通常是，承包商会认为一些其未预见到的设计深化工作属于变更，而业主则会认为其属于固定总价的正常工作内容，不是工程变更。究其根源，目前各国工程法律并未对“工程变更”形成普遍接受的定义原则。

在英国的斯堪斯卡施工公司诉爱格公司案中②，承包商（斯堪斯卡施工公司）与业主（爱格公司）签订了一份保证封顶价格（Guaranteed Maximum Price）合同，规定了最高合同总价，由承包商承建一座木屑压合板工厂。签约之时业主需求（Employer's Requirements）内仅包括概要设计（outline design），根据合同规定承包商有义务开展设计深化工作，把业主需求细化为完全可用于施工的

① FIDIC 1999 版黄皮书第 4.1 款也有相近规定。

② Skanska Construction Ltd. v. Egger (Barony) Ltd. (No. 2) [2002] All ER (D) 271 (Dec.).

设计。在设计深化过程中,承包商出具的设计规定仅在项目中安装一套消防水管,业主发布指令要求增加一套。承包商主张业主的指令构成工程变更,业主主张该指令属于合同总价范围内正常的设计深化,导致争议。法院经过审理认定业主需求援引了相关英国标准,承包商的一套消防水管设计已经满足了援引的英国标准,因此业主的指令并非设计深化,而属于工程变更。

尽管各国法律没有对于“工程变更”的统一定义,但从避免潜在争议角度业界通行的工程合同文本中一般会予以定义。例如,FIDIC 1999 版黄皮书和银皮书将工程变更定义为对业主需求或工程所做的任何更改。尽管业主有设计审查修改的权利,但对于已经满足了业主需求的承包商设计,如果业主指令做进一步修改,则是对合同工作范围的修改,应构成工程变更。通常来说,区别变更与设计深化的最重要的判断标准就是承包商的设计是否满足了业主需求。如果承包商提交的设计已经满足业主需求,业主仍然要求承包商修改设计,则业主的指令有较大的可能构成工程变更,否则,业主的指令仅构成设计深化过程的一部分。

值得注意的是,证明承包商的设计满足了业主需求并非易事。因为在普通法下,设计及建造合同默认承包商负有符合目的(fit for purpose)义务,即承包商对于工程完工后必须满足预期目的即业主需求中规定的功能承担严格责任。为了避免双方对于承包商的这一义务在不同法律的解释下产生分歧,合同通常还会作明确规定。例如,FIDIC 1999 版银皮书和黄皮书第 4.1 款【承包商的一般义务】均规定“完成后,工程应能满足合同规定的工程预期目的”。工程的具体预期目的通常通过业主需求内关于功能性要求的规定体现。在斯堪斯卡施工公司诉爱格公司案中,合同约定的预期目的是“提供一座能够完全运行的全新的木屑压合板生产设施,并配备有描述的外部工程、服务与设施”。这种高度概括性的描述提高了承包商的举证难度,也是产生争议的根源。

(二)工期延误

一般来说,当项目实际完工日期晚于合同约定的完工日期,则可认定工期延误。但是,发生工期延误由哪方承担延误责任,承包商是否应支付误期损害违约金、赔偿延误损失,抑或业主应赔偿承包商因工期延长遭受的停窝工损失、总部和现场管理费增加等损失，取决于导致工期延误的原因在哪一方或相关风险按合同归哪方承担。海外工程能源基础设施项目往往工作界面复杂，各方权利义务交织，导致判定工期延误的原因并非易事，工期延误的争议也成为海外工程能源基础设施项目的难点和痛点。

总体来说，工期延误可分为业主原因引起的延误、承包商原因引起的延误、第三人引起的延误以及不可控制的风险因素导致的延误。业主原因一般主要包括：未及时取得合法证照或办理相关审批手续、未按合同约定提供图纸或审批图纸、延迟提供设计、延迟交付施工现场、延迟付款、工程变更等；承包商原因主要包括：机械设备和人员不足、其他资源配置不足、组织管理不当、施工缓慢、工程质量缺陷返工修复或拆除重建；第三方原因主要包括：公用事业部门拖延、政府部门指令停工等不可归责于合同当事方的意外事件；不可控制风险因素主要包括：不可抗力事件、业主特殊风险事件、不利施工条件等。实践中，引起工期延误的原因很少是单一的，往往是多重和交叉的，不具备工程技术和法律专业知识背景的人员很难厘清。

即便是识别和判明了工期延误的原因和相应责任，还需要对工期延误的具体影响进行量化，即计算工期延误的具体天数。海外工程能源基础设施项目的建设过程包括很多工序，并不是所有工序上的延误都对项目整体竣工日期产生影响。因此，工期延误可分为关键线路延误和非关键线路延误。由于非关键线路的工序活动都有一定浮时，只要延误时间少于浮时，就不会对项目整体工期产生影响，故计算工期延误的具体天数仍然需要借助关键路径分析，而不是简单的实际完工时间与计划完工时间对比的时间差。

事实上，无论是工期延误的定性还是定量分析，一般都需要在关键路径基础上进行延误分析。常用的工期延误分析方法主要有时间影响分析法（Time impact analysis）、实际与计划工期对比法（As built vs. As planned）、影响事件剔除分析法（As built but for/Collapsed as built）和窗口分析法（Windows analysis）。

1. 时间影响分析法

时间影响分析是通过分析在当前进度下延误事件对完工日期的影响，具体做法是将计划进更新至当前进度，然后在其中插入代表延误事件的活动，比较插入延误事件后计划完工日期和原更新计划之间的差别，就是该延误事件对工期造成的影响。

2. 实际与计划工期对比法

实际与计划工期对比法是将实际计划与基准进度计划或施工计划进行对比，它们之间的差别就是工期延误。这种方法比较简单易行，不要求采用复杂的关键路径技术分析，但英国建筑法协会（Society of Construction Law）出版的《延误和干扰评估准则》（Delay and Disruption Protocol）认为，虽然这种方法可用来识别进度延误，但无法判断同期延误、重新安排施工次序、采取减轻措施以及赶工的影响。

3. 影响事件剔除法

影响事件剔除法是一种追溯延误分析方法，此方法的原理是考虑如果延误事件没有发生，那么项目的工期情况应是如何，从而得到延误事件对于计划工期的影响。具体的操作方法是在实际竣工时间表中去掉影响事件活动，然后重新计算，得到新的完工时间，两个计划之间的差别就是延误事件对项目造成的延误。

4. 窗口分析法

当项目工期的周期比较长时，可以将项目工期分解成多个时间段分别进行分析，这种方法称为“窗口”分析，每个“窗口”的时间长度可以根据情况有所不同。在“窗口”分析中，基准计划的定期更新是必需的条件。

总体而言，以上工期延误分析方法各有利弊，适用条件和场景也各不相同。在选择工期延误计算方法时，不仅应当考虑该方法的准确程度，更应当结合项目实际情况和索赔策略，选择最适用的方法。例如，时间影响分析法要求将基准工期计划更新至延误事件发生时的进度计划，但如果基准计划不准确，或者延误事件发生时未对当前的工期进度做出充分的记录，就无法对进度计划做出准确的更新；再如，各项工期延误计算方法有繁有简，所需花费的时间成本和经济成本各不相同，成本因素也是选择工期延误计算方法的重要因素。

(三)质量争议

海外工程能源基础设施项目中,项目工程质量是否合格、符合合同约定的标准和要求,不仅关系到业主的项目合同目的能否实现,还与生命与财产的安全等社会公共利益息息相关。为此,有经验的业主通常会聘用经验丰富的顾问,在项目合同履行中,通过设计审查、构成永久工程的施工材料和设备机器的出厂和现场的检验、试验到性能考核和竣工验收,再到缺陷通知期,再辅之以进度款、保留金、履约保函构建一套严密的质量管控和责任机制。

但是,合同机制的完备不等于执行层面的无懈可击,更不用说合同机制缺失、不周密、条件严苛是绝大多数海外工程能源基础设施项目下中国企业面临的现实;加之合同履行期长、上下游参与方多、工作界面交叉复杂,各类质量争议一直是工程能源基础设施项目的主要争议之一。例如,在工程实施过程中,合同约定的材料和设备检验试验程序不清晰、约定的质量标准与东道国适用的强制性标准不一致,性能违约金适用条件不明,以及竣工后的缺陷通知期内工程及设施维护运行要求不明确、责任界面不清晰,都是产生质量争议的种种原因。这些争议既涉及对合同技术标准和合同商务条款的解释,也涉及有关合同义务在技术上的合理性以及有关检验、试验、考核验收过程的举证事宜。这些问题也历来是索赔谈判和诉讼及仲裁案件审理的焦点。

二、合同索赔

如上文所述,大大小小的争议在履行期超过一年或长达数年的海外工程能源基础设施项目中是不可避免的现实。从国际上业内最佳实践角度,合同索赔应成为海外工程能源基础设施项目管理的一项重要工作,并进一步成为项目合同管理的一项日常工作内容,从而尽可能及时和妥善地解决争议,管控风险。但受中国传统“和为贵”文化的影响,以及重口头交流、轻书面记录的习惯意识,中国企业往往在过程中忽略索赔,不是逼不得已、不到最后关头一般不会“亮剑”,而此时相关权利往往已经过期,同时相关同期记录不可回溯,证据已经难以搜集。因此,及时和有力的索赔是参与海外工程能源基础设施项目的中国企业需要高度重视和学习的课题。

(一)遵循合同索赔程序,及时发出索赔通知

海外工程能源基础设施项目合同往往会规定合同一方向另一方提出索赔的期限和程序,以及违反该等期限和程序将导致失权的不利后果。例如,在FIDIC 1999 版系列合同条件中,承包商提出索赔的期限为 28 天,从承包商觉察或应已觉察索赔事件时起算。如果承包商未在 28 天内发出索赔通知,则竣工时间不得延长,承包商无权获得任何额外付款,业主应被免除有关索赔的全部责任。在 FIDIC 2017 版系列合同条件中,该 28 天的提赔期限不再仅单方面适用承包商,也适用业主。除索赔通知的期限,合同通常还会规定提供详细索赔报告和同期记录的程序。例如,FIDIC 2017 版系列合同条件进一步增加了提交索赔依据声明的时间以及逾期提交失权的不利后果。

实践中,由于中国承包商的谈判地位以及一般缺乏对合同足够关注等原因,不少合同中业主对承包商的提赔规定了非常严苛的条件,承包商稍不注意就会落入逾期失权的不利境地。

【实例 4-1】中东某 EPC 项目

在中东的某 EPC 项目合同中,合同条件以 FIDIC 1999 版黄皮书为蓝本,但是对于索赔程序作了较大幅度的改动,具体内容如下:

21 Contractor's Claim[承包商索赔]

21.1 Notice of Claims[索赔通知]

If the Contractor considers that it may have grounds to claim any additional payment or any extension of time pursuant to any clause of this Conditions, it shall in addition to compliance with any other procedure or obligation in relation thereto, give a written notice to the Engineer within seven (7) days after the event giving rise to the claim has first arisen. The notification shall include details of the Clause under which the claim is made, the circumstances in which the claim arises and details of the records that the Contractor will maintain to substantiate the amount of its claim.［如果承包商认为其有理由根据本条件的任何条款要求任何额外付款或工期延长，其应在索赔事件首次发生后七(7)天内向工程师发出书面通知，并相应遵守与此相关的任何其他程序或义务。通知应包括提出索赔所依据的具体条款、索赔发生的情况以及承包商为证明其索赔金额将保持的记录详情。］

21.2　Contemporary Records［同期记录］

Upon the happening of the event referred to in Sub – Clause 21.1［Notice of Claims］, the Contractor shall maintain such contemporary records (including those referred to in its notice under Sub – Clause 21.1［Notice of Claims］as may reasonably be necessary to support any claim it may subsequently wish to make. The Contractor shall ensure that each of its subcontractors and consultants shall maintain such contemporary records as necessary to support any claim the Contractor may subsequently wish to make. Without any admission of liability on the part of the Employer, the Engineer may, on receipt of a notice under Sub – Clause 21.1［Notice of Claims］, inspect such contemporary records and may instruct the Contractor to maintain any further contemporary records as are reasonable and may be material to the claim of which notice has been given.［一旦发生第21.1款【索赔通知】中提及的事项，承包商应保留合理必要的同期记录以支持其后续可能作出的索赔，包括第21.1款【索赔通知】项下的通知中提及的记录。承包商应确保其每个分包商和咨询均应保持必要的同期记录，以支持承包商后续可能作出的任何索赔。在不承认业主的任何责任的情况下，工程师可在收到第21.1款【索赔通知】项下的通知后检查该等同期记录，并指示承包商保持任何合理且可能对已发出通知的索赔具有实质影响的进一步同期记录。］

21.3　Substantiation of Claims[索赔的证实]

Within fourteen (14) days, or such lesser time as may be reasonably required by the Employer or Engineer, of giving notice under Sub – Clause 21.1 [Notice of Claims], the Contractor shall send to the Engineer an account giving detailed particulars of the amount claimed and the grounds upon which the claim is based. Where the event giving rise to the claim has a continuing effect, such account shall be considered to be an interim account and the Contractor shall, at such intervals as the Engineer may reasonably require, send further interim accounts detailing the aggregate amount of the claim and any further grounds upon which it is based. In cases where interim accounts are sent to the Engineer, the Contractor shall send a final account within fourteen (14) days of the end of the effects resulting from the event. The Contractor shall, if required by the Engineer so to do, copy to the Employer all accounts sent to the Engineer pursuant to this Sub – Clause 21.3 [Substantiation of Claims]. [在根据第21.1款【索赔通知】发出通知后十四(14)天或业主/工程师合理要求的更短时间内,承包商应向工程师发送报告以详细说明索赔金额及索赔依据。如果索赔事件具有持续影响,则该报告应被视为临时报告,且承包商应按照工程师合理要求的时间间隔发送进一步的临时报告,详细说明索赔总额及索赔所依据的任何进一步理由。如向工程师发送了临时报告,承包商应在事件影响结束后十四(14)天内发送最终报告。如工程师要求,承包商应根据本第21.3款【索赔的证实】向业主抄送所有发送给工程师的报告。]

21.4　Failure to Comply[未能遵守]

It shall be a condition precedent to the Contractor's right to make any claim under the Contract that it shall have complied with all of the provisions of this Clause 21 [Contractor's Claim] in respect of any claim which it shall seek to make. In the event of the Contractor failing so to comply, the Employer shall not be bound to make any additional payment or compensation or grant any extension of time to the Contractor in respect of such claim and in such a case, the Contractor shall be conclusively deemed to have waived the claim or claims the subject of the non – compliance and the Engineer shall also not be bound to make any assessment in respect of such claim. [承包商有权在合同项下提出的任何索赔以其应已相应遵守本第 21 条【承包商索赔】项下的所有规定为先决条件。如承包商未能遵守,业主无义务就该索赔向承包商支付任何额外款项、赔偿或授予任何工期延长,承包商应因其未遵守规定而被视为最终放弃了所提出的一项或多项索赔,工程师亦无义务就此类索赔作出任何评估。]

在实例 4 – 1 中,合同规定的索赔程序以及索赔失权条款对承包商极为严苛。承包商发出索赔通知期限只有 7 天,且自引起索赔的事件首次发生起算,并不取决于承包商是否觉察或应已觉察该事件发生。显然,如果承包商不能在第一时间识别索赔事项,并在 7 天内发出符合相关内容要求的索赔通知,则将很可能导致其失去索赔权利。此外,承包商违反 EPC 合同规定的其他程序,包括但不限于提交临时索赔报告、最终索赔报告以及保持同期记录等方面的内容和时限要求,以及 EPC 合同其他条款所规定的相关程序和义务均可能导致其失去索赔权利。

尽管上述严苛的索赔条款视适用法律情况,可能不被支持或者其效力有一定挑战的空间,但从合同履约角度,合同当事方首先应“反求诸己”,需要重视并尽力严格遵循合同规定的程序,及时发出索赔通知避免实体权利的丧失。

(二)实体权利的论证及证据链

满足合同规定的索赔程序仅仅只是第一步,一项有力的索赔还需要依据合同或法律,对索赔事件、后果以及相应救济权利的因果关系,结合证据做出有力的论证。

事实上，在海外工程能源基础设施项目实践中，无论是承包商方的索赔，还是业主方的拒赔与反索赔，都是对双方协商签订合同的好坏、法律规则的理解掌握以及事实和证据的判断取舍等综合条件和能力的检验和考验。

仔细研究合同条款、分析己方索赔主张和对方抗辩、反索赔的依据是双方制定攻防转换策略的首要任务。以新冠肺炎疫情和NEC3版为例，经过对合同条款的研究，可以看到合同条件中没有任何关于不可抗力的约定，当然更不可能将流行病（epidemic）规定为不可抗力事件，但是第60.1（19）款规定满足下述条件的事件即构成可补偿事件：

第一，阻止承包商完工或者按期完工；

第二，任一方都无法预防；

第三，一个有经验的承包商在签约之日判断由于发生概率是如此之小以至于要求承包商提前考虑该事件是不合理的；

第四，不属于其他的可补偿事件。

因此，如果新冠肺炎疫情符合上述四个认定标准，仍然能够落入可补偿事件的范围之内，从而可以进一步考虑合同相应机制的适用。

在研究分析合同机制的基础上，需要进一步审视并结合适用法律的相关规定评估对己方主张的补充或限制作用。例如，在FIDIC 1987版红皮书中，特殊风险①和业主风险②采用的都是穷尽式列举，流行病均不在列举的事件之中，所以并未提供明确的合同依据作为受影响方主张免责的基础，因此需研判适用法律的补充机制。国际工程合同的适用法律以工程所在国的法律居多，在合同必须信守的一般法律原则下，各国的法律对于合同履行中发生的非因合同当事人原因和责任的风险事件导致合同履行受阻的风险分配规则也不尽相同，表4－1是大陆法系和普通法系两大法系的类似概念下对相应规则的简要比较。

① 第65.2款。
② 第20.4款。

表 4 – 1　两大法系不可抗力类似机制比较

比较项	大陆法系		普通法系
	不可抗力	情势变更	合同落空
适用条件	德国：合同履行不能，或者债务人履约所耗费的费用及努力与债权人所得利益之间严重不成比例； 法国：不能合理预见且其后果无法通过适当措施避免的事件导致合同履行不能； 中国：不能预见、不能避免并不能克服的客观情况导致合同履行不能	德国：作为合同成立基础的环境发生重大变化或者关键观念被发现不正确，导致不能合理地要求一方继续履行； 法国：发生不可预见的情况变化，而对于未同意承担风险的一方，继续履行过于繁重； 中国：客观情况发生无法预见的、非不可抗力造成的不属于商业风险的重大变化，继续履行合同对于一方当事人明显不公平或者不能实现合同目的	英国：由于双方无法控制的事件导致合同履行不能，或者履约环境变化导致将履行的义务与立约之时所约定的义务完全不同； 巴基斯坦：由于义务人无法控制的原因合同履行不能或者变得违法； 孟加拉国：同巴基斯坦； 印度：同巴基斯坦
后果	德国：债务人得以拒绝履行； 法国：如果合同履行不能是暂时的则暂停履行，如果是永久的则合同自动解除； 中国：依据严重程度，当事人得以免除违约责任或者解除合同	德国：当事人得以主张变更合同，无法变更则受影响方得以解除合同； 法国：当事人得以主张变更合同，无法变更则协商解除合同，无法达成一致可以请求法院变更或解除合同； 中国：当事人得以请求法院变更或者解除合同	当事人得以主张合同自动解除

值得注意的是，无论是根据合同约定还是适用法律，仅证明和认定新冠肺炎疫情构成不可抗力并未当然给予受影响方索赔的权利。以 FIDIC 1999 版为例，受影响方必须证明新冠肺炎疫情阻止（prevent）了履行某些义务才有权利索赔①，而何种程度的受影响才构成“阻止”，不同适用法律下的标准也可能存在差异。比如，英国法下“阻止”意味着在物理上或者法律上合同履行不能，仅仅

① 第 19.2、19.4 款。

发生了增加履约难度或者减少营利的情况如采取替代方案后仍能履行合同并不构成阻止①。受影响方需要判断新冠肺炎疫情的确阻止了某些义务的履行,才能按照不可抗力免责或者进行索赔,不能仅仅因为发生疫情就理所应当地认为具有了免责或者索赔的权利。

另外,即使难以证明疫情构成不可抗力,或者虽然构成但实质上并未阻止受影响方履约,也不宜彻底放弃索赔。好的合同条款的机制是综合的,例如,在FIDIC 1999 版系列合同条件下,工程所在国海关采取的疫情防控措施导致承包商向现场调派人员缓慢,承包商可考虑按照政府当局延误进行工期索赔②。

此外,完整闭合的证据链也是一项有力索赔不可或缺的部分。一个海外工程能源基础设施项目几年执行下来各相关方涉及的各种文件、资料、函电和记录往往纷繁复杂、数不胜数,而合同履行界面往往相互交织,一项索赔所关联的事实和证据对合同任何一方主张的影响可能并不是简单的非此即彼、非黑即白的取舍。因此,无论业主还是承包商均需要结合己方主张,从证明力大小、可获得的最佳证据链支持角度分析评估并制定索赔与反索赔的策略。

三、多级争议解决机制

基于海外工程能源基础设施项目体量大、界面复杂、履约周期长的特点,在合同期内发生争议的情况屡见不鲜,如果直接诉讼或仲裁,不但耗费巨大的人力、物力,还让双方在今后很难再有继续合作的机会。因此,为了尽可能低成本、快周期地协商解决、完成合同履行和继续合作,海外工程能源基础设施项目的合同一般都会设置多层级的争议解决机制。

(一)工程师决定

在海外工程能源基础设施项目中,业主囿于自身的专业所限,其对工程的质量监控、进度管理、成本控制和付款签证管理等能力通常和专业承包商具有

---

① Bridge, Michael G. , ed. (2014) Benjamin's Sale of Goods, 9th Edition. Sweet & Maxwell, London, UK, 470.

② 第8.5 款。

一定的差距。为此，业主往往聘用工程师协助业主开展管理工作。在 FIDIC 1999 版、2017 版红皮书、黄皮书要求工程师审核并批复索赔，同时给予详细意见。显然，工程师熟悉项目情况，再加上工程师的"免费"争议解决机制，以合作的态度将争议事项交由工程师裁定，在双方利益尚未较大对立的情况下，不失为双方快速、低成本解决争议的一个良好选择。

（二）调解

调解是指当事各方试图在独立公正的第三方的协助下达成友好和解协议的程序。调解程序没有固定流程，可以随时、随地一经通知立即进行，调解员应由当事各方指定且无须具备法律资格，但其解决方案对当事各方或其中任意一方没有强制执行力。

调解的主要优势在于可以快速、经济、高效地提供解决方案。调解的主要不利之处在于由此产生的和解协议仅具有合同约束力，法院不能将其直接强制执行，其可执行性依赖于各方的遵守。如果当事各方未能依约遵守，争议将可能需要通过进一步地诉讼或仲裁以达成终局性地解决。不过，《新加坡调解公约》的签订为调解的跨境执行提供一个高效统一的框架，自《新加坡调解公约》于 2020 年 9 月 12 日生效以来，截至 2022 年 10 月，已经拥有了包括中国和美国在内的 55 个缔约国，对于这一问题予以了相当程度的解决。

此外，尽管调解费用一般低于诉讼，但仍可能产生不小的开支，对于经济实力较为有限的当事方而言，是否值得进行这一开支巨大但并不一定能实际取得解决争议成效的程序，可能需要结合项目实际慎重进行考虑。

（三）裁决（Adjudication）：DB、DRB、DAB、DAAB

作为国际工程争议解决领域被广泛适用的替代性争议解决机制之一，裁决机制的目的是为合同各方提供及时且具有成本效益的争议解决方式。裁决的权力来自合同的明确授权措辞，而非立法。最早，裁决被称为争端委员会（Dispute Board，DB），并逐步演变表述为争端评审委员会（Dispute Review Board，DRB）、争端裁决委员会（Dispute Adjudication Board，DAB）和争端避免与裁决委员会（Dispute Avoidance/Adjudication Board，DAAB）。无论冠以何种名称，该等争端委员会一般可以由一名或三名审裁员(adjudicator)组成,由业主和承包商共同推荐,完全独立于合同各方,其作出的决定对双方均有约束力,除非一方决定对该决定提出异议,在这种情况下,争议将按合同提交仲裁或者诉讼。

以上各类争端委员会一般有两种组成方式:一种是常设委员会,即在合同成立后的规定时间即由双方指定成员并组成委员会;另一种是临时委员会,在争议发生时再进行任命。在 FIDIC 2017 版系列合同之前的合同,除 1999 版红皮书外,均将 DAB 规定为临时机构。例如,1999 版黄皮书约定:当事人应在任一方当事人把争端提交 DAB 解决的意图通知另一方后 28 天内,共同任命 DAB。为提高争端委员会在协助双方解决分歧和避免争议方面的作用,FIDIC2017 版系列合同将其改为:除当事人另有其他约定外,应于承包商收到中标函后 28 天内(红、黄皮书)/签约后 28 天内(银皮书)组成 DAAB,均将其设为常设机构,使其可以为工程合同全过程提供咨询和/或争议解决服务。同时,考虑到在国际工程实践中,当事方在已发生争议的情况下往往难以继续进行有效的沟通,以至于难以合意组成争端委员会,将争端委员会改为常设机构客观上也有助于其设立程序。

取决于合同明确具体措辞和适用法律,裁决一般会被作为仲裁前置程序,要求合同当事方提起仲裁程序前先完成裁决程序。

(四)国际诉讼或仲裁

诉讼或仲裁,这是争议通过以上机制仍然没有得到解决的最后途径。截至 2022 年 10 月,1958 年《承认及执行外国仲裁裁决公约》(《纽约公约》)已经有 169 个成员国,意味着依据《纽约公约》作出的外国仲裁裁决在这些成员国内可以得到承认和执行。相比而言,意图实现国际民商事法院判决“全球流通”的《海牙选择法院协议公约》(Convention on Choice of Court Agreements)和《海牙承认与执行外国民商事判决公约》(Convention on the Recognition and Enforcement of Foreign Judgments in Civil or Commercial Matters)仍仅在极为有限的国家生效,尚未得到国际社会的广泛认可。

由于海外工程能源基础设施项目涉及的国际跨境诉讼,包括我国在内的大部分国家主要依据互惠原则来承认与执行外国法院判决。同时，在司法实践中常以事实互惠作为认定互惠关系存在与否的单一标准，外国判决的可执行力进一步被限缩。因此，在海外工程能源基础设施项目实践中，国际商事仲裁通常都是首选的争议解决方式。

实践中，国际商事仲裁从总体上可以分为临时仲裁（ad hoc arbitration）和机构仲裁（institutional arbitration）两大类。在临时仲裁方式下，仲裁当事人协议组建仲裁庭，并由仲裁当事人约定仲裁规则或者选用现有的仲裁规则[在临时仲裁中常选用联合国国际贸易法委员会（UNCITRAL）仲裁规则]，没有仲裁机构介入来管理仲裁程序。在机构仲裁方式下，则由专门的仲裁机构来管理全部仲裁程序，包括协助仲裁当事人组建仲裁庭。仲裁机构基本上都有各自的仲裁规则，对于仲裁程序的管理通常都依照其仲裁规则进行，但也有仲裁机构同意使用其他机构的仲裁规则。

由于仲裁机构对于仲裁程序的常规化管理和积累的经验有助于仲裁的有序开展和顺利完成，也能够在一定程度上管理仲裁裁决的质量，故机构仲裁是较多采用的一种仲裁方式。就海外工程能源基础设施项目而言，虽然中国承包商较为熟悉的是总部位于北京的中国国际经济贸易仲裁委员会（CIETAC）和总部位于香港特别行政区的香港国际仲裁中心（HKIAC），但由于外方往往不太容易接受来自中国的仲裁机构，通常合同会约定境外的仲裁机构。目前约定较多的仲裁机构多为经验丰富的国际性仲裁机构，包括总部位于新加坡的新加坡国际仲裁中心（Singapore International Arbitration Centre，SIAC）、总部位于巴黎的国际商会国际仲裁院（ICC－ICA）、总部位于伦敦的伦敦国际仲裁院（LCIA）以及总部位于斯德哥尔摩的斯德哥尔摩商会仲裁院（SCC）等。

四、国家与投资者间投资争议解决机制

在海外工程能源基础设施项目中，东道国政府（包括其控制的实体）往往拥有主权国家和合同相对方的双重身份。因此，对于一些同时涉及合同的履行和东道国政府的行为，依据适用的多边和双边投资条约，外国投资者在根据项目

相关合同所约定的争议解决条款向合同相对方提起仲裁或国内诉讼的同时，也存在利用投资条约中的投资者与东道国争议解决（Investor – State Dispute Settlement，ISDS）的仲裁机制启动国际投资仲裁的选择。实践中，一般商事仲裁程序和投资仲裁程序有可能是先后提起或平行进行。提起平行仲裁的通常考虑是力求救济最大化，即尽可能提高获偿概率和获偿金额。为更好地维护自身权益，中国企业有必要熟悉投资仲裁这一救济途径。

（一）ICSID 仲裁与其他国际投资仲裁

广义的 ISDS 国际投资仲裁既包括国际投资争端解决中心（International Centre for Settlement of Investment Dispute，ICSID）根据其机构仲裁规则开展的国际投资仲裁（ICSID 仲裁），也包括其他仲裁机构管理或专设临时仲裁庭处理的国际投资仲裁。国际投资仲裁主要基于双边或多边条约，但也有少量基于合同或东道国投资法。结合联合国贸易和发展会议（UNCTAD）统计数据，在 2011 年至 2020 年 10 年间，ICSID 仲裁占全部基于条约提起国际投资仲裁的 60% 以上，ICSID 无疑是最重要的国际投资仲裁机构。

ICSID 仲裁和非 ICSID 国际投资仲裁的主要区别如表 4 – 2 所示：

表 4 – 2　ICSID 仲裁和非 ICSID 国际投资仲裁的主要区别

对比项	ICSID 仲裁	非 ICSID 国际投资仲裁
仲裁规则	《关于解决国家与他国国民之间投资争议公约》（Convention on the Settlement of Investment Disputes Between States and Nationals of Other States，《华盛顿公约》）	视条约规定或双方约定，最常见的为 UNCITRAL 规则
主体范围	仅限于《华盛顿公约》缔约国及另一缔约国国民	原则上无相关限制
争议范围	仅限于直接因投资产生的争议	原则上无相关限制
承认与执行	视同于缔约国法院最终判决，缔约国不得拒绝承认和执行	受制于《纽约公约》和执行地法律，可能被法院拒绝承认和执行

续表

对比项	ICSID 仲裁	非 ICSID 国际投资仲裁
修改	仅可在特定事实遗漏情况下依据《华盛顿公约》下修改程序由ICSID原仲裁庭/新组建仲裁庭修改	受制于仲裁适用法律，可能被法院修改
撤销	仅可依据《华盛顿公约》下无效程序由 ICSID 临时委员会撤销	受制于仲裁适用法律，可能被法院撤销

（二）利用 ISDS 投资争议解决机制解决投资争议的前提条件

概要来说，投资者能够利用 ISDS 提起国际投资仲裁的前提条件是，投资者和东道国必须同意将争议提交国际仲裁解决。投资者一方提交仲裁申请往往即视为同意，而东道国同意仲裁的常见方式包括：在与投资者母国签署的投资保护协定中表示同意；在与投资者签署的投资协议（如 PPP 协议）等书面合同中表示同意；或者在国内投资法中表示同意。此外，拟发起投资仲裁的投资者必须适格，符合相关投资条约的界定。

以 ICSID 仲裁为例，投资者针对东道国政府提起 ICSID 仲裁需要满足以下条件。

1. 适格的双方当事人

ICSID 案件的国家当事人一方必须是缔约国；发起仲裁的投资者一方必须是另一缔约国国民，既可以是自然人，也可以是法人。即使东道国法人受外资控制，也不影响该法人为另一缔约国国民的身份。也就是说，外国投资者及其在投资东道国设立的公司或其他实体均可作为提起 ICSID 仲裁的投资一方。

实践中，不仅是最终投资者可以作为提起仲裁申请的一方，最终投资者在第三国设置的平台公司通常也可以成为适格的投资者仲裁，因而通过交易结构设计，规划投资路径，在与投资东道国之间签署更优多边或双边条约第三国设立平台公司的“条约选购”（Treaty Shopping）也是管控海外投资风险的重要手段之一。

2. 投资争议

不同国家对投资的理解和认定不同，《华盛顿公约》对于投资未明确定义或限制其范围。实践中，具体争议是否属于投资争议，首先取决于双边或多边条约和/或东道国投资法对投资的定义，而 ICSID 在仲裁实践中也对投资的内涵和外延进行了进一步完善。通常而言，双边投资条约对“投资”的定义可涵盖所有权及其他财产权、股权、债权、知识产权、特许权等多种形式投资。虽然国际投资仲裁领域曾经对于工程建设项目的承包商从性质上不属于投资有过疑义，但根据绝大多数案例确立的原则，多数能源工程基础设施项目原则上可落入“投资”范围。

3. 当事人同意

如上文所述，双方同意既可通过东道国政府与投资者间具体投资协议的 ICSID 仲裁条款确定，也可通过双边或多边投资条约或国内投资法的 ICSID 仲裁条款确定。即使双边投资条约未明确约定 ICSID 仲裁条款，实践中，也存在投资者基于“最惠国待遇”条款和后续其他双边投资条约约定的 ICSID 管辖权条款，成功主张东道国默示同意 ICSID 管辖权的可能。

（三）国际投资仲裁涉及的主要争议

与工程能源基础设施项目相关，投资者提起国际投资仲裁的常见诉由包括违反合同承诺、征收及其赔偿和公平公正待遇。

1. 违反合同承诺

在工程能源基础设施项目中，投资者与东道国之间一般都会签署商务合同，根据不同项目模式，项目商务合同可能是 PPP 协议和承购协议，也有可能是工程建设合同。通常来说，除非双边投资条约包含“保护伞条款”，一般只有作为相对方的东道国政府的相关行为同时构成对特定条约义务的违反（如违反合同下承诺的自由汇兑条款、投资优惠措施条款），投资者才有权基于投资条约向东道国政府提起国际投资仲裁。“保护伞条款”规定缔约一方应遵守其对缔约另一方投资者所做的特定承诺。该“承诺”通常可扩大被解释包含商务合同条款的全部或部分约定，从而也成为投资者将“合同之诉”转化为“条约之诉”的依据。

实践中，投资者与东道国之间的合同通常另行约定了争议解决条款，设置了当地法院或其他仲裁机构就合同争议的管辖权。此种情况下，如上文提及，基于尽可能提高获偿概率和获偿金额的考虑，经过评估，投资者可能在合同争议解决机制之外选择进行平行国际投资仲裁，这在某些情况下还能起到绕过东道国政府方的国家豁免权。但是，提起平行仲裁也存在不同仲裁庭可能对同一事实或法律问题认定不一致的风险。

目前，为了避免上述“平行诉讼”导致的权利滥用、执行冲突、资源浪费和效率低下等问题，国际投资仲裁庭逐渐开始对“相同争议”同时提起多个诉讼/仲裁程序的行为进行反思。结合相关国际投资仲裁案例，仲裁庭通常会从是否为同一主体、同一事由和同一诉求等方面判断是否构成“平行诉讼”。如果被认定构成，则正在进行的国际投资仲裁可能被中止以等待另一程序结果，或者导致仲裁申请直接被驳回。

【实例4－2】阿根廷某电力项目PPP协议放弃平行诉讼条款

在阿根廷某电力PPP项目招标文件中，PPP合同规定，一旦项目公司按照PPP合同的规定提起仲裁，则项目公司股东不得再在双边投资保护协定下进行国际投资仲裁。具体而言，PPP协议仲裁条款约定：“如PPP承包商根据PPP协议仲裁条款将相关争议提交仲裁，则PPP承包商及其外国股东不得再根据双边投资条约就相同的事实或措施提起国际投资仲裁。为此目的，作为PPP承包商提交PPP协议下仲裁申请的前提，PPP承包商有义务同时提交包含如下内容的有效法律文件：(i)就已（根据PPP协议）提交仲裁的争议事实和措施，外国控股股东放弃根据双边投资条约提出国际投资仲裁；(ii)就已（根据PPP协议）提交仲裁的争议事实和措施，PPP承包商承诺将就外国非控股股东可根据双边投资条约提交国际投资仲裁的索赔进行补偿。”

2. 征收及其补偿

征收是工程能源基础设施投资领域另一个争议频发的领域。除了东道国政府直接征收的行为以外，如果东道国政府行为即使没有直接剥夺投资者对投资的所有权或其他权益，但导致投资者失去资产的有效控制或者资产价值发生严重减损，这也可能构成“间接征收”。“间接征收”的概念大大拓展了投资者可主张赔偿范围。实践中，“间接征收”可涵盖限制投资者行使股东投票权和资产处置权、错误地终止长期供应合同、撤销投资者免税待遇、授予政府在特定行业垄断地位、没收投资者当地公司货物、恶意拒绝采矿权续期申请等诸多具体行为。

值得注意的是，很多双边投资保护条约会对同意仲裁的范围进行限制，明确同意国际投资仲裁的范围限于“征收补偿”。例如，《中华人民共和国政府和老挝人民民主共和国政府关于鼓励和相互保护投资协定》（中老 BIT）第 8 条第 3 款约定：“如涉及征收补偿款额的争议，在诉诸本条第一款的程序后六个月内仍未能解决，可应任何一方的要求，将争议提交专设仲裁庭。如有投资者诉请了本条第二款所规定的程序，本款规定不适用。”在据此提起国际投资仲裁的 Sanum Investments Limited v. Lao People’s Democratic Republic（UNCITRAL, PCA Case No. 2013 - 13）案中，仲裁庭以此认定其仅对征收补偿事宜具有管辖权，而驳回了投资者就东道国违反最惠国待遇而提起的仲裁请求。

3. 公平公正待遇

双边或多边投资条约往往会规定东道国应当给投资者在其境内投资的相关投资者给予公平和公正的待遇。然而，在国际投资仲裁实践中，对于“公平公正待遇”的内涵和外延并没有完全同一的认识，但整体上，“公平公正待遇”经历了从“最低国际法标准”到独立且更丰富内涵的发展。

在早期的国际投资仲裁实践中，违反“公平公正待遇”通常等同于违反“最低国际法标准”，主要包括暴行、恶意、故意渎职或者政府不作为，以及违反法制、故意无视正当程序。通过国际投资仲裁案例，“公平公正待遇”逐步发展出更丰富的内涵和外延，例如，司法不公，违反程序公平、正当程序或透明化，违反善意原则，缺乏对投资者合理期待的保护，对投资者进行胁迫或骚扰，缺少对投资者合理期待的保护，对投资者采取措施不成比例，歧视性或武断行为等行为或情形均是违反“公平公正待遇”的表现形式。在海外能源工程和基础设施项目中，如果投资者遭遇行政和司法不公、法律变更等极端情形时，均有可能援引双边或多边投资条约下的“公平公正待遇”取得国际投资仲裁的胜诉裁决。

在 ICSID 第 ARB/13/36 号案中，来自卢森堡的投资者于 2013 年基于《能源宪章条约》诉西班牙政府主张西班牙政府废除原有的吸引投资、确保投资者收益率的电价机制，导致投资者投资的电站陷入亏损，主张西班牙政府违反“公平公正待遇”。

仲裁庭支持了投资者的主要主张，裁决西班牙政府赔偿投资者损失。一方面，仲裁庭认为西班牙政府并未就其不改变相关法律做出明确承诺（且投资条约不应限制东道国立法权），投资者并不就维持原有电价机制享有合理期待。另一方面，仲裁庭认为《能源宪章条约》第 10（1）款包含了“维持投资者所依赖投资法律框架稳定”的义务，因此西班牙政府仍违反“公平公正待遇”。

第二节

证据的管理

在绝大部分的工程能源基础设施项目案件中，产生主要争议的往往是事实问题，而不是法律问题。这意味着相比一般民商事案件，工程能源基础设施项目争议案件的证据对案件的成败具有更加决定性作用。海外工程能源基础设施合同履行时间通常跨度长、工作界面复杂、相关当事方众多，伴随合同的履行相应产生大量的证据，一旦发生争议，这些证据既是支持己方主张的关键，也可能是对方的关键攻击武器。海外工程能源基础设施项目的争议解决地所在法域不同，争议解决程序、庭审方式和证据规则存在较大差异，绝大多数在海外开疆拓土的中国企业已经懂得争取选择常见国际仲裁机构解决争议的重要性，因此，了解国际仲裁程序中常见证据披露规则，尽早建立证据管理意识、未雨绸缪，在合同履行过程中及时保全和管理证据，对管控海外工程能源基础设施项目潜在争议风险不可或缺。即便没有或未能选择国际仲裁，本节讨论的证据管理思路也可参考。

一、海外工程能源基础设施项目的常见证据

证据是用于证明案件事实的任何依据，一般分为文件证据、口头证据与物证。证据的表现形式具有多样性，在不同法域的司法实践中也有不同划分，如在普通法系国家，证据通常被分为证人证言和专家报告、实物证据、书面证据、传闻证据等类别。在中国法下，证据分为当事人的陈述、书证、物证、视听资料、电子数据、证人证言、鉴定意见、勘验笔录八类。

海外工程能源基础设施项目复杂并且持续时间较长，合同履行过程形成的

大量记录基本上以书面形式为主,相应在争议解决程序中各方提供证据通常也以书面证据为主。尽管不存在适用所有工程争议案件的通用文件证据清单,但下面几类文件常常会被作为证据提交:

第一,签约前的资料文件,包括业主方的技术规范、图纸、地质技术数据、招标文件澄清;承包商方的计算、劳动效率假设、内部报告和工作记录等,这些一般可用于证明双方有关签约的前提条件、期待和意图等。

第二,合同文件,包括合同、技术规范和图纸(定稿版)、合同附件以及变更令,这些一般用于界定双方的义务。

第三,工期计划,包括原始基准计划和更新计划,体现完成某项工作的假设发生变化的图表及报告等,这些文件对于证明延误责任、延期权利以及相关的经济索赔非常关键。

第四,通信往来,包括信函、通知和邮件等。从项目日常性技术问题到合同和法律主张,这些影响项目履行的诸多信息往往都包含在这些各方的通信往来中。

第五,其他同期记录文件,如会议纪要、现场日志、进度报告、记录人工和设备投入的日报、照片和录像资料等,这些对于证明妨碍事件对合同履行相关假设的实际影响如工效降低、赶工措施等比较有帮助。

第六,成本费用类文件,包括发票、收据以及支付证明,这些对于主张费用补偿的当事方来说都是应予提交的核心证据。

二、普通法系与大陆法系在证据方面的主要差异

虽然不排除部分海外工程能源基础设施项目采用项目所在国法院诉讼作为最终争议解决方式,但是绝大多数项目都采用国际仲裁作为最终争议解决方式。在涉及的国际仲裁中,因为项目参与各方通常来自不同国家,并有可能来自不同的法系,仲裁员以及代表各方参与仲裁程序的法律顾问相应也可能来自不同的法系,进而使各方基于不同法系下案件审理程序的理解对仲裁程序中如何举证和使用证据产生非常不同的期待和立场,需要对普通法系与大陆法系这

两大主要法系关于证据的主要差异了解并有所预判。

简单来说，普通法系在诉讼程序上采用的是当事人主义，由当事人主导诉讼过程，当事人负责调查事实，准备和向法官提交证据证明自己所主张的事实，法官处于消极的中立状态，以听取各方当事人的意见为主，基本上不会在当事人提交的证据之外主动收集证据和调查事实，而是依据法律评估当事人提交的证据的可采信度和相关性，据此作出判决。相对而言，大陆法系在诉讼程序上采用的是职权主义，虽然当事人应提交相关证据，但是由法官主导诉讼过程，法官不仅听取双方的意见和审阅双方的证据，而且可以根据自己拟定的庭审方案主动询问当事人，如果认为当事人提供的证据不足可以要求当事人补充提交证据，并且可以自行调查取证。

普通法系和大陆法系在诉讼程序上的不同特点也进一步具体体现在证据方面的差异：

第一，普通法系下由于当事人负责调查事实，所以诉讼程序中当事人均有权要求对方披露对方持有的文件材料用于还原事实，当事人原则上也均有义务向法官披露全部与案件相关的文件材料，所披露的材料不仅限于支持自己主张的材料，也包括对己方不利的材料。大陆法系下由于法官主导调查事实，所以当事人仅需提供支持自己主张的材料，通常并无证据披露这一环节。虽然在大陆法系下也不排除根据证明妨害规则，在不承担举证责任的当事人持有涉及待证事实的相关证据，但无正当理由拒不提交导致事实真伪不明时，法官可以做不利推定，但基本上都限定在具体的材料，与普通法系下的宽泛的披露义务存在本质上的区别。

第二，普通法系下当事人提交的书面证据通常并不能当然被法官采信，必须经过验证(authenticate)程序证明书面证据是真实的之后法官才能采信。常见的验证程序一般是通过在庭审中的证人口头作证，接受盘问对相应书面证据进行证实、呈现和解释，例如，证人出庭口头确认提交的作为证据的照片所显示的内容是真实准确的。大陆法系下虽然对于书面证据也存在通过各方当事人的举证质证后由法官决定是否采信证据的过程，但并无通过证人进行验证这一环节。

第三，普通法系下由于证人对于书面证据验证的重要作用，因此对于证人作证非常重视，证人在出庭过程中需要接受反复询问，一般由本方律师进行直接询问，然后由对方律师进行交叉盘问，再由本方律师进行复问，是庭审程序中极为重要的一个环节。大陆法系下由于书面证据并不需要证人来验证，相对来说更加重视书面证据，虽然也有证人出庭的环节，但是通常会由法官向证人发问，较少采纳普通法系下对于证人进行反复询问的庭审环节。

第四，普通法系下当案件涉及某一领域的专门知识时，通常当事人均会指定专家，专家分别独立出具专家报告，并作为证据向法官提交，在专家报告之间存在分歧的情况下通常采用专家质询（hot - tubbing）的方式查明事实，即所有专家同时出席庭审，由法官同时向所有专家发问，专家回答问题，就专业知识进行辩论。大陆法系下通常由法官任命专家，如鉴定机构等，由专家出具专家报告协助法官查明事实，较少存在当事人指定专家的情况。

整体而言，在国际仲裁中，通常关于仲裁的程序法都较为尊重当事人的意思自治，允许当事人自由决定包括关于证据规则在内的程序事项，如果当事人无法达成一致则通常规定由仲裁庭决定。在实践中，当事人通常选择机构仲裁，不同机构的仲裁规则中通常都会授予仲裁庭决定程序事项的较大权力，如《国际商会仲裁规则》（ICC Rules of Arbitration）（2021 年版）第 25.1 款规定“仲裁庭应采用一切适当的方法在尽可能短的时间内确定案件事实”，第 25.4 款规定“仲裁庭可以在程序进行的任何阶段传唤任何当事人提交补充证据”。由此可见，仲裁庭对于国际仲裁程序中采用什么证据规则将有决定性的影响。

临时仲裁程序中情况也类似，例如，在临时仲裁中适用较为广泛的《贸易法委员会仲裁规则》（UNCITRAL Arbitration Rules）（2013 年版）第 27.4 款规定“仲裁庭应就所出示证据的可采性、关联性、实质性和重要性作出决定”，第 27.3 款规定“在仲裁程序进行期间的任何时候，仲裁庭均可要求各方当事人在应由仲裁庭决定的期限内出示文件、证物或其他证据”。由此可见，无论是在机构仲裁还是临时仲裁中，采用何种规则通常都取决于个案具体的仲裁庭，仲裁庭的背景和倾向性不可避免地会对规则的选择产生一定影响。

三、常见证据披露规则

(一)证据披露规则

证据披露(或者证据开示,即 document disclosure 或者 document production)是普通法系国家诉讼程序之一,诉讼一方可以要求另一方披露相关文件。关于何谓“相关”,在 1882 年的英国太平洋金融有限公司诉秘鲁鸟粪公司案中英国上诉法院作了非常广泛的规定[①]:如果文件中包含的信息可能会直接或者间接地使一方可以支持自己的主张或者反对对方的主张,该文件即为相关。证据披露的目的在于发现事实真相,以便裁判者可以作出公正的决定。这意味着诉讼一方可以要求另一方提供对该方本身不利的证据,并且该方有义务提供。

相比普通法系,在大陆法系下诉讼一方只需要提供支持己方主张的相关证据即可,在诉讼中通常并无披露程序,或者只有极为有限的披露程序,基本上当事人并无义务提供对己方不利的证据。在国际仲裁程序中,一般采用混合性的证据披露规则,以在普通法系和大陆法系之间寻求平衡,争议双方通常不被要求披露其掌控的所有相关或潜在相关文件,只需要首先披露他们拟依赖用以证明其主张的文件。2020 年版国际律师协会《国际仲裁取证规则》[②]致力于融合两大法系的差异,其采用的证据披露具体机制如下。

根据该规则第 3 条的规定,各方当事人首先应在仲裁庭规定的时间内提交自己的主张所依据的文件,随后在仲裁庭进一步规定的时间内各方提交一份披露申请,披露申请内应对希望对方披露的文件做详细描述,包括文件描述、与案件相关性和实质性影响说明、关于自己不持有该等文件(或者自己提供文件的难度过大)以及认为对方持有该等文件的理由说明等。收到申请一方如果没有异议,应在仲裁庭规定的时间内提交文件。如果收到申请一方持有异议,则应

① Compagnie Financiere du Pacifique v. Peruvian Guano Co: CA 1882 (1882) 11 QBD 55.

② The *IBA Rules on the Taking of Evidence in International Arbitration* (IBA Rules).

在仲裁庭规定的时间内书面说明异议原因，原因应限于《国际仲裁取证规则》内规定的诸如申请披露的文件缺乏相关性、受法律特权保护等原因，或者由于披露申请不符合要求。仲裁庭可以要求申请方在规定时间内就异议作出答复。

仲裁庭在收到异议和答复之后可以和双方协商促成一致，如果任一方在仲裁庭规定的时间内请求仲裁庭对异议作出决定，仲裁庭应相应作出决定，对于仲裁庭认为异议不成立的文件，收到申请一方应相应进行披露。如果只有经过对文件的审阅才能作出决定，仲裁庭可以在和各方当事人协商后任命一名独立公正的专家审阅文件并向仲裁庭就异议进行报告，防止因自己审阅文件而受影响。

在国际仲裁实践中，双方通常采用雷德芬表格（Redfern Schedule）开展文件披露程序（见表 4－3）：

表 4－3 雷德芬表格

<table>
<tr><th>（a）</th><th>（b）</th><th colspan="2">（c）</th><th>（d）</th><th>（e）</th><th>（f）</th></tr>
<tr><td rowspan="2">编号</td><td rowspan="2">请求披露的文件或者文件类别</td><td colspan="2">请求披露文件的原因</td><td>对披露的异议</td><td>对异议的回复</td><td>仲裁庭决定</td></tr>
<tr><td>对提交的相关文件的援引</td><td>意见</td><td></td><td></td><td></td></tr>
</table>

按照雷德芬表格拟定的格式，通过当事人依次填写表格，当事人可以就具体待披露的文件表达和交换意见，便于仲裁庭一目了然地了解当事人的立场和依据，从而高效推进证据披露程序。

需要注意的是，《国际仲裁取证规则》并不能当然适用，需要当事人规定在仲裁协议（仲裁条款）内或者在仲裁庭的程序令内援引。但实际上，即使双方或者仲裁庭没有正式规定《国际仲裁取证规则》适用于具体案件的仲裁程序，仲裁庭在就证据事项作出决定时也会经常将上述规则作为指导性的文件，上述规则中关于文件披露的程序在国际仲裁中基本已经被广泛采用。

简言之，国际仲裁允许采取文件披露程序，但是要求对披露的程度进行限制，避免普通法系诉讼下的大规模披露，达到节约时间和费用的目的。例如，

《国际商会仲裁规则》(ICC Rules of Arbitration)(2021 年版)的《附件四　案件管理办法》(Appendix Ⅳ – Case Management Techniques)第 d 项要求仲裁庭“在适宜时,避免要求出示文件,以便控制时间和费用”,如果有必要进行文件披露,也应“将所要求出示的文件限制在对案件审理结果具有相关性和重要性的文件或文件种类上”,并且规定合理期限。

(二)法律专业特权规则

普通法系下,法律专业特权(legal professional privilege)是与证据披露程序相对而生的一个概念,是证据披露的一个例外。如上文所述,证据披露是为了发现事实真相,以使裁判者可以公平审理并作出公正的决定,这是极为重要的一个公共利益。法律专业特权则是出于另一项公共利益的考虑,即当事人有权与律师[①]自由沟通寻求法律意见,可以坦然而无须隐瞒地与律师进行沟通获得法律咨询,这些自由沟通出于公共利益价值目的也应获得保护,否则如果当事人担心以后和律师的沟通会被披露自然就不会开诚布公地和律师沟通,也起不到法律咨询的作用。两相权衡之下,法律规定自由沟通这一公共利益高于公正审理的公共利益,受法律专业特权保护的文件在争议解决程序中可以不被披露。

法律专业特权分为法律咨询特权(legal advice privilege)和诉讼特权(litigation privilege)两类,律师与客户之间以提供法律咨询为主要目的的机密沟通受到法律咨询特权的保护,就诉讼特权来说,只要所形成的文件的唯一或者主要目的与诉讼或者可能的诉讼相关,律师与客户之间的沟通以及律师与第三方之间的沟通都受诉讼特权的保护。从范围来说,诉讼特权所涵盖的范围比法律咨询特权更广,但是在争议解决程序中无论受哪类法律特权保护的文件均可以免予披露。

法律专业特权是客户的一项绝对权利,因此在争议解决程序中当事人可以

---

① 在法律专业特权的语境下,通常法律认可企业内部具有相关资质的法律专业人员如法务人员等也属于律师。

光明正大地主张不予提交受到法律专业特权保护的文件，裁判者也不会就此作出不利推断。

需要注意的是，由于法律专业特权是一项权利，所以可能丧失。通常有两种途径会导致法律专业特权的丧失，第一种途径是拥有法律专业特权的人（即客户）的弃权，该等弃权可以是明示或默示、有意或无意间的；第二种途径是受保护的文件一旦失去保密性，也就不再享有保护。

（三）无损害规则（without prejudice）

在海外工程能源基础设施项目实施过程中，中国承包商可能与业主、分包商、供货商等不同的主体产生纠纷，相比通过争议解决程序解决纠纷，当事各方更倾向于在可接受的范围内与对方和解。实践中，为了表示诚意，当事各方很可能会书面地或者口头地向对方展示一些友好的姿态，诸如承认自己的部分过错、同意将主张的金额降低等。这些表态固然有助于达成和解，但是如果最终未能达成和解双方进入争议解决程序，对方可能会用另一方的表态作为证据证明该方存在过错，或者证明该方在争议解决程序中所主张的损失高于之前主张的金额等。

为避免以上风险、鼓励协商和解，普通法系下创设了无损害规则。“无损害”即表示争议各方所做的沟通是为了达成和解，对各方本身的立场不造成损害。根据无损害规则，争议各方可以为了达成和解进行开诚布公地沟通，如果和解未能达成各方最终通过争议解决程序来解决争议，沟通内容不得作为证据提交。

适用无损害规则的前提是各方之间必须存在争议，沟通的内容应是为了和解作出妥协和让步，沟通的时间没有限制，可以在争议解决程序开始之前也可以是开始之后。

四、证据的管理

（一）保持合理的过程记录

中国企业一直以来不太重视合同履约过程的书面同期记录，虽然作为承包商进入国际工程市场后，由于项目业主的要求逐渐习惯了采用书面记录，但很多时候也仅限于在与业主、监理工程师的往来沟通中采用书面记录，而在企业内部、与供应链上的分包商和供货商的沟通通常仍然不习惯留下书面记录。如上文所述，证据披露规则给予了双方充分举证、证明自己主张的机会，证据不足则面临举证不能的败诉后果。中国企业应在项目之初合同履行过程中养成全方位书面往来和创建同期记录的意识、树立证据保全观念，保持良好的书面同期记录。

另外，证据披露规则也给予了申请一方要求另一方出示对申请方有利的文件，如果仲裁庭相信收到文件披露申请一方的当事人无正当理由拒不提交另一方请求披露具体指向的资料，将会对收到申请一方作出不利推断，认定拒不提交的文件对收到申请一方不利。为履行披露义务、防止仲裁庭作出不利推断，中国企业应在建立和保持同期记录的同时，审查注意涉及潜在责任承担和认可口径的同期记录，前瞻性考虑潜在争议解决程序中文件被要求披露的潜在风险，谨慎措辞，记录事实而非责任。

【实例4-3】承包商承认缺陷责任的内部邮件面临披露风险

在中东某建筑工程项目中，业主认为吊顶工作存在缺陷，需要重新安装，承包商项目团队管理层经过内部沟通之后认为与常规标准相比吊顶的确在平整度上存在缺陷，但是进行修复工作需要重新搭设脚手架，将对其他正在进行的工作造成很大程度上的延误。考虑到规范并未对平整度作量化规定、存在和业主通过争辩拒绝实施缺陷修复工作的可能性，由于承包商的项目经理当时在国内，管理层通过邮件进行了沟通。

在双方就吊顶工作进行沟通的过程中，承包商提交了一份内部的质量审查会议(quality review meeting)纪要证明承包商对于吊顶工作的管理遵循了为本项目制定的质量控制系统。会议纪要的内容本身不存在问题，但是在会议纪要中提及了之前管理层的内部沟通邮件。

由于双方无法达成一致，遂开始仲裁程序。业主方注意到会议纪要曾经援引之前的承包商内部沟通邮件，认为邮件相比会议纪要更加能够体现承包商的真实立场，故向仲裁庭提交了披露申请，明确要求承包商披露内部沟通邮件。

在实例4-3中，承包商经过权衡最终决定不予披露，导致仲裁庭作出不利推定，认定承包商内部沟通中就吊顶缺陷存在对承包商不利的内容。

（二）尽可能创建法律专业特权文件

1. 熟悉和运用规则，确保相关交流沟通文件受到法律专业特权保护

法律咨询特权限于律师与客户之间的沟通，诉讼特权限于律师与客户、律师与第三方之间的沟通，超出上述主体之间的沟通即不再受法律专业特权保护，因此，自始知悉和了解在哪些具体人员之间的沟通受到保护并按此实施至关重要。

就律师与客户的沟通而言，重点在于确定哪些人可以被认定为客户。与诉讼特权相比，法律咨询特权适用的范围更窄，对于客户的认定更加严格。企业本身即为客户，但企业作为一个法人无法亲自与律师沟通，必然通过企业员工与律师沟通，通常认为只有通过明示或者默示方式获得企业授权的员工才可以被认定为客户，不在授权之列的员工与律师的沟通则不在法律专业特权保护之内。这种情况下，如果不在授权之列的员工在与律师的沟通中提及了机密的对企业不利的信息，将无法援引法律专业特权拒绝披露，对于企业将造成极为不利的后果。由此可见，为了避免沟通记录落在法律专业特权保护之外，企业需要在一开始聘用律师之时即明确哪些员工负责与律师沟通。

就律师与第三方的沟通而言，需要注意的是，在争议解决程序和潜在的争议解决程序中，企业通常聘用在工期或者造价方面的索赔顾问参与，但是索赔顾问与企业之间的沟通不受法律专业特权保护，会面临被披露的风险。例如，企业聘用索赔顾问出具了一份评估报告，从技术角度对于企业在案件中的有利和不利之处进行了详细分析，如果争议解决程序中的相对方了解到评估报告的

存在并成功说服仲裁庭评估报告与争议相关，仲裁庭很可能会指示企业披露评估报告，企业将处于困难的境地。对此，企业可以利用诉讼特权涵盖律师与第三方之间的沟通的特点，从一开始就指示律师牵头与索赔顾问直接交流沟通出具评估报告，这样评估报告落入诉讼特权的保护范围，即可主张应免于披露。

此外，当企业与其他主体之间产生纠纷之后，通常可能会进行内部调查、取证（如和与纠纷相关的员工的访谈记录等），形成内部的调查报告，并向管理层汇报，有些报告中可能还会对可能的争议解决程序结果进行预判，为管理层决策提供基础材料。如果内部调查、取证都是由非法律专业人员进行，在调查过程中取得的证据和形成的报告均不受法律专业特权保护，存在被要求披露的风险。对此，企业应确保一开始至少由法务人员主持内部调查和取证，并形成调查报告，以尽可能争取将在内部调查中取得的证据和形成的证据纳入法律专业特权保护之下。

需要注意的是，法律专业特权对于文件的保护从内容上存在边界范围，法律咨询特权的适用要求文件以寻求法律意见为主要目的，诉讼特权的适用要求以诉讼或者可能的诉讼为主要目的，超出上述范围之后即不能受到法律专业特权的保护。由于企业法务人员通常身兼二职，除了从事法律专业的工作之外，还参与企业运营的工作，因此，在调查过程中或者在对调查报告的讨论过程中，可能在同一封邮件内同时讨论对调查事项的法律意见和其他事项，也可能在企业内部的会议上连同其他事项一并讨论对调查事项的法律意见，并将所有的讨论内容都纳入同一会议纪要中。此种情况下，邮件和会议纪要有可能面临被披露的风险，因为就其他事项的沟通并不在法律专业特权保护范围之内。为此，企业法务人员应注意区分其他沟通和受法律专业特权保护的沟通，尽可能通过不同的邮件或者会议纪要沟通，避免二者混杂增加被要求披露的风险。

另外，由于企业法务人员的双重身份，尤其在争议解决程序尚未开始之时，企业内部的调查、取证和调查报告的形成的主要是为了诉讼，还是为了解决企业的运营管理问题难以区分，而且企业法务人员在实际操作过程中也不易协调不同身份之间的转换，内部调查中所形成的文件是否能够享有法律专业特权的保护存在较大的不确定性。因此,必要时企业应引入外部律师进行调查取证,确保形成的文件受到法律专业特权的保护。

2. 明确标记受法律专业特权保护的文件,防范弃权风险

法律专业特权作为客户的一种权利,可以被客户放弃,如果客户无论是有意还是无意,将受保护的文件发给了对方或者裁判者,或者甚至在提交的文件中引用,即视为客户弃权,文件不再受到保护,对方可以依赖披露的文件支持自己的主张。更为严重的是,就某一文件放弃法律专业特权的保护之后,这一文件所针对的事项的其他相关文件也同样失去法律专业特权的保护,因为裁判者通常不接受当事人有选择性地披露部分受保护的文件,认为披露部分事实会误导对方或者裁判者。并且,法律通常规定对于一份文件的弃权也构成相关文件的连带弃权(collateral waiver),这种情况下对方有权要求企业提供企业与同一律师就相同事项之间的所有沟通。由于律师与客户之间的沟通通常对于案件的优劣点进行坦诚地分析,其中会涉及大量不能对对方公开的信息,一旦客户无意间弃权将造成巨大的损害。

从事前防范角度,所有与律师关于法律意见和诉讼的沟通都应标记上“受特权保护和保密”(privileged and confidential)的字样。尽管上述标记并不必然确保沟通文件受到法律专业特权保护[是否受特权保护仍然依据文件是否满足第三部分(二)中说明的法律专业特权保护规则的条件而定],但可以大幅度降低无意披露文件的风险。

【实例4-4】在函件中引用法律意见导致失去法律专业特权保护

在南亚某电力工程项目中,承包商由于进度延误面临业主的误期损害赔偿金索赔,承包商考虑到将来可能发生仲裁,聘请外部法律顾问对于延误情况进行分析。法律顾问出具了法律意见,认为业主和承包商对于延误均负有责任,并对双方各自应承担责任的延误事由、延误期间均分别进行了详细分析,并建议承包商模糊处理自己负责的延误事由,通过论证和量化业主应承担责任的延误事由迫使业主放弃误

期损害赔偿金索赔。

承包商依靠法律意见和业主开展了谈判，在谈判过程中双方也持续以函件方式表明自己的立场。尽管法律意见的提示已经明确说明法律意见仅供承包商参考，不得向第三方透露，但是在给业主的一封函件内，承包商为了强调自己的立场，告知业主自己已经聘请法律顾问对进度延误进行了分析，并进一步说明了经过法律顾问的分析业主应承担责任的延误事由，鉴于业主对进度延误负有责任承包商请业主放弃误期损害赔偿金索赔。

由于双方无法达成一致，仲裁被启动。在仲裁程序的证据披露环节中，业主要求承包商披露法律顾问出具的法律意见。承包商提出异议，认为法律意见由外部法律顾问向客户（承包商）出具，当时出具的主要目的是应对可能发生的仲裁，因此受法律专业特权保护，承包商有权利不予披露。

仲裁庭在考虑双方意见之后，对于承包商是否已经对法律意见的法律专业特权保护进行弃权做了分析。仲裁庭认为弃权并不需要持有文件一方对外公布文件本身，只要对外透露了文件的实质内容即构成弃权，在本案中由于承包商在给业主的函件内说明了法律意见内关于业主延误事由的分析和结论，属于对外透露法律意见的实质内容，已经构成对法律意见的弃权，据此要求承包商披露法律意见。

在实例 4 - 4 中，承包商被迫提交了法律意见，由于法律意见出于内部参考的目的对于承包商的责任也进行了详细分析，造成业主掌握了大量对承包商非常负面的信息，对于仲裁程序的走向也产生了严重的不利影响。

（三）谨记和解中的无损害规则

1. 文件明确标识“无损害”（without prejudice）

尽管文件是否受到无损害规则的保护仍然依据是否满足无损害规则的适用条件而定，注明“Without Prejudice”并不必然保证文件受到保护，但如果没有在文件上注明"Without Prejudice",裁判者作出判断的出发点将是文件不受无损害规则保护,企业需要提出相反主张并说服仲裁庭。如果在文件上注明了"Without Prejudice",裁判者看到这一标记作出判断的出发点是文件受无损害规则保护,对方需要提出相反主张说服仲裁庭,从而将证明主张成立的困难转移给了对方,对企业更加有利。

此外,如果在文件开端注明了"Without Prejudice"的标记,即使对方将标注有"Without Prejudice"的文件提交,有经验的裁判者一旦看到这一标记通常会停止阅读文件,从而降低无意间受到文件内容先入为主影响的风险。

2. 注意无损害规则的适用条件,慎重承认过错或者责任

实践中,有些企业为了与业主(当企业是总包商时)或者总包商(当企业是分包商时)保持友好关系,收到业主或者总包商的索赔函之后,在回复中对于索赔不进行反驳,而是说明企业存在困难,请求对方考虑双方的友好关系作出通融降低索赔金额。按照英国最高法院在布拉德福德和宾利诉拉希德案中确定的原则①,采用这一做法即使在回复上注明了"Without Prejudice",也难以使回复获得无损害规则的保护,以后启动争议解决程序后对方仍然可以作为证据提交。

无损害规则虽然有利于双方的和解,但是有严格的适用条件,即首先必须存在争议,其次沟通的内容是以和解为目的作出妥协和让步,该规则是否适用应根据沟通文件的实质内容判断,而并非仅仅从形式上依靠"Without Prejudice"的标记即可达到获得无损害规则保护的目的。如果企业对于对方的索赔没有提出反驳,显然双方之间并不存在争议,而企业请求对方作出通融降低索赔金额,即使明确了希望对方降低的金额充其量也只是就已经认可的责任如何履行提出要约,并不属于以和解为目的的妥协和让步。

因此,企业收到对方的索赔之后,首先应考虑在回复中尽可能地提出反对意见,从责任认定、损失金额等方面分别驳斥对方的主张,表明争议已经产生。

① Bradford & Bingley v. Rashid [2006] 4 All ER 705.

如果企业希望作出一定让步促进和解，则应说明虽然企业不认可对方的主张，但是为了达成和解愿意承担部分金额，表明企业以和解为目的作出了妥协和让步。在上述条件满足的前提下，进一步在回复上标记“Without Prejudice”，以便从实质内容和形式上均确保无损害规则的适用。

3. 无损害规则的放弃和例外情况

无损害规则对于沟通的保护是给予双方的特权（joint privilege），因此只有双方均同意弃权之后受无损害规则保护的沟通文件才能作为证据被裁判者采纳。需要注意的是，与法律专业特权类似，双方在提交的文件内援引某个受无损害规则保护的文件即被视为弃权，而就某一文件的弃权将连带引起对同一事项其他相关文件同样弃权。企业在争议解决程序中决定在提交的文件中援引某一受无损害规则保护的文件之前，需要考虑到一旦对方同意援引，其他相关沟通文件也将失去保护，应在全面审视所有沟通文件之后再作出决定。

此外，无损害规则存在较多的例外情况，其中尤为值得注意的是虽然双方在和解过程中的沟通文件受到无损害规则的保护，但是所达成的和解本身并不受到保护。如果双方对于是否达成和解或者达成的和解的具体内容产生分歧并就这一分歧进入争议解决程序，则在和解过程中的沟通文件将会被允许作为证据提交。为此，当企业通过协商做出了妥协和让步，与对方达成和解后，企业应主动起草清楚明确的和解协议并与对方签署，如实记录双方所达成的和解的内容，而不应仅仅以双方的最后一轮沟通文件作为和解的记录，否则容易对于和解本身是否达成，以及即使达成具体内容是什么产生争议，最终导致沟通文件失去无损害规则的保护。

第三节

案例:如何应对争议

当争议无法调和、不可避免时,如何通过争议解决程序争取正当权益或者实现以打促谈的策略,是参与海外工程能源基础设施项目的中国企业的核心关注点。本节通过具体案例进一步介绍工程争议案件的攻防准备思路,以管窥豹,为处理和应对争议最佳实践提供有益探讨。

一、案情概述

一家国际知名的新能源领域投资人在南亚某国开发和投资700兆瓦风电场,通过议标的方式选中了一家中国企业作为承包商,双方约定以EPC模式由承包商负责项目的全部设计、采购和施工,并采用FIDIC 1999版银皮书为通用合同条件,根据项目的具体要求在专用合同条件中做了少量修改。合同约定的争议解决方式为仲裁,仲裁条款规定所有争议应由SIAC进行仲裁,仲裁依据其仲裁规则进行,仲裁庭由三名仲裁员组成,仲裁地为新加坡。

在合同谈判过程中,业主提出自己对一家当地的设计咨询公司比较了解,希望这家公司能够作为承包商的设计分包商参与项目。承包商考虑到与业主搞好关系尽快锁定项目的需要,以及自己的专长在于施工,也确实需要一家熟悉当地设计规范的设计单位协助,故同意了业主的要求,在与业主签约之后立刻和设计分包商签订了设计分包合同。

项目工期2年,自合同生效日开始起算。在项目实际执行过程中,因现场条件、采购等原因出现了延误,同时承包商因为实际工程量大大超出报价测算,也向业主提出了多项变更,业主都以根据合同处理,待竣工结算时考虑的说辞答复承包商。承包商本着信任以及后续开发业主更多项目的良好愿望完成了工程，比合同约定的工期晚了近半年。此后，承包商准备了竣工结算资料，向业主申请尾款和变更费用补偿。除5%的合同尾款，各项变更总计高达上千万美元。此时，业主指出合同是固定总价，业主并没有指示变更，根据合同约定承包商无权要求任何变更款项，并且承包商也没有按合同规定的期限和要求提出索赔。同时，业主提出由于竣工日期延误，根据合同承包商应支付的误期损害赔偿金已经达到合同约定的上限，且承包商还存在没有及时履行消缺义务的违约行为，业主有权抵扣尾款。

二、趋利避害，确定正确的策略

项目已经完工，承包商才正式提出变更索赔，且由于合同的严苛条件承包商基本上已经没有和业主进行谈判的筹码，而业主态度强硬，反而提出误期损害赔偿、消缺责任等追究承包商的违约责任，谈判无法取得任何实质进展。

（一）积极争取，主动发起争议解决程序

承包商首先需要做出的决策是，在合同条件不利、与业主谈判进展不顺的情况下，是继续和业主谈判取得业主的理解，还是主动发起争议解决程序。

从业主角度，项目已经建设完毕并且投入运营，业主开发项目的目的早已实现，获得了价值远远超出固定合同总价的项目，保持现状对业主极为有利，业主没有真正的压力来与承包商协商解决分歧。

反观承包商，项目成本超过业主支付的合同固定总价，意味着承包商垫资完成了项目建设，如果业主最终没有补偿变更费用，承包商将承担巨额损失。实际上，由于业主迟迟没有补偿变更费用，承包商已经因为垫资发生了巨大的财务费用，当前局面持续下去对于承包商毫无益处。

更为重要的是，根据合同约定的适用法律，合同纠纷的诉讼时效为3年，且适用法律中并没有关于诉讼时效中断的规定，如果在3年内没有发起诉讼或者仲裁（视合同约定）则面临诉讼时效期间届满的败诉风险。

显然，谈判继续拖延下去对承包商有百害而无一利，承包商决定主动发起

争议解决程序，向新加坡国际仲裁中心提起仲裁，要求业主支付变更费用。

（二）扬长避短，制定整体策略

在确定主动发起仲裁、积极争取和维护己方权益的整体思路后，承包商需要制定具体的仲裁策略和方案，据此指导、组织和推进整个仲裁程序的进行。通常，为主张变更费用，承包商应首先证明业主指示的何种工作构成对合同范围内工作的变更，并对变更进行具体量化后主张费用补偿。但经过全面梳理和分析案件材料，承包商意识到采用该思路面临较大的挑战。

首先，该项目采用的通用合同条件为 FIDIC 1999 版银皮书，是典型的亲业主合同文本，在权利义务安排上高度倾向于业主，承包商需要按照工程的使用目的，在固定总价下全面执行工程并承担绝大多数风险，主张和证明变更的难度不小。

其次，虽然按照合同规定的设计审批和变更程序，设计分包商向承包商提交设计，承包商审批后向业主提交，经业主审批后用于施工。如果业主对设计不满意提出修改意见，则视修改意见是否超出合同规定的要求判定是否构成变更，如果构成变更则承包商应获得费用补偿和/或工期延长，但在实际执行中，由于工期紧张，项目执行中在业主的提议下，业主、承包商与设计分包商采用了三方设计联络机制，而业主之前开发的多个项目中早就与设计分包商建立了非常密切的合作关系，由此业主直接将自己对设计的要求传达给设计分包商，其中包括了诸多远超合同规定的新要求。承包商因为过程中根本没有参与，未能及时识别这些变更，导致项目执行过程中几乎不存在遵循合同变更程序的变更签证，也缺少过程性的同期记录。面对上述不利情况，如果仍然采用通常的工程变更索赔思路，仲裁结果不容乐观。

经过对项目履约事实的全面深入梳理，承包商转换思路决定采取全新的策略，主张业主利用其强势地位导致项目执行实际上背离了 EPC 合同的根本逻辑，将项目执行的底层逻辑从 EPC 模式改变为业主设计和承包商施工的模式，相应地，双方变更了合同的计价模式，由固定总价模式调整为按照实际成本计价的模式，从而避开主张工程变更又缺少证据支撑的传统索赔策略。

三、组织证据

确定仲裁策略后，围绕业主和承包商事实上变更了合同计价模式这一焦点组织证据成为关键。

（一）挖掘事实，组织证据链

为配合仲裁策略，承包商重点挖掘和呈现了签约前双方磋商报价的具体细节、业主对设计的全面管控事实的背景，主张业主利用业主强势地位导致项目执行实际上背离了EPC合同根本逻辑，并以“要求承包商提供下游分包合同和采购合同作为请款金额依据，而非依照合同约定的分项价格请款”的开工阶段早期会议纪要、以分包合同和采购合同金额为结算依据的付款申请和对应的收款记录为主线，辅以项目实施期间的大量函电、邮件、即时通讯软件往来的书面证据，形成完整的证据链，呈现了双方在项目实施过程中同意将固定总价模式变更为以实际成本为准的计价模式的翔实事实。

另外，为量化和证明承包商在该项目支出的实际成本，承包商梳理了全部分包合同和采购合同，以及每个合同下的分包商和供货商的请款记录以及承包商的付款记录，证明承包商为本项目发生的全部实际成本。

（二）组织证人进一步夯实事实

仲裁所在地新加坡属于普通法系国家，司法实践中极为重视证人证言在审理中的作用。为了促使仲裁庭采信承包商关于双方事实上变更了合同计价模式的主张，从补强事实角度，在和多名参与项目履行的人员访谈并权衡比较后，承包商组织了3名事实证人，分别从项目在谈判阶段业主即指定设计分包商和合同价格的磋商细节，双方变更合同计价模式的原因和背景，以及双方约定按照实际成本支付并照此执行等三个不同的角度作为事实证人提供证言。从工程专业角度，承包商还策划并聘请了工程造价行业专家作为专家证人，协助准备了专家报告，对该项目实际执行中体现的相较常规EPC项目的核心逻辑差异、该项目实际所采用的计价模式等核心专业问题进行说明和阐述。

四、启动仲裁程序

与被动应诉不一样，作为原告方，准备工作应力求充分，考虑周全对方的理据，不打无准备之战。一切工作就绪之后，承包商按照仲裁规则向 SIAC 提交仲裁通知书，正式发起仲裁，随后业主向 SIAC 提交对"仲裁通知书"的答复书，对承包商的索赔做了简要回应并就误期违约金、缺陷修补费用等提出了反请求。按照双方仲裁条款的约定，仲裁庭由 3 名仲裁员组成，承包商和业主分别指定 1 名仲裁员，SIAC 指定第 3 名仲裁员作为首席仲裁员，仲裁庭组庭完毕。

根据 SIAC 仲裁规则第 19 条【仲裁程序的进行】，仲裁庭组成后应与当事人协商案件程序，据此仲裁庭与双方就下一步提交文件应依据的程序进行了协商，承包商建议采用请愿书模式（memorials style）程序，而业主建议采用普通法诉状模式（pleadings style）程序。

在国际仲裁中，请愿书模式程序表示申请人在其申诉书（Statement of Claim）、被申请人在其答辩书（Statement of Defence）中除了关于事实和合同/法律的主张以及提供证据，还需要附上证人证言、专家报告以及依据的法律法规等。相对而言，普通法诉状模式程序通常对双方的申诉书和答辩书的内容要求比较简单，最为重要的是不要求一并提交在请愿书模式程序下随申诉书和答辩书提交的文件。

典型的请愿书模式程序和普通法诉状模式程序见表 4－4：

表 4－4　典型的请愿书模式程序和普通法诉状模式程序

步骤	请愿书模式程序	普通法诉状模式程序
1	申请人提交申诉书及证据，并附带证人证言、专家报告、法律依据	申请人提交申诉书及证据
2	被申请人提交答辩书和反请求申诉书（Statement of Defence and Counterclaim）及证据，并附带证人证言、专家报告、法律依据	被申请人提交答辩书和反请求申诉书及证据
3	视情况，双方向对方提出文件披露请求及异议，并根据仲裁庭决定披露文件	

续表

步骤	请愿书模式程序	普通法诉状模式程序
4	申请人提交对反请求的答辩书(Statement of Defence to Counterclaim)及证据，并附带回应性的(responsive)证人证言、专家报告、法律依据	申请人提交对反请求的答辩书及证据
5	被申请人提交对反请求的答辩书的回复(Statement of Replay to Defence to Counterclaim)及证据，并附带回应性的证人证言、专家报告、法律依据	被申请人提交对反请求的答辩书的回复及证据
6		视情况，双方向对方提出文件披露请求及异议，并根据仲裁庭决定披露文件
7		交换证人证言和专家报告
8		交换回应性的证人证言和专家报告

简单来说，不考虑文件披露，在请愿书模式程序下经过4个步骤仲裁庭即可完全了解双方的主张，而在普通法诉状模式程序下则需要经过6个步骤，因此前者可以起到简化仲裁程序和缩短仲裁时间的作用。案涉争议正是由于承包商需要通过仲裁尽快获得救济，且已经做了充分准备，故倾向于采用请愿书模式程序尽可能快地完成仲裁程序。值得一提的是，由于在请愿书模式程序下双方一开始就亮明底牌，通常认为采用这一程序也便于双方在完全了解对方主张的情况下评估案情，更有利于促进和解。

但是，请愿书模式程序减少仲裁程序的步骤是以增加每个步骤的工作量为代价的，要求双方一开始就准备证人证言和专家报告。如果最后发现证人证言和专家报告所包含的内容实际上与双方的争议焦点无关，就会造成极大的浪费，而普通法诉状模式程序通过将双方的主张逐步展开的方式可以在明确争议焦点之后再由双方有针对性地准备证人证言和专家报告，从经济性上更加有效。

双方对于采用何种程序均充分发表自己的意见后，仲裁庭经过考虑最终决定采用请愿书模式程序，并据此向双方发出程序令确定了各个步骤和后续开庭及之后的安排的时间表。

五、庭审

典型的国际仲裁庭审通常包括开庭陈述、庭审调查（主要针对证人）及结案陈词3个步骤，其中非常重要同时中国企业也非常不熟悉的就是庭审调查。

在大陆法系中，以我国为例，庭审调查环节的举证质证主要是针对书证，由提交书证一方基于书证对自己主张的事实加以证明，而对方则通过对于书证的真实性、关联性和合法性作出判断的方法进行质证。但在国际仲裁中，通常无须在庭审中对书证进行举证质证，根据《国际仲裁取证规则》第9条［证据的可采纳性和评估（Admissibility and Assessment of Evidence）］的规定，仲裁庭可以在一方的请求下或者自行排除证据的适用。在国际仲裁中，通常各方已经随申诉书和答辩书等提交了书证，如果一方认为另一方提交的证据不应被采纳则需要在各轮书面意见内提出，仲裁庭不会在庭审中组织对书证进行举证质证，在庭审中组织的举证质证通常是针对证人，包括事实证人和专家证人。通常，针对证人的顺序为先事实证人后专家证人，询问形式一般按主问（direct examination）、盘问（cross－examination）和再主问（re－direct examination）的方式开展，专家证人的询问相对简单。

本案中，按照仲裁庭的程序令，双方在开庭前交换了各自的证人证言。如何利用庭审机会通过相关问题的设计和对方证人的回答来动摇对方证人的可信度、其证言的可信度，让仲裁庭留下深刻印象，这是证人询问要达到的目标。以本案业主方的关键证人有关承包商施工质量问题的证言为例，承包商注意到，业主证人声明由于承包商的施工质量问题导致现场大量返工，对进度造成累计长达数月的延误，但却没有提供任何返工的具体信息。承包商经过对涉及现场返工的资料的认真研究后确定了盘问策略，决定以返工为突破口，揭露该证人证言的虚假性，缺乏可信度。承包商设计了如下问题：

· 如果现场存在返工工作,按照惯例是否应该进行二次报验申请再次检验,否则无法开始下一步工作;

· 对于返工的工作承包商是否已经申请进行二次报检;

· 何种工作存在大量返工(由于考虑到可能存在二次报检的证据,业主证人不敢信口开河,确认主要是风机基础钢筋绑扎工作存在返工);

· 钢筋绑扎的报检单中只显示在施工分区中的 D 区第 12 台风机基础的钢筋绑扎存在整体性的二次报检,其他风机基础很少有重新报检,即使有也均为微小缺陷整改后就缺陷本身报检而非就整个基础重新报检,这是否表示只有一台风机基础的钢筋绑扎存在返工;

· D 区共有 15 台风机,承包商提交的进度计划显示 D 区的风机基础钢筋绑扎工作时间计划为 20 天,这是否表示一台风机基础钢筋绑扎耗时最多 20 天;

· 根据报检单只有一台风机基础返工,即把钢筋绑扎重新实施一遍,工期延误是否最多为 20 天;

· 实际上 D 区第 12 台风机基础钢筋绑扎第一次和第二次报检单的日期相距仅有 15 天,是否表示返工导致的工期延误仅有 15 天。

经过对上述问题的询问之后,显而易见的是无论从哪方面判断都根本没有业主证人所述的返工导致长达数月的延误。通过对业主证人证言的仔细研究和提前准备,承包商以具体事件为突破口,经过层层深入的盘问向仲裁庭展示了业主证人证言夸大和歪曲事实,实现了动摇该证人证言可信度和降低其证明力的目的。

六、总结

庭审之后,业主意识到与预期相比案情对自己明显不利,遂与承包商进行了和解,并由仲裁庭根据和解协议出具了裁决书,承包商的利益较大程度地得到了维护。

本案由于在合同条件方面多处于劣势，加之缺乏相应的同期记录，承包商突破合同固定总价、索赔变更费用面临较大难度，但基于请求策略的思路转换，以及全面扎实的案件准备工作，本案克服了案件的固有弱点，最终得以挽回高额损失。汝欲和平，必须备战。中国企业在海外工程能源基础设施项目中应加强证据管理意识，未雨绸缪地重视各类同期记录的保持，这样即使发生争议，也能够有条件通过正确的争议解决策略和缜密的组织实施，在最大限度内争取自己的合法权益。

第五章　主动合规
行稳致远

——海外工程能源基础设施项目的合规管理

合规管理不仅是企业"走出去"行稳致远的前提，也是企业国际竞争力的重要体现。近年来，为响应我国"一带一路"倡议，众多中国企业，尤其是工程建设、工程服务类企业，参与了大量"一带一路"沿线国家的工程能源基础设施项目（如交通、能源、基建和矿产等领域的项目），但根据透明国际（Transparency International）公布的2021年全球清廉指数（Corruption Perception Index 2021），大多"一带一路"沿线国家的全球清廉指数排名相对靠后①，是存在合规风险的高危地区。伴随着机遇的同时，参与海外工程能源基础设施项目的中国企业也极易发生合规风险。主动合规、遵循和搭建符合国际标准的诚信合规管理体系，将其作为企业管理和企业文化的有机组成部分，是企业提高海外业务抗风险能力，更好适应国际化合规环境的必然要求，对于防范重大合规风险具有重大意义。本章对国际上反腐败/反贿赂法律体系、国际制裁法律框架和多边开发银行制裁规则进行简要介绍，并就企业应对多边开发银行制裁和美国经济制裁的策略和措施进行简要探讨，为防范相关风险提供参考。

① 根据2021年全球清廉指数，印度尼西亚、泰国、越南、菲律宾、缅甸、柬埔寨等中国工程企业参与和执行项目较多的东南亚国家的清廉指数均在40分以下。

第一节

海外工程能源基础设施项目合规法律框架及风险概述

一、合规法律框架概述

近年来，随着"合规"概念的不断发展，"合规"的范围不再局限于反腐败、廉洁领域，也包括环境保护、劳动用工、数据安全等方方面面，其依据不再局限于法律，也包括具有法律约束力的各类文件、企业自身制定的各类行为规范、普遍的道德规范和公序良俗等。我国 2018 年年底出台的《企业境外经营合规管理指引》①也作出了类似规定，明确"合规"是指"企业及其员工的经营管理行为符合有关法律法规、国际条约、监管规定、行业准则、商业惯例、道德规范和企业依法制定的章程及规章制度等要求"。例如，参与海外工程能源基础设施项目的中国企业，除需遵守中国和项目所在国的法律法规，对于涉及国际制裁与贸易管制相关业务的中国企业，还需遵守国际制裁和贸易管制相关法律法规，且对于参加世界银行②等多边开发银行融资项目的中国企业，还需遵守世界银行等多边开发银行的诚信合规准则及要求。

---

① 2022 年 8 月 23 日，国有资产监督管理委员会颁布的《中央企业合规管理办法》也对"合规"的概念进行了明确，即指企业经营管理行为和员工履职行为符合国家法律法规、监管规定、行业准则和国际条约、规则，以及公司章程、相关规章制度等要求。

② 世界银行也称国际复兴开发银行（International Bank for Reconstruction and Development，IBRD）。世界银行集团（World Bank Group）包括世界银行、国际开发协会（International Development Association，IDA）、国际金融公司（International Finance Corporation，IFC）、多边投资担保机构（Multilateral Investment Guarantee Agency，MIGA）、国际投资争端解决中心（International Centre for Settlement of Investment Disputes，ICSID）。如无另行说明，本书所称的世界银行指国际复兴开发银行，而非世界银行集团。

实践中，由于部分中国企业存在对自身合规建设重视不足，对于开展海外工程能源基础设施项目所应遵守的法律法规不熟悉等问题，导致海外工程能源基础设施项目中频发合规风险事件，不少参与海外工程能源基础设施项目的中国企业近年来连续面临世界银行、亚洲开发银行（the Asian Development Bank，以下简称亚行）等多边开发银行制裁。此外，在中美贸易摩擦不断升级，尤其是美国司法部在 2018 年 11 月提出"中国行动计划"①（China Initiative）后，中国企业也进一步面临美国加大经济制裁的风险。

（一）反腐败/反贿赂法律体系

海外腐败损害的不仅是企业本身的商誉和经营能力，而且是整个商业社会的市场秩序。为遏制海外腐败，各国政府和国际组织相继颁布了各类反腐败法律法规。概括来说，海外反腐败法律制度可以分为国际组织反腐败公约和各国反腐败法律两个层次。

1. 国际组织反腐败公约

自 20 世纪末以来，为打击跨境投资的腐败行为，联合国、世界银行、OECD 等国际组织相继颁布了约束腐败行为的制度或行动指南，如《联合国反腐败公约》（U. N. Convention against Corruption）和经济合作与发展组织《关于打击国际商业交易中行贿外国公职人员行为的公约》（OECD Convention on Combating Bribery of Foreign Public Officials in International Business Transactions，以下简称《OECD 反腐败公约》）等，简要介绍如表 5 - 1 所示：

① "中国行动计划"是由美国司法部国家安全局牵头实施，目的之一就是借助美国反腐败和制裁等法律，针对中国企业实施更广泛的"长臂管辖"，并彻查与美国企业存在竞争关系的中国企业海外不合规案件。

表 5－1　国际组织反腐败公约简介

《联合国反腐败公约》
《联合国反腐败公约》是联合国通过的第一个用于指导国际反腐败斗争的法律文件和国际社会治理腐败的基石，于 2005 年 12 月 14 日正式生效。截至 2021 年 11 月 18 日《联合国反腐败公约》已有 140 个签署国，189 个缔约国，我国于 2005 年批准加入该公约，属于最早签署和批准该公约的国家之一。 《联合国反腐败公约》第三章“定罪和执法”第 16 条指出，“直接或间接向外国公职人员或者国际公共组织官员许诺给予、提议给予或者实际给予该公职人员本人或者其他人员或实体不正当好处，以使该公职人员或者该官员在执行公务时作为或者不作为，从而获得或者保留与进行国际商务有关的商业或者其他不正当好处”，属于腐败犯罪行为，并在该条进一步明确缔约方要将贿赂外国公职人员或者国际公共组织官员列为腐败犯罪，对于加强全球反海外腐败发挥了积极作用
《OECD 反腐败公约》
《OECD 反腐败公约》于 1999 年 2 月 15 日正式生效。截至 2022 年 11 月 28 日，共有 44 个国家签署该公约，包括 38 个成员国和 6 个非成员国。中国目前只是观察国，尚未正式签署该公约。 《OECD 反腐败公约》包括：（1）反贿赂条款，明确要求成员国通过国内立法将任何个人或企业在国际商业交易中行贿外国公职人员的行为列为犯罪行为，进行刑事处罚；（2）会计账目条款，明确要求成员国通过国内立法，禁止公司设立账外账或通过不实记账隐瞒行贿行为，并对此类行为给予民事、行政或刑事等惩罚
其他国际组织/机构反腐败公约
当前涉及治理反腐败行为的国际性或区域性公约不下十余项。除了上述对中国企业影响较深的公约，参与美洲、欧洲、非洲等地区工程能源基础设施项目的企业还应关注这些区域的国际组织所发布的反腐败公约。例如，美洲国家组织（OAS）于 1996 年颁布的《美洲反腐败公约》（Inter－American Convention Against Corruption）、欧洲理事会（Council of the European Union）于 1997 年通过的《打击涉及欧洲共同体官员或欧洲联盟成员国官员的腐败行为公约》（Convention on the Fight Against Corruption Involving Officials of the European Communities or Officials of Member States of the European Union）；欧洲委员会（Council of Europe）于 1998 年分别通过的《反腐败刑法公约》（Criminal Law Convention on Corruption）和《反腐败民法公约》（Civil Law Convention on Corruption）；南部非洲发展共同体（SADC）于 2001 年签署的《南部非洲发展共同体反腐败议定书》（Southern African Development Community Protocol against Corruption）；以及非洲联盟（AU）于 2003 年通过的《非洲联盟防止和打击腐败公约》（African Union Convention on Preventing and Combating Corruption）等

另外,世界银行等多边开发银行发布的采购指南等规则也对参与各自资助项目的腐败行为进行了规定,但此类文件同时规定了欺诈、共谋等其他不当诚信行为,我们将在本节“多边开发银行制裁规则”中另行介绍。

2. 各国反腐败法律

全球大部分国家和地区都有自己的反腐败法律。尽管各国法律的规定不尽相同,但维护市场秩序、打击反腐败行为已经成为各个国家和地区的共识,是各国的共同目标(见图 5 - 1)。

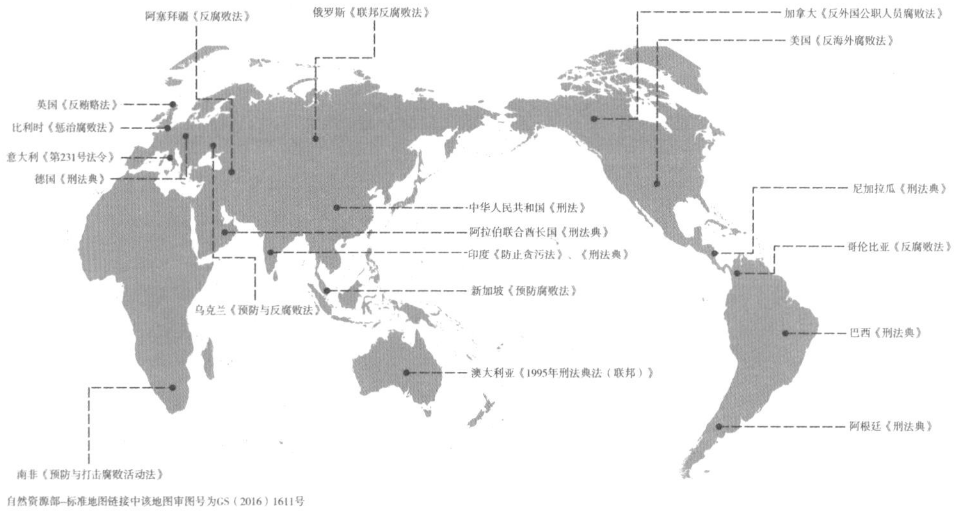

图 5 - 1 全球反腐败法律示例

对参与海外工程能源基础设施项目的中国企业而言,除受中国反海外腐败相关法律和东道国相关法律规制外,美国《反海外腐败法》(Foreign Corrupt Practice Act,FCPA)和英国《反贿赂法》(Bribery Act 2010,UKBA)的影响也较大,简要介绍如下(见表 5 - 2)。

表 5-2 中国、美国和英国反海外腐败法律简介

《中华人民共和国刑法》
当前，我国主要是在《刑法修正案（八）》增设“对外国公职人员、国际公共组织官员行贿罪”，对海外腐败行为进行了规定，尚未形成系统的反海外腐败犯罪法律法规。 根据《刑法修正案（八）》第 164 条第 2 款的规定，为谋取不正当商业利益，给予外国公职人员或者国际公共组织官员以财物，数额较大的，处 3 年以下有期徒刑或者拘役，并处罚金；数额巨大的，处 3 年以上 10 年以下有期徒刑，并处罚金。此外，该条进一步规定，单位犯前两款罪的，对单位判处罚金，并对其直接负责的主管人员和其他直接责任人员，按照前述规定进行处罚。 根据我国《最高人民法院、最高人民检察院关于办理商业贿赂刑事案件适用法律若干问题的意见》第 7 条的规定，商业贿赂中的财物，既包括金钱和实物，也包括可以用金钱计算数额的财产性利益，如提供房屋装修、含有金额的会员卡、代币卡（券）、旅游费用等
美国《反海外腐败法》
FCPA（Foreign Corrupt Practices Act）是目前美国规制其企业在海外行贿的主要法律，也是世界上第一部防范本国企业在海外行贿的成文法。该法制定于 1977 年，先后经过 1988 年、1994 年和 1998 年三次修订，目前在法律框架和内容方面已基本趋于稳定。 FCPA 由反贿赂和会计两类条款组成。其中，反贿赂条款禁止美国国内主体（“domestic concern”）①向外国官员提供、支付、承诺支付或授权支付任何金钱、有价值的物项与利益②以期获得或保持业务或者取得业务优势；而会计条款要求证券发行人③（“issuer”）设立并保持“内容合理详尽”的账簿、记录和账户，严禁虚假记录，同时还应当建立有效的内部会计控制系统。 FCPA 的执法机关分别是美国证券交易委员会（Stock Exchange Commission，SEC）和司法部（Department of Justice，DOJ）。SEC 拥有对证券发行人及其管理人员、董事、职员、代理人、股东违反反贿赂条款和会计条款的民事执法权，而 DOJ 拥有对证券发行人及其管理人员、董事、职员、代理人、股东违反会计条款的刑事执法权和对美国国内主体及其管理人员、董事、职员、代理人、股东，以及其他落入 FCPA 管辖范围的外国公司或个人违反反贿赂条款的民事执法权和刑事执法权。

---

① “美国国内主体”原指：（1）任何作为美国公民、国民或居民的个人；或（2）主要营业地点在美国，或是根据美国某个州、属地或自由联邦的法律设立的公司、合伙、团体组织、股份公司、商业信托、非法人组织或个人独资企业，但随着 FCPA 的不断发展，“美国国内主体”也扩大至包括成立在其他国家但同时在美国有主营业务地的公司，以及拥有美国绿卡的其他国家公民。

② 根据 FCPA，有价值的物项与利益（anything of value）不仅包括现金，而且包括礼品、旅行、餐饮招待、娱乐、折扣、慈善性捐赠、为外国官员亲属提供工作机会和其他有价值的财物等。

③ “证券发行人”是指在美国证券交易所上市或在美国的柜台市场交易且需要向美国证券交易委员会提交定期报告的公司，包括以美国存托凭证（American depositary receipt）的方式在美国证券交易委员会进行交易公司，例如，中海油、中石油、中石化、联通、移动和电信、华能国际等均是以美国存托凭证的形式在美国上市。

续表

FCPA重要特点之一是其所建立的"长臂管辖"原则。根据FCPA及其相关判例,FCPA的适用主体包括:(1)美国国内主体及其管理人员、董事、职员、代理人、股东;(2)证券发行人及其管理人员、董事、职员、代理人、股东;(3)美国境内的非美国公司和个人;(4)与前述第(1)和(2)项中任一主体存在共谋(conspiracy)违反FCPA行为的外国公司或个人。需要注意的是,根据FCPA的执法实践,DOJ与SEC会在执法中将一切利用美国金融系统、邮递服务、通讯手段或者任何州际商业手段(interstate commerce)或工具以促成对外国官员的行贿行为均认定为属于FCPA的管辖范围。
违反FCPA的后果非常严重。根据FCPA规定,对"每次"违反反贿赂条款的公司最高可处200万美元的罚款,对公司管理人员、董事、股东和代理人可处最高25万美元的罚款和5年以下的徒刑;而对"每次"违反会计条款的公司可处最高2500万美元的罚款,对公司管理人员、董事、股东和代理人可处最高500万美元以下的罚款和20年以下的徒刑。另外,美国法院还可根据美国《可替代罚款法案》(Alternative Fines Act)突破前述罚款限额,最高处以被告人行贿所得或所遭受的总损失(行贿金额)"两倍"数额的罚款,且个人承担的罚款不得由其雇主或者委托人代为承担
英国《反贿赂法》
UKBA(UK Bribery Act)颁布于2010年,于2011年7月1日正式生效。该法融合了英国其他反腐败的条款,并参考了英国所加入的各类国际性反腐败公约,在一定程度上推动了国际社会反腐败立法的创新发展。
UKBA主要规定了四类腐败行为,分别是:(1)行贿(Bribing another person);(2)受贿(Being bribed);(3)贿赂外国公职人员(Bribing a foreign public official);(4)商业机构未能预防贿赂(A commercial organization failing to prevent bribery by associated persons)。
根据UKBA第6条规定的"行贿外国公职人员罪",外国公职人员不仅包括外国公职人员本身,还包括其要求、同意或默许的其他人,即向外国非公职人员行贿的,也可能被认定为违反UKBA,从而受到处罚。进一步,根据UKBA第7条规定的"商业机构未能预防贿赂罪",如果商业机构关联人员为使该商业机构获取/保留业务或商业利益而行贿他人,则该商业机构即构成违法。
违反UKBA的规定会受到非常严厉的处罚。根据UKBA的规定,处罚措施包括无限额罚款、高达10年的徒刑以及取消董事资格等。企业还可能被禁止参与公共采购项目,且因贿赂所得的金额也可能被没收

(二)国际制裁法律框架

制裁是一国政府或国际组织基于外交或国家安全之目的,停止或限制与制裁对象(国家、企业或个人)进行全部或某类交易。通常来说,一国政府或国际组织施加制裁的理由包括武装冲突、国际恐怖主义、毒品走私、大规模杀伤性武器扩散、违反人权等;具体制裁手段包括限制贸易和金融交易、禁运、人员禁入以及资产冻结等。截至目前,联合国、美国和欧盟等国家或国际组织发布的国际制裁相关决议、法律、措施,已共同构成一个体系庞大、涉及行业众多、惩罚力度极强、影响跨越全球的经济制裁体系。

1. 联合国制裁法律体系

联合国制裁是联合国安理会针对威胁世界和平与安全的情况所采取的强制措施,制裁依据是《联合国宪章》①。根据《联合国宪章》第 7 章第 41 条的规定,“安全理事会应决定所应采武力以外之办法,以实施其决议,并应促请联合国会员国执行此项办法”。自 1966 年以来,联合国以安理会决议的形式建立了 30 个制裁制度,其中正在实施的制裁制度有 14 个,集中在支持政治解决冲突、推动核不扩散和反恐等方面。除了前述提及的安理会,针对每项制裁制度,安理会还会通过决议设立制裁委员会负责专门管理每项制裁,包括认定、管理和更新制裁名单(Sanctions List)等,如安理会在 2003 年 11 月 24 日通过第 1518(2003)号决议设立伊拉克与科威特制裁委员会负责伊拉克制裁事宜。

联合国制裁措施主要包括全面经济和贸易制裁,以及一些更为具体的定向措施,如资产冻结、金融服务禁令、武器禁运、旅行禁令等。实践中,为加强制裁的有效性,安理会通常会多重制裁措施并用。例如,1990 年,为敦促伊拉克从科威特撤军,安理会通过多项决议决定对伊拉克实施包括石油禁运在内的强制性经济制裁(如禁止向伊拉克出口任何商品、禁止向伊拉克政府或其境内的任何商业、工业或公用事业机构提供任何资金等)、武器禁运及空中封锁等,并在海湾战争爆发期间,进一步扩大对伊拉克制裁的范围②。

一般而言,联合国制裁决议对会员国具有普遍约束力,所有会员国均应执

---

① 《联合国宪章》是联合国的创始文件,于 1945 年 6 月 26 日在旧金山联合国国际组织会议闭幕之际签署,于 1945 年 10 月 24 日生效。《联合国宪章》被视为国际条约,赋予了联合国独特的国际属性和各项权力,联合国因此可以就各类问题采取行动。

② 2003 年多国部队逐步控制伊拉克局势后,安理会便取消了对伊拉克的制裁,由此转换为针对伊拉克的定向制裁,主要包括冻结伊拉克前政府或其国家机关、公司或代理人以及与萨达姆·侯赛因或伊拉克前政权其他高级官员有关的个人和实体拥有或控制的资金、其他金融资产和经济资源等。

行联合国的制裁决议,并优先于会员国的其他国际法律义务而适用[①]。通常来说,会员国应通过国内立法的方式以执行联合国的相关制裁决议。我国政府执行联合国经济制裁的主要方式是通过外交部、国务院办公厅、中国人民银行、中国银行保险监督管理委员会等与经济制裁相关的政府机构发布通知或出台办法的方式,要求国内相关部门实施相关决议。

2. 美国经济制裁法律框架

美国是全球对外实施经济制裁最积极,且是制裁频率最高和执法最严格的国家。美国所实施的制裁主要是其基于国家安全、外交政策等考量,对目标国家、地区和恐怖分子等实体或个人所采取的禁止和限制相关经贸往来的措施。美国国会于 1917 年制定的《与敌国贸易法》(Trading with the Enemy Act, TWEA)是美国第一部实质性制裁的相关法律。该法明确授予美国总统在国家处于战争或其他紧急状态时有权监督、限制和调整与敌国之间所有的贸易关系的权力。

在 TWEA 出台后,美国国会在 1976 年和 1977 年分别通过《国家紧急状态法》(National Emergencies Act, NEA)和《国际紧急状态经济权力法》(International Emergency Economic Power Act, IEEPA),也对美国总统在发生对美国不利的异常状况和特殊威胁(unusual and extraordinary threat)时有权宣布国家进入紧急状态进行了明确。其中,IEEPA 规定美国总统及相关行政部门有权颁布法令或规章,管制或禁止美国人或非美国人与各种受制裁国家进行贸易,或禁止美国人或非美国人向受制裁国家出口来源于美国的产品等,该法也是近年来美国总统不时颁布总统令(Executive Order)对特定国家、地区或个人实施制裁的主要法律依据。

除此之外,美国针对不同对象还颁布了多部制裁法律,如《伊朗制裁法》(Iran Sanctions Act)、《贸易制裁改革和加强出口法》(Trade Sanctions Reform

---

① 根据《联合国宪章》第 25 条和第 103 条的规定,联合国经济制裁决议对所有联合国会员国具有普遍法律约束力,所有会员国必须执行,并且如果该义务与其他国际法律义务相冲突,该义务处于优先地位。

and Export Enhancement Act)、《通过制裁反对美国对手法》(Countering America's Adversaries through Sanctions Act,CAATSA)等,并在联邦法规层面颁布了《伊朗贸易和制裁条例》(Iranian Transaction and Sanction Regulation)、《伊朗金融制裁条例》(Iranian Financial Sanctions Regulations)等多部关于制裁具体实施和操作的行政法规。这些总统令以及联邦法律、法规,与财政部海外资产管理办公室(Office of Foreign Assets Controls,OFAC)发布的问答和指南等共同组成了一套严密复杂的美国经济制裁法律框架。

OFAC 是美国负责制裁的主管机关,其主要职责包括:(1)拟定并定时更新特别指定国民和阻截人员名单(Specially Designate Nationals and Blocked Persons List,以下简称 SDN 清单)、行业制裁识别清单(Sectoral Sanctions List,以下简称 SSI 清单)和其他制裁名单等;(2)审查和批准各类许可申请;(3)监督制裁实施并处罚违反制裁规定的个人或实体,即当发现违反制裁情况时,OFAC 有权根据相关法律法规对违规者进行民事处罚或者行政执法。经济制裁是美国外交政策中的重要组成部分,美国国务院的经济制裁政策与实施办公室(Office of Economic Sanctions Policy and Implementation)是 OFAC 的合作机关,负责对外经济制裁的政策制定和实施。此外,DOJ、美国国防部(Department of Defense)等还可能会依据不同法律,从不同方面追究违规者的责任,如美国司法部负责对违反制裁的行为进行刑事调查或指控,但总体来说,仍是由 OFAC 掌管美国经济制裁的主要职责。

美国的经济制裁主要分为两类:一类是针对美国人和存在美国连接点(nexus)的非美国人的主要制裁(Primary Sanction),主要是直接限制美国人和存在美国连接点的非美国人与特定受制裁个人或实体进行交易;另一类是次级制裁(Secondary Sanction),主要是限制非美国人与受制裁的个人或实体(如落入 SDN 清单的个人或实体)在美国境外进行相关交易或者向其提供服务,并对违反此项禁止性规定的非美国人实行制裁。

违反美国经济制裁的处罚非常严厉。根据 IEEPA 的规定,美国人或者因与美国产生连接点的主体违反经济制裁应承担的法律后果包括:(1)民事层面,最高赔偿金额25万美元或违法行为所涉交易额的两倍罚款,并取两者中高者作为民事罚款;(2)刑事层面,可处以单笔最高100万美元的罚款或犯罪行为违法所得的两倍罚款,同时,对自然人犯罪或单位犯罪的主要责任人员,最高可处20年的有期徒刑。关于美国经济制裁的具体介绍,详见本章第3节。

3. 欧盟制裁法律框架

根据欧盟理事会相关介绍,欧盟制裁多为非惩罚性质,其目的除了执行联合国安理会相关制裁决议外①,还包括在共同外交和安全政策(common foreign and security policy)的框架下实现促进国际和平和安全,防止冲突,支持民主、法治和人权以及捍卫国际法原则等目标。

欧盟理事会是欧盟对外经济制裁的重要主管机关,其职权包括制定制裁相关决议、协调欧盟各个国家间事务等。就制裁政策的制定而言,通常由欧盟成员国或外交与安全政策高级代表(High Representative of the Union for Foreign Affairs and Security Policy)先提出议案,交由欧盟理事会审议并在取得全体欧盟成员国一致同意的基础上作出欧盟共同外交与安全政策决议。通常而言,关于武器禁运、旅行禁令的制裁决议对于欧盟成员国具有直接约束力;但资产冻结、贸易限制或出口禁令等旨在限制贸易或经济自由的措施,则需要欧盟理事会以有效多数原则通过具体的法规(Council Regulation)方可实施。因此,欧盟的制裁政策多成套出现,每一套制裁措施均由一项欧盟共同外交与安全政策决议和一部欧盟法规构成。欧盟制裁决议和法规期限通常不会超过1年。在该期间结束时,欧盟理事会通常会根据局势进展决定是否延长或修订制裁规定。

与美国制裁不同,欧盟通常不会实行针对某一国家或区域的全面制裁,在制裁的对象和措施上具有更强的针对性,制裁措施通常主要包括资产冻结、贸易限制、武器禁运、旅行禁令等。例如,在对克里米亚地区实行的制裁上,欧盟没有全民禁止欧盟主体从事任何来自或面向克里米亚地区的商品、服务、技术

① 一般来说,欧盟会通过欧盟法案将联合国安全理事会的制裁决议进行转化并予以施行,并会通过某些手段对联合国的限制措施进行加强和补充。

的进出口活动，而是将制裁的范围限定在特定的行业或类别，如规定不得向克里米亚和塞瓦斯托波尔地区企业出口交通、电信、能源、油气开采、矿产资源领域技术等。此外，欧盟没有次级制裁的概念，制裁对象主要是所有在欧盟成立的法人、个人或任何在欧盟或欧盟局部进行的商业活动，一般情况下，与欧盟无关的行为基本不会受到欧盟制裁的限制。因此，如果企业并非属于在欧盟设立的实体，且拟从事海外工程能源基础设施项目也并不在欧盟实施，那么其违反欧盟制裁政策的可能性比较有限。

另外，与联合国和美国类似，欧盟也基于其所颁布的各项制裁制度，制定了自己的“黑名单”，即“欧盟综合金融制裁名单”（European Union Consolidated Financial Sanctions List），用以识别资产应受冻结的金融制裁对象。例如，在欧盟针对俄罗斯的制裁中，落入该“黑名单”的自然人或法人主要是非法占有乌克兰国有资金的特定自然人或法人，或破坏、威胁乌克兰统一、安全或独立的特定自然人或法人，在非法吞并的克里米亚地区举行俄罗斯国家杜马选举的自然人，以及投票赞成承认顿涅茨克共和国和卢甘斯克共和国地区独立的俄罗斯议会议员等。

值得注意的是，在执行层面，欧盟制裁实际上由欧盟各个成员国的相关主管机关具体施行，各欧盟成员国会在其各自国内立法中明确相应的罚则，并通过相关执行机构对违反制裁的行为进行调查和追诉。通常来讲，在欧盟成员国，违反欧盟制裁的行为会构成民事和刑事项下的违法，并招致罚款、监禁等后果，但是罚款金额、监禁期限等具体事宜由各成员国具体规定，需要针对具体问题具体分析。

（三）多边开发银行制裁规则

多边开发银行是指为发展中国家的经济和社会发展提供资金援助和专业咨询服务的国际发展公共机构。自 1944 年世界银行成立以来，全球各主要大洲先后成立了本地区的多边开发银行。目前，除世界银行外，多边开发银行主要还包括亚行、非洲开发银行（African Development Bank，以下简称非发行）、欧洲复兴开发银行（European Bank for Reconstruction and Development，以下简称复兴银行)、泛美开发银行集团(Inter – American Development Bank,以下简称泛美银行)和亚洲基础设施投资银行(Asian Infrastructure Investment Bank)、欧洲投资银行(European Investment Bank)等。

为打击其资助的项目实施过程中频发的腐败行为,保证投资资金能够被合理使用,世界银行、泛美银行、非发行、复兴银行及亚行五大多边开发银行均十分重视投资过程中对企业的合规约束,并设立了严格制裁机制,以预防和制裁获得资金的企业在资金使用过程中的违法违规行为。其中,世界银行于1996年率先制定了针对相关诚信不当行为的制裁机制①,在一定期限内禁止从事腐败和欺诈行为的个人和企业参与其融资的项目。随后,其他多边开发银行也陆续引入了类似世界银行的制裁机制,并达成了《关于制裁的一般原则与准则》(General Principles and Guidelines for Sanctions)。经过多年的反腐败实践,五大多边开发银行已经形成了相对完善的制裁机制。除了在细节上存在区别,五大多边银行对制裁对象、制裁行为、制裁措施、制裁程序等制裁规则基本进行了统一规定,具体如下:

1. 制裁对象

与通常理解的只有项目承接者才会受到制裁有所不同,多边开发银行的制裁对象范围非常广泛,所有参与银行资助项目的企业及其代理人都可能落入制裁之列,包括:(1)融资合同的投标人;(2)直接采购合同和融资合同的供应商;(3)承包商及其代理人;(4)分包商;(5)顾问和子顾问;(6)服务提供商;(7)贷款收益的任何接受者及其代表。

2. 制裁行为

制裁行为主要包括腐败行为(corrupt practice)、欺诈行为(fraudulent practice)、胁迫行为(coercive practice)、串通行为(collusive practice)及阻碍行为(obstructive practice)。

---

① See Anne – Marie Leroy & Frank Fariello, *The World Bank Group Sanctions Process and Its RecentReforms*, a World Bank Study 2012, p. 9.

需要注意的是，亚行在前述5种可制裁行为基础上又规定了额外的5种可制裁不当行为，分别为滥用行为（abuse）、利益冲突（conflict of interest）、违反亚行的制裁（violations of ADB sanctions）、打击报复举报人或证人（retaliation against whistleblowers or witnesses）和违反亚行反腐败政策（violations of ADB's Anticorruption Policy）的其他行为；复兴银行规定了额外的两种可制裁的不当行为，分别为滥用银行资源和资产行为（misuse of Bank's Resources or Bank Assets）与盗窃行为（theft）。

3. 制裁措施

除了泛美银行，其他多边开发银行的制裁措施主要包括训诫函（Letter of Reprimand）、附条件免予取消资格（Conditional Non – Debarment）、取消资格（Debarment）、附解除条件的取消资格（Debarment with Conditional Release）、赔偿（Restitution）等5种制裁措施。泛美银行的制裁措施主要包括训诫函、宣告错误采购、取消部分融资资金、加速还款、取消资格、将违规行为提交相关政府部门等制裁措施。在作出制裁决定时，五大多边开发银行一般会根据比例原则，在考虑各项加重及减轻情节后采取相关制裁措施。

在上述5种制裁措施的基础上，复兴银行又额外规定了拒绝将其融资项目的合同授予被指控方和取消被指控方参与的其融资项目中尚未支付金额中的部分资金等制裁措施。

4. 制裁程序

五大多边开发银行的制裁程序也基本类似，主要包括独立调查程序和两级制裁程序，并相应设立独立的合规调查机关、制裁机关和上诉机关。以世界银行制裁为例，世界银行的独立调查机关是世界银行廉政局（Integrity Vice Presidency，INT），一级制裁机关是资格暂停与取消办公室（Office of Suspension and Debarment，OSD），二级审查机构是制裁委员会（Sanction Board），且世界银行还设立了廉政合规办公室（Integrity Compliance Office，ICO）作为被指控方后续的合规整改机关。

根据2010年世界银行、亚行、复兴银行、泛美银行和非发行五家多边开发银行共同签署的《共同实施制裁决议的协议》(Agreement for Mutual Enforcement of Debarment Decisions),被一家多边银行宣布实施取消资格期限超过1年的企业或个人,还将可能触发"多边开发银行的联动制裁机制",即该企业或个人也将被其他多边开发银行同时列入"黑名单",从而丧失参与各个多边开发银行融资项目的机会①。需要注意的是,如果触发联动制裁,其他多边开发银行通常也会对受制裁企业过去参与的各自融资项目进行审计或审查,以核实是否存在诚信不当行为,从而可能引发其他多边银行的制裁。

二、海外工程能源基础设施项目常见的合规风险

针对参与海外工程能源基础设施项目的企业来说,一旦发生合规风险,不仅可能会产生民事、刑事责任,面临高额罚金,违规企业还可能会被纳入相关政府、国际组织的黑名单,丧失商业机会等。下面以世界银行制裁、美国经济制裁和美国海外反腐败为例,介绍参与海外工程能源基础设施项目的中国企业可能遭受的合规风险。

(一)企业诚信不合规行为可能导致的多边开发银行制裁风险

近年来,以世界银行为代表的多边开发银行加大了对腐败、欺诈等诚信不合规行为的打击力度,包括中国企业在内的跨国企业面临的合规调查以及制裁风险日益显著。截至2022年11月28日,世界银行网站公布有202家中国企业和个人被列入"禁止合作企业和个人名单"(List of Ineligible Firms and Individuals),其中178家中国企业和个人遭受取消资格和交叉取消资格制裁(Debarred & Cross - Debarred),24家中国企业和个人遭受其他制裁措施(Other Sanctions)。

世界银行制裁最直接的后果是被制裁主体可能会被宣告永久或在一定期限内禁止参与世界银行融资项目,包括禁止:(1)中标世界银行融资项目或者从

---

① 该制度设计主要源自五大多边开发银行连同欧洲投资银行和国际货币基金组织(International Monetary Fund)于2006年9月17日共同签署的《预防和打击腐败统一框架协定》(Uniform Framework for Preventing and Combating Corruption),在制裁实践中显著提高了制裁措施的打击力度。

其中受益;(2)成为其他中标世界银行融资项目主体的指定分包商、顾问、制造商、供应商;(3)获得世界银行提供贷款的任何收益或者以其他方式参与任何世界银行资金项目等。

值得注意的是,根据世界银行的相关规定,除了被指控方,世界银行还有权对其关联方进行连带制裁,且世界银行对关联方的范围享有较大自由裁量权,导致被指控方的关联方在一定期限内也无法参与世界银行融资项目,且对其声誉也产生严重负面影响。依据世界银行相关规定,关联方包括控制被指控方,或由被指控方控制或与被指控方共同被控制的法人或自然人[①]。

【实例 5 -1】某工程公司及其子公司被世界银行列入黑名单

根据公开资料,2019 年 6 月,世界银行以某工程公司及其两家全资子公司在国外某高速公路建设合同投标过程中存在对子公司的相关经验、人员配备、设备情况等进行虚假陈述的欺诈行为,宣布对该工程公司、其两家全资子公司和数百家关联企业实施 9 个月的取消资格制裁,即在 9 个月内该工程公司及其受制裁的关联企业均不得参与世界银行融资的项目。在 9 个月的取消资格制裁结束后,该工程公司及其受制裁的关联企业将进入 24 个月的附条件免于取消资格期。在此期间,该公司及其受制裁的关联企业可以参与世界银行项目。但是,如果其未能遵守和解协议,包括未能在规定期限内完善其合规体系,则附条件免于取消资格将转变为附解除条件的取消资格。

该案的严重性还在于,世界银行不仅对直接实施不当行为的该工程公司和其两家全资子公司处以制裁,还连带制裁了该工程公司旗下的数百家关联企业。

此外,根据《共同实施制裁决议的协议》的规定,被世界银行宣布实施取消资格期限超过 1 年的企业或个人,还将丧失参与亚行、复兴银行、非发行和泛美

---

① Affiliate: any legal or natural person that controls, is controlled by, or is under common control with, the Respondent, as determined by the Bank.

银行融资项目的资格。

【实例5-2】某建设公司被多家多边开发银行联动制裁

根据公开资料,2019年8月,世界银行宣布对某建设公司实施为期15个月的取消资格制裁,原因是其在某航空基础设施项目采购过程中的欺诈行为。根据该案件事实,该建设公司存在投标违约历史,但在该项目投标过程中,该建设公司却故意曲解这一事实,构成欺诈行为,从而导致该建设公司最终未能中标该项目。根据该建设公司与世界银行达成的和解协议,其承认对潜在的可制裁行为负有责任,并承诺后续将与世界银行负责诚信事务的廉政合规办公室充分合作。

该案的严重性还在于,尽管最终和解,由于制裁期限超过了1年,根据多边开发银行签署的共同制裁协议,该建设公司还受到了亚行、复兴银行、泛美银行和非发行的联动制裁,即在15个月的制裁期内,该建设公司也不能参加这些多边开发银行融资的项目。

(二)个人或企业违反美国经济制裁可能需要缴纳高额民事或刑事罚款甚至面临监禁

当前,美国经济制裁已成为中国企业境外投资、经营需注意的重大合规风险。根据OFAC官网所统计的数据,截至2022年11月28日,被列入SDN清单的中国实体或个人已达471个(包括香港特别行政区、澳门特别行政区和台湾地区的实体或个人),其中中国内地(大陆)的实体或个人有378个。

根据OFAC的相关规定,对于落入美国主要制裁的违规行为,OFAC可以对违反制裁规定的实体或个人进行高额民事罚款、刑事罚款,并在被控行为达到一定严重程度的情况下,对违反主要制裁的实体或个人提出刑事指控。在民事层面,最高赔偿金额可达25万美元或违法行为所涉交易额的两倍罚款,并取两者中高者作为民事罚款;在刑事层面,可处以单笔最高100万美元的罚款或犯罪行为违法所得的两倍罚款,除受到OFAC处罚的风险外,对自然人犯罪或单位犯罪的主要责任人员,最高可处20年的有期徒刑。虽然主要制裁最初目的是规制美国人，但根据OFAC对于主要制裁的解释，如果交易涉及美国人、美元或美国原产物项等美国连接点因素，非美国人（包括中国人或中国企业）也可能面临被处以主要制裁的风险。

【实例5-3】中国某银行海外子公司受美国主要制裁

根据公开资料，2021年8月，美国OFAC宣布对中国某银行位于英国的海外子公司实施制裁，理由是该银行海外子公司通过美国金融系统处理了111笔涉及苏丹共计40,599,184美元的商业交易，该行为显著违反《苏丹制裁条例》（Sudanese Sanctions Regulations）。OFAC考虑到该银行海外子公司对前述违规行为进行了自愿披露（volunteer disclosure），最终认定违规行为"并非情节严重"（non-egregious case），从而对该银行海外子公司从轻处罚，并达成和解协议，要求其缴纳2,329,991美元的和解金。

需要注意的是，被认定构成违反美国经济制裁的董事和管理人员等个人，即便不在美国、只要相关个人前往与美国缔结引渡条约的国家或地区（即便是机场转机），都可能存在被当地执法机构扣押并通过引渡程序移交美国进行调查的可能。

【实例5-4】某科技公司高管因涉嫌违反美国对伊朗经济制裁被加拿大警方逮捕

根据公开资料，2018年8月，美国纽约州东区联邦检察官以中国某科技公司违反美国对伊朗的制裁为由，在该区联邦法院起诉该科技公司、其部分关联公司，以及该公司的副董事长兼首席财务官，涉嫌的罪名包括共谋欺诈银行、窃取商业秘密、违反国际伊朗制裁等。2018年12月，加拿大警方应美国政府司法互助要求逮捕在温哥华转机的该科技公司高管。随后在2019年5月，美国商务部将该科技公司列入"实体清单"（Entity List），禁止美企向该科技公司供应特定物项，并在随后多次针对该科技公司修改"直接产品规则"，以达到在通信领域切断该科技公司供应链的目的。

除上述针对美国人和有美国连接点的非美国人的主要制裁外，根据 OFAC 的相关规定，对于落入美国次级制裁的违规行为，被指控的个人或实体除了可能会被切断美元服务，即禁止使用美元进行交易等，对个人或实体来说，最严重的后果是被添加到 SDN 清单中。一旦落入 SDN 清单，任何在此清单上的个人或实体在美国境内或由美国人控制的任何财产及权益均会被冻结，且所有美国人将被禁止与清单上的个人或实体有任何商业往来。此外，根据美国制裁规则下的 50% 规则①，即便某实体未出现在 SDN 清单上，但仍有可能因其关联企业受到制裁而被认定为受禁主体。

【实例 5－5】中国某船舶公司等受美国次级制裁

根据公开资料，2020 年 9 月，美国 OFAC 将多家中国公司和个人列入 SDN 清单，其中包括中国的某船舶公司，理由是该实体与 SDN 清单中受到次级制裁的实体发生业务并参与从伊朗购买、出售、运输或者营销石油产品的重大交易，包括提供实质性协助、赞助或提供财务、物质或技术支持等。被列入 SDN 清单后，不仅该船舶公司在美财产权益会被冻结，无法使用美国金融服务和使用美元结算，而且其后续涉美交易和赴美投资也受到一定阻碍。此外，依据美国制裁规则下的 50% 规则，该船舶公司直接或间接持股 50% 以上的企业将自动被纳入 SDN 清单。

（三）个人或企业违反 FCPA 相关规定可能导致缴纳高额民事或刑事罚款甚至面临监禁和退市风险

从地域上看，在 FCPA 执法历史上中国是发生违反 FCPA 规定行为的重灾

---

① 根据 OFAC 于 2014 年 8 月 13 日公布的《关于资产和资产利益被冻结人员所持有实体的调整指南》的规定，即使相关实体并未被列入制裁清单内，但只要该实体超过 50% 以上的股权或控制权（包括直接或间接控制）为制裁清单内实体所持有，那么与该交易对象的交易视同与制裁清单内实体进行，受到相关制裁法的规制。

区之一。根据斯坦福大学反海外腐败法结算所（Foreign Corrupt Practices Act Clearinghouse）截至2022年2月统计数据，自1977年以来历史上FCPA执法案件总计309个，其中涉及中国的案件有约69个，占比约为22%，超过其他国家；在目前发生FCPA执法案例最多的2016年，涉及在中国行贿的案件占比超过50%。

如上文所述，违反FCPA的直接后果是受FCPA管辖的企业和个人面临承担民事或刑事责任。根据FCPA规定，对"每次"违反反贿赂条款的公司最高可处200万美元的罚款，对公司管理人员、董事、股东和代理人可处最高25万美元的罚款和5年以下的有期徒刑；而对"每次"违反会计条款的公司最高可处2500万美元的罚款，对公司管理人员、董事、股东和代理人可处最高500万美元以下的罚款和20年以下的有期徒刑。另外，美国法院还可根据美国《可替代罚款法案》突破前述罚款限额，最高处以被告人行贿所得或所遭受的总损失（行贿金额）"两倍"数额的罚款，且个人承担的罚款不得由其雇主或者委托人代为承担。

【实例5-6】阿尔斯通因违反FCPA支付高额罚款、主要负责人员被捕入狱，并最终被美国通用电气强制收购

根据公开资料，2014年，全球电力能源与轨道交通行业的商业巨头法国阿尔斯通公司（Alstom SA），因商业贿赂被美国司法部认定为违反美国FCPA，被处以7.72亿美元的巨额罚款，阿尔斯通4名高管被捕入狱。该事件导火索正是阿尔斯通的管理人员为了在国际招标中中标并获取国际市场项目，多次利用中间人向政府官员行贿，并伪造了与全球范围内包括印度尼西亚、埃及、沙特阿拉伯、巴哈马和中国台湾地区的政府所有的企业有关的电力、电网和交通项目的账簿和记录。例如，在印度尼西亚，阿尔斯通向印度尼西亚议会的高级成员和印度尼西亚国有电力公司的高级成员行贿，以获得价值约3.75亿美元的数份电力服务合同。最终，阿尔斯通的核心业务被其主要竞争对

手美国通用电气公司强制收购，美国借此获得了法国大多数核电站的部分控制权。

值得注意的是，FCPA 的管辖除了针对美国境内企业以及美国企业海外的子企业，因其“长臂管辖”原则，也适用中国企业或个人，进而导致中国企业也可能遭受 FCPA 项下的责任。具体来说，如果中国企业，落入 FCPA 下“证券发行人”或“美国国内主体”的定义或在美国境内发生违反 FCPA 的行为，则中国企业及其董事、高管、员工、代理人或股东均会受 FCPA 管辖。此外，如前文所述，即便中国企业或个人看似不直接落入上述定义范畴且未在“美国境内”实施行为，但如果使用了美国交通、通讯或金融系统等手段，也可能因与美国存在足够的联系（sufficient nexus）而面临 FCPA 规定的民事和刑事处罚。并且，如果构成与美国国内主体或证券发行人（包括各自的管理人员、董事、职员、代理人或代表各自行事的股东）共谋违反 FCPA 的行为，则无论中国企业的行为是否发生在美国境内，都可能受 FCPA 的管辖。

【实例 5－7】中国公民何志平因违反 FCPA 被美国处以高额罚款，并被判处 36 个月有期徒刑

根据美国司法部发布的公告，何志平（Patrick Ho）系居住于中国香港特别行政区的中华人民共和国公民，何志平于 2014 年使用礼品盒向非洲某国总统行贿 200 万美元现金，以使其所任职的中国能源领域公司获得政府授予的油气开发权，但该国总统拒绝该贿赂，而后同意以慈善捐助形式接受该款项。另外，何志平还通过电汇方式向非洲另一国官员行贿 50 万美元现金，并谋划向该国总统行贿 50 万美元现金，以为其所任职的中国能源领域公司获得不正当的商业优势。因违反 FCPA 的反贿赂条款规定，何志平于 2017 年在美国被逮捕，并在 2019 年 3 月被判处有期徒 36 个月、罚金 40 万美元。

何志平虽然是中国人，但其曾担任一家注册于美国弗吉尼亚州的 NGO 组织的董事及管理人员，并利用其在该 NGO 组织的职权促使 NGO 组织向非洲两

个国家官员行贿，因 NGO 属于美国国内主体，其担任该组织董事和管理人员进而也受 FCPA 管辖；此外，何志平也在美国纽约讨论策划行贿非洲国家官员，因贿赂策划行为在美国国内进行，也落入 FCPA 管辖范围。

对于在美国上市的中国公司，如果因违反 FCPA 被美国相关部门调查可能影响投资者信心，进而导致企业评级下调，股票市值下跌，如果存在欺诈或信息披露问题，还可能引起集体诉讼，在严重情况下甚至可能导致存在在美国退市等风险。

【实例 5 –8】中国 A 公司因涉嫌违反 FCPA 而退市

根据公开资料，中国某科技公司是一家 2003 年在中国成立的专门从事废水处理、烟气脱硫脱硝、节能和资源循环利用服务的高科技公司。2009 年该科技公司采取由中国境内机构与美国某壳公司进行反向合并的方式在美国纳斯达克上市。2010 年 12 月，该科技公司发布公告，披露其正在接受 SEC 就该科技公司 2008 年 1 月 1 日至 2010 年 12 月的财务报告及遵守 FCPA 情况展开正式调查，尚无法预计调查结论。

被调查的公告加之做空机构的负面新闻宣传，导致该科技公司的股价在 1 个月间累计跌幅高达 63.42%；在此期间，美国多家评级机构下调该科技公司评级至“卖出”，也有律师事务所等机构代表 2009 年 3 月 31 日至 2010 年 11 月 11 日购买该科技公司普通股的投资人向该科技公司发起集体诉讼。当月该科技公司就收到纳斯达克的退市通知。

上述案例被普遍认为是第一家被公开的作为美国 FCPA 调查对象的纯中国公司。

与违反美国制裁的风险类似，被认定构成违反 FCPA 行为的董事和管理人员等个人，即便不在美国，只要相关个人前往与美国缔结引渡条约的国家或地区（即便是机场转机），也可能存在被当地执法机构扣押并通过引渡程序移交美国进行调查的可能。

【实例5-9】某在美上市法国公司高管因涉嫌违反FCPA被美国警方逮捕

根据公开资料,2008年9月23日某在美上市法国公司高管因违反美国FCPA,在从美国机场转机时被美国警方逮捕,并以违反FCPA为由被判处有期徒刑30个月,没收财产26.15万美元。该名高管被逮捕的具体原因是该法国上市公司下属哥斯达黎加咨询公司,为中标哥斯达黎加电信局总金额达2.5亿美元的合同,利用该上市公司的美国账户向哥斯达黎加电信局的主任支付了250万美元行贿款,且根据该名高管的安排,这些贿赂款项在该法国公司的账簿上得以咨询服务费的名义入账。

三、合规体系搭建与风险事前防范管控

如上文所述,伴随着"一带一路"倡议的全面开展,越来越多的中国企业走向世界,与此同时,在中美博弈的背景下,国际局势越发复杂,新的立法与执法情况层出不穷,执法力度也不断加强,使参与海外工程能源基础设施项目的中国企业接连遭遇多边开发银行或国外政府的调查、起诉和处罚,蒙受较大经济和声誉损失。海外工程能源基础设施企业对于搭建符合国际标准的诚信合规体系,从源头上防控合规风险的需求日益迫切。

另外,有效的合规体系不仅在于可以防范和化解合规风险,还在于发生合规风险事件时,政府执法机构或国际组织会将企业是否存在有效的合规体系作为减轻或免于处罚的考量因素,从而可以使企业避免因被定罪判刑或者受到监管处罚而付出极为惨痛的代价。目前多个国家或国际组织出台的法律或相关合规文件均明确规定了合规免责或减轻处罚的机制,也就是说,如果企业能够提供证据证明已经采取了充分的合规管控措施,则企业将不会因员工、商业伙伴甚至分支机构的违规行为而承担责任。例如,英国UKBA明确规定,只要企业能够证明其已经制定了"充分程序"(Adequate Procedure),即建立了企业合规计划,预防贿赂行为的发生,则企业可以据此主张免责。经历了近3年的企

业合规制度改革的探索和试点，当前中国已初步形成了附条件不起诉的制度框架。

对于参与海外工程能源基础设施项目的企业而言，建立有效的合规体系不能闭门造车，不能只专注于境内法规的规定，而应放眼于全球，充分考虑外国政府和国际组织出台的有影响力的合规管理体系指南，以确保合规体系建设能够满足境内外合规监管机构的要求和标准。例如，世界银行于2010年9月发布的《世界银行集团诚信合规指南》(World Bank Group Integrity Compliance Guidelines)、OECD于2010年3月发布《内部控制、企业道德及合规最佳实践指南》(Good Practice Guidance on Internal Controls, Ethics, and Compliance)、国际标准化组织(ISO)于2014年发布并于2021年更新的ISO 37301:2021《合规管理体系——要求及使用指南》(Compliance Management Systems—Requirements with Guidance for Use)，美国司法部刑事局(the Criminal Division of the U. S. Department of Justice)于2017年发布(2019年和2020年更新)的《企业合规评估指南》、OFAC于2019年5月发布的《OFAC合规承诺框架》(A Framework for OFAC Compliance Commitments)以及英国司法部于2011年3月颁布《反贿赂法案指南》(Bribery Act Guidance)等。

综合上述国际上较有影响力的合规指南，一般来说，有效的企业合规体系通常应涵盖管理层承诺、风险评估机制、标准、政策和程序、员工培训和沟通、匿名举报、定期测试和监控、第三方交易伙伴管理和改进等九大要素。在此基础上，从合规管理融入业务的角度，有效的合规体系还应针对海外工程能源基础设施项目开发(包括投标和签约)、项目实施和项目完工后三个阶段的业务特点区分不同阶段的核心关注予以考虑。

(一)项目开发阶段

在项目开发阶段，无论是与代理/中间商接洽、获取项目信息及组建承包商团队，还是参加项目准备投标文件、参加投标的阶段并直至项目签约，都是合规风险的高发环节。实践中，为获取项目，通过第三方代理给予外国公职人员或国际公共组织官员财务或其他不当好处而引发的反腐败风险、因项目合作伙伴

（包括业主、联合体一方、下游分包商等）落入相关制裁名单而引发的外国政府制裁风险，或因自身员工违规投标（如在投标文件中虚构业绩、伪造关键人员简历、虚构提供的设备等）而引发的多边银行制裁风险等屡见不鲜。为防控项目开发阶段的合规风险，国际工程能源基础设施企业在合规体系搭建时应重点考虑：

第一，制定招投标、反腐败、制裁等合规指引，定期、积极开展相关合规培训与宣传，并妥善留存开展合规培训的证明性文件等。

第二，配备项目合规专员，在项目开发阶段即介入管理项目合规事务，但该合规专员不得从事具体业务，以避免合规要求与具体业务需求的潜在利益冲突。

第三，在开发每个具体项目时，除了需要提前进行项目法律尽调、识别法律风险，还应对商业合作伙伴进行必要的合规尽调。例如，提前对招标人（业主）或其母公司、关联企业和第三方合作伙伴①（包括联合体合作方、代理、分包商等）进行合规审查，审核并判定合作伙伴的主体资格和资质、履约能力、商誉和信用、是否落入相关制裁黑名单、是否涉嫌腐败、贿赂、欺诈、偷逃税、洗钱等非法行为、是否曾受到国际或当地刑事通缉，以及是否建立反腐败、反洗钱、反欺诈等合规管理制度等情况，根据合规风险的程度高低、大小判定设置开展合作的审批机制。

第四，应对所涉项目合同进行签约前合规审查，包括合同所规定的内容与招标文件是否一致②、服务范围是否确为项目所需、佣金支付程序是否规范、约定业务内容是否违反内部合规规定、是否加入合规标准条款③等。以多边开发

---

① 项目开发阶段，尤其是投标阶段时间通常比较紧张，对所有合作伙伴都开展尽调，在时间上可能无法满足要求，因此，此阶段，企业可以重点考虑对上游合作伙伴，如联合体合作方、业主等开展尽调，就下游分包商的尽调，可以考虑在项目中标至实施阶段开展。

② 根据世界银行《采购指南》的规定，若企业体中标后，在与业主签订的本项目合同时递交的签约文件与世界银行已审批通过的投标文件内容不一致，则属于世界银行禁止的欺诈行为。

③ 例如，要求第三方合作伙伴签订合规承诺、廉政风险承诺书、陈述与保证条款等，并在合同中明确约定当第三方合作伙伴违反其合规承诺时，企业有权解除合同。

银行融资项目下第三方的咨询服务协议为例，企业应要求合作伙伴提供反腐败贿赂欺诈等合规陈述保证，并在违约机制和终止条款中相应考虑违反合规陈述保证的应对机制。

【实例 5-10】拉美某电力项目联合体协议合规陈述保证条款

Party B(合作伙伴) hereby represents, warrants and covenants that Party B and any of its affiliates, directors, officers, employees, agents, representatives, or any person acting on behalf of Party B have fully complied with all applicable laws, regulations, policies and requirements of the Bank and the Client, which forms integral part of the agreement; and have not directly or indirectly made any illegal and/or unlawful contribution, gift, bribe, rebate, payoff, facilitation payment, kickback, or other payment to any person, private or public, whether in money, property, or services. If Party B or any of theirs directors, officers, employees, agents, representatives, or any person acting on behalf of Party B fails to comply with the respective obligations set out in this clause (as applicable), such failure shall be deemed as a serious or material breach of this agreement by Party B. If Party B fails to take the necessary remedial action that is satisfactory to Party A, or if such remedial action is not available or possible as reasonably requested by Party A, Party A may, at its sole discretion, terminate the agreement. Party A's termination of the agreement in accordance with this clause shall be without prejudice to any right or remedy that has already accrued, or subsequently accrues to Party A. [乙方在此陈述保证，乙方及其关联公司、董事、管理人员、员工、代理、代表或其他代表乙方的人已全面遵守适用法律、法规、政策以及银行和业主的要求，该等要求已构成本协议的一部分；未曾直接或间接地向任何私人或公职人员非法提供佣金、贿赂、礼品、回扣、融

通费或其他资金，无论其是金钱、财产或服务。如果乙方或其关联公司、董事、管理人员、员工、代理、代表或其他代表乙方的人违反本条款，该等违反将视为乙方在本协议下的重大违约。如果乙方未采取令甲方满意的补救措施，或未按甲方的合理要求及时采取该等补救措施，甲方有权终止本协议。甲方根据本条款终止本协议不应损害甲方因此享有的相关救济权利。]

（二）项目实施阶段

实践中，海外工程能源基础设施项目参与项目开发、合同商签阶段的人员与项目实际执行的人员往往并非相同人员，常会出现因项目执行人员不了解项目业主或融资等相关方及项目所在地相关法律法规的要求，或不熟悉合同规定而履约不当，导致受到相关政府机构或多边开发银行制裁。例如，针对亚行融资的项目，企业在项目执行过程中聘用未事前获得批准或在短名单内应提前取得亚行的批准的咨询顾问，会被认定为“隐瞒事实影响合同执行的欺诈行为”，进而受到制裁。为防控项目执行阶段的合规风险，企业在合规体系搭建时应重点考虑：

第一，在项目合同签订生效开始执行前，合规管理部门应督促项目开发团队向项目执行团队进行合同交底，防止合同签订与合同执行脱节，并由合规专员定期对项目协议执行情况进行检查，做好相关记录，报合规管理部门备案等；

第二，针对项目实施阶段聘用的下游分包商（包括分包商、供应商、清关代理等）①，除了需要就未事前获得批准或在短名单内的下游分包商提前获得业主批准之外，还应对新聘用的下游分包商按照开发阶段的合作伙伴审核机制进行合规审查，对风险信号“高”的合作伙伴，禁止准入，设计替代方案；以及

第三，在项目执行过程中，定期对现场人员开展重点领域、重点环节的合规

① 企业应注意留存合规尽职调查、风险评估及商业决策的书面文件资料，除了在人员离职情况下，继任人员全面了解合作伙伴的背景情况，也便于在应对外部调查时，证明企业已经在项目开发和实施阶段采取合理谨慎措施对合作伙伴进行风险评估。

培训，以确保项目现场的各员工更好地遵守合规管理制度；同时，还应定期向第三方合作伙伴和下游分包商提供合规培训，促使合作伙伴作出对等的合规承诺。

（三）项目完工后

从实现合规风险的闭环管理和经验学习提高角度，针对项目完工后的合规体系也应注意采取如下措施：

第一，项目完工后，合规专员应及时检查和梳理项目开发及执行过程中所发生的合规风险，出具检查报告①，并监督和跟踪前期已发现的合规风险的整改落实情况，做好相关书面记录；

第二，对合作伙伴整体履约情况尤其是合规义务履行情况、合规风险整改情况进行评估，并及时对合作伙伴的违规行为采取应对措施（例如，降低供应商信用等级、终止合作、追究违约责任等），避免错失保护企业合法权益的最佳时机，同时对合作伙伴的评价，也是与该合作伙伴后续合作的重要判断依据；以及

第三，对存在违规行为的内部员工（尤其是经营管理人员）根据企业制度予以处理，对“心存侥幸”的违规者予以警示，促使经营管理人员正确履行职责，让合规真正为企业保驾护航。

---

① 根据亚洲开发银行《廉政原则和指南》（Integrity Principles and Guidelines）第85、88条等的规定，专业、有效的内部调查，是有助于企业减轻责任的重要情节。

第二节

如何应对多边开发银行的制裁

在多边开发银行中,世界银行成立时间最早也最具影响力,目前有 189 个成员国。从 20 世纪 90 年代开始,世界银行倡导并建立了反腐败反欺诈体系,打击影响经济发展和减贫的重大障碍。遵循以世界银行为代表的多边开发银行及东道国国家的合规要求,加强自身合规制度建设已成为参与国际工程能源基础设施项目的中国企业的必然选择。

世界银行的调查制裁实践已成为多边开发银行的业内标杆,具有广泛的影响力,本节以世界银行制裁体系为例介绍分析如何应对世界银行制裁,其他多边开发银行制裁的应对措施也可参考借鉴。

一、世界银行制裁程序

为了打击欺诈和腐败,确保世界银行融资项目的资金用于正当目的,世界银行颁布并持续更新制裁体系。概言之,世界银行制裁规则主要包括制裁行为及后果、主要机构及职责以及制裁程序三个方面。

(一)制裁行为及后果

2016 年 7 月 1 日,世界银行和国际开发协会修订《预防和打击欺诈和腐败指南》(Guidelines on Preventing and Combating Fraud and Corruption in Projects Financed by IBRD Loans and IDA Credits and Grants),禁止以下 5 种不当行为。

1. 欺诈行为(fraudulent practice)

欺诈行为,是指为获得经济或其他利益,逃避义务,有意或放任误导、或企图误导一方的任何作为或不作为(包括不实陈述)。

2. 腐败行为(corrupt practice)

腐败行为,是指为不正当地影响另一方行为,直接或间接地提供、给予、接受或索取任何有价值的东西。

3. 串通行为(collusive practice)

串通行为,是指两方或多方为了达到不正当目的而进行的一种安排,包括不正当地影响另一方的行为。

4. 阻碍行为(obstructive practice)

阻碍行为,是指:(1)为实质性阻碍世界银行对腐败、欺诈、胁迫或串通行为指控的调查,蓄意破坏、伪造、修改或藏匿证据材料,或向调查人员作出虚假陈述,和/或;为阻止其披露其对与调查有关事项的了解或继续进行调查,威胁、骚扰或恐吓任何一方;或(2)旨在实质性阻碍世界银行集团行使合同规定的检查和审计权利的行为。

5. 胁迫行为(coercive practice)

胁迫行为,是指为不正当地影响一方行为,直接或间接地损害或伤害,或威胁损害或伤害一方或其财产。

对于以上制裁行为,世界银行有权根据案件情况采取以下 5 种制裁措施。

1. 训诫函(Letter of Reprimand)

对于轻微的违规行为,世界银行可以发送“谴责信”(Letter of Reprimand)加以训诫。

2. 附条件免予取消资格(Conditional Non - Debarment)

被制裁主体可以继续投标并参与世界银行融资的项目,但应在规定期限内采取整改措施,建立有效的合规体系,或满足附加的特定条件时可以免予取消资格。

3. 取消资格(Debarment)

根据情况分为永久性取消资格或在一定期限内取消资格。被制裁主体被宣告永久或在一定期限内禁止:(1)中标世界银行资金项目或者从其中受益;(2)成为另一个未被取消资格的中标世界银行资金项目主体的指定分包商、顾问、制造商、供应商;和(3)收到世界银行提供贷款的任何受益或者参与任何世界银行资金项目。

4. 附解除条件的取消资格(Debarment with Conditional Release)

被制裁主体在一定期限内被取消投标和参与世界银行融资项目的资格,且在此期间必须建立有效的合规体系、实施合规整改措施并满足世界银行合规要求,配合进行调查等方可解除制裁。

5. 赔偿(Restitution)

被制裁主体须向贷款方或其他主体作出赔偿。

其中,3 年附解除条件的取消资格是世界银行的基准制裁措施,即在 3 年期满且满足规定的解除制裁条件的前提下,被制裁方重新获得参与世界银行项目的资格。上述制裁措施生效实施后,被制裁实体(企业或/和人)将会被列入世界银行制裁黑名单,并在世界银行官网予以公布①。

(二)主要机构及职责

世界银行主要由以下 4 个机构对涉嫌制裁行为的企业或个人进行调查、制裁以及合规检查(见图 5 -2)。

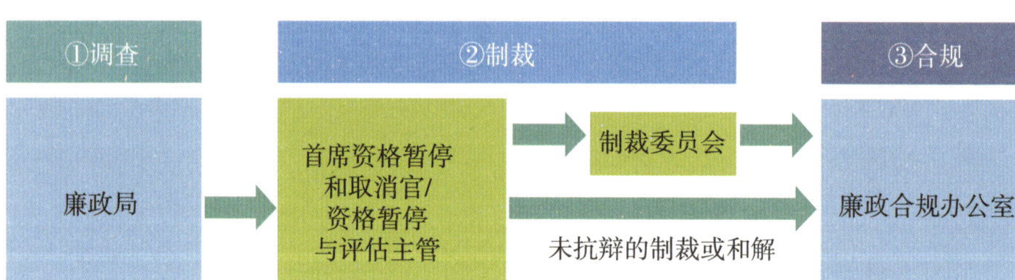

图 5 -2　世界银行制裁体系主要机构

1. 廉政局

负责调查世界银行/国际开发协会提供公共融资项目中的腐败、欺诈等不当行为。廉政局每年收到大量举报线索,但经过筛查进入初步调查的案件比较

① https://www.worldbank.org/en/projects-operations/procurement/debarred-firms,2022 年 11 月 30 日访问。

有限,进入全面调查的案件数量则更少。2022 财年①,廉政局共收到 3380 项投诉,它对其中的 330 项投诉启动了初步调查,对 48 项投诉启动了全面调查。

2. 一级审查机构:资格暂停和取消办公室

资格暂停和取消办公室由首席资格暂停和取消官(Chief Suspension and Debarment Officer,SDO)牵头,负责审查廉政局提交的指控和证据说明(Statement of Accusations and Evidence),并在有充分证据证明被指控方(Respondent)实施了制裁行为时,向被指控方发出制裁通知(Notice of Sanction Proceedings),通知包含指控的具体制裁行为、证据和建议的制裁措施等内容。2022 财年,资格暂停和取消办公室审查了 15 个制裁案件和 12 个和解案件,对 14 家企业和 6 名个人采取了暂停资格措施,对 11 个被指控方实施未抗辩的制裁。

3. 二级审查机构:制裁委员会

它负责对被指控方就制裁通知提起上诉的案件进行最终审查以及其他案件的审查。制裁委员会遵循重新审理(de novo)原则,对上诉案件进行全面的、公平的审理,不受限于制裁通知的范围。一旦制裁委员会作出制裁决定,则该决定立即生效且是终局的。2022 财年,制裁委员会对 4 个案件进行了最终审查并基于此公布了 4 份制裁决定。

4. 廉政合规办公室

廉政合规办公室设于廉政局内部。它负责对受到"附条件的免予取消资格"或"附解除条件的取消资格"制裁的主体进行合规整改检查与监督,确认其是否符合解除制裁的条件。如果符合条件,廉政合规办公室可以决定该主体解除制裁。2022 财年,81 个主体与廉政合规办公室积极沟通,其中 22 个主体实现解除制裁,1 个主体实现从附解除条件的取消资格转化为附条件的免予取消资格,其中包括 5 个中国主体。

① 世界银行的财政年度(财年)是从头年 7 月 1 日开始至次年 6 月 30 日。2022 财年指 2021 年 7 月 1 日至 2022 年 6 月 30 日。

(三)制裁程序

根据2016年6月28日世界银行和国际开发协会修订的《制裁与和解程序》(Sanctions Proceedings and Settlements in Bank Financed Projects),世界银行的制裁程序分为两个阶段:第一个阶段是调查阶段;第二个阶段是制裁阶段。

1. 调查阶段(Investigation)

廉政局负责根据举报等线索进行初步调查和全面调查,一般需18个月左右。掌握初步证据后,廉政局往往通过发出审计通知(notice of audit)或质询函(show cause letter)的方式与被指控方进行沟通接触。该等信函或通知的内容一般不太翔实,以要求被指控方提供资料,或要求被指控方对相关行为提供合理说明为主。并非每个案件廉政局都会发出质询函。曾有被指控方在二级审查阶段主张廉政局没有发出质询函,未从程序上获得抗辩机会,被制裁委员会驳回的案例,制裁委员会认为是否发出质询函并不是廉政局启动调查程序的条件,即便没有发出质询函,被指控方在后续的调查和庭审过程中也充分享有抗辩机会①。2021年7月26日,世界银行公布了《廉政审计指南》(Bank Guidance: Integrity Audit),廉政局将享有更具有灵活操作性的项目审计权。

如果廉政局根据调查结果认为有充分证据证明被指控方很有可能存在制裁行为,将向首席资格暂停和取消官提交指控和证据说明,或向被指控方提出和解协议。如果其同意则进入和解程序,该案件不会进入第二个阶段。

值得注意的是,廉政局还未完全结束全面调查时,便可向首席资格暂停和取消官提出对涉嫌违规方进行早期临时暂停(Early Temporary Suspensions)的申请,暂停期限一般为6个月,最多可延长至12个月。经评估,认为廉政局掌握的证据足以对涉嫌违规方作出两年以上取消资格制裁的,首席资格暂停和取消官则会同意暂停申请并作出早期临时暂停决定。也就是说,早在廉政局调查阶段,企业就有面临禁止参与世界银行项目的风险。

---

① 制裁委员会第81号决定。

2. 制裁阶段(Adjudication)

制裁阶段采用两级审查制度(two－tier adjudicative system)。

第一,一级审查阶段。如果廉政局有充足的证据证明被指控方很可能实施了制裁行为,首席资格暂停和取消官将向被指控方发出制裁通知。该通知载明指控的具体制裁行为、证据和建议的制裁措施等内容。被指控方有权在制裁通知送达后30日内向首席资格暂停和取消官提供解释(Explanation),说明制裁通知应当撤回或制裁措施应予修改的具体原因。这是被指控方首次向首席资格暂停和取消官正面提出抗辩主张的机会。该解释一般不得超过20页,应提出被指控方的观点并附上可信证据。首席资格暂停和取消官应在收到解释后30日内视情况决定维持、修改(如果被指控方提交充分的减轻情节证据)或撤回制裁通知(如果制裁通知有明显错误或有其他更清晰的指控证据不足)。

第二,二级审查阶段。被指控方亦有权在制裁通知送达后90日内向制裁委员会提交答辩(Response)以反驳制裁通知,则制裁委员会将对案件进行最终审查,并向双方转递相关文件。廉政局收到被指控方答辩后30日内向制裁委员会提交答复(Reply)。制裁委员会视双方申请或自行决定是否开庭审理案件,进而作出最终制裁决定。该决定一旦作出立即生效且是终局的。除极有限的例外情形外,任何主体一般不能对该决定进行申诉。

整体而言,调查阶段程序以廉政局调查为主,制裁阶段程序以多方参与为主,程序性更强,以下是对主要流程的示意图,供参考(见图5－3)。

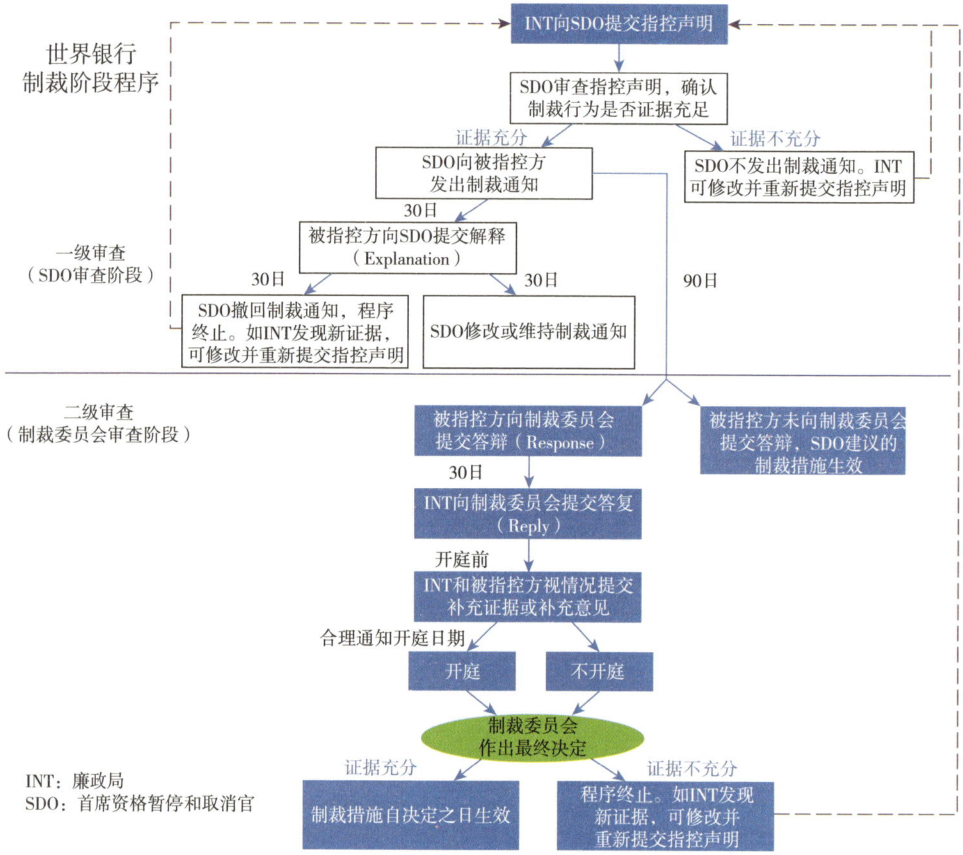

图 5－3　世界银行制裁阶段示意图

二、制裁行为的认定标准及原则

根据世界银行的统计，2018—2022 财年，在资格暂停和取消办公室最终认定存在一项或多项制裁行为的案件中（包括制裁案件与和解案件），欺诈行为一直占据较大比例，2022 财年更高达 70%；而腐败行为、串通行为的比例约 30% 左右[①]。经过多年实践，世界银行已经针对不同制裁行为的特点形成了相关认

① 包括资格暂停和取消办公室审查的 221 个制裁与和解案件。每个案件可能涉及 1 种以上制裁行为，故分别计算。

定标准及原则。下面以高频多发的欺诈和腐败行为为例，简要介绍世界银行对欺诈和腐败行为的认定标准及原则。

（一）欺诈行为的认定标准及原则

欺诈行为的成立须满足三个要件：一是客观上存在不实陈述的行为；二是主观上存在明知或者疏忽大意；三是为了影响招标采购进程。

1. 客观上存在不实陈述的行为（misrepresentation or non - disclosure）

不实陈述既包括提供不实信息，又包括隐瞒应当披露的信息。世界银行过往判例认定过多种不实陈述情形，例如，伪造财务报表，伪造简历，伪造业绩经验，伪造制造商授权，伪造签名，隐瞒雇用咨询服务公司并建立代理关系，隐瞒利益冲突关系，投标时虚报人员、设备 、业绩，虚报联合投标联合体的项目角色在合同履行过程中出具虚假发票，虚报工程进度等。就此要件，世界银行通常关注客观上被指控方是否提供了虚假信息或隐瞒了应披露的信息，而不关心被指控方提供虚假信息或隐瞒信息的背后动机或原因。

2. 主观上存在明知或者疏忽大意（knowingly or recklessly）

被指控方主观上明知是虚假信息仍然对外提供，或者对所披露信息的真实性漠不关心到疏忽放任的程度。仅因简单的疏忽导致信息不准确不足以构成欺诈。

3. 为了影响招标采购进程（in order to influence a selection process）

该要件的门槛很低，一般认为只要被指控方参加项目投标，就有从中获利的意图，而不考虑该投标者的主观动机，也不考虑是否取得中标结果。在世界银行过往判例中，不少被指控方主张即便参加了项目投标，也因未中标而未获得利益，世界银行往往拒绝认可该等行为不构成谋取利益。

【实例 5 - 11】2007 年加沙政府能力建设项目欺诈案（制裁委员会第 51 号决定）

2007 年 1 月，招标人在招标文件里要求投标人应在投标文件中提供参加项目的全部专业团队的人名及由他本人或代理人签署的简历。

投标人联合体(被指控企业 Respondent Firm 和被指控伙伴 Respondent Partner)通过第三方介绍找到在加沙工作的1名顾问。由于加沙条件有限,在没有联系上该顾问亲自签署简历的情况下,第三方称其根据顾问的口头授权签署了简历。投标人因此提交了投标文件,并在投标文件中承诺所有的信息都是真实的,愿意承担虚假陈述导致的资格不符责任。

同年6月,招标人邀请投标人联合体进行合同谈判,要求联合体用更合适的专业人员(如上面提到的顾问)替代之前建议的某位专业人员。被指控总经理代表联合体参加谈判,接受了招标人的要求,将顾问调整到更重要的岗位,同时代表顾问签署了承诺函(Commitment Letter)。

在这期间,被指控总经理与顾问取得联系,与他讨论加入项目的事。这是他们第一次直接交流,没想到顾问称其打算离开加沙并断然拒绝纳入本项目投标,随后写信告知招标人其拒绝在任何项目中使用他的名字或简历。顾问告诉廉政局除了和被指控总经理讨论参与合同外,他没有和任何人讨论过参加合同,虽然他曾和第三方流露过参加另一个项目的意愿,但参加的前提是取得他的同意和签字。

廉政局为此指控被指控企业和被指控总经理签署承诺函的行为构成欺诈。被指控总经理辩称其因为相信被指控伙伴在投标时已经取得顾问参加项目的同意,才签署承诺函。

在认定被指控方的行为是否构成欺诈时,制裁委员会从欺诈行为的构成要件角度进行了分析:

(1)是否有不实陈述?从顾问的书面陈述看,其从未同意参加本项目投标,也未允许任何人代为签署承诺函。被指控企业和被指控总经理辩称已经取得顾问参加项目的同意并在联系不上顾问时才代为签署文件没有证据支持,故制裁委员会认为被指控总经理的行为更有可能构成未经授权的不实陈述。

(2)是否明知或疏忽大意?廉政局认为被指控总经理提交伪造签名的承诺函出于故意或至少疏忽大意。在事实层面难以证明被指控总经理是明知的情况下,制裁委员会对疏忽大意应满足的标准有如下经典分析。在分析认定是否存在疏忽大意的主观状态时,制裁委员会考虑是否有旁证可以证明,被指控方知道或应当知道却忽视了该等错误或者误导性信息所引起的重大风险。如果旁证不足以证明被指控方意识到该风险,制裁委员会将考虑被指控方当时是否尽到了"理性人"(reasonable person)应尽的适当注意(due care)义务。就该等注意义务的标准,制裁委员会通常会结合行业标准、惯例、特定的商业政策、世界银行的采购政策以及相关的招标文件来评估。

制裁委员会指出,本项目招标文件明确要求投标人投标时确认,凡是提供名字的专业人员均能参加本项目,投标人对此作出了书面承诺;招标文件进一步规定,在参加合同谈判前投标人还需再次确认所有专业人员可以参加本项目。这就是招标文件规定的投标人应尽的注意义务。被指控总经理明知招标文件要求专业人员亲自确认其可参加项目的重要性,也曾要求在约旦河西岸的全部专业顾问们到被指控企业办公室来亲自签署承诺函,但到本案的专业顾问,仅依赖于第三方几个月前提供的口头承诺,在合同谈判期间和提交承诺函前均未与其再次确认,被指控总经理显然应承担其已知的重大风险。

(3)是否为了影响招标采购进程?制裁委员会认为,投标人提交承诺函意在增加中标机会,通过与招标人的合同谈判,其已经明晰该顾问参与项目的重要性,故被指控总经理签署承诺函的行为旨在影响招标采购进程。

综上,制裁委员会认为被指控方的行为构成欺诈行为,考虑被指控企业对被指控总经理的代理责任及相关加重减轻情节,制裁委员会对被指控企业和被指控总经理分别处以 1 年取消资格的制裁。本案其他不当行为的分析此处略。

在实例5－11中，顾问明确拒绝参与项目且告知了招标人，投标人不实陈述的事实比较清楚，制裁委员会相对容易和快捷地作出了认定和裁决。

（二）腐败行为的认定标准及原则

腐败行为的成立须满足两个要件：一是直接或间接地实际提供、给予、接受或者索取任何有价物；二是意在不当影响另一方的行为。

1. 直接或间接地客观上给予或提供了任何有价值的东西

世界银行未直接规定具体含义，制裁委员会认为有价值的东西可以通过各种形式存在，不仅包括金钱（现金或转账），而且包括一些其他形式的利益（benefit）或好处（advantage），如雇用公务人员（public official）的亲属、提供招标人需要的项目合同以外的服务、向公务人员提供旅游考察、差旅食宿、豪车等。

2. 主观上以不当影响另一方行为为目的

该构成要件的重点在于对另一方身份的认定以及是否有不当影响另一方的意图。世界银行一般认为，被指控方应该知悉“另一方”的身份是在采购或合同执行过程中拥有话语权的公务人员，包括世界银行员工以及作出或审查采购决定的其他组织雇员①。另外，不当影响既包括诱使公务人员违反其公务职责，也包括促使公务人员履行其在正当合法情况下应履行的职责。

【实例5－12】乌兹别克斯坦、吉尔吉斯斯坦、罗马尼亚等7国项目腐败案（制裁委员会第60号决定）

2013年9月9日，世界银行在制裁委员会第60号决定中因腐败、

---

① 2006年之前的《国际复兴开发银行贷款和国际开发协会信贷采购货物、工程及非咨询服务指南》（Guidelines：Procurement of Goods，Works，and Non－Consulting Services Under IBRD Loans And IDA Credits & Grants By World Bank Borrowers，以下简称《采购指南》）或《国际复兴开发银行贷款和国际开发协会信贷与赠款选择和雇佣顾问指南》（Guidelines：Selection and Employment of Consultants under IBRD Loans and IDA Credits & Grants by World Bank Borrowers，以下简称《顾问指南》）均规定，腐败行为需影响招标采购或合同执行过程中的公务人员，公务人员包括世界银行员工以及作出或审查采购决定的其他组织雇员。2006年开始及以后的《采购指南》和《顾问指南》不再明确将影响的对象“另一方”指向公务人员，但默认公务人员仍包含其中。世界银行在判例中对公务人员作出进一步解释。例如，在制裁委员会第60号决定中认为公务人员既包括政府官员（特别是负责执行项目的东道国政府官员），也包括世界银行的员工。在后续判例中，制裁委员会进一步解释不当影响的对象范围，包括项目执行机构内的采购顾问、项目经理或其他人、和看上去有职责和授权影响项目的世界银行员工。

欺诈和阻碍3种不当行为制裁了5个被指控方，其中，4个被指控方均因腐败行为或轻或重地被世界银行施以制裁。该案涉及乌兹别克斯坦、吉尔吉斯斯坦等7个国家项目而在世界银行公布的制裁判例中少见。

该案中，廉政局指控了两项腐败行为。一是被指控董事（Respondent Director）代表被指控企业（Respondent Firm）与题述项目的世界银行采购顾问（Procurement Advisor）签署了1份咨询合同。该合同规定，在项目中标情况下，被指控企业[①]将支付中标合同金额的5%给采购顾问作为其支持获取项目的报酬。采购顾问也因此提供了项目保密信息给被指控方。二是经被指控董事和被指控共同所有者（Respondent Co－Owner）授权签字，被指控企业向采购顾问支付了多笔款项；经被指控董事授权，被指控国际公司（Respondent Firm International）也向采购顾问支付了多笔款项。

被指控方辩称其受到采购顾问的威胁才签署了咨询合同，被指控方行事时受到采购顾问的索付胁迫，且不知道采购顾问是世界银行员工，廉政局也未证明采购顾问的身份是公务人员等。

在认定被指控方行为是否构成腐败时，制裁委员会从腐败行为的构成要件角度进行了分析：

（1）被指控方是否直接或间接地提供（offer）或给予（give）了有价物或利益？

制裁委员会评估是否“提供”了有价物或利益，通常会考虑书面协议、往来函电、公司/个人的记录、财务文件、廉政局面谈笔录、腐败行

① 该案中，多个被指控方存在关联关系。被指控企业最开始由被指控董事和被指控共同所有方两名自然人共同持有。后来被指控董事和被指控共同所有方决定关闭被指控企业，并将业务分拆后各自新设了公司。被指控共同所有方新设公司与本案无关，略去不提。被指控董事成立了被指控国际公司，并且是该公司的唯一股东和董事。被指控商务经理和被指控项目经理曾经是被指控企业的雇员，后受雇于被指控国际公司。

为发生期间的旁证等证据。“提供”有价物既包括积极地提供付款(a proactive offer of payment),也包括在被索贿时承诺提供贿赂(a promise or commitment to pay a bribe when solicited)。从被指控方与采购顾问签署的咨询协议来看,虽然协议仅提到两个项目,但协议有条款规定该协议可以延伸到双方同意的任何项目。事实上,被指控国际公司提供的表格列出了采购顾问参与的全部合同清单,并指明在多个合同下得到采购顾问的协助。廉政局访谈笔录和电邮往来也显示,被指控董事和被指控商务经理在项目招标文件发布前和招标过程中与采购顾问就项目招标事宜多次交流。因此,制裁委员会认为,虽无证据证明咨询协议得到支付,但这并不表明咨询协议下的安排没有得到履行,也没有证据证明被指控方受到采购顾问胁迫以或其不愿意接受其索付要求,基于此,被指控方在咨询协议下向采购顾问提供额外付款的承诺,构成“提供”有价物或利益。

制裁委员会评估是否“给予”了有价物,通常会考虑银行记录、公司/个人的收支记录、自认及相关证人证言等证据。从该案财务记录来看,被指控企业和被指控国际公司在11份项目合同项下向同一中间人进行了4次和10次银行转账支付,采购顾问通过该中间人发送发票并接收付款。虽然被指控企业和被指控国际公司是支付方,被指控董事和被指控共同所有者因对支付进行授权而参与其中。因此,制裁委员会认为被指控方更有可能向采购顾问给予了有价物或利益。

(2)是否在招标采购或合同执行过程中不当影响了公务人员?

首先,就采购顾问的身份,尽管被指控方认为采购顾问仅是独立专家顾问,并非世界银行员工,廉政局未提供采购顾问获得世界银行聘用的证据,但制裁委员会采纳了廉政局后来提供的采购顾问受雇成为世界银行短期顾问的证据以及世界银行人力资源服务提供部门对采购顾问在不当行为发生期间以顾问身份获得世界银行员工聘用的确认,故制裁委员会认可采购顾问的身份是公务人员。

其次，就是否不当影响了公务人员，虽然被指控方解释其仅希望通过付款促使采购顾问公正评标，避免不公正对待，制裁委员会认为，“不当影响”并不限于要求公务人员违反职责行事（如让不合格的投标人中标），相反，向公务人员给予或提供不正当的好处以使其履行或不履行其职责均构成不当影响。也就是说，如果向公务人员给予或提供了不正当好处，即便公务人员行为合法，也构成对其不当影响。故制裁委员会认为被指控方的行为不当影响了公务人员。

综上，制裁委员会认为被指控方的行为更有可能构成腐败行为，并结合加重减轻情节对被指控企业、被指控国际公司、被指控董事和被指控共同所有者分别处以从6个月训诫函到4年附解除条件取消资格不等的制裁。本案其他不当行为的分析略。

在实例5－12中，就是否构成直接或间接地提供有价物或利益这一要件，制裁委员会的分析非常清晰地阐述和说明了相关考量的重点，不在于被指控方是否实际履行或实现了有价物或利益的提供，而在于是否有提供的意思表示。实践中，不少被指控方往往基于“没有实际履行或实现”的通常理解进行抗辩，显然难以获得支持。

（三）加重情节

尽管世界银行对不同制裁行为有不同认定标准及原则，但就加重或减轻情节而言，则适用统一的标准。世界银行的制裁基准是3年附解除条件的取消资格制裁。在作出相关决定前，首席资格暂停和取消官或制裁委员会均应根据双方主张及证据考虑该制裁行为是否存在加重或减轻情节。

制裁行为的加重情节包括采用复杂手段、组织者或策划者在制裁行为中起核心作用、管理层参与、纵容或故意忽视不当行为、干扰调查等（见表5－3），根据情节程度不同相应制裁期限加重幅度从1—10年不等。

表 5－3　世界银行制裁的加重情节及后果

加重幅度	加重情节
1—5 年	A 不当行为的严重性 · 不当行为反复出现 · 采用复杂手段 · 组织者或策划者在不当行为中起核心作用 · 管理层参与、纵容或故意忽视不当行为 · 与政府官员或世行工作人员合作
1—5 年	B 不当行为的危害 · 危害公共安全与健康 · 对项目的危害程度高
1—3 年	C 干扰调查 · 干扰调查 · 胁迫或贿赂证人
10 年	D 有不当行为历史 · 曾受过取消资格或其他处罚

以采用复杂手段为例，对于被指控方精心策划某项不当行为，运用多种手段使不当行为被隐藏掩盖极深，参与人数或组织机构众多，持续时间很长，或者涉及多个司法管辖区域等，世界银行一般认为构成以复杂手段实施不当行为。在制裁委员会第 77 号决定中，被指控方在兴趣函和技术标中有计划地伪造尼泊尔、菲律宾、乌克兰和俄罗斯的 4 个项目业绩经验，经廉政局查明，尼泊尔项目的组织方反馈与被指控方没有任何关联；菲律宾项目是虚假的实际不存在的项目；被指控方根本未参加乌克兰项目；俄罗斯项目招标尚未进行，制裁委员会认为以上行为系采用复杂手段，构成欺诈行为的加重情节。

在制裁委员会第 133 号决定中，被指控方不仅主动索取财物，还通过其关联公司或被指控方妻子的公司迂回曲折地收取财物，并虚构和倒签合同；利用另一方缺乏经验和语言能力，促使其去投标争取有利的合同，制裁委员会认为以上行为系采用复杂手段进行掩盖腐败行为，且重复发生，被指控方在其中发挥核心作用，故构成腐败行为的加重情节。

（四）减轻情节

制裁行为的减轻情节包括在不当行为中起次要作用、暂停不当行为、对有责人员进行内部处置、为廉政局调查提供支持和合作等（见表 5－4），根据情节程度不同相应的制裁后果减轻幅度不一。

表 5－4　世界银行制裁的减轻情节及后果

减轻幅度	减轻情节
可达 25%	A　不当行为中起次要作用
可达 50% 在特殊情况下更高	B　主动纠正不当行为 · 暂停不当行为 · 对有责人员进行内部处置 · 实施有效的合规计划 · 进行赔偿或经济补偿
可达 33% 在特殊情况下更高	C　配合调查 · 提供支持与合作 · 开展内部调查 · 自认并承担责任 · 进行自我约束

以主动纠正不当行为为例，世界银行认为，纠正行为的标准在于真正的懊悔和有动力去改变，而不是精心算计的自我纠错以减轻处罚[①]。在制裁委员会第 83 号决定中，被指控方在调查结果出来前就主动停止参与世界银行项目的投标。被指控方的总法律顾问给全集团发邮件，要求集团系统全部企业不得接受或参与投标世界银行项目的合同，并且直到开庭，该集团的世界银行融资项目的业务仍处于停止状态，制裁委员会认为该等系列行为构成减轻。在制裁委员会第 98 号决定中，被指控方声称在收到制裁通知前就启动了合规计划，但经调查发现被指控方仅是联系了外部顾问，预计了一些廉政合规制度的实施，没有证据证明被指控方所称的预防银行保函欺诈风险的合规制度实施，故制裁委员会不认可该行为构成减轻。

① 制裁委员会第 51 号决定。

另外，值得一提的减轻情节是实施有效的合规计划。实践中，多数被指控方主张减轻情节时均会提出自己已经实施了有效的合规计划，但需注意有效的合规计划需要符合世界银行的现有标准和要求。《世界银行集团诚信合规指南》是世界银行集团为受制裁的企业和个人提供解除制裁指导的指导性文件，规定了良好治理、反欺诈与腐败良好实践的相关标准和原则。根据《世界银行集团诚信合规指南》，企业建立并实施的合规制度（Integrity Compliance Program）至少应当包括以下具体内容：(1)高管的合规管理职责；(2)合规计划及合规风险闭环管理；(3)礼品和招待行为的合规性；(4)政治捐款/慈善捐款及赞助的合规性；(5)雇员调查及雇用前政府官员的限制；(6)财务记录真实及存档；(7)招标投标中预防欺诈与串通；(8)业务伙伴的合规管理；(9)合规培训与交流；(10)合规奖惩制度等。

三、世界银行调查和制裁的应对措施

“谋定而后动，知止而有得。”企业应在理解掌握世界银行规则的基础上，借助专业顾问经验制定应对策略，灵活运用规则，及时进行有效应对，将可化解或减小世界银行调查制裁风险。

（一）熟悉制裁规则，定期自查评估，制定应对调查和制裁的整体策略，进退有据，提前搜集保全证据

世界银行多次指出，其对不当行为的制裁依据从来不是某一司法辖区的法律，而是世界银行的规则。通过具体项目的招标采购活动，世界银行将其相关规则融入项目招标文件，对参与世界银行融资项目的企业和个人进行规制。

对参与世界银行资助项目的中国企业而言，从参加世界银行融资项目资格预审或招标程序开始，就需要了解和重视世界银行的规则，包括但不限于主要包括：《世界银行集团政策：欺诈与腐败》（WBG Policy：Sanctions for Fraud and Corruption）、《世界银行集团制裁指南》（World Bank Group Sanctioning Guidelines）、《世界银行集团诚信合规指南》、《预防和打击欺诈和腐败指南》、《采购指南》、《顾问指南》、《制裁与和解程序》等。

实践中，由于对规则不熟悉，有的企业不太重视在投标阶段所作的合规承诺，在应对廉政局调查问询过程中才意识世界银行对自身的合规要求；也有企业因合规体系未建立或不完善，中标后未定期对项目执行过程进行合规风险的更新、检查和评估，未在合规风险出现微小征兆时及时纠正，导致风险扩大。

除熟悉制裁实体规则外，企业还需要对制裁程序规则有一定必要的知识。由于对制裁程序规则缺乏了解，有的企业对廉政局开展的调查缺乏应有的敏感性，直到收到制裁通知才后悔陷入被动等。例如，企业忽视审计通知或质询函的落款是廉政局而非世界银行一般机构，以为审计通知只是世界银行对其融资项目的一般审计要求，或者忽视廉政局的质询函是来自廉政局的警告，被指控方未慎重对待质询函或审计通知，导致其回复函件的实质内容可能构成对制裁行为的自认或者自相矛盾，从而对制裁结果产生影响。

此外，中标后企业还应对中标项目进行定期的合规风险自查评估，及时进行风险更新，避免疏忽大意放任风险。根据自查评估中发现可能存在合规风险，可根据下述第（二）点和第（三）点建议结合项目实际情况未雨绸缪制定应对调查制裁的整体策略。

应对策略的落实与实施离不开证据支撑。企业应结合世界银行规则提前搜集和固定证据，既防范项目长期执行过程中人员流动和项目执行文件丢失的风险，也为应对调查制裁做好准备。

世界银行在评估制裁行为的构成及加重减轻情节时会考虑多种形式的证据，包括官方文件、影像、往来函电、廉政局访谈笔录等直接证据，也会考虑旁证和传闻证据（hearsay）。实践中，比较常见的是企业声称已经实施了有效合规计划并采取了纠错措施，但经过检查后发现，企业的合规管理制度没有禁止企业/员工从事腐败、欺诈、胁迫、串通、阻碍的不当行为并相应制定风险管控机制。企业称已经进行了合规培训，却没有照片、影像、培训资料等予以佐证。企业称已经处理了对不合规事件负有责任的员工，却发现该员工还在企业工作，只是调整了原来的工作岗位。这样的纠错行为很难符合世界银行的合规标准。只有根据世界银行的规则和标准搜集、固定、梳理证据才能真正在应对调查制裁过程中发挥效用。

（二）如果经评估认为构成制裁行为的风险不大，则策略上可从相关行为不满足构成要件角度尽量争取免予制裁，组织证据、争取主动

如果企业结合事实和世界银行制裁规则，经充分的合规风险自查评估，认为其行为构成制裁行为的风险不大，则从整体策略上应把握应对廉政局调查的时机，争取主动，说服廉政局认可企业的主张，从而不需要进入制裁阶段程序。退一步讲，即便进入制裁阶段，企业仍可以抓住制裁程序赋予的机会进行无责抗辩。

世界银行审查被指控方行为是否构成制裁行为的证明标准是优势证据（more likely than not），也就是我国民事诉讼中的高度盖然性标准，即在考虑所有相关证据的情况下，优势证据是否更支持被指控方涉及制裁行为的发现。值得指出的是，就欺诈、胁迫行为，世界银行的证明标准低于我国的“排除合理怀疑”[①]标准。因此，只要廉政局能够初步证明被指控方更有可能从事了制裁行为，则举证责任转移给被指控方。

企业应如何抗辩廉政局指控的制裁行为？除一般的抗辩事由（如超过10年追诉期、员工个人行为等），需要重点从制裁行为的构成要件着手。

以欺诈行为为例，尽管主张欺诈行为不成立的难度较高，但从世界银行的过往判例看，仍有少量判例在被指控方充分提供证据基础上，制裁委员会从构成要件角度认为欺诈行为不成立，进而作出不予制裁决定。在制裁委员会第81号决定中，廉政局指控被指控方（包括被指控企业、被指控合作伙伴、被指控自然人）实施了3项欺诈行为，评估与暂停资格官[②]在制裁通知里建议分别对被指控企业和被指控合作伙伴予以3年附解除条件的取消资格，被指控人予以2年

① 《最高人民法院关于适用〈中华人民共和国民事诉讼法〉的解释》（法释〔2022〕11号）第109条规定：“当事人对欺诈、胁迫、恶意串通事实的证明，以及对口头遗嘱或者赠与事实的证明，人民法院确信该待证事实存在的可能性能够排除合理怀疑的，应当认定该事实存在。”由此可见，在民事诉讼中，对欺诈、胁迫行为的证明标准高于一般标准。

② 从2013年3月31日起，世界银行的评估与暂停资格官（Evaluation and Suspension Officer，EO）更名为首席资格暂停和取消官。

附解除条件的取消资格制裁。被指控方提起了上诉。结合证据和庭审情况，制裁委员会认为，尽管被指控方明知牵头成员（team leader）不可能参加该项目，仍然在标前会议纪要确认牵头成员将参与本项目，确实作出了不实陈述，但制裁委员会也注意到该案存在系列相反证据，如被指控方在标前协商前给秘书长的书面邮件通知对方，该牵头成员不可能参加本项目，并推荐了替代人选；被指控方还和秘书长进行口头沟通，且评标委员会成员均知悉牵头成员不能参加本项目，故制裁委员会在综合考量相关证据情况下认为被指控方签署不实的会议纪要的行为并不影响项目采购进程，欺诈行为的构成要件不成立，最后以证据不充分为由认定被指控方的行为不构成欺诈行为，作出了不予制裁的决定。

以腐败行为为例。在制裁委员会第96号决定中，廉政局指控被指控方（包括被指控企业、被指控执行董事及被指控区域董事）合计实施了3项腐败行为，评估与暂停资格官在制裁通知里建议分别对被指控企业进行6年附解除条件的取消资格，被指控执行董事和被指控区域董事进行2年附解除条件的取消资格制裁。被指控方向制裁委员会提起上诉。结合证据和庭审情况，制裁委员会对被指控的3项腐败行为均分别从被指控方是否已向另一方给予或提供了有价物或利益，以及是否存在不当影响另一方行为的意图两个构成要件角度进行了分析，认为3项行为均各有至少1个构成要件上未能满足证明标准，最后以证据不充分为由认定被指控方的行为不构成腐败行为，作出了不予制裁的决定。

（三）如果经评估认为构成制裁行为的风险较大，应抓住制裁程序赋予被指控方的解释抗辩机会，积极争取减轻责任

如果经合规风险自查评估，企业认为构成制裁行为的风险较大，则从整体策略上，需抓住调查和制裁程序中的沟通解释机会，组织证据材料，结合规则的减轻情节等有理有据争取减轻责任。

就世界银行的两级审查而言，以2021财年为例，资格暂停和取消办公室共发出17个案件的制裁通知，对23个被指控方暂停资格。随后30日内，资格暂

停和取消办公室收到 8 个被指控方解释澄清材料，经过解释澄清，首席资格暂停和取消官选择减轻了其中 5 个被指控方的原制裁措施。由此可见，基于对事实和证据梳理，在遵循世界银行的规则基础上被指控方可做有利争取。

在制裁委员会层面，自 2007 年资格暂停和取消办公室开始审核启动制裁，约 33% 的案件未止步于资格暂停和取消办公室审查，而是进入二级审查。在不少二级审查案件中，即便制裁委员会最终决定实施制裁措施，也会更多地采用训诫函、固定期限的取消资格制裁等，是相对首席资格暂停和取消官的建议更轻的制裁措施。这说明被指控方抓住沟通解释抗辩机会，根据规定的减轻情节进行争取仍可能获得减轻制裁的更佳结果。

此外，配合世界银行调查、合作、承认制裁行为或承担责任是最常见的减轻情节之一。自《制裁与和解程序》实施以来至 2022 财年，在 472 例被指控方中，首席资格暂停和取消官在 219 例中考虑了将合作配合作为减轻情节，在 137 例中考虑了将承认错误或承担责任作为减轻情节。实践中，企业对世界银行制裁调查的配合合作能否构成世界银行认可的减轻情节，仍需结合个案具体问题具体分析。

（四）适时选择和解，协商争取和解协议有利条件

2017 年世界银行与 Seves Group S. à. r. l 集团达成和解协议，成为世界银行制裁体系年报公布的典型案例。Seves Group S. à. r. l 旗下法国输电设备制造商 Sediver SAS 被控在刚果实施的电力项目中向对方工程师行贿试图影响招标结果，从而构成腐败行为，世界银行对该公司处以两年的取消资格制裁；Sediver SAS 的母公司，Sediver SpA，仅被处以两年的附条件免予取消资格，也就是说，在和解协议生效后只要 Sediver SpA 遵守和解协议，仍有权参加世界银行项目。Seves Group S. à. r. l 在和解协议中承诺将在全集团内建立并实施了符合《世界银行集团诚信合规指南》要求的合规制度，并向刚果共和国赔偿 680 万欧元。该案例鲜明地体现了世界银行对制裁案件的立场，即在履行和解协议义务的前提下，双方能高效结束调查，解决争议。

对于被指控方而言，如果通过自查评估认为自身行为构成制裁行为的风险

较大，则应注意在调查和制裁程序中与廉政局合作配合，把握和解机会，与世界银行达成和解协议（Negotiated Resolution Agreement），将世界银行调查和制裁对企业经营活动及声誉的影响减到最小。

1. 选择和解的时机

在调查和制裁程序的任何阶段，甚至在制裁委员会作出制裁决定前，廉政局或者被指控方均可以进行和解。通常在廉政局提交指控和证据说明前，甚至在发出质询函时，廉政局会向被指控方提供和解机会，以适当降低拟施加的制裁为条件，要求被指控企业承认指控事实、并同意建立和实施合规制度等合规整改方案。

2018—2022 财年，资格暂停和取消办公室审查过的制裁案件和和解案件共 221 起，其中和解案件共 94 起，约占总数量的 42%（见图 5－4）。

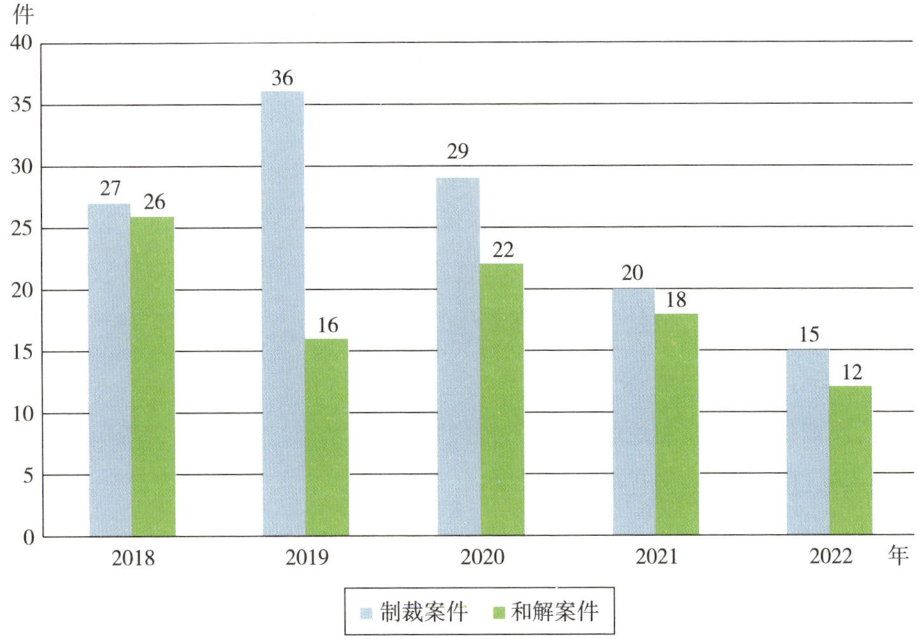

图 5－4　资格暂停和取消办公室历年制裁案件与和解案件的数量对比

2. 协商争取和解协议有利条件

与世界银行和解并不意味着绝对免于制裁，制裁行为及其合规风险引起的责任需要结合和解协议进行规定。和解协议一般包括主文和附件两部分内容（见表5－5）：

表5－5　和解协议的主要内容

协议正文	主要规定被指控人对被指控事实的认可、接受制裁、无进一步制裁、关联企业、其他法律条款（如转让和继承、终止、信息披露、通知、保密、世界银行的权利与主权豁免、不适用主权国家的法律、协议修改等）
附　件	一般包括事实陈述（列明被指控人承认的错误行为和事实证据）；制裁的条款清单[制裁措施、期限、解禁条件（如适用）、诚信合规计划及其实施、聘请诚信合规官并接受其合规评估和监督、被制裁人的报告与全面配合义务等]；以及被制裁的关联企业清单等。

和解的核心目的是通过配合争取和减轻制裁结果。一旦被指控方从策略上确定要和世界银行协商谈判和解协议，则需注意以下几方面的问题：

第一，准确适当地承认不当行为。承认不当行为是与世界银行协商和解协议的前提条件，也是和解协议的重要构成部分。通常对不当行为的事实描述是和解协议的主要附件之一，被指控方需要准确表述受制裁行为的实际情况，并在此基础上承认责任，避免承认构成对自身不利的认定。

第二，抓住和解协议的核心是争取减轻/免除责任和制裁措施。世界银行的制裁基准是3年附解除条件的取消资格制裁。被指控方在和解协议协商过程中需要与世界银行就制裁行为的事实和法律问题进行高效沟通，使世界银行能全面地了解事实情况，争取免除被指控方的责任和制裁措施；如果无法避免制裁，则被指控方可综合权衡制裁措施降等、期限缩短、关联企业的范围缩小等多种因素制定和争取最优的和解方案。

以关联企业范围为例，根据《制裁与和解程序》，世界银行有权对被指控方及其关联方进行制裁。关联方指世界银行认为的控制被指控方，或由被指控方控制或与被指控方共同被控制的法人或自然人。世界银行对关联方的范围享有较大自由裁量权。2013年，世界银行与加拿大兰万灵集团达成和解协议，制裁SNC－Lavalin Inc.及其旗下100多家子公司，这是世界银行连带制裁的体现。从被指控方角度，需要结合实际情况向世界银行提供合理理由，合理缩小受制裁的关联方范围,关联方的范围构成和解协议的附件,其协商进度也影响和解协议的签署时间。

第三,合理细化整改措施和形成可操作的合规计划。通常世界银行会要求企业自负费用聘请合规顾问,对合规计划的执行进行监督和管理。同时,企业将在和解协议谈判过程中与世界银行就合规计划的时间表、阶段性目标以及检查标准达成一致。

此外,在和解协议的签署生效程序上,和解协议谈判定稿后通常将由世界银行总法律顾问审查,并最终由首席资格暂停和取消官批准,以确定被指控方自愿签订和解协议,充分了解协议内容,以及协议条款与世界银行规则保持一致。

总之,和解的过程也是博弈的过程,在与世界银行交涉的过程中,企业在掌握熟悉规则的基础上,对自身可承受的要求以及博弈空间要做到心中有数,方能达成最优的和解协议。

(五)应对世界银行调查制裁需考虑的中国法律问题

遵守中国法律是中国企业应对世界银行调查制裁的前提和要求。中国企业在熟悉和利用世界银行规则积极应对制裁调查的过程中,无论是应对策略制订还是具体的应对方案实施,也需要及时准确地对涉及的中国法律问题作出研判取舍。

1. 保守国家秘密

根据《保守国家秘密法》《保守国家秘密法实施条例》等法律法规,违反保守国家秘密义务(如未经有关主管部门批准,携带、传递国家秘密载体出境的;在互联网及其他公共信息网络或者未采取保密措施的有线和无线通信中传递国家秘密的),将承担相应法律责任,包括刑事责任。实践中,参与海外工程能源基础设施项目的中国企业不乏国有企业,甚至中央企业,他们大多处于关系国家安全和国民经济命脉的重要行业和关键领域。世界银行调查的企业经营信息可能受限于中国法律对国家秘密的保护,中国企业对此应自始保持高度敏感。对于在中国境内的数据或信息,通常需由中国律师对该等数据或信息进行国家秘密、商业秘密或者个人信息审查并排除前述信息之后再对相关数据或信息进行跨境传输给参与到调查中相关外国非政府专业人员，如律师、会计师等。

2. 遵守数据出境的安全合规要求

根据《数据安全法》的相关规定，我国相关主管机关根据有关法律和缔结的国际条约、协定，或者按照平等互惠原则，处理外国司法或者执法机构关于提供数据的请求。未经相关主管机关批准，境内的组织、个人不得向外国司法或者执法机构提供存储于中华人民共和国境内的数据。该法所指的数据，是指任何以电子或其他方式对信息的记录。据此定义，任何存储于电子介质的或者纸面的信息、文件都属于《数据安全法》规制的数据。从字面文义上看，世界银行等多边开发银行的制裁行为调查部门并不属于该法所指的外国司法、执法机构。谨慎起见，中国企业应对世界银行调查制裁时涉及数据跨境流通，需予以一定关注并在具体个案中根据情况适时寻求主管机关的澄清。

3. 注意涉及潜在刑事案件的取证跨境司法协助要求

根据《国际刑事司法协助法》的规定，未经我国主管机关同意，外国机构、组织和个人不得在中华人民共和国境内进行刑事诉讼活动，中华人民共和国境内的机构、组织和个人不得向外国提供证据材料和本法规定的协助。由此可见，中国法律禁止境内组织或个人未经中国政府主管机关的批准向外国提供证据材料。世界银行调查制裁的部分案件，如项目所在国的腐败案件，可能涉及刑事司法程序。根据《制裁与和解程序》的相关规定①，为确保世界银行利益最大化，世界银行有权在考虑敏感信息基础上将从廉政局、首席资格暂停和取消官、制裁委员会、被指控方处获取的调查资料分享给成员国的调查或公诉部门。中国企业在应对涉及潜在刑事案件的世界银行调查制裁时，就向世界银行提供相关证据材料，可能需提前寻求中国主管机关的同意，避免规避中国法律对刑事案件跨境调查取证的要求。

---

① 第 10.03 款。

第 三 节

如何应对美国经济制裁

虽然贸易自由化仍然是当前世界经济的主流，但国际社会为维护和平、安保以及各国核心利益而采取经济制裁的情形并不少见。如我们在本章第 1 节所述，联合国、欧盟、美国等国际组织或国家均发布了诸多制裁决议、法律、措施。其中，以美国经济制裁的制裁频率最高，执法最严格，对中国企业、尤其是参与国际经贸和投资的企业影响最为深远。应对美国经济制裁，成为中国企业不得不面对的挑战。

一、美国经济制裁的主要类型和程序

美国《新闻周刊》(Newsweek)刊文指出："如果说华盛顿的决策者和立法者总是倾向于使用某种工具的话，那就是通常被称为制裁的经济大棒……"美国经济制裁名目繁多，需要从不同口径和维度综合理解。美国经济制裁的主要类型和程序简述如下。

(一)美国出口管制和经济制裁

在国际贸易合规的语境中，美国出口管制和经济制裁这两个概念经常同时出现，二者都是美国政府用来维护国家安全、打击敌对国家的重要方式。虽然出口管制和经济制裁存在一定交叉，如根据美国《出口管制条例》(Export Administration Regulations, EAR)的规定，受控物项不得向受制裁地区和对象出口、再出口等，但严格来讲，二者在本质上存在较大区别。

出口管制的实质是对"物"——主要是对"两用物项""军品物项"等敏感物项的管理，具体是指美国政府出于国家安全、反恐以及高新技术保护等目的，从

产品、目的国、最终用户和最终用途四个方面，以直接或间接的方式限制或禁止向某些特定目的地或对象出口含有美国成分的产品和技术的制度，包括军品物项管制和军民两用物项管制两个体系，并分别由美国国务院国防贸易管制局（Directorate of Defense Trade Controls，DDTC）和商务部工业安全局（Bureau of Industry and Security，BIS）具体执行。

相较而言，经济制裁则侧重于对"钱"，也就是对资金的流动进行管理。如我们在本章第 1 节所述，TWEA、IEEPA、NEA 等法律授权美国总统可以根据其外交政策和国家安全目标，以签署行政令（Executive Order）的形式对威胁美国国家安全、外交政策或经济的实体或个人实施经济制裁。与主要适用于贸易活动的出口管制不同，经济制裁的辐射范围覆盖投资、金融、进出口、租赁、融资、担保、旅游、运输、服务等各类交易。

出口管制和经济制裁的主要区别如表 5 – 6 所示：

表 5 – 6　出口管制和经济制裁的主要区别

项目	出口管制	经济制裁
主管部门	BIS、DDTC	OFAC
管制行为	主要是贸易活动，包括美国物项的出口、再出口、境外转移及其他受管制的出口行为	根据制裁项目的不同，涵盖投资、金融、进出口、租赁、融资、担保、旅游、运输、服务等各类交易
约束对象	实施出口、再出口及境外转移等出口行为的美国人或非美国人	涉及受制裁交易的所有相关主体，包括美国人及特定情况下的非美国人
法律依据	EAR、《出口管制改革法案》（Export Control Reform Act）、《武器出口管制法》（Arms Export Control Act）、《国际武器运输条例》（International Traffic in Arms Regulations）	TWEA、IEEPA、NEA 等联邦立法、行政令和制裁法规

续表

项目	出口管制	经济制裁
清单	• 实体清单(Entity List) • 军事最终用户清单(Military End User List) • 拒绝贸易者清单(Denied Persons List) • 未经核实清单(Unverified List) • 武器出口禁止清单(Arms Export Control Act Debarred List)等①	• SDN 清单 • SSI 清单 • 往来账户或通汇账户制裁清单(Correspondent Account or Payable – Through Account Sanctions List, CAPTA 清单) • 海外逃避制裁者清单(Foreign Sanctions Evaders List, FSE 清单) • 中国军工复合企业清单(Non – SDN Chinese Military – Industrial Complex Companies List, NS – CMIC 清单) • 菜单式制裁清单(Non – SDN Menu – Based Sanctions List, NS – MBS 清单)等

(二)全面制裁和选择性制裁

经济制裁最早是针对特定国家(如古巴、叙利亚、伊朗等)实施的全面制裁(Comprehensive Sanction),近几年则逐渐转变为基于特定行为(如恐怖主义、大规模杀伤性武器扩散、贩毒和跨境有组织犯罪等)或行业(如俄罗斯的金融与能源行业)而指向特定范围的选择性制裁(Selective Sanction)。目前,OFAC 管理的 30 余个经济制裁项目,除个别全面制裁项目外,绝大多数是选择性制裁。

1. 全面制裁

全面制裁是面向特定国家或地区的全方位制裁,是力度最强的制裁措施。尽管在不同制裁项目下的全面制裁措施略有差异,但通常而言,除非获得 OFAC 的许可证(License),全面制裁原则上禁止美国人与该国家或地区的政府、实体、个人开展任何交易,无论是进口、出口还是金融等。目前,受到全面制裁的区域包括古巴、伊朗、朝鲜、叙利亚、克里米亚以及顿涅茨克和卢甘斯克地区。以伊朗为例,根据美国对伊朗的制裁政策,除个别例外情况外②,美国人及

① 除了表格中罗列的出口管制相关清单,美国国际安全与防扩散局(Bureau of International Security and Nonproliferation)还制定了防扩散制裁清单。

② 例如,向伊朗出售农产品、食品、药品或医疗器械不违反美国制裁规定。

其拥有或控制的外国实体直接或间接进行所有涉及伊朗、伊朗政府(包括由伊朗政府拥有或控制或者代表伊朗政府行事的实体)、伊朗金融机构以及任何特别指定的伊朗国民的交易均被原则性地禁止。

需要说明的是,全面制裁往往同时伴随诸多选择性制裁措施——对于受到全面制裁的国家和地区,其政府、重要官员、支柱企业等实体或个人通常也会受到冻结制裁(见下文介绍)或其他制裁限制。

正常的国际贸易关系是建立在等价交换基础上的互惠互利关系,全面制裁从结果上往往是“杀敌一千自损八百”,所以美国对运用全面制裁持相对克制的态度,而更常使用选择性制裁。

2. 选择性制裁

选择性制裁主要包括定向制裁(Targeted Sanction)和行业制裁(Sectoral Sanction),相对全面制裁而言,选择性制裁的打击范围更为精准。

定向制裁,又称聪明制裁(Smart Sanction),往往建立在各类“黑名单”基础上,将制裁措施精确地瞄准“黑名单”中的特定个人或实体,比如要求冻结其在美国境内或由美国人拥有或控制的所有财产和利益,或禁止与清单中的个人和实体进行特定类型的交易和活动等。其中,以 SDN 清单最为核心和常见。除此之外,OFAC 还负责管理和执行 CAPTA 清单、NS – MBS 清单、FSE 清单、NS – CMIC 清单等其他制裁名单,具体如表 5 – 7 所示①:

① 除表 5 – 6 中罗列的部分清单外,OFAC 还负责制定了 SSI 清单、非 SDN 巴勒斯坦议会清单[Non – SDN Palestinian Legislative Council (NS – PLC) list]、非 SDN 伊朗制裁法清单[Non – SDN Iranian Sanctions Act (NS – ISA) list]等其他清单。我们将在下文行业制裁部分介绍 SSI 清单;其他清单因其适用范围较为有限,本书不展开介绍。

表 5－7 五类制裁清单比较简表

	SDN 清单	CAPTA 清单	NS－MBS 清单	FSE 清单	NS－CMIC 清单①
列入标准	违反美国国家利益和外交政策或美国次级制裁规定的主体	违反美国针对伊朗、朝鲜、俄罗斯、黎巴嫩等制裁措施的外国金融机构	违反美国相关法律及各行政令中的制裁措施或实施了针对美国的有害活动的主体	参与规避美国对伊朗和叙利亚制裁的外国主体，以及为了或代表美国对伊朗和叙利亚制裁的对象促成欺诈性交易的外国主体	中国国防及相关物资或监控技术行业的企业
法律依据	TWEA、IEEPA 等联邦法律以及美国总统针对不同实体或个人签发的行政令	《朝鲜制裁条例》(North Korea Sanctions Regulations)、《支持乌克兰自由法案》(Ukraine Freedom Support Act)、《伊朗贸易和制裁条例》、《伊朗金融制裁条例》、第 14024 号行政令等	CAATSA、《支持乌克兰自由法案》等	第 13608 号行政令	第 14032 号行政令
制裁措施	冻结 SDN 清单内主体位于美国或美国人处的资产(下称冻结制裁)，美国人不得与其交易，非美国人不得与其进行有美国连接点的交易，以及非美国人不得对其进行实质	禁止或严格限制美国金融机构为清单中的任何外国金融机构在美国开立或持有往来账户或通汇账户、禁止美国金融机构为其处理资金交易等	禁止获取美国进出口银行信贷、担保、保险等，禁止美国金融机构向清单内主体提供金融贷款，禁止参与美国联邦政府的采购活动，禁止开展任何受美国管辖的外汇交易，禁止相关资金在受美国管辖的银行间	禁止美国人与清单内主体进行任何交易，但不包括冻结制裁	美国人被限制在美国境内外购买或出售清单内主体发行的公开交易证券及其衍生品

① 虽然 NS－CMIC 清单取代了原来的非 SDN 中共涉军企业清单(Non－SDN Communist Chinese Military Companies List)项下的相关制裁措施，但鉴于《1999 财年国防授权法案》第 1237 条款依然有效，从法律机制上来讲，美国总统理论上依旧有权采取配套的管制手段。

续表

	SDN 清单	CAPTA 清单	NS - MBS 清单	FSE 清单	NS - CMIC 清单
	性协助或向其提供物资、资金等（如适用次级制裁）		流转，禁止交易其在美国管辖范围内的任何资产，禁止美国人参与其股权或债权投资，以及禁止其高管、负责人、控股股东入境或取消签证等，但不包括冻结制裁		

行业制裁是指以行业类别为基础，对特定行业或者经营或协助经营特定行业的主体所实施的制裁，从措施上主要包括融资禁令、供给禁令等。实施行业制裁的原则是，不冻结资产、不完全禁止交易，但依据相关行政令或具体指令（Directive）限制相关交易。美国对俄罗斯实施的制裁就包含典型的行业制裁，其中既包括从 2014 年开始对 SSI 清单内的俄罗斯国防、能源和金融等行业的实体所实施的融资和供给禁令，如禁止美国人参与涉及 SSI 清单实体的超过一定账期的债权融资交易或股权融资交易、或为上述交易提供资金或服务，以及禁止向俄罗斯能源行业的 SSI 清单实体提供物项、技术和服务以支持其进行深水、北极近海及页岩原油开采项目等；也包括在 SSI 清单之外，因 2022 年俄乌冲突激化而采取的针对俄罗斯能源行业的进一步行业制裁，如禁止向美国进口原产自俄罗斯的原油、石油、油气及其萃取物、液态天然气及煤炭产品，以及禁止美国人对俄罗斯能源领域进行任何新投资①等。2022 年 4 月 6 日，美国总统拜登颁发行政令，进一步将对俄投资禁令的范围从能源行业扩展为全行业。

① 根据 OFAC 的解释，“新投资”系指在 2022 年 3 月 8 日当天或之后开始的、构成位于或发生在俄罗斯联邦的能源领域的新活动（不包括维护或修理）的资金或其他资产的承诺或出资、或贷款或延长信贷的交易。

（三）主要制裁和次级制裁

如本章第1节所述，OFAC开展的经济制裁还可分为主要制裁（又称一级制裁）和次级制裁（又称二级制裁）。

主要制裁主要适用于存在“美国连接点”的交易，即当一个交易同时涉及美国连接点和受主要制裁的国家/地区、实体或个人时，无论是美国人还是非美国人实施该交易，均有可能招致制裁违规处罚。根据OFAC的相关解释，常见的美国连接点包括交易涉及美国人，交易通过美元或美国金融机构进行结算，交易涉及美国商品、技术或服务，交易导致美国人违反制裁规定等。其中，“美国人”是一项最直接的美国连接点。根据美国法律的相关规定，美国人主要是指美国公民、非美籍的美国永久居民、根据美国法设立的实体、美国实体在美国以外的分支机构以及身处美国的任何个人、分支机构、代表处或办事处。在一些特定的制裁项目里（如伊朗与古巴制裁项目），美国公司在海外的子公司也被视为美国人。

次级制裁主要是限制与美国不存在任何美国连接点的非美国人（如不受美国人控制并且不涉及美国连接点的中国企业）与受制裁的个人或实体（如落入SDN清单的个人或实体）在美国境外进行相关交易或者向其提供服务，其核心目的是在国际范围内起到威慑作用，迫使外国企业在被制裁国家市场和美国乃至国际市场中作出选择。由于缺乏美国连接点赋予的管辖权限，次级制裁不会对非美国人处以罚款或监禁等处罚，但落入次级制裁的非美国人可能面临被列入SDN清单或NS-MBS清单的风险。

（四）经济制裁的执法程序

如前文所述，OFAC对于存在美国连接点的交易具有管辖权，有权对违反主要制裁的个人或实体直接处以行政处罚，并视情况移交司法部追究刑事责任。OFAC执行经济制裁的程序框架性地规定在《经济制裁执法指南》（Economic Sanctions Enforcement Guidelines）中，主要分为调查与认定程序及处理程序两大方面。

1. 调查与认定程序

通常，OFAC的调查与认定程序在OFAC知悉潜在违法事项后相应启动。

从 OFAC 公布的执法案例来看,企业的自愿披露(voluntary self - disclosure)是OFAC 执行经济制裁最重要的信息来源之一。这是因为,《经济制裁执法指南》将自愿披露作为一项明确的处罚减免因素——如对违规行为进行自愿披露,相关企业有机会享受 50% 的罚款减免。此外,由于《报告、程序和处罚条例》(Reporting, Procedures and Penalties Regulations)规定所有美国人以及其他落入美国管辖权范围的非美国人(persons otherwise subject to U. S. jurisdiction)都有义务向 OFAC 报告所有被拒绝的交易(rejected transactions),包括所有与电汇、贸易融资、证券、支票、外汇、商品或服务有关的被拒绝交易,进一步扩大了美国政府了解潜在违法交易的信息渠道。除此之外,OFAC 还可通过其他政府机关移送以及公开信息查询等其他信息渠道,掌握潜在违法事项,并相应启动调查。在调查过程中,如果 OFAC 认为需要补充提供关于明显违法行为(apparent violation)的信息,则可通过行政传票(administrative subpoena)等形式,要求相关个人、实体或第三方提供进一步信息。

在作出决定前,OFAC 将结合案件相关事实,根据《经济制裁执法指南》所规定的 11 类要素进行分析和认定,考虑是否存在加重或减轻情节,包括:(1)是否存在故意和重大过失,如是否有意采取了违反美国制裁法规的行为,是否在程序上未对违法行为尽到最低审慎责任,是否故意向 OFAC 隐藏或有目的性地迷惑 OFAC 使其对事件性质做出误判,在违法行为发生前是否收到警示信息,以及公司管理层是否参与、知悉或应当知悉违法行为等;(2)对于违法行为的知晓程度,如是否知道或应当知道违法行为的发生、管理层是否直接参与等;(3)对于制裁目的的损害程度,如受制裁的个人、实体或国家所有经济或其他利益的数额大小,对于美国制裁政策的损害程度等;(4)违法行为人的个体特点,如在商业上的成熟性、是不是规模企业、交易额的大小、受制裁历史等;(5)是否具有相应的合规政策,以及合规政策的充分性;(6)是否采取减损措施,包括是否采取措施立即停止违法行为、是否采取新的和更有效的内控及程序以防止违法行为重复发生等;(7)与 OFAC 的配合程度,如是否自愿披露违法行为,是否提供所有相关信息,是否自愿披露其他违法行为,以及是否签署诉讼时效延长协议(Statute of Limitations Tolling Agreement)等;(8)违法行为的发生时间;(9)联邦、州、地方机关针对相同或类似违法行为所采取的执法行动;(10)对实施违法行为的个人或实体,或类似个人或实体(尤其是相同行业的个人或实体)未来合规的影响,以及所起到的警示作用;以及(11)其他 OFAC 可在个案中特别考量的因素(以下统称一般性要素)。

2. 处理程序

根据《经济制裁执法指南》的规定,依据调查和分析认定情况,OFAC 可能会采取以下处理措施:

第一,不采取措施(No Action)

如果 OFAC 认为没有充分证据证明已发生违法行为和/或基于前述一般性要素的分析认为有关行为未达到有必要作出行政行动的程度,OFAC 一般选择不采取措施。

第二,要求提供进一步的信息(Request Additional Information)

如果 OFAC 认为需要补充提供关于明显违法行为的信息,则其可能通过行政传票等形式,要求相关个人、实体或第三方提供进一步信息。

第三,警告函(Cautionary Letter)

如果 OFAC 认为没有足够的证据判定企业发生了违法行为,或该行为尚未达到作出违法裁定或处以民事罚款的标准,OFAC 可能会向实施该行为的个人或实体发出警告函,表明其对相关个人或实体所从事的行为的合法性、其合规政策、程序及其执行情况的关注。

第四,违法裁定(Finding of Violation)

如果 OFAC 认定相关个人或实体发生了违法行为,并且基于对前述一般性要素的分析,认为应当对该个人或实体的违法行为作出行政行动,但同时又认为不适合处以民事罚款,则 OFAC 可能会作出违法裁定,以认定相关个人或实体的违法行为。违法裁定还可能包括 OFAC 对相关个人或实体违法行为、其合规政策及其执行情况的关注,并确定相关个人或实体是否需要采取进一步的合规措施。违法裁定作出后,相关个人或实体有答辩的权利,OFAC 将审查相关个人或实体的答辩并作出最终的行政行动。

第五,民事罚款(Civil Monetary Penalty)

如果 OFAC 认定相关个人或实体发生了违法行为,并且基于对前述一般性要素的分析,认为应当对相关个人或实体的违法行为处以罚款,则 OFAC 可处以民事罚款,并视违法行为是否构成“严重违法”(egregious case)以及是否存在自愿披露情节而有所区别。一般来说,若 OFAC 认为处以民事罚款较为妥当,其将首先向相关个人或实体签发预罚款通知(Pre – Penalty Notice),根据其所掌握的案件具体信息,初步确定罚款金额,该金额可能会随着 OFAC 所掌握的进一步案件信息有所调整。

第六,移交检察机关(Criminal Referral)

在适当情况下,OFAC 也可在予以行政处罚的同时,将案件移送适当的执法机关进行刑事调查和/或起诉。

第七,其他行政措施

除上述措施外,OFAC 还有权采取拒发、暂停、修改或撤销通用许可证和特殊许可证以及命令停止违规行为等其他行政措施。

除上述 OFAC 单方采取的行政行动外,《经济制裁执法指南》还规定 OFAC、相关个人或实体或其授权代表在预罚款通知签发前后均享有提起和解的权利。在实践中,个人或实体往往会倾向于与 OFAC 达成和解协议,从而在一定程度上降低处罚力度,但作为交换,OFAC 可能会要求签署诉讼时效延长协议,以延长诉讼时效。

对于不涉及“美国连接点”的交易,一般来说,美国政府并没有直接的管辖权,无法依照上述制裁执法程序予以处罚。但如前文所述,在美国相关制裁法规明确规定或行政令有明确授权的情况下,财政部经与国务院协商,有权对违反美国制裁规定的非美国人施加次级制裁,如纳入 SDN 清单。相较于主要制裁,OFAC 在实施次级制裁方面透明度低、裁量权较大,通常不会公布其决策的事实和证据基础。尽管个人或实体受次级制裁后可以无限次向 OFAC 申请将其从相关“黑名单”上除名,但实践中受制裁个人或实体提起的除名申请极难被

OFAC 批准。

二、中国企业面临的潜在制裁风险

很多中国企业都存在认识误区，认为只要企业不是在美国成立，那么就不受美国制裁规定的管辖。即使部分了解主要制裁和次级制裁区别的企业，其往往也会简单地认为，如果相关制裁措施从措辞上仅限制美国人（定义如上文介绍），那么其便不会受到美国主要制裁的限制，而只需要关注次级制裁风险。大量企业因为这些片面的认识付出了惨痛的代价。

实际上，即使中国企业并未落入"美国人"范畴，在以下情形下，也需要严格遵守美国的制裁法规。

（一）因交易存在美国连接点而面临主要制裁处罚的风险

美国连接点也可以理解为美国的管辖因素。我们在本节第一部分对常见的美国连接点因素已经做了初步介绍，但理论上理解美国连接点并不意味着就能够读懂美国制裁法规。例如，在美国对伊朗的制裁中，《伊朗贸易和制裁条例》禁止：(i)将原产于伊朗或由伊朗政府拥有或控制的货物或服务进口至美国；(ii)从美国或美国人直接或间接向伊朗出口、转出口、销售或供应货物、技术或服务；(iii)非美国人在明知或应当知悉的情况下直接或间接向伊朗转出口从美国出口的货物、技术或服务（除非遵守许可要求或法律另有规定）；(iv)美国人从事与原产于伊朗或由伊朗政府拥有或控制的货物或服务有关的交易，包括采购、销售、运输、交换、经纪、批准、融资、促成或担保；(v)美国人在伊朗或对伊朗政府所有或控制的资产进行投资；(vi)美国人批准、资助、促成或担保外国人与伊朗之间的交易；(vii)美国人进行与伊朗石油资源开发有关的交易等行为。

对于上述制裁规定中的第(i)—(iii)项，从其条款的文义便可以看出，其约束的对象不仅限于美国人，而主要限制涉及美国领土或者美国商品、技术或服务的特定交易行为，因此，即使是非美国人，显然也受其约束。但对于上述第(iv)—(vii)项，其条款的字面表述似乎仅限制美国人，貌似非美国人无须予以特别关注。然而，事实并非如此。如上文所述，无论是美国人还是非美国人在交易存在美国连接点的情况下,均有可能受到主要制裁的管辖。例如,即使某项与受制裁国别的交易本身不涉及美国人,但由于交易通过美元进行,则依据美国相关法律的规定,非美国人同样可能受到主要制裁的约束。下述香港S公司因违反《伊朗贸易和制裁条例》被罚款案便是其中一则典型案例,S公司违反美国对伊制裁并非其实施的交易直接被美国制裁规定所禁止,而是由于其在交易中通过美元结算,进而导致美国金融机构违反了制裁规定。

【实例5-13】香港特别行政区S公司因违反《伊朗贸易和制裁条例》被罚款522万美元

S公司是一家位于中国香港特别行政区的公司。经OFAC查证,2016年8月至2018年5月,部分S公司员工违反了公司政策和程序要求,使S公司从泰国供应商处购买了约64,000吨源自伊朗的高密度聚乙烯(下称HDPE),并使用美元向泰国供应商支付了货款,随后将HDPE转售给中国买家。根据该交易协议的条款显示,在交易过程中,S公司向位于泰国的银行进行了60次的美元交易,共计支付75,603,411美元。其中,每笔支付都通过多家美国金融机构处理并结算,其中包括中国香港特别行政区和泰国的银行在美代理银行。在交易中,因上述违规员工的不当行为,S公司的资金转移指令并未提及伊朗,使美国金融机构认为相关资金转移并未违反制裁禁令,因此也未拒绝交易或及时报告。因此,S公司的行为导致美国金融机构参与并促成被禁止的与伊朗原产商品有关的金融交易。

2022年1月11日,S公司与OFAC达成和解协议,S公司同意就其违反《伊朗贸易和制裁条例》(Iranian Transactions and Sanctions Regulations)的违法行为支付约522万美元的罚款。

在违法后果方面,根据IEEPA以及OFAC在2022年2月颁布的最新调整令,违反、企图违反、共谋违反或导致违反美国制裁制度的任何人,将被行政机关处以高达330,947美元的民事罚款或处以相关交易金额两倍的罚款,以高者为准。如果任何主体存在多起违反行为,则罚款将累计计算,可能发生巨额罚款的情形。此外,任何人故意或企图,或蓄意共谋,或协助或教唆进行违反美国制裁的行为,会单处或并处高达1,000,000美元的刑事罚款或高达20年的有期徒刑。并且,由于美国与多国签订了引渡协议,如企业高管涉嫌刑事违法,那么其在第三国通行亦存在被抓捕或引渡的风险,需要高度警惕。

(二)交易面临受次级制裁的风险

如前文所述,非美国人在不存在美国连接点的情况下即使处于美国管辖范围之外,依然可能需要遵守美国的某些针对特定国家、特定行业或特定主体的次级制裁规定。如果中国企业在知情情况下实施了违反美国次级制裁措施的重大交易(significant transaction)[①],或存在其他违反次级制裁规定的行为,即使相关交易不涉及任何美国连接点,同样可能受到次级制裁。

1. 与受制裁主体的交易

当交易对方被列入SDN清单时,中国企业应当高度警惕。但需要注意的是,由于美国的次级制裁并非适用于所有制裁项目,而主要是在针对伊朗、俄罗斯、朝鲜、叙利亚、委内瑞拉、中国香港特别行政区等国别/地区或恐怖主义等行为的制裁项目中包含次级制裁措施,而在其他大多数制裁项目中,如美国对伊拉克的制裁中,则不存在关于次级制裁的明确授权和规定。因此,当中国企业拟与SDN清单内主体进行交易时,需根据有关立法和行政令中的具体条款,具体问题具体分析。

对于受次级制裁的SDN清单内主体,在OFAC网站(https://sanctionssearch.ofac.treas.gov/)进行制裁名单筛查时,通常会显示“次级制裁风险”(secondary sanctions risk)、“受限次级制裁”(subject to secondary sanctions)等标识。但OFAC网站的前述标识并不能被完全依赖,有大量被列入SDN清单且

① 实践中,重大交易主要依据OFAC披露的指引文件中指明的以下因素判断:(1)交易的规模、数量以及频率;(2)交易的性质,包括交易的种类、复杂程度和商业目的;(3)管理层意识的程度以及交易是否构成固定行为模式的一部分;(4)交易与受制裁个人或实体间的联系;(5)交易对成文法目标的冲击;(6)交易是否涉及欺诈性实践;以及(7)美国财政部在个案基础上认为相关的其他因素。

受限次级制裁的主体未被予以相关标识。例如,因美国总统在 2014 年 3 月 20 日发布的第 13662 号行政令而被列入 SDN 清单的俄罗斯第二大汽车制造商 Gaz Group,其虽未在 OFAC 的制裁名单筛查界面被标识“次级制裁风险”,但根据第 13662 号行政令的规定,任何人(包括非美国人)对其进行实质性的协助,或提供物资、资金等,将可能同样受到冻结制裁,故存在一定的次级制裁风险。

美国的次级制裁不仅限于 SDN 清单内的主体。根据 OFAC 的 50% 规则,无论是否出现在 SDN 清单上,若某实体的财产和财产权益被一名或多名受制裁实体直接或间接(包括累计)拥有总计 50% 或以上的,则该实体也会被视为受制裁实体。例如,假设受制裁实体 A 持有甲企业 50% 和乙企业 10% 的股权,甲企业持有乙企业 40% 的股权,根据 50% 规则,不仅甲企业,乙企业也将自动被列为受制裁实体。这是因为受制裁实体 A 通过持有 50% 甲企业的股权而被视为间接持有乙企业 40% 的股权,加上其直接持有乙企 10% 的股权,受制裁实体 A 直接、间接持有乙企业股权合计达到 50%(见图 5 -5)。

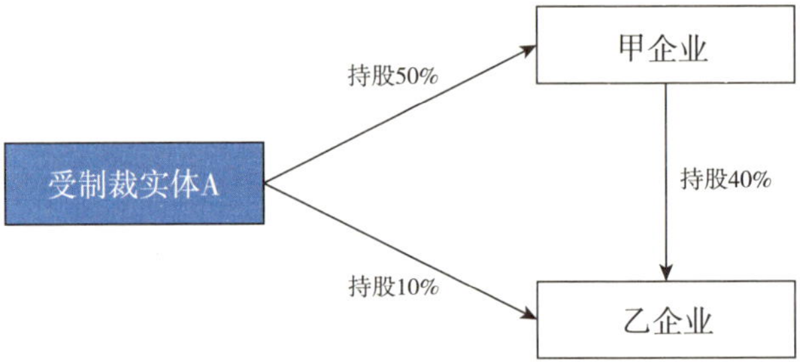

图 5 -5　制裁扩展适用下级公司判定示意图

除 SDN 清单外,中国企业与 SSI 清单、NS - MBS 清单、特定人员清单(List of Specified Persons)①内的主体进行重大交易同样存在次级制裁风险。但总体而言,通过“黑名单”筛查在一定程度上能够比较容易地识别和评估与定向制裁相关的次级制裁风险。

① 特定人员清单目前主要包含俄罗斯国防和情报行业的个人和实体,非美国人不得与特定人员清单内主体进行重大交易。

2. 全面制裁或行业制裁下的相关交易

相较于上述受制裁主体交易面临次级制裁的风险识别，与全面制裁或行业制裁相关的次级制裁风险比较容易被忽视。实际上，在受制裁的特定国别或地区的特定行业下进行交易同样存在次级制裁风险，需要一事一议地进行分析。比如，在对俄制裁中，根据 CAATSA 的相关规定，非美国人以特定形式参与俄罗斯深海、北极近海及页岩石油项目，能源出口管道建设，俄罗斯国有资产私有化等项目，或者从事实质性违反、试图违反、共谋违反或导致违反任何美国规定的活动，其均可能面临一定次级制裁风险。

统计数据表明，因次级制裁被纳入 SDN 清单的主体中，超过半数是由于违反美国对伊朗的次级制裁规定。下述中国某贸易公司因涉伊钢铁贸易受美国次级制裁便是其中的一则典型案例。

【实例 5－14】中国某贸易公司因涉伊钢铁贸易受美国次级制裁

2020 年 1 月，美国财政部将一家总部位于北京的贸易公司列入 SDN 清单。根据 OFAC 公布的信息，自 2019 年 8 月起，该贸易公司每月从伊朗的 Esfahan Mobarakeh 钢铁公司处购买数万公吨的钢板胚。此外，2019 年，该贸易公司还向伊朗矿物贸易公司 Khalagh Tadbir Pars Co. 出售了多批碳块、阴极块和石墨电极，供伊朗金属生产商使用。并且，2019 年 11 月，Khalagh Tadbir Pars Co. 和该贸易公司还协调向某中国买方出售伊朗铜精矿。

美国财政部认为，该贸易公司的行为构成在第 13871 号行政令生效后故意参与购买、收购、销售、运输或营销来自伊朗的铁、铁制品、铝、铝制品、钢铁、钢制品、铜、铜制品的重大交易，故而对该贸易公司施以次级制裁，将其列入 SDN 清单中。该贸易公司在从事受制裁交易过程中所利用的幌子公司（front company）和船运公司也同样受到美国次级制裁。

3. 后果

在违反后果方面，由于缺乏美国连接点的管辖权限，美国相关主管机关不会因次级制裁对中国企业处以罚款或监禁等处罚，但中国企业可能面临被列入SDN清单、切断美国金融服务等次级制裁威慑。在特定制裁项目下，如美国对俄罗斯的制裁中，根据CAATSA第235条的相关规定，非美国人违反特定制裁措施还可能会被列入NS－MBS清单，并受到相关制裁（详见本节第1部分表格梳理）。

总之，美国制裁法律法规及行政命令错综复杂，且始终经历着快速变化。在实践中，每一笔业务、每一个项目不尽相同，就其可能涉及的相关制裁风险，需要在把握规则框架的基础上具体问题具体分析。

三、如何应对美国经济制裁

虽然中国一直以来只遵循联合国安理会的相关决议，不参与联合国决议以外的制裁，不承担配合其他国家对外经济制裁的国际义务，但在全球化背景下，尤其是考虑到海外工程能源基础设施项目的行业特点，美国经济制裁给中国企业带来的合规风险客观存在。因此，事前识别、积极防范至关重要。

（一）开展尽职调查，识别和评估潜在制裁风险

企业通过内部合规团队或聘请具备专业资质和相关经验的外部法律顾问开展尽职调查、识别潜在经济制裁风险是企业风险防范与事前防控的第一步。

从识别和评估潜在交易的制裁风险角度，尽职调查的范围包括但不限于：

（1）对美国以及其他对项目具有管辖权的国别（如涉及）的制裁规定进行法律环境尽调，了解相关法域制裁政策的具体规定和最新进展；

（2）对潜在交易相关方进行背景调查，重点审查交易相关方是否被列于美国以及其他可能对项目拥有管辖权的国别（如涉及）的制裁名单中，并反向穿透筛查其上层股东的受制裁情况，评估交易相关方是否因适用50％规则而被自动视为受制裁实体；

（3）对潜在交易的区域、行业以及交易性质、内容、资金来源、资金去向等项

目具体情况进行合规分析，全面评估交易是否涉及敏感地区、是否涉及敏感行业、是否涉及受制裁主体、是否构成重大交易等可能导致企业违反制裁规定的因素，并注意根据项目的具体类型就可能涉及的物资采购、融资、投资收益等方面是否受限于美国经济制裁相关规定进行具体分析；

(4)评估汇路风险，判断交易是否会因 SWIFT 制裁等相关制裁措施而遭遇实质性汇款障碍。

如果通过尽职调查发现潜在业务有制裁风险，企业应避免采取舞弊措施或故意绕开制裁规定而肆意而谋的行动，否则可能会面临巨额处罚，给海外业务的开展带来重创。

(二)落实交易文件中的合规承诺条款

在近期 OFAC 的部分执法行动中，其已将合规承诺视为减轻处罚的因素之一。因此，为最大限度减小以及转嫁制裁风险，企业应提前在与交易相关方的交易文件中增加合规承诺条款。例如，在相关交易文件中加入普遍适用的陈述和保证条款，要求交易相关方在合同中承诺：

(1)其自身及其直接或间接控制的实体均未受美国或其他国家或国际组织的制裁，也不存在可能受到相关制裁的情形，并承诺其持续运营全面符合相关制裁的规定；以及

(2)如果其违反上述陈述与保证的规定，应立刻通知相对方，配合相对方采取一切救济措施，并赔偿相对方由此产生的一切损失。

除了前述合规承诺条款，企业应同时对交易文件的相关条款表述进行审查，使违约、提前终止、不可抗力等条款可以覆盖相关交易方违反相关制裁规定、美国或其他国家或国际组织制裁发生变化(包括制裁程度进一步深化、制裁范围进一步扩大等)等情形，以确保在相关制裁政策以及制裁情形发生变化时，企业有充分的选择权和灵活性等。

(三)了解规则，争取向 OFAC 申请特殊许可证

尽管实践中，美国相关主管当局对于许可证的发放审批标准较为严格，但其仍不失为海外工程能源基础设施企业推进受制裁限制潜在交易的重要出路

之一。

根据美国制裁相关法令，OFAC 有权通过签发通用许可证（General License）和特殊许可证（Specific License）以允许进行某类受制裁交易。一般而言，通用许可证旨在授权特定人群进行某种特定类型的交易，无须相关交易方单独申请，而是由 OFAC 结合制裁情况主动进行签发，以豁免相关交易行为。例如，在对克里米亚地区的制裁中，OFAC 颁发了第 4 号许可证和第 6 号许可证，允许美国人向克里米亚地区供应特定药品和允许向在克里米亚生活的普通居民汇款等。但对于某些特定交易，如果该项交易未获得通用许可证的批准，相关交易方（个人或实体，通常来说由投资人进行申请）可单独向 OFAC 的许可证申请部门（OFAC's Licensing Division）申请颁发特殊许可证，请求允许相关受制裁交易的进行。目前 OFAC 网站上并未具体介绍特殊许可证颁发的情况，以及拒绝[①]或批准特殊许可证的理由，仅是简单提及特殊许可证的申请需要就个案进行分析，且通常需要与其他部门（如美国商务部）进行协商。

需要注意的是，一个完整的交易通常涉及多个领域和环节。因此，即使某些特定的交易行为已经取得许可，但是仍需考虑到支付、物流、保险等其他环节是否存在制裁风险。

（四）熟悉规则，配合调查争取减轻处罚

对于长期从事国际经贸与跨境投资的中国企业而言，掌握美国经济制裁规则，尤其是美国执法部门在面对制裁违法行为时的处理思路，不仅有助于事前积极规避制裁风险，而且有利于在面临制裁合规调查时，尽量争取“宽大处理”。

如本节第 1 部分关于经济制裁执法程序的介绍，OFAC 在执法时需考虑包括企业与 OFAC 的配合程度以及其是否采取了减损措施，并视情况相应减轻处罚。其中，仅针对自愿披露情节，企业便有机会享受 50% 的民事罚款减免。OFAC 官网披露的大量案例表明，企业在发现潜在违法事实后主动向 OFAC 报

① 一般来说，OFAC 拒绝特殊许可申请的行为属于最终行政行为，但在某些特殊情形下，OFAC 也可能重新审议是否构成正当理由，例如，申请人可以证明情况有所变化或提交以前未提供给 OFAC 的其他信息。

告并采取减损措施将较大程度降低 OFAC 的处罚力度。

OFAC 在通过减轻罚则鼓励自愿披露的同时，对自愿披露的时间、内容、程序等也作出了要求。根据《经济制裁执法指南》的相关规定，企业对潜在违法事实的披露必须在 OFAC 或任何政府机关或官员独立发现明显违法之前向 OFAC 作出，且需相应提供一份详细报告，以便于 OFAC 全面了解情况。为满足自愿披露苛刻的时间要求，企业可考虑在知悉所有事实之前向 OFAC 作出初步披露，并根据内部调查进展进一步提交和更新前期披露的信息。

当然，是否向 OFAC 作出自愿披露、何时披露，在一定程度上是企业在衡量违反制裁行为的性质和价值、诉讼时效、OFAC 行政处罚后果以及政府机关独立发现或被第三方通知明显违规行为的概率后综合决策的结果。但无论决策结果最终如何，完善的内控制度和及时的自查自纠对于企业适时评估制裁风险并制定应对策略均有十分重要的意义。需要注意的是，部分制裁违法行为可能还涉及刑事责任，对于这部分违规事实，企业除需要向 OFAC 进行披露外，还需要向美国司法部和/或其他政府机构进行披露。

除积极配合调查外，及时采取减损措施同样非常必要。建议企业在识别出违法行为后，立即停止违法行为，并根据《OFAC 合规承诺框架》以及与 OFAC 的沟通情况立即制定并实施相应的合规政策。根据 OFAC 的执法实践，一般来说，强调管理层承诺、风险评估、内部控制、测试和审计以及培训 5 个基本要素的强有力的合规计划可以降低风险以及减轻所受到的处罚。

（五）运用法律武器维护合法权益

面对制裁，中国企业可积极、有效地运用法律武器维护自身合法权益，这既包括美国法下的法律救济，也包括中国法提供的对抗性手段。

1. 向 OFAC 申请除名

对于涉嫌违反次级制裁规定的中国企业，尽管其能否通过积极配合和采取减损措施免于受到次级制裁，将更大程度取决于美国政府的自由裁量，但中国企业仍有机会通过申请 SDN 除名（de - listing）以及司法审查维护自身合法权益。

当企业发现自己因违反次级制裁政策而被美国列入 SDN 清单且经其内部审查确不存在相关违反制裁行为时,其首先可以向 OFAC 申请除名。具体而言,申请除名主要包括以下步骤(见图 5 -6):

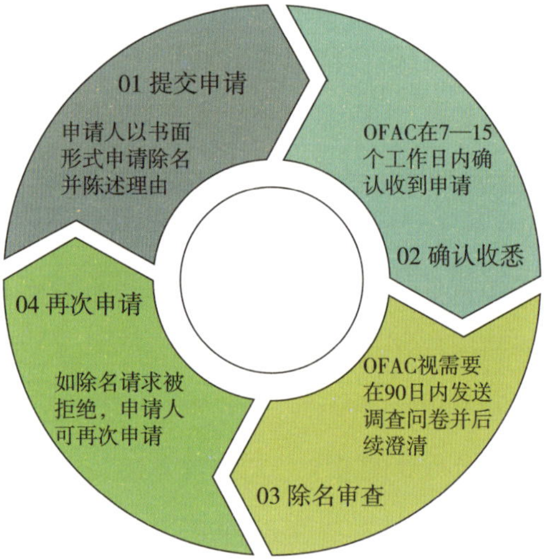

图 5 -6　OFAC 除名申请简要流程

根据 OFAC 的规定,为成功除名,申请人必须提供充分的证据证明将其移除制裁名单是适当的。由于美国法律关于 OFAC 处理除名申请的程序和指导规则尚较为缺乏,且没有规定 OFAC 拒绝除名申请时必须说明理由,使 OFAC 在行使自由裁量权时缺乏必要的程序约束和透明性保障。通常来说,OFAC 的审查过程漫长而复杂,其结果具有较大不确定性。但实践中也确实有因此成功的案例,为被纳入 SDN 清单的中国企业提供了值得参考的先例。

【实例 5 -15】D 油轮公司成功申请从 SDN 清单除名

美国退出伊朗核协议之后,自 2018 年 11 月 5 日起重新对伊朗实施了次级制裁,其中包括对从伊朗购买石油进行次级制裁。2019 年 9 月 25 日,美国国务院宣布,对 D 船舶管理有限公司,以及对该公司有控制权的 D 油轮公司进行制裁,并将其添加到 SDN 清单之中,原因是该公司"有意进行一笔从伊朗运输石油的重大交易"。

在D油轮公司所在集团控制的超过1000艘船只中，两家被列入清单的公司一共仅运营40艘。如上文所述，制裁仅适用于指定实体及其直接或间接控制（至少50%的所有权）的子公司。OFAC明确声明，D油轮公司所属的集团公司并未受到制裁。然而，全球航运业内部对于哪些特定船只受到制裁并不完全清楚，石油贸易商开始对预定该集团公司的船只进行运输保持警惕。由此导致的结果是，石油运输费率急剧上升，从9月中旬的每天约25,000美元上升到10月中旬的每天超过300,000美元。

为了缓解这一局面，OFAC于2019年10月24日颁布了一般许可证，该许可允许“任何直接或间接涉及D油轮公司或任何该公司直接或间接拥有至少50%所有权的实体的、一切维持交易或交易缓冲期内正常或必要的……交易和活动”。2019年12月19日，OFAC又签发了一般许可证，允许上述活动在2020年2月4日之前进行。最终，在与美国当局进行数月的谈判与合作后，OFAC将D油轮公司从2020年1月31日发布的SDN清单中除名。

2. 请求司法审查制裁决定

除向OFAC提交除名申请外，中国企业面对不公正的制裁决定时，还可通过起诉美国政府，提起对相关制裁决定的司法审查。但通常而言，对涉及外交和国家安全的法律以及OFAC等相关行政部门的决定，美国法院往往采取谦抑态度，或者不介入审查，或者用比较宽松的标准予以审查。根据美国《行政程序法》（Administrative Procedure Act）的规定，只有当美国政府的制裁决定“任意、反复无常、滥用自由裁量权或者其他不合法的情形”时，美国法院才有可能推翻美国政府的制裁决定，使中国企业要想从实体上推翻美国制裁决定将承担极重的证明责任。但是，不排除在具体个案中原告的某些诉由（如正当程序权利）得到法院支持的可能性。近期，M公司便通过起诉美国国防部和财政部顺利从所谓“中共涉军企业清单”（Communist Chinese military company，CCMC清单）中移除。

【实例 5 – 16】M 公司通过起诉美国国防部和财政部顺利从 CCMC 清单中移除

2021 年 1 月 29 日，被列入 CCMC 清单的 M 公司起诉美国国防部和财政部，主张将其列入 CCMC 清单违反了美国《行政程序法》以及美国联邦宪法，并据此向法院申请宣告将 M 公司列入 CCMC 清单违法违宪，请求法院发布命令将 M 公司移除 CCMC 清单，并临时且永久地禁止被告将 M 公司列入该清单。

2021 年 3 月 12 日，法院认为，美国国防部将 M 公司加入 CCMC 清单存在许多正当程序方面的根本性问题，比如没有召开听证会或给予合理解释，从而导致了整个决策流程的严重缺陷。并且，在实体上，美国国防部将 M 公司列入 CCMC 清单缺乏证据支持。综合考虑后，法院认为，M 公司很可能在最终庭审中获胜，为避免对其造成进一步损失，签发了禁止将 M 公司列入 CCMC 清单的临时禁令。

3. 寻求中国法下的反制措施救济

除美国法下的救济渠道外，当中国企业的正常经贸活动受到美国次级制裁的不当限制时，中国企业还可以尝试根据《阻断外国法律与措施不当域外适用办法》（以下简称《阻断办法》）和我国《反制裁法》等一系列反制裁规定寻求中国法律的救济。比如，假设中国企业因违反美国次级制裁规定而被美国列入 SDN 清单，则其可以尝试根据《阻断办法》请求相关主管部门发布不得承认、不得执行、不得遵守有关外国法律与措施的禁令，并在取得禁令后继续开展跨境交易，此时交易相关方除非取得禁令豁免，否则无正当理由不得拒绝交易，且根据《阻断办法》的规定，相关交易方若违反该规定，其将可能被起诉并被相关主管部门予以处罚。

另外，由于《阻断办法》和《反制裁法》的规定趋于原则化，对于相关主管部门发布禁令的具体尺度、禁令是否可约束非中国企业、政府支持是否包括直接经济补偿等关键问题，还有待在实践中进一步观察。

总之，在全球合规态势愈加严峻的当下，坚持稳健合规经营是企业的立身之本。从事海外工程能源基础设施项目的中国企业应以合规为底线，掌握和灵活运用规则，积极主动应对国际制裁风险，提升国际制裁风险防控能力和管理水平，行稳致远。

后　　记

本书历经两年，终于得以付梓，个中艰辛，已不足道，唯有感恩。

近10年来，得益于“一带一路”倡议的实施，中国企业参与海外工程能源基础设施项目的规模不断发展壮大，项目参与的方式和形式也不断转型升级，更加复杂多变。恰逢其时，我于2010年从一家专业的国际工程承包商央企加入金杜，成为金杜跨境工程能源团队的专业律师，也是金杜“一带一路”国际合作与促进中心的专家律师之一。

金杜创建之初即心怀助力中国企业走向国际的初衷和使命。感谢这个伟大进步的时代，感恩金杜国际化专业品牌平台，我有幸践行职业理想，参与诸多具有重大经济和政治影响力的标杆项目，亲历和见证了中国企业开疆拓土的种种不易与挑战，也深切体会到伴随和服务中国企业“走出去”中国律师的诸多艰辛和磨砺。“一带一路”国别业务主要涉及电力能源、交通运输、基础设施等行业，费时的招标选聘程序、低价中标、与外方业主和顾问的博弈等，压力与挑战不一而足。

我们在国际工程能源基础设施领域的专业积累，确保我们有丰富的经验为客户提供“一揽子”法律解决方案。沉淀总结和交流分享这种经验，为中国企业高水平高质量“走出去”贡献绵薄之力，是本书的初心。疏漏之处在所难免，期待同行、读者交流指正。

在此，特别感谢我的同事刘志刚、刘志陟、张琛、轩鹏松、张翠微、杨成飞、周思吉、高振坤、徐越、徐梦、常忻怡、蔡予蒙对本书所做的贡献！感谢一路走来关心和指导我成长的各位领导和师长！感谢亲爱的家人、各位好友老友，是你们一如既往的理解和鼓励，让我在每一个艰难的时候，没有放弃，立志如山，行事如水！感谢法律出版社的编辑为本书顺利出版付出的辛劳！

谨以此书献给一路披荆斩棘、开疆拓土的海外工程人！

田文静